融合型·新形态教材
复旦学前云平台 fudanxueqian.com

普通高等学校
早期教育专业
系列教材

0~3岁
婴幼儿的保育与教育

主　编　孔宝刚　盘海鹰

副主编　宋　媛

编　者（按姓氏笔画排列）

孙　莹　朱智红　任慧娟　杨　俐　吴　敏
张新华　胡　娟　钱　峰　盘海鹰

復旦大學出版社

内容提要

本书是为早期教育专业编著的教材，结合国家最新的有关教师教育课程标准，由理念篇、发展篇、养护篇、教育篇和共育篇五部分构成。

理念篇（第一章）主要阐述了0～3岁婴幼儿早期教养的概念和意义以及国内外婴幼儿早期教养实践的发展；发展篇（第二章）主要围绕胎儿期、新生儿期、乳儿期、婴儿期，分段阐述婴幼儿发展特征及教养要点；养护篇（第三至第六章）以0～3岁婴幼儿生理发育特征及教养要点为依据，重点介绍婴幼儿护理与生活照料，以及婴幼儿营养与喂养等保育问题；教育篇（第七、第八章）以0～3岁婴幼儿心理发展特征为教养的依据，重点介绍婴幼儿教育活动的组织与实施；共育篇（第九至第十一章）阐述家庭、社区和早教机构如何三位一体共同承担0～3岁婴幼儿早期教养重任，重点围绕家长的亲子教育、社区的组织发动和早教老师的专业引领几个方面。

本书综合了0～3岁婴幼儿保育与教育的内容，不仅可以作为师范院校专业教材，也可以作为早教师资培训教材，同时也能够为婴幼儿家长提供指导和帮助。

复旦学前云平台
数字化教学支持说明

为提高教学服务水平，促进课程立体化建设，复旦大学出版社学前教育分社建设了“复旦学前云平台”，以为师生提供丰富的课程配套资源，可通过“电脑端”和“手机端”查看、获取。

【电脑端】

电脑端资源包括 PPT 课件、电子教案、习题答案、课程大纲、音频、视频等内容。可登录“复旦学前云平台”www. fudanxueqian. com 浏览、下载。

Step 1 登录网站“复旦学前云平台”www. fudanxueqian. com，点击右上角“登录/注册”，使用手机号注册。

Step 2 在“搜索”栏输入相关书名，找到该书，点击进入。

Step 3 点击【配套资源】中的“下载”（首次使用需输入教师信息），即可下载。音频、视频内容可通过搜索该书【视听包】在线浏览。

【手机端】

PPT 课件、音视频、阅读材料：用微信扫描书中二维码即可浏览。

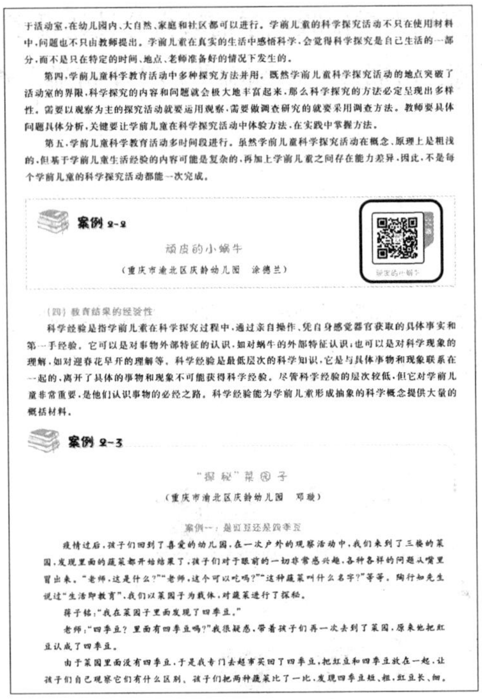

于活动室，在幼儿园内、大自然、家庭和社区都可以进行。学前儿童的科学探究活动不只在使用材料中，问题也不只由教师提出。学前儿童在真实的生活中感悟科学，会觉得科学探究是自己生活的一部分，而不是只在特定的时间、地点、老师准备好的情况下发生的。

第四，学前儿童科学教育活动中多种探究方法并用。既然学前儿童科学探究活动的地点突破了活动室的界限，科学探究的内容和问题就会极大地丰富起来，那么科学探究的方法必定呈现出多样性。需要以观察为主的探究活动就要运用观察，需要做调查研究的就要采用调查方法。教师要具体问题具体分析，关键要让学前儿童在科学探究活动中体验方法，在实践中掌握方法。

第五，学前儿童科学教育活动多时间段进行。虽然学前儿童科学探究活动在概念、原理上是粗浅的，但基于学前儿童生活经验的内容可能是复杂的，再加上学前儿童之间存在能力差异，因此，不是每个学前儿童的科学探究活动都能一次完成。

案例 2-2

顽皮的小蜗牛

（重庆市渝北区庆龄幼儿园　涂德兰）

（四）教育结果的经验性

科学经验是指学前儿童在科学探究过程中，通过亲自操作，凭自身感觉器官获取的具体事实和第一手经验。它可以是对事物外部特征的认识，如对蜗牛的外部特征认识；也可以是对科学现象的理解，如对迎春花早开的理解等。科学经验是最低层次的科学知识，它是与具体事物和现象联系在一起的，离开了具体的事物和现象不可能获得科学经验。尽管科学经验的层次较低，但它对学前儿童非常重要，是他们认识事物的必经之路。科学经验能为学前儿童形成抽象的科学概念提供大量的概括材料。

案例 2-3

"探秘"菜园子

（重庆市渝北区庆龄幼儿园　邓骏）

案例一：是豇豆还是四季豆

疫情过后，孩子们回到了喜爱的幼儿园，在一次户外的观察活动中，我们来到了三楼的菜园，发现里面的蔬菜都开始结果了，孩子们对于眼前的一切非常感兴趣，各种各样的问题从嘴里冒出来。"老师，这是什么？""老师，这个可以吃吗？""这种蔬菜叫什么名字？"等等。陶行知先生说过"生活即教育"，我们以菜园子为载体，对蔬菜进行了探秘。

蒋子铭："我在菜园子里面发现了四季豆。"

老师："四季豆？里面有四季豆吗？"我很疑惑，带着孩子们再一次去到了菜园，原来他把豇豆认成了四季豆。

由于菜园里面没有四季豆，于是我专门去超市买回了四季豆，把豇豆和四季豆放在一起，让孩子们自己观察它们有什么区别。孩子们把两种蔬菜比了一比，发现四季豆短、粗，豇豆长、细。

扫码浏览

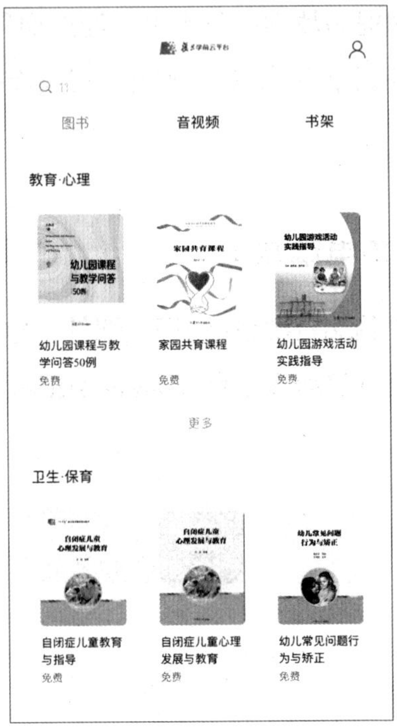

【更多相关资源】

更多资源，如专家文章、活动设计案例、绘本阅读、环境创设、图书信息等，可关注"幼师宝"微信公众号，搜索、查阅。

平台技术支持热线：029-68518879。

"幼师宝"微信公众号

总　　序

学前教育是国民教育体系的重要组成部分，是终身教育的开端，幼儿教师教育担负着学前教师职前培养和职后培训、促进教师专业成长的双重任务，在教育体系中具有职业性和专业性、基础性和全民性的战略地位。

自1903年湖北幼稚园附设女子速成保育科诞生始，中国幼儿教师教育走过了百年历程。可以说，20世纪上半叶中国幼儿教师教育历经从无到有、从抄袭照搬到学习借鉴的萌芽、创建过程；新中国成立以后，幼儿教师教育在规模与规格、质量与数量、课程与教材建设等方面得到较大提升与发展。中国幼儿教师教育历经稳步发展、盲目冒进、干扰瘫痪、恢复提高和由弱到强的发展过程。

1999年3月，教育部印发《关于师范院校布局结构调整的几点意见》，幼儿教师教育的主体由中等教育向高层次、综合性的高等教育转变；由单纯的职前教育向职前职后教育一体化、人才培养多样化转变；由独立、封闭的办学形式向合作、开放的办学形式转变；由单一的教学模式向产学研相结合的、起专业引领和服务支持作用的综合模式转变。形成中专与大专、本科与研究生、统招与成招、职前与职后、师范教育与职业教育共存的，以专科和本科层次为主的，多规格、多形式、多层次幼儿教师教育结构与体系。幼儿教师教育进入由量变到质变的转型提升进程，由此引发了人才培养、课程设置、教学内容等方面的重大变革。课程资源，特别是与之相适应的教材建设成为幼儿教师教育的当务之急。

正是在这一背景下，"全国学前教育专业系列教材"编审委员会在广泛征求意见和调查研究的基础上，开始酝酿研发适应幼儿教师教育转型发展的专业教材，这一动议得到有关学校、专家的认同和教育部师范教育司有关领导的大力支持。2004年4月，复旦大学出版社组织全国30余所高校学前教育院系、幼儿师范院校的专家、学者会聚上海，正式启动"全国学前教育专业系列"教材研发项目。2005年6月，第一批教材与广大师生见面。此时，恰逢"全国幼儿教师教育研讨会"召开，研讨会上，教育部师范教育司有关领导对推进幼儿教师教育优质课程资源建设作出指示：一是直接组织编写教材，二是遴选优秀教材，三是引进国外优质教材；开发建设有较强针对性、实效性、反映学科前沿动态的、幼儿教师培养和继续教育的精品课程与教材。

结合这一指示精神，编审委员会进一步明确了教材编写指导思想和教材定位。首先，从全国有关院校遴选、组织一批政治思想觉悟高、业务能力强、教育理论和教学实践经验丰富的专家学者，组成教材研发、编撰队伍，探索建立具有中国幼儿教师教育特色、引领学前教育和专业发展的、反映课程改革新成果的教材体系；努力打造教育观念新、示范性强、实践效果好、影响面大和具有推广价值的精品教材。其次，建构以专科、本科层次为主，兼顾中等教育和职业教育，多层次、多形式、多样化的文本与光盘相结合的课程资源库，有效满足幼儿教师教育对课程资源的需求。

经过五年多的教学实践与检验，教材研发的初衷和目的初步实现。截至2011年5月，系列教材共出版70余种，其中7种教材被教育部列选为普通高等教育“十一五”国家级规划教材，《手工基础教程》被教育部评选为普通高等教育“十一五”国家级精品教材；系列教材使用学校达600余所，受益师生数十万人次。

伴随国务院《关于当前发展学前教育的若干意见》和《国家中长期教育改革和发展规划纲要(2010—2020年)》的贯彻落实，幼儿教师准入制度和标准的建立、健全，幼儿教师教育面临规范化、标准化、专业化和前瞻化发展的机遇与挑战。一方面，优质学前教育资源已成为国民普遍地享受高质量、公平化、多样性学前教育的新诉求。人才培养既要满足当前学前教育快速发展对幼儿师资的需求，还要确保人才培养的高标准、严要求以及幼儿教师职后教育的可持续发展；另一方面，学前教育专业向0～3岁早期教育、婴幼儿服务、低幼儿童相关产业等领域拓展与延伸，已然成为专业发展与服务功能发挥的必然趋势。这一发展动向既是社会、国民对专业人才的要求与需求，也是高等教育服务社会、培养高层次专业人才的使命。为应对机遇与挑战，幼儿教师教育将会在三个方面产生新变化：一是专业发展广义化，专业方向多元化，人才培养多样化，教师教育终身化；二是课程设置模块化，课程方案标准化，课程发展专业化和前瞻化；三是人才培养由旧三级师范教育(中专、专科、本科)向新三级师范教育(专科、本科、研究生)稳步跨跃。

为及时把握幼儿教师教育发展的新变化，特别是结合2011年10月教育部刚颁布的《教师教育课程标准(试行)》，编审委员会将与广大高校学前教育院系、幼儿师范院校共同合作，从三个方面入手，着力打造更为完备的幼儿教师教育课程资源与服务平台，并把这套教材归入“全国学前教育专业(新课程标准)‘十二五’规划教材”系列。第一，探索研发应用型学前教育专业本、专科层次系列教材，开发与专业方向课程、拓展课程、工具性课程、实践课程和模块化课程相匹配的教材，研发起专业引领作用的幼儿教师继续教育教材；第二，努力将现代科学技术、人文精神、艺术素养与幼儿教师教育有效融合并体现在教材之中，有效提升幼儿教师综合素养；第三，教材编写力图体现幼儿教师教育发展趋势与专业特色，反映优秀中外教育思想、幼儿教师教育成果，全面提高幼儿教师教育质量；第四，建构文本、多媒体和网络技术相互交叉、相互整合、相互支持的立体化、网络化、互动化的幼儿教师教育课程资源体系，为创建具有中国特色的幼儿教师教育高品质专业教材体系贡献我们的力量。

“全国学前教育专业系列教材”编审委员会
2012年4月

前　言

2010年5月，国务院审议并通过了《国家中长期教育改革和发展规划纲要(2010—2020年)》，简称《规划纲要》。《规划纲要》在学前教育发展任务中明确要求“重视0～3岁婴幼儿教育”，正式将0～3岁婴幼儿早期教育列入中长期教育改革和发展规划之中。

江苏省教育厅《关于进一步推进0～3岁婴幼儿早期教育工作的意见》指出：推进0～3岁婴幼儿早期教育工作要坚持“政府主导、立足公益、专业引领、强化服务”的方针，到“十一五”末期，全省基本建立起以农村乡镇和城市社区为依托、以优质园为骨干、灵活多样的早期教育服务网络，逐步形成政府主导、教育部门牵头、多方协同的0～3岁婴幼儿早期教育发展新格局。

要提高0～3岁婴幼儿早教从业人员队伍专业化水平，根据0～3岁婴幼儿早期教育发展需要，通过多种形式使0～3岁婴幼儿早期教育从业人员持证上岗。各地师范学校在幼师课程中要增加0～3岁婴幼儿早期教育的内容。在园幼儿教师要逐步实行持双证(幼儿教师证和育婴师证)上岗。

本教材将“早期”保育与教育实践的研究范围定位在0～3岁的婴幼儿阶段，强调早期保育和教育结合的重要性，立足于学前教育早教专业(方向)学生学习的需要，综合了0～3岁婴幼儿保育与教育的相关概念、理论和方法，具有一定的理论性；同时本教材针对学前教育师范院校早期教育专业(方向)的特点，结合大量实践和具体操作，非常适合作为职业教育培训教材使用。

本教材由盘海鹰提出编写思路和要求，拟定写作提纲，孔宝刚校长审定提纲并在整个编写过程中组织参加编写者集体讨论修改、完善，由盘海鹰对参加编写者的初稿进行了整理、加工和完善。教材中发展篇和养护篇涉及婴幼儿医疗保健方面的内容，由苏州市立医院母子医疗保健中心儿保科主任医师宋媛审阅、修改，最后全书由孔宝刚和盘海鹰审阅、定稿。

本教材在编写过程中，参阅了国内外大量专家、学者、同仁的研究成果，引述良多，未能一一注明，在此说明，恳请原作者见谅，并向原作者致以谢忱。

由于0～3岁婴幼儿保育与教育理论与实践正处于探索阶段，加之编写者水平有限，教材中不足之处在所难免，恳请广大读者批评指正！

作　者

2012年9月10日

目　录

0～3 岁是婴幼儿成长的关键时期，任何负责任的政府都应该把早期儿童教育放在最优先考虑的位置，并在法律、政策、项目和资源配置等方面给予重视。

——联合国儿童基金会执行主任卡罗尔·贝拉米

第一部分
理　念　篇

教育理念是指人们对教育发展的理性认识，主要包括教育思想、教育观念、教育主张和教育信念等。

教育理念之于教育实践，具有引导定向的意思。

本教材以“0～3 岁婴幼儿的保育与教育”为名，是为了突出 0～3 岁婴幼儿身心发展的特殊性，强调在“早期教育”中要重视对婴幼儿的保育，同时提醒早期教养的政策制定者和工作者不要简单套用正规学前教育的概念，而必须深刻理解 0～3 岁婴幼儿发展的内涵，处理好保育与教育的关系，建立起科学的儿童发展观。

保育是指成人为婴幼儿的生存与发展提供必需的、良好的环境与条件，给予婴幼儿精心的照顾和养育，以保护和促进婴幼儿正常发育和良好发展。现代意义上的“保育”包括对婴幼儿的身体保育和心理保育两个方面。

教育是成人按照体、智、德、美的要求，有目的、有计划地促进婴幼儿认知能力发展，逐渐形成情感和社会活动能力。

保育和教育虽然是两个不同的概念，但是它们对婴幼儿的发展却具有整体性的影响。婴幼儿身心发展是一个统一的整体，应该保教结合、教养并举，强调保育与教育之间相互结合、相互渗透，构成不可分割的统一体。

第一章　婴幼儿发展与早期教养理论与实践概述

儿童的生存、保护和发展是提高人口素质的基础，儿童的健康成长关系着民族的前途和命运。关注儿童就是关注未来，这已经成为现代社会发展的必然。中国有句古话："三岁看大，七岁看老"。的确，三岁可以说是人生第一大完成期，从出生到三岁，婴幼儿的脑发育、习惯性格已基本形成，婴幼儿在动作、语言和初步的社会交往方面基本上奠定了一生的基础。随着中国与国际的日益接轨，早期教育在中国也越来越受到家长的重视。

第一节　婴幼儿发展与早期教养的概念和意义

在日常生活中对 0～3 岁婴幼儿一般使用"早期教育"这一概念。"早期教育"(Early Education)是由成人对儿童实施的教育。"儿童"即童年早期(Early Childhood)，一般是指 0～8 岁，从出生到小学低年级。儿童的年龄范围比较广泛，事实上在这一连续发展的阶段中，又包含了若干个发展的特殊阶段，如 0～3 岁(婴幼儿)阶段、3～6 岁(幼儿)阶段、6～8 岁(小学低年级儿童)阶段，甚至根据发展的规律和教育的需要还可以分得更细。目前的问题是，在对"早期教育"这一概念的使用上，显得极其宽泛和随意，以致在早期教育的实践中造成幼儿园教育的小学化、托儿所教养的幼儿园化倾向，以向上拔高来体现早期教育的重要性。实际上，儿童早期、幼儿早期、婴幼儿早期，其含义和意义都会有所不同，在讨论对不同阶段进行早期潜力开发的问题时，也不会是同一回事。因此，分别地阐明童年早期各个年龄阶段的特殊性，对科学合理地实施不同阶段的早期教育有一定的现实意义。

一、婴幼儿发展与早期教养概念的界定

在我国学前教育机构中，对 0～3 岁婴幼儿一直使用"早期教养"这一概念。这是沿用了卫生行政部门主管托儿所工作时的专业术语。在 0～3 岁婴幼儿教养机构中一直使用这一专有概念，目的是为了与"早期教育"的宽泛概念相区分，体现了 0～3 岁婴幼儿阶段的生长发育规律决定的"以养为主、教养融合"的婴幼儿保育和教育工作特征。

(一) 婴幼儿"早期教养"概念的内涵

在早期教育领域对 0～3 岁婴幼儿阶段使用"早期教养"概念主要要从以下三个方面考虑。

1. "早期教养"概念中的"早期"——对象年龄范围的确定性

一般认为"早期教育"的对象是指 0～8 岁儿童，涉及 0～3 岁婴幼儿阶段、3～6 岁幼儿阶段和 6～8 岁小学初期阶段的儿童。对应不同年龄阶段的教育目标、教学过程、组织形式是不相同的，可见"早期教育"对象年龄范围太宽泛而且具有不确定性。0～3 岁婴幼儿身心发展的特殊性，决定了"早期教养"这一概念是整个早期教育在 0～3 岁婴幼儿阶段的专门术语。

2. "早期教养"概念中的"教养"——内容的双重性

"教养"一词中"教"的含义是教化、教育，是对婴幼儿认知、情感、社会性等方面施加有意识的影响。

"教"的行为主要是对知识、常理等的引导;"养"的含义包括身体和心理两方面,"养"不单指喂养,还有身体养护、个性培育、习惯养成之意,主要是为满足婴幼儿生存、生长的需要而采取的保障性措施,"养"的行为包括对吃喝拉撒睡的生活照料。"教养"是一个整体概念,"教"和"养"是从保育和教育两个方面同时对 0～3 岁婴幼儿产生整体的影响。

3. "早期教养"概念强调"以养为主、教养融合"

我们提倡"以养为主、教养融合"的原则,在实践中关注"教"与"养"的互相影响关系。一方面使蕴含在"养"中的无意"教"变得自觉,另一方面减少独立于"养"的专门"教"。具体地说,就是在养育过程中渗透认知、语言、动作、社会性发展的内容;关注养育方式对婴幼儿心理发展产生的影响;关注养育行为对婴幼儿行为养成的影响。"教养分离"则是对婴幼儿身体和心理之间关系的无知,养归养,教归教,生活照料与教育训练各行其道。教养并举、保教结合强调寓保教于婴幼儿一日生活之中,保证把培养婴幼儿知、情、意、行和能力融于体、智、德、美的全面教育之中。

一般认为"早期教育"主要根据 0～8 岁这个阶段的儿童生理和心理发展的特点以及敏感期的发展特点,进行有针对性的指导和培养,为这个阶段儿童多元智能和健康人格的培养打下良好的基础。这个概念突出教育的内容。而 0～3 岁婴幼儿的身心发展规律决定了 0～3 岁婴幼儿早期是以教养活动为中心的。保中有教、教中重保、医保结合、教养合一、保教并举是早期教育在 0～3 岁婴幼儿阶段的指导思想,体现以婴幼儿发展为本,处理好婴幼儿身心发展关系,建立科学的发展观。我们根据 0～3 岁婴幼儿这一特定的对象和特有内容,用 0～3 岁婴幼儿"早期教养"代替 0～3 岁婴幼儿"早期教育"的概念。

在早期教育领域,国外学者经常使用的名称叫"早期儿童教育(Early Childhood Education,简称 ECE)",这个名称在早期教育工作者或把早期儿童教育当做教育体系的起点的人中常用,在这里学习被置于中心位置。"早期儿童的保育与教育(Early Childhood Care and Education,简称 ECCE)"是对"早期儿童教育"的扩展,它把保育成分加入进来。在近几年的国际会议上,早期教育专家们一致呼吁早期教育和保育结合的重要性和必要性,有的专家甚至把英文的"Education"(教育)和"Care"(保育)合为"Educare",以表示其密不可分的程度。

(二) 婴幼儿发展的内涵

发展,对婴幼儿来说,主要是指身体与心理能力(包括动作、思维、感觉、情感和社会性等方面)的变化和进步,可从以下三个角度来看。

1. 尊重婴幼儿成熟规律和发展过程

成熟规律和发展过程是指发展的内容及其发展的顺序,而不强调发展指标达成的确定时间。每个婴幼儿都有自己的成熟时间表,每个婴幼儿的发展是在个体自身成熟的基础上实现的。早期教养关心的首要任务就是创设符合婴幼儿成熟规律的条件,配合婴幼儿的生长顺序,在婴幼儿的发展过程中,抓住成熟的时机,以最具影响力的环境要素去引发婴幼儿的经验。

2. 尊重婴幼儿多元智力和发展差异

人的智力是多元的,包括语言、逻辑数理、空间、身体运动、音乐、内省、人际等多种智力,而且每一种智力都以大脑的生理机制为依据。在发展的早期,应提供或创造一种丰富、适宜的环境,促使婴幼儿的整个脑以全面的方式成熟起来。不同的个体会有不同的发展优势和发展特点。特别是年龄越小的婴幼儿,越是以自然的差异为基础,用自身特有的方式同化和吸纳外界,这就要求我们能够敏锐地察觉婴幼儿之间的差异,更多地施行个别化的教养。

3. 尊重婴幼儿经验机会和发展潜能

婴幼儿发展的关键期均在生命的早期,敏感期是婴幼儿获取视觉、听觉、空间知觉以及语言经验的最好机会。每一个机会中的经验都影响着今后发展的潜能,我们必须树立婴幼儿可持续性发展的意识,注意经验的延续性、发展的潜在性,看到婴幼儿早期经验与未来发展的关系,任何一种经验不仅显现眼前的发展状况,更潜伏着终生发展的能力。

（三）婴幼儿早期关心与发展

婴幼儿早期关心与发展是国际上一个新的研究领域，其目的是尊重生命自然成长的规律，合理地激发婴幼儿潜能，优化婴幼儿健康成长的环境。近年来国内外专家学者越来越多地使用“婴幼儿早期关心与发展”的概念。

资料链接 1

0～3 岁婴幼儿早期关心与发展研究

婴幼儿早期关心与发展(Early Childhood Care and Development，简称 ECCD)是联合国教科文组织针对目前存在的早期教育过度或失当，甚至把成人的愿望和要求强加给婴幼儿这一问题而提出来的，目的是在科学发展观指导下，合理地激发婴幼儿潜能，优化婴幼儿健康成长的环境，对婴幼儿成长中的障碍进行早期发现和干预。

1. 关心

“关心”是指关注婴幼儿的健康和营养，关注他们认知能力的发展，关注他们逐渐形成的情感和社会活动能力，关注他们的需求和差异，关注他们的心灵。关心即关爱和照料、留心和注重，核心是关注。

2. 发展

婴幼儿的发展遵循着一条不以成人意志为转移的自然规律，这一点可以在两个层面上加以解释。首先，这种自然规律是婴幼儿天性的显露。天性是自然赋予婴幼儿的，非人力所能控制，正是天性使婴幼儿那纯真的本色显得如此可爱。其次，这种自然规律对环境具有能动作用。婴幼儿能力发展的根本原因在于其自身的主动建构，环境的作用主要表现为对婴幼儿发展建构过程的支持或妨碍。

3. 干预

“早期干预”是指早期发现和诊断婴幼儿的身心障碍或多元超常智能，并通过有针对性的干预，减缓障碍程度或促进超常智能的发展。

尽可能在低年龄段(2 岁之前，最迟不要超过 6 岁)让婴幼儿接受早期干预，因为婴幼儿在 0～2 岁脑部发育是最快的，脑细胞的代偿能力也是最强的，所以在这个阶段进行早期干预效果最好。

早期干预是一种预防的手段，目的是把婴幼儿的发育风险控制到最小，防患于未然。就像婴幼儿要接种疫苗一样，主要是预防婴幼儿未来可能发生的疾病。如果预防没有做好，等到真的有了问题，那就不是早期干预能够完全解决的了，不仅耗时耗力，并且也会对婴幼儿未来的心理发育留下阴影。

我国上海从 1999 年就开展了《0～3 岁婴幼儿早期关心和发展的研究》课题，课题组集合了来自市教委、市教科院、市教委教研室、华东师大、生理所、儿保所、市信息中心等部门的专业人员，携手为 0 岁开始的学前教育做基础性、实验性的工作。课题组设立了近 20 个各种类型的实验点，结合国内外婴幼儿身心发展理论和本市教养经验，进行理论的应用和开发研究；从婴幼儿的生理发展与营养保健、智力发展和脑科学应用性研究、社会交往和情感发展、家庭和社区服务支持、教养人员的培训和成长、早期诊断和干预、教养管理与政策等角度全方位探索科学育儿。通过研究及实验，加强社区、家庭和教养机构的合作与互动，切实全面提高保教质量；同时培养并形成 0～3 岁婴幼儿教养和研究的骨干队伍。目前这项课题从社区服务与指导、机构教养与教师培训以及个别婴幼儿成长追踪三个方面进行研究，多角度地深入婴幼儿发展的世界，以获得关于婴幼儿成长与发展及其相关因素的基本资料。

资料链接 2

多边干预的早教模式

中国福利会托儿所撰写的《走进亲子苑：多边干预的早教模式》中提出：早教机构要成为发起干预的主角，通过提高师资专业化程度、提供多维互动渠道、提升活动环境品质，促进教师、家长和婴幼儿的共同成长。

婴幼儿是早教（亲子）机构中探索、活动、发展的主角。促进婴幼儿发展也是开展早教师资干预和家长干预的最终目的。实践中，我们采取以环境为平台、以互动为核心的干预策略来支持婴幼儿的和谐发展。

根据婴幼儿的年龄特点，我们提出了情景化、生活化、自然化的活动设计原则，充分利用生活材料、生活情境、生活环节。以活动的情景性吸引婴幼儿自然地参与，真正寓教育于生活；以材料的丰富性激发婴幼儿的多种经验，丰富的环境刺激能促进婴幼儿的发展；以交流的多元性塑造和谐交融的互动品质，相对家庭，早教中心的活动给予婴幼儿更为多元的人际交流互动环境，为婴幼儿的社会化交流提供可能性。

在多边化干预课程这一平台中，教师、家长、婴幼儿三者都成了主角：教师是准备调整材料、观察指导亲子互动的主角，家长是开展亲子互动的主角，婴幼儿是探索、活动、发展的主角。通过干预，有效促进婴幼儿的发展，有效提高父母的育儿水平，有效提高教师创设环境、观察活动、指导亲子互动的能力。

二、婴幼儿发展与早期教养的意义

早期教育起源于欧美，从 20 世纪 60 年代至今发展很快。国内外的婴幼儿发育研究机构的多年研究表明，0～3 岁是人的一生发展最重要的时期。一个人的学习能力的 50%是在生命的头 4 年中发展起来的，另外的 30%是在 8 岁之前发展起来的。刚出生的婴儿脑发育比 15 岁的少年快 1 000 倍。鉴于此，国际上对婴幼儿早期教育日益重视，2001 年 9 月召开的联合国大会儿童特别会议围绕儿童早期教育问题进行了讨论，强调每个儿童都应该有一个尽可能好的人生开端。随着中国日益与国际接轨，中国政府和公众也越来越重视早期教育。

（一）婴幼儿发展与早期教养的重要性

学前教育是国家确立的基本教育制度之一，是现代国民教育体系的重要组成部分，是学校教育和终身教育的奠基阶段。0～3 岁婴幼儿早期教养是学前教育的重要环节，是整个教育的起点和开端。重视婴幼儿的早期教养，积极发展学前教育，对促进婴幼儿的后续学习和终身发展，提高国民整体素质具有十分重要的意义。

1. 国外重视教育从出生开始

在国外，许多国家很早就提出了对 0～3 岁的婴幼儿进行智力的开发。新西兰早期教育提出：教育要从出生开始。秘鲁、加纳等国家把 0～6 岁教育列入了国家行动计划。他们认为：0～3 岁是早期教育的黄金期，也是大脑发育的黄金期，3 岁以前大脑发展最快；婴幼儿时期也是心理发展最迅速的时期，年龄越小发展越快；婴幼儿时期还是掌握口语、数字逻辑概念的关键期，是行为、性格、人格发展的奠定期。

2. 国内政府推动早期教育工程

国务院制定了《中国儿童发展纲要（2001—2010 年）》，把“逐步建立和完善 0～3 岁早期教育体系”作为工作目标。2010 年 5 月，国务院审议并通过了《国家中长期教育改革和发展规划纲要（2010—2020 年）》，《规划纲要》在学前教育发展任务中，明确要求：“重视 0～3 岁婴幼儿教育”，正式将 0～3 岁婴幼儿早期教育列入了中长期教育改革和发展规划之中。

(二) 婴幼儿早期教养的必要性

婴幼儿期是人的一生中大脑发育最迅速的时期，是人认识世界、了解世界的开始，也是人的智力发展最迅速和最关键的时期。如果这个时期忽视或剥夺了对婴幼儿智力教育的刺激，那么将永远无法弥补，也永远达不到应该达到的智力水平。

1. 从正常的大脑发育来看，3 岁前大脑发育最快

脑科学和生命科学的最新研究表明：人的大脑具有巨大的潜能，其发育过程存在不等速性、可塑性和关键期三大特征。婴幼儿的大脑具有天才般的吸收能力，因而这一阶段是开发各种潜能最为关键的时期，确实是进行教育的好时机。早期教育的核心在于为婴幼儿提供一个教育营养丰富的环境，“激活”他们的大脑发育和人格成长，从而为其日后的发展打下一个坚实的基础。

2. 抓住婴幼儿教育的关键期

伟大的教育学家蒙台梭利认为婴幼儿发展具有一定的敏感期，也就是说，抓住婴幼儿发展和学习的敏感期，对婴幼儿长大以后的学习以及教育都会起到事半功倍的效果；反之，错过了婴幼儿的敏感期，即使以后投入再多的精力和方法去教育，效果也微乎其微。

3. 3 岁前是人智力发展的高峰阶段

美国心理学家布鲁姆对 1 000 个人进行了从婴幼儿到成人的追踪研究。根据这项追踪研究，他提出从出生到 17 岁智力发展比率的假设。布鲁姆认为，人的智力发展虽然不同，但一般说来，如果以 17 岁达到的智力水平为 100%，那么，4 岁以前智力发展为 50%，4～8 岁获得的智力为 30%，余下的 20%为 8～17 岁所获得。这说明了在个体发展的各个阶段，智力发展速度是不相同的。应该利用婴幼儿身边的事物，让婴幼儿在各方面得到应有的、全方位的、反复的锻炼，使大脑中相应的神经细胞之间的联络更加活跃，形成良好的、畅通无阻的大脑信息传递通道和反应回路。

4. 3 岁前是性格形成的最佳期

1980 年，英国伦敦精神病学研究所教授卡斯比同伦敦国王学院的精神病学家们进行了试验观察。他们的研究对象是当地的 1 000 名 3 岁婴幼儿，测试结果表明，这些婴幼儿分为充满自信、良好适应、沉默寡言、自我约束和坐立不安五大类。到 2003 年，当这些婴幼儿长到 26 岁时，卡斯比等人再次与他们进行了面谈，并且对他们的朋友和亲戚进行了调查，又在 2005 年对以上的试验结果进行了总结。报告上说，3 岁婴幼儿的言行可以预示他们成年后的性格。这一报告为“三岁看大”的说法提供了强有力的证据，在国际育儿学术界引起了轰动。3 岁是通往个性人生的出发点，3 岁前奠定性格的基础，到 3 岁时，婴幼儿在性格上已彼此出现了明显的差异。正如我国伟大的教育学家孔子说：“少成若天性，习惯成自然。”性格一旦形成，便存在相对稳定性。

(三) 婴幼儿早期教养的紧迫性

2002 年 5 月 8 日，第 56 届联大儿童问题特别会议召开。联合国秘书长呼吁：当今在世界范围内，没有任何一个问题比全球儿童的未来更紧迫、更具代表性，而解决儿童问题的核心力量在于儿童自己，为创造一个更有利于儿童成长的环境，国际社会必须与世界儿童密切合作。

1. 家庭是 0～3 岁婴幼儿早期教养的主要场所

由于我国正规的学前教育不包含 0～3 岁的婴幼儿，3 岁以下婴幼儿入托率很低，90%以上都在家中进行养育。陈鹤琴的家庭教育理论指出：“小孩子生来是无知无识的，不知什么是好，什么是坏。他的一举一动可说一方面受遗传的影响，一方面受环境的约束，受教育的支配。小的时候，环境中最重要的因素是父母，教养中最重要的因素，恐怕也是父母。”陈鹤琴先生认为做父母的应该有一种专门的技能、专门的知识，因而提出：“要重视幼儿家庭教育的科学实验，对幼儿的家庭教育应作为一门科学来研究和推广，普及儿童心理学和学前教育学的知识，使广大家长都能对自己的子女有个正确的培养目标和教育方法。”

2. 父母需要早期教养方法的指导

婴幼儿出生时没带说明书，年轻的父母对婴幼儿的抚养也没有多少经验，有的交给家中老人带着，有的交由保姆照看，抚养人的年龄、文化水平参差不齐，缺少科学喂养的专业知识和正确的教育方法。

早期教育的首要服务就是对家长进行教养经验的指导，让家长通过早教服务获得教养经验。家长们还可以从书籍、网络等渠道获得早教知识，从而可以更好地开发婴幼儿的潜能，与婴幼儿一起学习成长，共同体会成长的快乐。所以，身为家长，要把握好 0～3 岁这一黄金期，对婴幼儿进行科学的早教，这样，婴幼儿才会按照其本身的特点和潜能健康成长。

（四）婴幼儿早期教养的可行性

著名的教育家陈鹤琴先生十分强调早期教育的重要性。他于 1925 年在其著作《家庭教育》自序里说："幼稚期（自出生至七岁）是人生最重要的一个时期，什么习惯、言语、技能、思想、态度、情绪都要在此时期打了一个基础，若基础打得不稳固，那健全的人格就不容易建造了。"因此，他提出"幼稚教育从三岁半开始已经太晚了，不重视幼稚教育，是国家最大的损失"。

1. 早期教养实践的研究

北京的"六婴指导"和"2049 计划"、广州的"0～3 岁婴幼儿潜能开发项目"和上海的"0～3 岁婴幼儿早期关心与发展的研究"，都取得了丰富的成果。如对早教课程的研究，由早教专家分别针对 0～6 月、6～10 月、10～16 月、16～22 月、22～28 月、28～36 月、3～5 岁七个年龄段婴幼儿的特点而开发设计了七学阶课程，包括让婴幼儿通过感官探索来了解因果关系、与他人互动交流、阶段性的体能发育、想象力游戏，以及早期的听力和语言技能学习。每一学阶都运用一些基础而引人入胜的活动，帮助婴幼儿开发智能、社交能力和身体技能。所涉及的课程有婴幼儿手语、艺术、运动乐、环球宝贝、母婴健身坊、音乐、瑜伽乐。

2. 早期教养理论的多元化

0～3 岁早期教育理论汇集众多国际知名教育理论，以皮亚杰心理发展阶段理论、蒙台梭利敏感期理论、布鲁姆发展速率论、加德纳的多元智能概念、维果斯基的最近发展区理论、瑞吉欧方案教学理论、奥尔夫音乐教学理论等理论为基础，进行"本土化"的研究与实践，让婴幼儿在一系列的游戏活动中学习、成长，让婴幼儿在游戏中培养感受力、审美力、创造力、注意力、行为表达力、行动力，培养人格与意志；帮助家长轻松地教好婴幼儿，使婴幼儿的智力水平、个性品质、身体素质、行为习惯、语言能力等在一系列的游戏活动中发展得更快、更好、更全面。

第二节　国内外婴幼儿早期教养实践的发展

早期教育起源于欧美，从 20 世纪 60 年代至今发展很快。世界各国对婴幼儿早期教育日益重视，欧美、日本、港台、东南亚等国家和地区到 20 世纪 80 年代普遍成立了专门的机构面向家庭提供服务，至 20 世纪 90 年代建立了完善的理论和服务体系。

随着世界范围早期教育的研究被介绍到国内，国内的研究也蓬勃兴起，北京、武汉、天津、广州、江苏省等地先后进行相关研究。例如，武汉的 0 岁方案、北京的 2049 计划、天津的 3 岁前婴幼儿教养研究、广州的百婴潜能开发计划、江苏省的科学教育和开发儿童少年潜能研究等。

一、国外婴幼儿早期教养实践的发展

2001 年 9 月联合国大会召开儿童特别会议，会议形成了三点共识：① 每个儿童都应该有一个最佳人生开端；② 每个儿童都应接受良好的基础教育；③ 每个儿童都应有机会充分挖掘自身潜能，成为一名有益于社会的人。联合国儿童基金会执行主任卡罗尔·贝拉米认为任何负责任的政府和个人都应把早期

儿童放在最优先考虑的位置。

(一) 国外早期教育实践

早期教育在发达国家和发展中国家均引起政府和社会各方面的高度重视，它已经成为提高人类文明水平、促进社会进步的重要内容。在21世纪，婴幼儿早期教育已被视为人才培养的奠基工程。

基于早期教育的重要意义，世界各国已纷纷开始行动。美国的“启智项目”的开展始于1965年，该项目为孕前、孕期和产后的妇女提供卫生保健服务，并为婴幼儿营养以及婴幼儿家庭内外的早期教育提供信息。新西兰从1972年开始进行婴幼儿成长跟踪，1993年激活了以前首相名字命名的3岁前婴幼儿发展与教育的国家计划——“普卢凯特计划”。新西兰教育部在《面向二十一世纪的教育》报告中指出“教育必须从出生开始”。秘鲁建立了3岁前的“娃娃之家”工程，专门对3岁前的婴幼儿进行早期教育。加纳有一个以“儿童不能等待”为题的0～6岁儿童发展计划，对该阶段的儿童进行系统的教育。英国则通过“良好开端”计划，把这项工作深入到散居婴幼儿中，作为一种自愿性的组织，它鼓励家长间的相互支持。古巴1992年创办了全国性社区婴幼儿项目，名为“教育你的孩子”，它为婴幼儿举办活动(如上公园、文化场所和体育中心等)，为家庭提供服务(主要是咨询和信息服务)。

从以上国家的实践，我们看到，许多国家已经积累了比较丰富的0～3岁婴幼儿教育经验，形成了比较完善的体系。这标志着政府对优质高效的早期教育工作的重视。下面介绍三种比较有代表性的体系。

1. 美国的“早期开端教育计划”

“早期开端教育计划”(Early Head Start)是由美国政府基金资助的、以社区为基础的、为带有婴幼儿与怀孕妇女的家庭而设置的教育方案。它的使命是提高胎儿出生时的健康水平，促进婴幼儿的发展，促进家庭的健康。

“早期开端教育计划”的主要内容是：促进婴幼儿的身体、社会性、情感发展及智力的发展；支持父母双方发挥他们养育婴幼儿的角色；帮助父母迈向经济上的独立。教育方案提供一定的关键服务，包括：高质量的早期教育(含在家庭之中与在家庭之外的)以及支持服务；家访；为父母提供全面的身体健康与心理健康服务，包括为妇女在怀孕前、怀孕中以及怀孕后提供服务；营养以及婴幼儿保育。

美国的早教观念可谓源远流长，“教育从第一天起”的观念在美国家长心目中根深蒂固。美国教育的最大特点在于“重视体验”多于“知识传授”，强调释放潜能，让婴幼儿在游戏和体验中学习，老师认为教给婴幼儿学习能力比教会他做几道算术题更重要。

2. 英国的“早期教育纲要”

英国国家早期教育纲要(The Early Year Foundation Stage，简称EYFS)是世界最权威的婴幼儿教育标准之一。它是由英国教育部历时12年、以“给父母最好的选择、给婴幼儿最好的开始”为宗旨提出的一个教育方案，此方案在2008年9月被正式纳入英格兰的法制中。EYFS的目标是：给所有0～5岁的婴幼儿提供一个连续的发展与学习体系，使他们在生活中获得更多更好的发展机会，让每个婴幼儿都能在将来成为身心健康、拥有安全感、成功和快乐的人。此方案包括了六个婴幼儿学习领域：① 个性、社会性与情感；② 交流、语言与书写；③ 解决问题、推理与数理能力；④ 对周围世界的认识；⑤ 身体的发展；⑥ 创造力的发展。

3. “北欧模式”——公共托幼服务的发展

在北欧丹麦、挪威、芬兰和瑞典四国中，公共托幼服务发展最早的是丹麦。瑞典后来居上，建立了完善的公共托幼服务网。北欧把托育看成是“成年公民与国家的相互责任(成年公民参与劳动，国家在工作时间为他们育儿)”，而不是“养家糊口的男人与家庭主妇的相互责任(他负责赚钱养家，她负责家务育儿)”。“北欧模式”的特点是：公共提供，平等普及，充分配合父母的工作需要。托儿所和幼儿园的旧有区分被取消了，教育和照顾被规划、融合在同一个托育体系中。

瑞典和丹麦两国托育服务的类型如下表所示。

瑞　典	(1) 全日制的托儿所，招收 1～3 岁婴幼儿； (2) 半日制、有寒暑假的幼儿园，主要招收 4～6 岁幼儿； (3) 开放学前学园，通常有一名幼教老师及一名保育员，提供教育性和社会性的活动，让保姆和育儿的母亲带着婴幼儿随时来参加或提供育儿咨询； (4) 6 岁儿童班； (5) 保姆由乡、镇公所负责甄选及督导。
丹　麦	(1) 托婴中心，招收 6 个月至 2 岁婴幼儿； (2) 幼儿园(托儿学园)，招收 3～5 岁幼儿； (3) 课后托育中心，招收学龄初期儿童； (4) 混合托儿所，招收对象从 6 个月至 6 岁，甚至 10 岁； (5) 共同托育机构； (6) 保姆，负责照看 6 个月至 2 岁的婴幼儿，由地方政府负责甄选和督导。

(二) 国外 0～3 岁早期教养实践的发展趋势

政府的财政投入是促进早期教育发展的一个重要保障和必要条件。OECD(经济合作与发展组织)的教育政策分析指出："发展婴幼儿教育是向终身学习的第一笔投资，是为满足每个家庭更加广泛的经济及社会需要的一项意义远大的政策援助。"必须重视早期教育的发展，增加对早期教育的资金投入。目前，国外早期教养实践呈现以下发展趋势。

1. 更加关注婴幼儿的成长需要

学前期的发展对个人成长有很大影响，为他们及其家庭提供足够的支持可进一步提升人口素质，有利于今后社会的整体发展。在这方面的趋势主要有：树立正确的婴幼儿观，以婴幼儿为本；多种形式的早期教育服务从被动适应教育服务对象需要转变为主动满足教育服务对象需求，有利于为教育服务对象提供及时的、有针对性的和持续的优质服务；以婴幼儿为中心，维护婴幼儿的尊严，尊重和保护婴幼儿的权利，这种"以婴幼儿为本"的理念值得我们学习；关注弱势婴幼儿的发展，如"早期开端"项目给予婴幼儿尤其是弱势婴幼儿前所未有的关注；调动社会各方积极性，扩大0～3 岁早期教育覆盖面。

2. 服务趋向综合化和多元化

0～3 岁婴幼儿教养的服务类型、支持方式和机构是十分丰富多样的，既可以在机构中进行也可以在家庭中展开，可以是短时的看护也可以是正式的教养，父母可以根据自己的情况和需要选择适合的方案。教育方案应具有很强的灵活性，对各种有特殊需要的服务对象与社区，以及社区中每一名婴幼儿和家庭的需要作出反应。务求提供更加灵活、富有弹性和有效的服务，重视发挥非政府机构的作用。

3. 幼儿园、家庭和社区合作共育

家庭是婴幼儿成长的摇篮，加强对家庭的支持及增加家长工作是早期教育重要的一环，加强亲子沟通有助于增强婴幼儿自信心及抗逆力。早期教育服务对象不仅包括婴幼儿，还包括家长；不仅关注婴幼儿是否受到教育，也关注家长接受教育和培训的情况，因为家长是更为直接的学前教育实施者。早期教育强调社区的积极参与。可以说，它调动了社区中一切能够调动的力量，利用了一切可以利用的资源，真正做到了家庭、幼儿园、社区的三结合。

4. 更加注重跨专业、跨界别合作

早期教育机构为婴幼儿提供包括卫生、教育、职业培训在内的全方位服务，同时为家长提供参与社会工作的条件和机会，例如教师、心理学者及医生共同合作，全面评估婴幼儿需要，以多角度、多方法提供支持。

从以上这些各不相同的国外早期教育模式中，我们确实可以看到每个国家、不同文化对于早教的理念差异，而这也印证了早教没有最好的模式，更没有固定的某一种模式，不同的教育体系会培养不同特点的公民。

二、国内婴幼儿早期教养实践的发展

0～3岁的教育已正式受到国家重视。目前中国还未立法规范0～3岁早教市场的运作模式,但已有初步规划和地区推广的动作。2005年9月上海出台早教政策,这是国内首个政府教育政策,并开始推动全民早教计划,从此早教不再是上兴趣班一样可有可无的学习,而是每个婴幼儿必需的学习,是家长的责任与义务。上海市已经制定早期教育管理条例,鼓励民间资本进入早教行业,政府雇员子女可报销0～3岁早教费用。经过媒体(电视、杂志、网络等)的宣传,民众对早教已有足够认识。北京市政府已将0～3岁的教育列为北京市"60件为民办实事"之一,并拨款给幼教单位开办0～3岁亲子班。北京由妇联牵头组织的社区教育的研究,以幼儿园为阵地,对社区内3岁以下的婴幼儿建卡,教师定期上门指导,使3岁以下婴幼儿家长受教育率达100%。

(一)国内早期教养实践

1. 北京0～3岁婴幼儿早期教养的发展

1995年,北京市妇联等单位联合推出"人生第一年——北京六婴成长跟踪指导行动"。该行动在北京市内随机选取6个刚刚出生的"元旦儿",专家在婴幼儿出生后的前三个月每周一次、以后每月两次上门跟踪指导,向父母普及适合婴幼儿发展特点的个性化的实用育儿知识和技能,家长也都严格按照要求去做,使这些出身工人、个体户等家庭的婴幼儿到1岁时,平均智商在130以上。该项目获两项国家级大奖。

(1) 立法推进。1998年,全国妇联家庭教育学会、国家计生委生殖保健协会、中国妇婴保健中心、中国儿童卫生保健中心、北京幸福泉儿童发展研究中心等单位联合发起"中国婴幼儿潜能开发——2049计划",即百万婴幼儿潜能开发跟踪指导计划。其具体内容是从当年起到2000年底,在全国范围内,以滚动方式跟踪指导100万名0～3岁的婴幼儿,将营养、保健、心理、教育等多学科的知识与技能综合起来,对年轻的父母进行全面的育儿指导,充分、和谐地开发婴幼儿的身心潜能。

2001年,《北京市学前教育条例》在北京市第十一届人民代表大会常务委员会第二十七次会议上通过。该条例将0～3岁婴幼儿教养纳入法规实施,成为全国第一个学前教育地方法规。该条例从法律上规定接受学前教育的年龄从3～6岁向下延伸到0岁,它规定了北京市倡导和支持开展3周岁以下婴幼儿的早期教育,标志着社会教育理念的重大突破。早期教育应当受到政府、社会、学前教育机构和家庭的普遍重视,发展婴幼儿早期教育应该是我国政府继控制人口数量之后,着力提高人口素质的一项重要的奠基工程。

2003年编制了《北京市0～3岁教养大纲》,0～3岁婴幼儿早教工作正式纳入北京市教育部门行政管理的范畴。北京市教委有专人负责此项工作,市教科院下设早期教育研究所,负责学前教研、科研,共有10多个编制。围绕0～3岁婴幼儿早期教养的课题研究有"社区早期教养的研究"和"在普通学前教育机构中进行早期干预的研究"等。

(2) 建设基地

① 在北京市区建设区婴幼儿早期教养示范基地,实施民心工程。2003年北京市教委下发了《关于加强社区儿童早期教养示范基地建设的通知》,旨在加强对社区婴幼儿早期教养基地的示范、领导和管理,要求社区在开发婴幼儿早期教养基地方面更好地发挥示范和辐射作用,让城镇地区0～3岁婴幼儿的受教育率达到90%。这些社区婴幼儿早期教养示范基地依托幼儿园,经过专门改造,配备3岁以下婴幼儿专用活动教师和户外活动平台,提供适宜的玩具和各种设施,配置专职工作人员。

② 市教委和市卫生局联合印制了"北京市0～3岁儿童免费教育卡"。为使北京市所有0～3岁婴幼儿均享有受教育的机会,2006年北京市发放了"0～3岁儿童免费教育卡",开展了0～3岁婴幼儿到早期教育示范基地接受免费教育工作,持卡婴幼儿可到北京市、区县早期教育示范基地(以下简称"早教基地")参加两次免费教育活动。并发文件要求市、区县早教基地认真承担起免费接受持卡婴幼儿家长参加

早教活动的任务，树立开放办园的思想，热情为社区家长服务，做到零拒绝。各早教基地的联系电话要确保每日有人接听，并热情耐心地接受家长咨询和活动时间预约，保证预约的婴幼儿家长参加免费早教活动。"北京市0～3岁儿童免费教育卡"活动将纳入市、区县教委对市、区县早教基地的动态管理中，作为考核市、区县早教基地的重要内容之一。另外，提出采取多种形式开展早教活动，可以开展早教讲座、早教咨询、亲子活动、入户指导等多种形式的活动，切实保证免费教育活动质量，不走过场。

③ 依托社区，联手社区，多种形式服务于社区。基地与社区加强联系，召开街道办事处妇联、计划生育负责人及各社区的书记、主任专题联席会，与街道签定"共建学习型社区"协议书，共同做好0～3岁婴幼儿早期教养指导服务工作。基地请街道对所管区域进行划片，确定基地的服务范围，通过问卷调查社区婴幼儿家长的需求，请居委会发放活动卡，宣传早教基地的活动内容，对参加活动的婴幼儿登记造册。

2. 上海0～3岁婴幼儿早期教养的发展

在上海，早在1999年就初步形成了社区、机构与家庭三位一体的多方位和多形式的社区学前教育模式，满足了学前婴幼儿受教育的需求。

(1) 科研引路。上海市教委于2000年初组织了上海市教育科学研究院、华东师范大学、上海市儿童保健所、上海市儿童医学中心、各区县幼儿园、托儿所等单位协同作战，成立了"0～3岁婴幼儿早期关心与发展的研究"课题组，通过大量的研究和实验，发现和积累了0～3岁婴幼儿教育的有效经验，并对这些经验进行了理论概括，发展了新的育儿理念，同时培养并形成了0～3岁婴幼儿教养研究的骨干队伍。

上海努力推进0～3岁早期教养的多样化发展，满足不同类型的服务需求。一是以现有的婴幼儿教育为依托，发展机构教养，在幼儿园附设早教中心，着力培养专业人员和提供专业技术指导。二是努力推进家庭教养指导。家长在带养婴幼儿的过程中，会面临各种不同的问题，对专业化的需要有各种不同的层次差异，需要得到多样化的支持。特别是注重为全日制工作的母亲提供指导服务，解决带养中的问题。开展育婴师的培训，鼓励和吸纳社会人士从事社区0～3岁早期教养指导工作。组织引导心理、教育、医护等方面专业人员成立社区志愿者队伍，开展志愿咨询服务，共同推进0～3岁早期教养事业蓬勃发展。

(2) 政策指导。上海继第一个关于学前教育的地方性法规《北京市学前教育条例》之后，颁布了沪教委基〔2004〕9号文件《关于推进0～3岁散居儿童早期教养工作的意见》，明确了"普遍得到科学育儿指导"的含义：95%以上自出生到3岁的婴幼儿的家长和看护人员每年接受4次以上有质量的科学育儿指导，在社区早期教育指导机构内有婴幼儿的家长及看护人员接受指导的记录，另外对科学育儿指导的内容、指导工作的管理、运行机制作了明文规定。2008年，上海市教育委员会向各区县教育局、托幼办等下发了《上海市0～3岁婴幼儿教养方案》，为上海积极开展0～3岁婴幼儿的早期教养工作、提供早期保育和教育服务指明了方向。

上海市教委2007年在布置基础教育工作时，明确指出要推广早期教育研究成果。采取的措施有：深入研究0～3岁早期婴幼儿教育，修订《上海市0～3岁婴幼儿教养方案(试行)》，进一步提升婴幼儿早期教育指导工作的科学性；召开早期教育工作现场交流会，推广早期教育研究成果和先进经验；建立和健全区域早期教育指导网络，使本市常住人口中95%以上的0～3岁婴幼儿家长和看护人员每年能接受4次以上的早期教育指导；近年来，针对全市早期教育发展，多次发文，提出了许多指导性的意见。

(二) 国内0～3岁早期教养的发展趋势

全面推进0～3岁婴幼儿早期教养工作，大力提高家长和看护人员科学育儿的水平，突出早期教养的公益性、普惠性导向，构建0～3岁婴幼儿早期教养公共服务体系。0～3岁婴幼儿早期教养坚持"政府主导、立足公益、专业引领、强化服务"的方针，积极开展形式多样的早期教育，构建较为完善的工作机制和体制，努力为0～3岁婴幼儿及其家长、看护人员提供有效的专业指导和服务，促进0～3岁婴幼儿快乐健康成长。

1. 政府主导

(1) 加强政策配套。各级人民政府加强对0～3岁婴幼儿早期教养的领导和管理，要把早期教育纳入经济、社会发展的总体规划，把早期教育作为实事工程来建设。要制定完整的政策法规，明确早期教育的地位、内容、政策依据及政府、社会、家庭各自的责任。

(2) 加大政府投入。公共服务是为全社会提供的基本的、非营利性的服务，政府应该为发展 0～3 岁婴幼儿早期教养事业提供必要的经费保障。政府应在增加教育总经费的同时，及时调整公共财政对发展教育的支出结构，设立 0～3 岁婴幼儿早期教养专项经费，以财政拨款为主、多渠道筹措为辅，根据实际需要与可能，确保对 0～3 岁婴幼儿早期教养发展经费的需要。其中为保证 0～3 岁早教工作人员队伍的稳定，要确保一定数量的早教工作人员的编制，维护早教工作人员的合法权利，在职称评定、在职培训、社会保险、工资收入等方面享受与其岗位相适应的各项待遇，并建立必要的激励机制，关心育婴人员待遇的提高和考核奖励。

(3) 加大统筹。在政府的领导下，建立由教育、卫生、妇联、计生和物价等多部门参与的学前教育工作联席会议制度，每年定期召开联席会议，各部门各司其职，分工明确，加强协作与沟通，共同研究本地区 0～3 岁婴幼儿早期教养工作的现状，解决早教工作中出现的问题，及时总结经验，确保 0～3 岁婴幼儿早期教养工作稳步、健康、优质、高效发展。各部门之间的关系如下图所示。

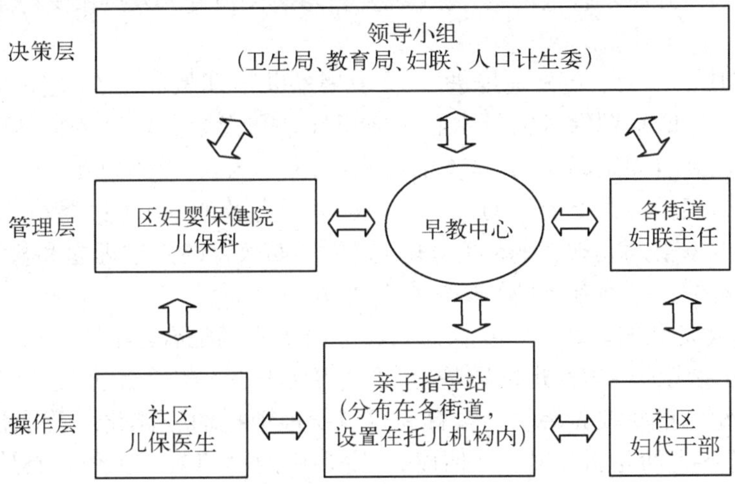

(4) 建立督导检查评价制度。把"0～3 岁婴幼儿早期教养"纳入地方基础教育体系，意味着同时必须要把早教工作纳入教育督导部门的工作计划。这就需要政府教育督导机构及时针对这一新的领域制定督导评估的标准和办法，建立稳定的早教工作督导制度，开展有序的督政、督学活动，加强对公、民办早教机构资源的配置、经费的投入与使用、教育质量和办园水平、队伍建设和人员待遇的专项督导，但重点应放在督政上，通过督政促进各级政府承担好构建 0～3 岁婴幼儿早期教养公共服务体系的主要职责，促进早期教育事业的健康发展。

2. 立足公益

(1) 构建正规与非正规结合的社区早期教育服务网络。为了能给社区婴幼儿家长提供更多的有关教育与发展的信息指导，管理部门需充分发挥不同层次、不同类型的早期教育机构的优势，努力拓展面向社会的教育与服务功能，形成一支专兼职相结合的从事 0～3 岁早期教养工作的专业人员队伍。0～3 岁婴幼儿早期教养公共服务体系的建立是政府在早期教育事业发展中不容推辞的责任和义务。在建构的过程中，政府应扮演好掌舵者的角色，调动社会各方面参与公共管理的积极性，创造社会各方面、教育及相关机构共同合作的氛围和机制，既发挥政府对早期教育事业发展的主导作用，也体现政府在 0～3 岁婴幼儿教养指导服务方面的适度放权。

0～3 岁婴幼儿早期教养公共服务具有教育性、公益性、福利性和创新性，为了整个国民素质的提高，为了公平教育，为了让所有 0～3 岁婴幼儿均享有受教育的机会，北京、上海等地，由政府出资，向所有 0～3 岁婴幼儿发放免费的早期教育卡。有条件的地区通过建立早期教育卡，使 0～3 岁婴幼儿及其家长、看护人员接受早期教育指导率达 100%(接受早期教育指导是指 0～3 岁婴幼儿及其家长和看护人员每年接受 4 次有质量的科学育儿指导)，2 岁婴幼儿入托、入园率达 60%，全市市镇、中心幼儿园托班开设率达 100%，由亲子园试点逐步走向 100%的幼儿园均开设亲子园。

(2) 落实入户指导服务。由妇保人员和计生指导员结合产后访视和随访服务，对 0～12 个月的婴幼儿和家长以及看护人员开展一年两次以上的上门入户科学育儿服务与指导，并免费发放早教宣传资料。

(3) 实行普惠性体验式教养服务。重点利用市(县)区、街道(镇)和社区(村)公共服务阵地举办的早教机构和社会力量举办的早教机构，为辖区内 13～36 个月散居在家的婴幼儿，提供一年 6 次以上有质量的免费体验性计时制教养服务。

(4) 开展市场化机构教养服务。由社会力量举办早教机构，重点发展 13～36 个月婴幼儿的全日制(含半日制)教养服务，实行家园共育，形成科学教育的合力，共同促进婴幼儿全面发展、健康成长。计时制早教机构重点发展特色化的教养服务。

(5) 普及科学育儿知识。主要托依市(县)区、街道(镇)、社区(村)人口学校、家长学校以及各类早教机构，采取集中授课、专家讲座等形式，重点向 0～3 岁婴幼儿家长及看护人员免费传授科学育儿知识。同时，要积极利用各种媒体开展早教宣传，努力实现婴幼儿家长和看护人员接受科学育儿指导的全覆盖。

3. 专业引领

(1) 设立早教指导中心。为了更好地推进 0～3 岁婴幼儿早期教养工作，应建立健全早教工作网络，设立"早期教育指导中心"和"早期保育指导中心"(或指导站和指导点)，以负责本地区 0～3 岁婴幼儿早期教养推进工作，努力做到有固定场所、有基本的设施、有专门人员，基本满足 0～3 岁婴幼儿和家长多样化的学前教育服务需求，逐步形成上下联动、协调一致、灵活有效的 0～3 岁婴幼儿早教服务网络。早教指导中心应加强对 0～3 岁婴幼儿教育的研究，积极宣传早期教育的先进理念和科学方法，开展多种形式的早教指导，为家长或看护人举办有质量的科学育儿讲座。

(2) 办好托幼一体化幼儿园。教育、卫生、妇联等部门要协调配合，集中力量办好一批托幼一体化幼儿园。各级各类幼儿园要成为科学育儿指导基地，采用开办托班、亲子活动、送教上门等方式，积极开展形式多样的 0～3 岁婴幼儿早期教养活动。教育局要组织推动托幼一体化示范园建设、评比工作。各地要积极倡导和大力支持各类幼儿园开展灵活便捷、丰富多样的早期教育工作。具体形式分两类：省和市优质幼儿园(含省示范性实验幼儿园)要根据现有条件积极开设托班或亲子园，在开展 0～3 岁婴幼儿早期教养实验、保证 0～3 岁婴幼儿及其家长接受早期教养指导方面发挥示范和辐射作用；农村地区要以乡镇中心幼儿园为主阵地，通过请家长和婴幼儿走进中心园、中心园教师送教到村等方式，保证辖区内 0～3 岁婴幼儿能接受良好的早期教育。

总而言之，各级各类幼儿园要充分利用社区和本园资源，采用开办托班、亲子活动、专家咨询、网上查询、热线电话、资料宣传、送教上门、育儿沙龙等方式，积极开展形式多样的 0～3 岁婴幼儿早期教养活动，努力成为面向社区的科学育儿指导基地，不断提高家长科学育儿水平，提升 0～3 岁婴幼儿早期教养的工作质量。

(3) 鼓励社会团体和个人举办早教机构。管理部门要积极鼓励社会团体和个人举办早期教育机构，引导社会公益力量开办亲子园、托儿所等，同时加强对民办早教机构的扶持、管理和督导，不断提高早教水平，满足区域内家长对早期教育多元化、多层次的需求。

(4) 提高婴幼儿早期教养人员专业素质。着力提高 0～3 岁婴幼儿早教从业人员队伍专业化水平，要根据 0～3 岁早期教养发展需要，通过多种形式使 0～3 岁婴幼儿早期教养从业人员持证上岗。各地要制订《0～3 岁婴幼儿早期教养从业人员培训规划》，构建培养培训机制，采取有效措施，建设一支适应 0～3 岁婴幼儿早期教养发展需要的师资队伍。特别要建设一支数量大、层次高、能力强、后劲足的兼职人员队伍，从而形成一支相对稳定的早教队伍。各地师范学校在幼师课程中要增加 0～3 岁婴幼儿早期教养的内容。在园幼儿教师要逐步实行持双证(幼儿教师证和育婴师证)上岗。同时还要建立一支热心于 0～3 岁婴幼儿早期教养工作的志愿者队伍，多渠道提高与 0～3 岁婴幼儿早期教养相关的其他人员(如家长、咨询人员、保健人员、志愿者、社区管理人员等)的素质,为提高0～3岁婴幼儿早期教养质量奠定基础。

4. 强化服务

构建0～3岁婴幼儿早期教养公共服务体系的主要目标是通过努力,形成以各类早期教育机构为主干,以所在社区为依托,为社区内0～3岁婴幼儿提供多种形式的早期教育,并对其家庭提供教育指导的公共服务平台。

(1) 优质早期教育公共服务平台需具备的三个条件。一是能为辖区内的全体0～3岁婴幼儿的健康成长服务,毫无疑义,应该包括外来打工人员子女、残疾婴幼儿等。二是提供的服务内容形式多样化,方便辖区内居民,如可以为每一个新生儿家庭免费发放“家长必读”、利用教育电视台和城域网开设早期教育电视专题节目及可以互动的网络平台、继续开展送教下乡和早期教育志愿者活动、积极开发早期教育课程等。三是切实落实了公共服务的保障性措施,如对早期教育机构有资格、质量认证制度,对育婴师、幼儿教师有培养培训制度,对婴幼儿所用玩具、食品、用品、服装等有安全、质量的监察制度等。

(2) 努力推进0～3岁早期教养的多样化发展,满足不同类型的服务需求。一是以现有的幼儿教育为依托,发展机构教养,在幼儿园附设早教中心,着力培养专业人员和提供专业技术指导。二是努力推进家庭教养指导。家长在带养婴幼儿的过程中,会面临各种不同的问题,对专业化指导的需要有各种不同的层次差异,需要得到多样化的支持。特别是注重为全日制工作的母亲提供指导服务,解决带养中的问题。比如,提供计时性的集体游戏活动,弥补由于祖辈老人带养而游戏和运动不足的问题;开展节假日婴幼儿专题活动,给予家长咨询、交流的机会等。

(3) 积极开展多种形式的0～3岁婴幼儿早期教养活动。开展0～3岁婴幼儿早期教养活动,要坚持科学指导、专业引领、规范操作、形式多样。各地、各早教机构要遵循婴幼儿成长规律,按照《0～3岁婴幼儿教养方案(试行)》,科学有序地开展早期教养活动。要加强对早期教养的科学研究和专业指导,坚决防止超越婴幼儿身心发展特点、违背教育规律的错误做法,切实推进早期教育的科学化、系统化和规范化发展。

资料链接

苏州市政府推进0～3岁科学育儿工作

为进一步贯彻落实市委、市政府两办《关于印发〈苏州市全面推进0～3岁科学育儿工作意见〉的通知》精神,推进0～3岁科学育儿指导服务体系建设,倡导和培育0～3岁婴幼儿家庭自觉参与意识,营造全社会关心重视婴幼儿早期发展的良好氛围,确保在“十二五”期末,家长及带养人员接受科学育儿指导服务全覆盖,婴幼儿体验服务全覆盖。经研究,在古城区实行0～3岁科学育儿公共指导服务券制度,现将有关事项通知如下:

一、指导思想与原则

牢固树立和落实科学发展观,以优先投资于人的全面发展为目标,着力提高出生人口素质。坚持公办机构为主、多元投入为补充,公益推动为主、市场运作为补充,政府引导为主、社会家庭参与为补充的原则,面向辖区内的0～3岁婴幼儿、家长及带养人员,进一步倡导优生优育,普及科学育儿知识,提供免费或低偿0～3岁科学育儿公共指导服务,促进家庭幸福与社会和谐,为我市经济社会的可持续发展、加快“三区三城”建设创造良好的人口环境。

二、购买对象与范围

符合生育政策的0～3岁婴幼儿家庭,凭身份证、户口簿到户籍所在地社区计生服务窗口,非户籍人口凭身份证、《非户籍人口计划生育管理服务卡》到现居住地社区计生服务窗口,领取4张0～3岁科学育儿公共指导服务券,每券可在婴幼儿0～3岁期间到指定的苏州市0～3岁科学育儿示范基地或中心免费体验和培训一次。免费体验和培训内容由苏州市级专家指导组根据婴幼儿的年龄段统一设计制定。

三、购买经费与管理

各区按现行财政管理体制，根据辖区内目标人群数量，安排一定资金用于购买0～3岁科学育儿公共指导服务。为确保政府实事工程顺利推进，市人口计生委、市财政局根据现行的财政体制，在人口计生事业经费中安排一定数量的资金用于保障平江、沧浪、金阊辖区范围内购买0～3岁科学育儿公共指导服务。

各区人口计生部门与相应的0～3岁科学育儿项目点签订公共指导服务协议，监督检查指导服务质量，并按时评估购买公共指导服务产品。承担0～3岁科学育儿公共指导服务的项目点应按统一教学大纲安排相应课程和培训，确保科学育儿指导服务的质量，并低偿提供其他相关服务，以充分体现公益性。

0～3岁科学育儿公共指导服务券由市人口计生部门统一印制，各辖区社区计生工作人员负责登记后发放。签订公共指导服务协议的0～3岁科学育儿项目点，凭体验登记记录，每半年(1月15日、7月15日)与相应的区人口计生部门结算一次，结算标准为25元/券，政府为每户0～3岁婴幼儿家庭埋单4次体验课程(即100元)。市级财政根据服务数量和质量按比例予以补贴。

本制度从2011年7月1日起施行。

各市、吴中、相城、园区、新区根据本地实际情况，制定相应办法。

附件：

1. 苏州古城区0～3岁科学育儿公共指导服务免费体验项目点

2. 苏州市0～3岁科学育儿公共指导服务免费体验参考课程

苏州市人口和计划生育委员会

二〇一一年六月十三日

练习与思考

1. 理解婴幼儿发展与早期教养的概念。
2. 理解婴幼儿发展与早期教养的意义。
3. 了解国外婴幼儿发展与早期教养实践和发展趋势。
4. 了解国内婴幼儿发展与早期教养实践和发展趋势。

参考文献

1. 张民生. 0～3岁婴幼儿早期关心与发展的研究[M]. 上海：上海科技教育出版社，2007.

2. 中国福利会托儿所. 走进亲子苑：多边干预的早教模式[M]. 上海：中国福利会出版社，2008.

3. 章一中，魏祖成. 叩开零点之门：江苏省无锡市“03早教”区域推进研究[M]. 上海：上海科技教育出版社，2006.

4. 万迪人，谢庆. 0～3岁婴幼儿早期教育事业与发展[M]. 上海：复旦大学出版社，2011.

5. 程淮. 婴幼儿潜能发展的理论探索与实践[M]. 北京：北京师范大学出版社，2009.

（盘海鹰编写）

人出生后头三年的发展，在其程度和重要性上，超过人整个一生中的其他任何阶段……从这一点上来讲，我们可以把这三年看做是人的一生。儿童是人生的另一极。

——蒙台梭利

第二部分
发　展　篇

发展，对婴幼儿来说，主要是指身体与心理能力（包括动作、思维、感觉、情感和社会性等方面）的变化和进步。

0～3 岁婴幼儿早期发展的特殊性在于它是许多心理现象发生和发展的起始阶段。在这个阶段，只要尊重婴幼儿生命自然成长的规律，实施科学保育，并进行科学教养，合理激发他们的身心潜能，就能促使他们健康成长。

“发展是在生理成熟与新经验的获得中实现的。”对生命初期的个体发展来说，成熟是一个重要的前提，因而，我们必须尊重婴幼儿的成熟时间表。

第二章　婴幼儿年龄分段及教养要点

婴幼儿处于生长发育的动态变化过程中，各系统器官逐渐长大发育成熟，功能也愈趋成熟，故不同年龄阶段婴幼儿的解剖、生理、病理等都各有其特点。

在我国，不同学科对婴幼儿的年龄界定也不一致。我国学者根据个体身心发展的各个不同时期内的综合主导活动、智力和个性特征，一般将个体划分为如下阶段：乳儿期(0～1岁)；婴儿期(1～3岁)；幼儿期(3～6、7岁)；童年期(6、7～11、12岁)；少年期(11、12～14、15岁)；青年期(14、15～25岁)；成年期(25～65岁)；老年期(65岁以后)。

本教材从优生、优育、优养、优教的角度探讨0～3岁婴幼儿早期发展，婴幼儿生长发育是连续不断的动态变化过程，但不同年龄阶段的婴幼儿在解剖、生理、病理及心理、社会等方面的特点又有很大的差异。为更准确地评估婴幼儿的生长发育，并给予适当的预防疾病和促进健康的措施，将3岁以前婴幼儿分为以下四个阶段：胎儿期、新生儿期、乳儿期、婴儿期。

第一节　胎儿期

一、胎儿期概况

从精子和卵子结合到婴幼儿出生，约40周，统称为胎儿期。最初2周受精卵细胞不断分裂长大(称胚卵期)，胎龄2～8周内各系统组织器官迅速分化发育，基本形成胎儿，故怀胎最初8周为胚胎期(或成胚期)，是婴幼儿生长发育十分重要的时期，如受内外因素影响，发育受阻，可引致各种先天畸形。8周后至出生为胎儿期，各器官进一步增大，发育逐渐完善，胎儿迅速长大。胎龄满37周后出生的婴幼儿为足月儿。

孕妇从受孕到分娩共需40周，通常以4周为1个妊娠月，故有“十月怀胎”之说。实际上“胎儿期”常分为以下三个阶段。① 妊娠早期：从受精卵形成至未满12周，称为“胚胎期”，这一阶段是从产生受精卵细胞——“合子”，到基本形成胎儿、可分辨出外生殖器；② 妊娠中期：自13周至未满28周，此期胎儿各器官迅速成长，功能也渐成熟，但在20周前体重小于500 g，肺未发育好，如早产不能成活，从20周至28周肺泡逐渐发育，28周后体重约1 000 g，早产者大多可存活；③ 妊娠晚期：自满28周至出生，此期胎儿以肌肉发育和脂肪积累为主，体重迅速增加。

资料链接　**胎儿的成长发育**

妊娠月	身长(cm)	体重(g)	发育情况
第1个月	1	—	初具胎形
第2个月	2.5	1～3	人形已具，头面显现

续 表

妊娠月	身长(cm)	体重(g)	发育情况
第 3 个月	7.5	15	骨架形成,手足显现
第 4 个月	15	100	胎盘形成,男女可辨
第 5 个月	20~25	250	骨骼肌肉开始发育,大脑发育,胎心跳动,毛发萌生
第 6 个月	30	600	长出胎毛,脸孔显现,有呼吸运动,常常变换体位
第 7 个月	35	1 000~1 200	皮肤红色,眼裂分明
第 8 个月	40	1 500~1 700	皮下脂肪增多,有呼吸功能、胃肠吸收功能、体温调节功能,但都较差,应避免早产
第 9 个月	45~47	2 000~2 300	全身丰满,生命力增强,渐趋成熟,男童睾丸下降至阴囊
第 10 个月	50	3 000~3 200	胎儿完全发育成熟,长出指甲,头发长 2~3 cm,皮肤粉红光润,手脚肌肉发达,有活力,内脏神经功能已相当完善,跃跃欲生

二、胎儿期教养要点

(一) 胎儿期的特点

1. 生长发育迅速

胎儿期组织、器官生长迅速,在 280 天内从受精卵发育至身长大约 50 cm、体重约 3 kg 的新生儿,大脑皮层也基本形成。

2. 对内外环境影响敏感

胎儿完全依靠妈妈而生存,在生理上较脆弱,特别容易受内外环境因素的影响,如怀孕妈妈营养不足、患病(病毒感染)、乱服药物、吸烟或酗酒、接触放射线、生活环境被污染、有精神或心理创伤等,均可导致腹中胎儿生长发育障碍,出现死胎、流产、死产、早产或心、脑等器官畸形等后果。因此,加强孕期保健和胎儿保健十分重要。

(二) 胎儿期保健措施

1. 胎儿保健从受孕开始就必须重视

孕妇应注意妊娠期卫生和营养。生活要有规律,心情要舒畅,劳逸要适宜。有充足的睡眠和休息,经常洗澡,勤换内衣,服装要宽大,注意乳房卫生。同时,在妊娠头 3 个月或末 2 个月应避免性生活。

2. 加强营养,合理安排

孕妇必须注意全面营养,保持合理、平衡的膳食。胎儿早期要补充叶酸和碘,孕末期多吃含蛋白质、维生素丰富的食品,但也要适当,不宜吃过多脂肪。如果胎儿过大,尤其是第一胎,容易造成分娩困难。要少吃或不吃刺激性食物,如浓茶、咖啡、辣椒等。

3. 慎用药物

某些药物会通过胎盘进入胎儿体内,妨碍胎儿发育。孕妇需要用药时,必须在医生指导下进行。特别是在怀孕头 3 个月,医生用药需持慎重的态度,孕妇不要擅自服药。不要接触有毒有害化学物,避免放射线,积极预防病毒感染性疾病,尤其是怀孕头 3 个月更需要预防风疹病毒感染。

4. 定期进行产前检查

通过定期检查,可及时判明母子健康状况,及时进行卫生和营养指导,防止和纠正母(子)妊娠期(胎儿期)疾病,确保胎儿正常出生。

5. 保持愉快情绪

奥地利医生曾将 141 名孕妇的不同情绪类型分为四类,跟踪观察孕妇的不同情绪对胎儿的影响,结果发现:① 理想的母亲——孕期情绪安稳,分娩顺利,新生儿健壮;② 灾难的母亲——孕妇对生育持消极态度,早产率高,新生儿体重轻,心理上不安定;③ 矛盾的母亲——既爱孩子又不想接受孩子,所生新生儿大多在行为和胃肠方面有毛病;④ 冷酷的母亲——因各种原因不愿有孩子,新生儿大多反应冷淡,精神不振。这说明孕妇的不良情绪在整个孕期对胎儿均会产生不良影响。

(三)胎教

胎儿具有惊人的能力,为开发这一能力而施行胎儿教育,近年越来越引起人们的关注。美国著名的医学专家托马斯的研究结果表明,胎儿在 6 个月时,大脑细胞的数目已接近成人,各种感觉器官趋于完善,对母体内外的刺激能作出一定的反应。这就给胎教的实施提供了有力的科学依据。

广义胎教是指为了促进胎儿生理上和心理上的健康发育成长,同时确保孕产妇能够顺利地度过孕产期所采取的精神、饮食、环境、劳逸等各方面的保健措施。因为没有健康的母亲,将不会出生强壮的婴儿。有人也把广义胎教称为"间接胎教"。狭义胎教是指根据胎儿各感觉器官发育成长的实际情况,有针对性地、积极主动地给予适当合理的信息刺激,使胎儿建立起条件反射,进而促进其大脑机能、躯体运动机能、感觉机能及神经系统机能的成熟。换言之,狭义胎教就是在胎儿发育成长的各时间段,科学地提供视觉、听觉、触觉等方面的教育,如光照、音乐、对话、拍打、抚摸等,使胎儿大脑神经细胞不断增殖,神经系统和各个器官的功能得到合理的开发和训练,最大限度地发掘胎儿的智力潜能,达到提高人类素质的目的。从这个意义上讲,狭义胎教亦可称为"直接胎教"。所以,胎教是以临床优生学与环境优生学相结合的实际具体措施。

1977 年美国妇产科专家凡德卡首创世界第一所胎儿大学,他认为从怀孕 5 个月起,孕妇就可以对胎儿进行教育,目的是使胎儿在机体和精神方面得到健康发展,从而为以后婴幼儿学习知识、适应社会奠定良好的基础。他要求孕妇和丈夫一起参加胎教活动,这不仅能加深夫妇关系,而且对胎儿以后的发展也具有良好的作用。"大学"的课程有运动、音乐和语言三门。课程从妊娠第 5 个月开始,每天两节课,每节课 5 分钟,每次开始上课前,母亲用手轻拍胎儿足踢的地方,并告诉胎儿:"好孩子,现在上课了。"

1990 年和 1993 年,我国一些城市的妇产医院也相继开办了"胎儿大学",如南京妇产医院自 1993 年 2 月开始创办"胎儿大学",至今已经积累了近 20 年的经验。孕妇可以根据自己的情况和别人的推荐,有选择地让自己的胎儿就近接受"教育"。如果你对当地"课本"有针对性地进行"自修"学习,你的胎儿照样可以圆满完成"学业",领取"胎儿大学"的"学位证书"。

资料链接

胎教的几种具体方法

胎教的方法有很多种,可根据不同具体情况实施。

1. 音乐胎教

这对胎儿智力开发有特殊的功能。音乐是孕妇与胎儿建立感情联系的纽带,温柔、动听、悦耳的轻音乐,能使母亲得到美的享受,给胎儿以安宁感,可使胎儿心律平稳,对胎儿大脑发育是个良好的刺激。神经生理学者认为,优美健康的音乐,能促进孕妇分泌酶和乙酰胆碱等物质,能调节孕妇血流量、使神经细胞有兴奋作用,从而改善胎盘供血状况,促进胎儿发育。

2. 语言胎教

胎儿不断接受语言波的信息,使其在空白的大脑上增加"音符"。优美的语言像花朵一样美丽,它不但可以刺激胎儿的大脑和生长发育，而且可使孕妇自身调节，进入愉快和宁静的状态。怀孕后期胎儿已具备了听力和感觉能力，对父母的言行会作出一定的反应，而且出生后在脑子里形成了记忆。父母与胎儿对话时，可以采用胎教器具，如话筒，这样既增加了生动的形象，又得到了美好的享受。

3. 抚摸胎教

胎儿不仅需要父母亲的语言、优美的乐曲，而且还需要父母的肢体接触。通过抚摸胎儿，把信息输入胎儿体内，引起大脑的刺激。刺激越频繁，越能使胎儿产生记忆，智力得到开发。抚摸的方法是：孕妇仰卧在床上，全身放松，用手来回在腹部抚摸胎儿，每天做2～4次，每次5分钟。一边抚摸，一边与胎儿讲话，以增加母亲对胎儿的关心和爱护。未来的父亲也应该抚摸胎儿，并告诉胎儿是父亲在抚摸。

第二节 新生儿期

新生儿期是指出生后脐带结扎开始至出生后的28天内，新生儿特指未满月的或出生至28天的婴幼儿。

一、新生儿期概况

新生儿的眼睛除了偶尔睁开一会儿，大部分时间是闭着的，不久以后，他的眼睛睁开的时间会稍长一点，他通常会被周围色彩鲜艳、对比鲜明的结构或形状所吸引。新生儿时期感知觉很敏感，还有一些特有的反射行为。

二、新生儿期教养要点

（一）新生儿期的特点

软弱、娇嫩是新生儿解剖生理上的突出特点，但是他生长发育非常迅速。

1. 身体特点

新生儿的体型很特殊，头大，身长，四肢短。头约占整个身高的1/4(成人为1/8)，腿约占1/3(成人为1/2)。这种体型决定了新生儿不便活动。随着年龄的增长，身体各部分才逐渐协调起来。

新生儿出生时身高约为50 cm，体重为3～3.5 kg。出生后几天，体重略有减轻，第二周开始恢复，以后体重迅速增长。

新生儿的皮肤常呈红色，而且有些皱，像个“小老头”。随着肌肉的丰满，皱纹很快消失，皮肤也逐渐变白。新生儿皮肤比较嫩，很容易受损伤。

新生儿的骨骼非常软弱，构造与成人不同，所含无机盐少，水分多，血管丰富，所以弹性较强，硬度不足，不易折断，但易弯曲。很难支持身体动作，甚至支撑不住头的重量。当然，这与新生儿肌肉柔弱无力也有直接的关系。

新生儿的内脏器官也没有发育成熟。呼吸微弱，心跳很快，消化与体温调节机能也不完善。

总之，新生儿比小动物维持生命的能力差得多。有许多动物刚出生就可以离开父母亲自己生存，而小孩子离开成人的照顾就不能生存。新生儿需要成人的精心照料。对他们的饮食起居应该特别细心安排。要让新生儿吃好、睡好，注意保暖和清洁卫生。父母亲或负责照料新生儿生活的其他人，应该在新生儿出生之前就学习关于科学育儿的知识，以减少这位新成员给家庭带来的忙乱，帮助新生儿度过生死存亡的一关。

2. 生长发育

新生儿体重增长是胎儿宫内体重增长的延续。出生时体重与宫内营养状况、新生儿的胎次、胎龄、性别有一定关系，出生后则与营养或疾病等因素密切相关。正常足月儿出生后第一个月体重可增加1～1.5 kg，身长可增长4～5 cm，是婴幼儿期增长最快的阶段。

3. 新生儿各系统的生理特点

(1) 神经系统。与人体其他器官和组织相比，神经系统的发育是比较早的。

新生儿脑细胞的体积小，神经纤维的长度和分支也不发达，神经纤维还未髓鞘化(轴突外包的髓鞘没有形成)。新生儿的脑重大约有390 g，相当于成人的25%～30%(成人脑重约1 400克)。

新生儿睡眠时间很多，出生头几天，约有80%的时间处于睡眠状态。清醒的时间很短，常常是在饥饿或尿布湿了的时候才醒来，有时候甚至吃着奶就昏昏欲睡了。

新生儿神经系统的不成熟还表现为神经系统的调节功能很差。新生儿动作混乱，没有秩序，有些新生儿两只眼球的运动也不协调，有时一眼看左，一眼看右，呼吸、心跳、肠胃活动也往往不规则。新生儿适应变化了的环境，主要依靠低级中枢实现的本能活动——无条件反射。

(2) 循环系统。脐带的结扎与正常呼吸的建立，使新生儿循环系统发生了很大的变化。家长有时会发现，在新生儿刚出生的最初几天，会出现手指或全身青紫等症状或能听到心脏杂音，对此家长不用过于担心，这不一定是先天性心脏病，但应去医院检查确定。

(3) 消化功能。新生儿消化道功能发育可适应出生后纯母乳的营养摄入。新生儿肠道已具有各种消化酶，因此可较好地消化吸收母乳中的蛋白质、乳糖和脂肪，满足出生后迅速生长发育的需要。由于新生儿的胃呈横位，容量小，因此较易发生溢奶或呕吐。新生儿在出生后几周小肠上皮细胞渗透性高，可吸收大分子而导致过敏(如牛奶、鸡蛋清)或感染(如细菌及代谢产物)。无论从营养或消化酶发育的角度考虑，有条件的妈妈应尽量母乳喂养，既可改善新生儿的免疫力，亦可防止过敏性疾病的发生。

(4) 呼吸系统。新生儿的呼吸较浅，节律有时不规则，入睡后更为明显。正常新生儿每分钟呼吸40～45次，以腹式呼吸为主。因此，不要将新生儿的腹部束缚过紧，以免妨碍呼吸。

(5) 免疫系统。非特异性和特异性免疫功能均不成熟，血中补体水平低，缺乏趋化因子，IgA，IgM不能通过胎盘，易患细菌感染。

(6) 体温调节。新生儿的体温调节中枢发育尚不成熟，体表面积较大，皮下脂肪层薄，保暖能力较差，体温易受外界影响。因此，父母应特别注意新生儿的保暖。

(7) 排泄。出生当天，绝大多数新生儿就开始大、小便了。最初的大便是墨绿色的，糊状，较黏稠，这就是胎粪，以后较快变为黄色便。若出生1天后大、小便还未排出，应及时就医，查明原因。

(8) 先天“本领”与各种感官。新生儿一出生就会大声啼哭，并以一些先天“本领”来适应周围环境，如觅食、吮吸、拥抱、握持和踏步等反射。这些先天的反射是新生儿特有的，家长可以从这些反射中发现新生儿的机体是否健全、神经系统是否正常。

(9) 神经精神发育。新生儿触觉较敏感，对妈妈的触摸、爱抚感受灵敏，多抚摸新生儿有利于母子情感的建立。嗅觉、味觉在出生时已发育成熟；视觉方面，新生儿可注视人脸，能看见离眼20～25 cm远的黑白、鲜艳物体；听觉发育良好，清醒时，能听到近旁10～15 cm处的声响；新生儿的痛觉不敏感，温度感觉较敏锐，对冷比热更敏感。

(二) 新生儿的保健措施

在这个时期，新生儿脱离母体开始独立生活，内外环境发生了巨大变化，但其生理调节和适应能力尚不够成熟，易发生体温不升、体重下降、产伤、窒息、溶血和感染等各种问题，不仅发病率高，死亡率也高。

根据这些特点，新生儿时期保健特别强调护理。

1. 注意保暖

家长应使室内温度保持在20～22℃，湿度以55%～60%为宜。保暖方法中，最简单的是准备好合适的衣服，但不要过多，以防发热。亦可用热水袋保暖，但切忌将热水袋与新生儿身体直接接触，可用毛巾或布包好，放于离新生儿脚20～30 cm处，以免烫伤。不要用电热毯取暖。

2. 母乳喂养

母乳是新生儿的最佳食物，应尽量采取母乳喂养。正常新生儿出生后应尽早吸吮母乳。母乳喂养时要注意方法与姿势，让妈妈和新生儿都感觉舒适的姿势就是好的喂哺姿势。新生儿有效含接乳头是喂养成功的关键。此外，每次喂空一侧乳房后再换另一侧，若一次吃不完，应将剩余乳汁吸出，防止乳汁淤积而发生乳腺炎。喂奶后应将新生儿竖直，头搭在妈妈肩上，轻轻拍背，防止发生溢奶。

3. 脐部护理

新生儿的脐带，一般在出生后3～10天脱落。脐带脱离前，父母不可将新生儿放入水中洗澡，保持脐部干燥，并应每日检查包扎脐带的纱布有无渗血或渗液。如有分泌物，可用75%乙醇消毒后，再用消毒纱布包盖；如分泌物有异味或脐轮周围发红、有感染现象，应及时去医院治疗。脐带脱落后，家长亦不要在脐窝里撒任何爽身粉，也不要随便涂抹其他药物。

4. 皮肤和黏膜护理

新生儿皮肤娇嫩，易受刺激而发生糜烂，尤其是皮肤皱褶处，如颈部、腋窝、腹股沟、臀部等屈曲处，家长宜每天给新生儿洗澡，保持皮肤干净，减少感染机会。选择新生儿衣服与尿布时要得当。对于新生儿期的特殊生理特征，如新生儿"马牙"、"上皮珠"、乳房肿大、"假月经"、红斑、粟粒疹等不需特别处理。切不可自己随便给新生儿挤乳头、擦口腔，以免发生新生儿乳腺炎和口腔黏膜感染，有问题及时看医生。

5. 洗澡

洗澡应安排在新生儿吃奶前1～2小时，以免吐奶。洗澡前，首先要做好准备工作，如准备洗澡用品、调好洗澡水温（一般摸上去不烫手即可）等。家长给新生儿洗澡时，应将上下身分开清洁，具体顺序为先洗头面部、颈部，然后洗上半身，最后用干净的大毛巾将上半身包裹好，再开始洗下半身。清洗会阴部时应由前向后至肛门清洗，防止肛门周围的粪便污染阴道及尿道。洗澡时家长要注意耳后、颈、腋下、肘部、腹股沟等皱褶处的清洁卫生。洗完澡后要用干毛巾擦干身体，如在夏天，可涂上爽身粉，但皮肤皱褶处最好不用。

6. 睡眠照料

刚出生的新生儿每天差不多要睡16小时以上，每次睡眠一般持续3～4小时。随着新生儿成长，两次睡眠之间醒着的时间会增长。

不要让新生儿和大人睡一张床，这样比较危险。疲劳的父母一只胳膊搭在新生儿的脸上，或大人的被子不小心盖住新生儿的头，都有可能造成窒息。有研究表明，和大人同床睡的新生儿更容易发生窒息死亡。从一开始，就让新生儿睡在婴儿床上，让他渐渐明白，那里才是睡觉的地方。

保证新生儿睡觉时的安全，每时每刻都不能松懈。婴儿床上不要放任何可能影响呼吸的东西，包括毛绒玩具、枕头、毯子、靠垫等。如果你想用靠垫，也要用那些可以固定在婴儿床头上的。有绳子的、能打结的、尖的、锋利的东西不能放在婴儿床上。应买符合安全标准的婴儿床。

让新生儿仰卧睡，不要趴着睡。趴着睡发生窒息的危险是仰卧睡的2倍。

7. 预防感染

新生儿居室应保持空气新鲜和清洁。为了避免交叉感染，每次护理新生儿或哺乳前要洗手，家中患有呼吸道、消化道、皮肤感染和传染性疾病的人不要接触新生儿，若乳母患有呼吸道疾病或发热，哺乳、护理时要戴口罩，必要时可用吸奶器吸出乳汁再喂。新生儿的用品要专用，奶瓶、奶嘴要按时消毒。同时，应根据预防接种的程序，按时接种卡介苗与乙肝疫苗。

（三）对新生儿的教育

1. 新生儿的心理活动能力

研究证明，在生命的最初阶段，感知觉系统正在迅速发展，并在比运动系统更发达的层次上发挥其机能。新生儿正是通过运动模式和感觉经验，在与特定的环境、事件的联系中进行辨认学习，表现出他们特有的感觉运动智能，而且早期的经验对其一生的发展将产生重要影响。早期的儿童心理学对新生儿的估计是偏低的，往往强调新生儿软弱无能的一面。近年来，心理学家越来越认识到，新生儿已经具有不可低估的心理能力：他们不仅能看、听、记忆，还能主动发放信息，用不同的行为方式来反映周围事物，表达自己的状态。

（1）感知和运动。视力很模糊，眼有光感或眼前手动感，但 20～25 cm 范围内的东西看得还比较清晰；有很强的吮吸、拱头和握拳的本能反应；四肢出现自发运动；俯卧时尝试着要抬起头来。

（2）认知和语言。能对不同味道作出反应；眼睛能注视红球，但持续的时间很短，喜注视人脸；有不同的哭声，对说话声很敏感，尤其对高音很敏感；当看见人的面部时活动减少。

（3）情感和社会性。哭吵时听到母亲的呼唤声能安静，有人对他讲话或被抱着时表现安静。被抱着时，新生儿表现独特的有特征性的姿势（如紧紧地蜷曲着像一个小猫）。

（4）激发心理因素。多项研究证明，早期激发心理因素，能促进婴幼儿的发育，环境对发育的作用并不亚于遗传因素。在新生儿期，早期激发可以在日常护理中进行，如在哺乳、洗澡、换尿布及穿衣时，可与婴儿进行眼神交流、对婴儿说话、逗笑、抚摸皮肤，或者给婴儿听柔和、舒缓、轻松的音乐。随着交往的增多，同时也能促进母婴相依的感情，而相依感情的建立对婴幼儿以后的心理发育是非常有益的。

2. 从 0 岁开始教育

现代科学研究证明：新生儿从出生的第一天开始，就有主动探索外部世界的潜在能力，还具有相当“惊人”的反应和学习能力。对于新生儿，首要的是保证他有一个安全、舒适的环境，使他生理上得到健康发展。同时，应为他创设一个心理发展的好环境，给予适量和合宜的教育训练。不要把新生儿包得紧紧的，以免束缚他的手脚。也要避免把新生儿放在毫无动静的屋子里。日常的声音，特别是优美动听的音乐、母亲的话语，都可以使新生儿对外界环境产生兴趣。同时房间的光线应当柔和，不要让强光或阳光直接刺激新生儿的眼睛。房间的色彩不能太单调，也不能令人眼花缭乱，对新生儿来说，良好的环境不等于刺激物过多的环境。

新生儿在对环境的反射活动中，反复使用各种动作，越来越熟练，而且越来越具有效果。在这个时期，要注意观察新生儿对事物所产生的反应，为促进这些反应而给予适当的刺激将是最有效的教育手段。

新生儿具有很大的潜力，通过适当的教育训练，可以提早发掘这些潜力。大量事实证明，对新生儿教育与不教育是大不一样的。教育应从 0 岁开始，这种观点正在被越来越多的人所接受。

3. 教养内容与要求

新生儿一出生便能感知外部世界，所以家长和育婴师首先应从训练五官感觉（重点是视觉和听觉）着手，帮助新生儿建立各种条件反射，培养新生儿对周围环境的反应能力。其次要培养新生儿敏锐的观察力，挖掘其智力和其他能力，如多与新生儿说话，抚摸、摇、抱新生儿，让新生儿多看颜色鲜艳的玩具、听优美的音乐等。与此同时，家长也可帮他进行适量的运动训练，如 2～3 周的新生儿可每日俯卧 1～2 次，训练其抬头，促进发育。

（1）提供自然睡眠的条件。保持房间空气清新，温度适宜，光线柔和，洁净温馨。

（2）按需哺乳。面带微笑注视新生儿，经常对新生儿进行肌肤抚触，与其交谈。

（3）为新生儿勤洗澡、勤换衣裤和尿布，保持其皮肤清洁和干燥。细心看护，经常对新生儿的皮肤、大小便、脐部、眼睛等进行观察。

(4) 提供适量的视听刺激，让新生儿常听舒缓柔和的音乐声、玩具声和讲话声，常看会动的玩具和人脸等，适宜距离为 20～25 cm。

4. 家长护理情况判断

能否准确判断婴幼儿是否已经吃饱；是否知道如何给婴幼儿补充维生素 A、维生素 D；是否会判断婴幼儿的冷热；是否每天给婴幼儿做抚触；是否会给婴幼儿洗头洗澡；婴幼儿哭闹是否比较容易哄。

5. 婴幼儿发展情况判断

光着身体时是否会不停舞动手脚；俯卧时下颌能否抬离床面；对大人说话或发声玩具是否有反应；家长在婴幼儿身边走动是否会转头看；是否会追踪视觉刺激卡片。

资料链接

教你五招，让哭闹婴幼儿静下来

研究表明，约有一半的新生儿一天之中哭闹的时间超过两个小时，有五分之一的新生儿无休止的号啕大哭反复发作，常常令初为人父母的爸爸妈妈束手无策。更为严重的是，新生儿的持续啼哭声易导致产妇产生疲劳感和绝望感而患上产后忧郁症，对身心造成极大的伤害。新生儿长时间哭闹，还会导致一系列其他问题的产生，比如母乳喂养失败、婚姻中出现紧张气氛，甚至诱发婴幼儿虐待的暴力事件发生。

早教专家 Amanda 向记者介绍了安抚新生儿的五个小窍门："包、侧、嘘、摇、吮。"据了解，这种方法来源于美国儿科医生哈韦·卡普博士多年的临床经验和 5 000 多例婴幼儿的实际安抚案例研究。

包裹：胎儿在妈妈的子宫里是被紧紧包裹着的。专家认为，"襁褓法"可以让婴幼儿感觉像是重新回到了子宫，获得被保护的安全感。具体方法是：使用长宽均为 1.5 m 的包布将婴幼儿包裹好，在不妨碍婴幼儿正常呼吸的前提下，尽量裹得紧些。

侧抱：家长常常采用让婴幼儿平卧在怀里的姿势抱婴幼儿，但事实上这样往往无助于安抚婴幼儿。美国专家认为，新生儿事实上还没有准备好迎接新的环境，对他们来说，从子宫的温暖环境里出来就类似于让普通人类从树上掉下来，刺激了人类与生俱来的"莫洛反射"，表现为哭闹不停。而把婴幼儿竖直抱起或侧抱则会关闭这一反射，让婴幼儿尽快安静下来。

声音：其实胎儿在母体中的环境并不是非常安静的，包括母亲血管流动的"刷刷"声、母亲心脏跳动的声音、肠胃蠕动的声音、说话的声音，等等。新生儿耳膜较厚，对于成年人来说有点响的声音对新生儿来说可能刚好合适。家长可以为婴幼儿营造与母体类似的声音环境，使用吹风机、吸尘器、收音机、烘干机、流水或选择"白噪声 CD"，都可以达到类似的效果。对着婴幼儿的耳朵发"嘘"声也让婴幼儿很受用，他们可以从中获得安全感。

摇晃：在妈妈的子宫里，无论妈妈在走路、坐着看电视，或是睡觉时翻身，胎儿的感觉就像在海上坐船一样舒适，因此轻轻地摇晃会受到新生儿的喜欢。但专家提醒家长注意：摇晃婴幼儿的幅度要小而快，不适当的摇晃可能导致婴幼儿身体受到伤害甚至猝死。

吮吸：胎儿在预产期前 3 个月就开始练习吮吸手指了。把你的手指放在婴幼儿的嘴巴里，或是给他使用安抚奶嘴。吮吸不仅能够缓解婴幼儿的饥饿感，还会激活大脑深处的镇静神经，将婴幼儿带入深沉的平静，让婴幼儿进入满意的放松阶段。

第三节 乳儿期

自出生后 28 天到满 1 周岁之前为乳儿期。

此期为婴幼儿出生后体格、动作和认知能力生长发育最迅速的时期，该期婴幼儿对热量和营养素尤其是蛋白质的需求量相对较高，但各器官消化吸收功能尚不够成熟完善，容易发生营养和消化紊乱。同时，婴幼儿体内来自母体的抗体逐渐减少，自身免疫功能尚未成熟，易患感染性疾病。

出生后的第一年，是婴幼儿生长发育最迅速的时期，也是心理发展最迅速的时期。这个时期婴幼儿的进步是非常明显的。

一、乳儿期概况

(一) 乳儿期的特点

1. 生长发育很快

父母很可能明显感觉到，1 岁以内的乳儿长得很快，那是因为乳儿期是人生中生长发育的第 1 个高峰期。一般正常乳儿身长在出生后前半年每月平均增长 2.5 cm，后半年每月平均增长 1.5 cm，到 1 岁时，比出生时可增长 25 cm 左右；体重出生后前半年每月平均增长 600～800 g，后半年每月平均增长 300～500 g，绝大多数乳儿在满 1 岁时，可以达到出生体重的 3 倍(9 kg 左右)。

2. 营养需求大而消化功能不成熟

由于生长迅速，乳儿对营养需求量大，但消化和吸收功能不成熟，容易发生消化紊乱和营养不良。

3. 免疫力较弱，易患感染性疾病

乳儿在半岁后因从母体所获得的免疫力逐渐消失，后天获得的免疫力又较弱，故容易患感染性疾病，此期家长应注重做好乳儿的防病措施。

4. 乳儿的骨骼肌肉系统发育较快

从 2～3 个月开始，脊柱的四个生理性弯曲相继形成，肌肉的力量也不断增强，乳儿逐渐能支撑住身体重量，逐渐能抬头、翻身、坐、爬、站，甚至能走上几步。但乳儿的骨化过程远未完成，骨骼仍易变形，肌肉也容易疲劳，所以让乳儿练习各种动作时，必须注意适时适量，不要过早让乳儿坐、站，每次练习的时间不宜过长。

5. 乳儿的神经纤维开始了髓鞘化过程

神经纤维的髓鞘化，是脑内部结构成熟的重要标志，它保证神经冲动沿着一定的通道迅速而准确地传导。神经系统各部分神经纤维实现髓鞘化的时间不同，较早完成的是感觉神经，其次才是运动神经，这也是婴幼儿动作发展落后于感觉发展的重要原因之一。在联络皮层各部分的神经纤维中，与高级智力活动直接有关的额叶和顶叶部分髓鞘化过程开始得晚，大约 7 岁时才接近完成。

(二) 乳儿期保健措施

促进乳儿早期发展是乳儿期保健的重点，包括乳儿的营养照顾、卫生保健、情感关爱、生活技能培养及智力开发等。家庭是做好乳儿期保健工作的主体，父母的育儿水平与父母接受科学知识的能力密切相关。

1. 坚持母乳喂养，合理添加辅食

母乳是乳儿从胎儿过渡到独立摄取营养期间的天然食品，能满足乳儿出生后 6 个月的营养需求。但母乳中维生素 D 含量较少，家长应在乳儿出生后 2～3 周开始补充适量的维生素 D 制剂，并多抱乳儿到户外晒太阳。

完全母乳喂养 4～6 个月后，家长应按乳儿月龄有步骤地添加辅食，以满足其生长发育需求。添加辅食时，应该由少量到适量，由一种到多种。每次添加新品种食物，均应观察 3 天以上，若无腹泻或皮疹等过敏现象，方可加量。待数天后再添加新品种。添加辅食时，还应由稀到稠、从细到粗。米粉可作为试食的首选食物，其次是蔬菜、水果，然后再食肉、鱼、蛋类。总之，辅食添加的顺序依次为谷物，蔬菜，水果，肉、鱼、蛋类。

2. 定期做健康检查

家长应按照儿童保健手册的规定，定期到医院、妇幼保健机构或社区卫生服务机构进行健康检查。检查时应主动配合医生，动态监测乳儿体格生长，学会使用生长曲线图，并早期发现问题，早期干预，避免营养不良、肥胖等疾病，促进乳儿健康成长。

3. 注意口腔卫生，保护乳牙

家长应从婴幼儿出生开始，就注意口腔保健。父母要注意乳儿用奶瓶的正确姿势，避免将乳头抵压上颌，影响颌骨发育；乳牙萌出后就应用指套牙刷帮助乳儿刷牙，保持口腔清洁；从6～7个月起鼓励乳儿学吃较粗硬的食物，如面包干，锻炼咀嚼能力；少吃甜食；父母要多关爱乳儿，避免乳儿不良吸吮习惯的形成，如吐舌头、咬玩具等。

4. 预防感染

家长应按乳儿期的计划免疫程序，按时进行预防接种；培养乳儿良好的卫生习惯，如每日洗澡、勤换衣裤；使用尿布或纸尿裤，保持会阴皮肤清洁，避免泌尿系统感染。

（三）乳儿期的教育

乳儿期是新生儿期的继续，乳儿的营养、睡眠、卫生保健仍是成人首要注意的问题。但是，在对乳儿的保护中，不可忽视教育问题。

针对乳儿心理发展的特点，父母及乳儿的照料者应注意以下几方面。

1. 善于辨别乳儿发出的各种“信号”，及时满足他们的需要

这是保持乳儿良好情绪状态的重要条件。父母均有爱子之心，都希望乳儿健康、活泼、愉快。但不少年轻父母在乳儿啼哭时感到束手无策：不知他是饿、渴、尿布湿了，还是有别的原因，因而不能及时排除乳儿的痛苦。父母们必须细心，尽快了解乳儿生理活动的规律，学会分辨他们用不同的哭声表达的不同要求，及时满足他们。而保持乳儿良好情绪状态是乳儿心理得到健康发展和接受教育的基础。

2. 多和乳儿交往

成人不要以为乳儿不懂事就不理他们，要和乳儿面对面地讲话。成人的笑脸和温柔的声音会使乳儿愉快，并能促进其视觉、听觉的发展，提高与人交往和说话的积极性。不要怕抱乳儿，不少人认为这会“惯坏”乳儿，对此要正确看待。抱乳儿会使他们感到舒适，从而体验到抚爱；抱乳儿走动能扩大他们的视野，使其接受更多的外界刺激，有利于空间知觉的发展；抱乳儿时引起的动觉会促进其愉快情绪中枢系统的发育。所以抱乳儿是有利于他的发展的。当然，当乳儿能坐能爬了，就可以少抱了。抱惯了的乳儿不抱就会哭。可以通过和他一起玩，引导他对玩具和其他物体产生兴趣。婴幼儿对母亲产生依恋是正常的，也是必要的。但过度地依恋一个人则会妨碍他与其他人的交往，也会妨碍他对物质世界的探索。所以，在乳儿期母亲一方面要与婴幼儿建立依恋关系，另一方面要让他们接触更多的人，同时，要注意培养他对物质世界的兴趣，其方法就是让他和家长一起进行实物活动。

3. 鼓励和训练乳儿的动作

要多给他们自由活动的机会，依次发展各种动作，尤其要注意发展“爬”的动作。现在不少婴幼儿不经爬就会走，这对心理发展是不利的。爬是婴幼儿最先掌握的自由移动身体的动作，研究表明，爬对婴幼儿的交往能力、警觉性情绪、空间知觉等方面的发展均有益处。不让婴幼儿学爬，就妨碍了他的心理发展。同时，要提供机会发展婴幼儿手的动作。

4. 培养婴幼儿良好的行为习惯

婴幼儿年龄小，不知什么是好，什么是不好。在生活实践中，成人如果坚持赞许好的行为，抑制不好的行为，婴幼儿逐渐就会懂得应该怎样，不应该怎样，进而形成良好的行为习惯。另外，父母的行为态度会对婴幼儿产生潜移默化的影响。安详、温存的父母带大的婴幼儿，一般也安静温和；暴躁的父母，其婴幼儿也往往急躁难带。

二、乳儿期各阶段的发展特征及教养要点

本教材对乳儿期的年龄划分参考上海市《0～3岁早期教养方案》，分别阐述1～3个月、4～6个月、7～12个月婴幼儿发展特征及教养要点。

（一）1～3个月婴幼儿——建立有效沟通和交流

这阶段的婴幼儿俯卧时，头抬起来大约能支持30秒钟时间，大运动能力有俯卧抬胸和翻身(仰-侧)；眼睛已经能清楚地看东西，能追随活动的东西，对眼前的玩具或人脸也能目不转睛地注视；认知能力有视线转移、触摸和抓握；语言能力有笑出声、发元音；社会行为能力有母-子交往。

1. 生长和发育

性　别	平均身高(cm)	平均体重(kg)	头围(cm)	胸围(cm)
男孩	63.51	7.23	41.32	42.07
女孩	61.88	6.55	40.30	40.74

1～3个月的婴幼儿大便次数较前明显减少，一昼夜睡16～18小时，新生儿时的反射活动开始消失。奶量的差异开始明显，平均为700毫升/天。

2. 心理发展

(1) 感知和运动。眼能追随活动的物体移动180°，视力标准为0.02；听力较前灵敏；直立位头可转动自如，头可随看到的物品或听到的声音转动180°；俯卧时能抬头45°～90°；手指松开，用手摸东西，能拉扯衣服；能将两手碰在一起。

(2) 认知和语言。眼睛能立刻注意到大玩具，能追随人的走动；开始将声音和形象联系起来，试图找出声音的来源；对成人逗引有反应，会发出“咕咕”声，而且会发a、o、e音；会注视自己的手；能辨别不同人说话的声音及同一人带有不同情感的语调。

(3) 情感和社会性。逗引时出现动嘴巴、伸舌头、微笑和摆动身体等情绪反应；能忍受喂奶的短时间停顿；看见最主要看护者的脸会笑；自发微笑迎人，见人会手足舞动表示欢乐、笑出声；哭的时间减少，哭声分化。

3. 教养内容与要求

(1) 顺应婴幼儿的生理节律，逐步形成有规律的哺乳、睡眠。在医生指导下及时合理添加生长所需的营养素。

(2) 在适宜时间内进行适宜的户外活动和户外睡眠，让婴幼儿接触阳光和新鲜的空气。

(3) 提供便于抓握、带声响、色彩鲜艳、无毒卫生的玩具，帮助婴幼儿练习俯卧抬头、目光追视、抓握、侧翻等动作。

(4) 经常面对面地和婴幼儿逗引交流，引发其对亲近的人和熟悉的声音产生反应，促使其情绪愉快，培育母婴依恋亲情。

(5) 悉心辨析哭声，给予积极回应，满足婴幼儿不同需要。

4. 科学喂养

婴幼儿一个月过后，吮吸能力大大加强，有的妈妈可能会出现母乳逐渐减少的情况，1～3个月的婴幼儿应该根据母乳的量来决定喂养方式。

(1) 如何判断婴幼儿吃饱了。根据婴幼儿的表情、体重增长的情况来判断婴幼儿是否吃饱。若婴幼儿已吃饱，则有满意的表情，很安静，体重增长较快，每日有2～3次黄色软便。反之，若没有吃饱，婴幼儿常有不满足的表情，如哭闹不安、四处张望，体重不增或增长慢，大便色泽偏绿色。

(2) 根据母乳的量来决定喂养方式。婴幼儿在3个月时，生长发育迅速，食量增加，此时是脑细胞发育的第二个高峰期，也是身体生长发育的高峰期。在此时不但要注意婴幼儿吃奶量的多少，还要注意母乳的质量，母亲可在此时加强饮食营养，以提高母乳的质量。

婴幼儿满1个月后，就要注意预防佝偻病的发生，除了常抱婴幼儿到室外晒太阳，还应每天给婴幼儿加400国际单位的维生素D，即浓缩鱼肝油滴剂。从每天1滴开始逐渐增加。

5. 卫生保健

(1) 健康检查。婴幼儿的正规体检时间安排在出生后42天和三个月，检查的主要内容是婴幼儿的身体发育情况和喂养情况。

(2) 预防接种。此期间还需接种两种预防疫苗，即口服脊髓灰质炎疫苗和注射百白破三联疫苗。婴幼儿满2个月时，要到指定的社区卫生服务中心去口服小儿麻痹糖丸(学名叫脊髓灰质炎疫苗)，可预防小儿麻痹症。婴幼儿满3个月时还需注射百白破三联疫苗，这种疫苗可预防白喉、百日咳和破伤风三种传染病。

(3) 补充维生素D。体内维生素D不足会引起全身性钙、磷代谢失常和骨骼改变，即维生素D缺乏性佝偻病。患儿表现为免疫力下降，易反复发生呼吸道感染，消化功能紊乱，且情绪不稳，爱哭易惊，不利于他们的身心健康发展。

6. 培养婴幼儿能力

培养头部运动和控制能力、主动伸手够取和抓拍能力、专注凝视和视觉追踪能力，为培养独立入睡、规律进食等良好基本生活习惯做准备。

7. 家长护理情况判断

是否能准确分辨婴幼儿不同哭声的含义；是否理解婴幼儿的进食节奏；婴幼儿大便是否正常；婴幼儿的眼神或眼睛的动作是否正常；是否会给婴幼儿做健康体操；是否给婴幼儿做空气浴和日光浴；是否开始用成长监测图做发展记录。

8. 婴幼儿发展情况判断

喂奶时是否看着妈妈的脸；头是否抬得好；是否能180°追踪看物；是否经常会笑，特别是见到人时会主动笑。

(二) 4～6个月婴幼儿——建立良好的游戏习惯

此阶段的婴幼儿能够翻身、坐起、向爬挑战。婴幼儿的世界是一个感知的、触摸的、微笑的和品尝的世界，喜欢有人逗他玩，给他东西，遇到什么东西还想用小手摸一摸，放到嘴里咬一咬。喜欢被抱着面朝外面，看他前面数不尽的东西，而且为这些有趣的景象感到惊异，还会以一种可爱甜蜜的微笑来回应你。

1. 生长和发育

性　　别	平均身高(cm)	平均体重(kg)	头围(cm)	胸围(cm)
男孩	69.66	8.77	44.44	44.35
女孩	68.17	8.27	43.31	43.57

4～6个月的婴幼儿慢慢习惯用小勺喂吃逐渐添加的辅食。大便1～3次/天。血色素≥110克/升。大多数婴幼儿开始后半夜不喂奶，能整个晚上睡觉。有的开始长出乳前牙。

2. 心理发展

(1) 感知和运动。能固定视物，看约75 cm远的物体，视力标准为0.04；靠坐稳，独坐时身体稍前倾；能俯卧抬头90°，能抬胸，双臂支撑会翻身至仰卧；扶腋下能站直，扶他站起时，能在短时间内自己支撑；双手能拿起面前玩具，能把玩具放入口中；玩具从一只手换到另一只手时仍稍显笨拙；会将拳头放在嘴里，喜欢把东西往嘴里塞；会撕纸；会玩手、脚。

(2) 认知和语言。会用很长的时间来审视物体和图形;开始辨认生、熟人;会寻找东西,如手中玩具掉了,他会用目光找寻它;咿呀作语,开始发辅音,如 d,n,m,b;看见熟人、玩具能发出愉悦的声音;叫他名字会转头看,会对着镜子中的像微笑、发音,会伸手试拍自己的镜像;随着看护者情绪的变化而变化自己的情绪;看到看护者时伸出两手举起、期望抱他。

(3) 情感和社会性。能辨别陌生人,见陌生人盯看会躲避、哭等,开始怕羞,害羞时会转开脸和身体;高兴时大笑;会用哭声、面部表情和姿势动作与人沟通;当使其独处或别人拿走他的小玩具时会表示反对。

3. 教养内容与要求

(1) 保证婴幼儿充足的睡眠时间,逐渐养成其自然入睡、有规律睡眠的习惯。

(2) 按月龄逐步添加辅助食品,逐渐形成定时喂哺的规律。

(3) 帮助婴幼儿学习翻身,练习主动伸手抓握玩具、双手扶奶瓶等动作。

(4) 提供婴幼儿辨认周围生活环境中的人、物和事的机会。

(5) 帮助婴幼儿学习辨别亲近的人的声音,呼其名字时会转向发声的方向,用"咿呀"声与人交流。

(6) 引发婴幼儿对熟悉的音乐有愉快的情绪反应。

(7) 在盥洗中,引导婴幼儿乐意接受洗脸、洗手、洗屁股、洗澡。经常保持其手、脸等处皮肤的清洁干燥。

4. 科学喂养

随着婴幼儿的消化系统发育逐渐成熟和生长发育的需要,纯乳类(人乳或配方乳)喂养已不能满足婴幼儿对能量及营养素的需要,婴幼儿的食物需向成人固体食物转换。若其他食物引入恰当,不仅可满足营养需要,还能培养婴幼儿对各类食物的喜爱和自我进食能力。

(1) 添加辅食的重要性

① 满足婴幼儿的生长需求。4 个月后,单纯从母乳或配方奶粉中获得的营养成分已经不能满足婴幼儿生长发育的需求,必须添加辅食,帮助婴幼儿及时摄取均衡、充足的营养。

② 为"断奶"做好准备。婴幼儿的辅助食品又称断奶食品,其含义并不仅仅指婴幼儿断奶时所用的食品,而是指从单一的乳汁喂养到完全"断奶"这一阶段内所添加的"过渡"食品。

③ 训练吞咽能力。从习惯吸食乳汁到吃接近成人食品的固体食物,婴幼儿需要有一个逐渐适应的过程。从吸吮到咀嚼、吞咽,婴幼儿需要学习另外一种进食方式,这一般需要半年或者更长的时间。

④ 培养咀嚼能力。婴幼儿不断长大,他的牙黏膜也逐渐变得坚硬起来,尤其是长出门牙后,如果及时给他吃软化的半固体食物,他会学着用牙龈或牙齿去咀嚼食物。咀嚼功能的发育有利于颌骨发育和乳牙萌出。

⑤ 培养饮食行为。4 个月后,婴幼儿开始添加辅食了,从这个阶段开始,父母就要注意让婴幼儿养成良好的饮食习惯:允许婴幼儿出牙前有咬东西、吃手指等行为;让婴幼儿模仿妈妈的进食行为;用勺子喂辅食。

(2) 添加辅食的时机。挺舌反射像吸吮反射一样是婴幼儿与生俱来的一种能力,这种反射的作用是防止外来异物进入喉部,从而预防窒息,所以,如果此反射不消失,喂入口中的食物会被吐出来。一般在 4 个月左右,此反射会自动消失,这也是添加辅食的重要时机。

婴幼儿 4～6 月龄时体重多超过 7 kg,提示消化系统发育已较成熟,如酶分泌的发育、咀嚼与吞咽能力的发育、牙的萌出等;已有竖颈、手到口等动作发育,可开始引入其他食物。这时是食物引入的"关键窗口期"。建议婴幼儿引入其他食物的年龄不能早于 4 月龄,也不宜迟于 8 个月,多为 4～6 月龄。

5. 卫生保健

(1) 健康检查。此阶段的婴幼儿由母体得来的造血物质基本用尽,易发生贫血。微量元素易缺乏,影响正常发育。所以,6 个月以后的婴幼儿体检时除了称体重、量身高、量头围、听心脏,还会验血、检查骨骼发育和微量元素的情况。医生建议6个月内对婴幼儿进行一次视力检查，以确保双眼视力的正常和眼球运动的协调性。除此还要检查婴幼儿体格发育、神经发育、营养等方面的状况。

（2）预防接种。这个年龄段的婴幼儿需要在前期基础免疫接种的基础上，完成乙型肝炎疫苗、脊髓灰质炎疫苗和百白破三联疫苗的基础免疫接种，并可开始流行性脑脊髓膜炎疫苗的接种。

在婴幼儿满4个月时要口服小儿麻痹糖丸第三丸；注射百白破三联疫苗第二针；婴幼儿满5个月时注射百白破三联疫苗第三针；满6个月时接种乙型肝炎疫苗第三针。只有当婴幼儿全程足量地进行了这三种疫苗的接种，才能有效地预防乙型肝炎、小儿麻痹症和白喉、百日咳、破伤风的发生。

6. 培养婴幼儿能力

自由翻身的能力——仰卧到俯卧，俯卧到仰卧；坐起的能力——逐渐坐稳，坐着自如变换姿势；主动伸手准确抓握的能力——倒手、交换、初步手眼协调；发展和提高视听觉的分辨能力——利用各种机会进行简单对话交流，要求句子短、吐字准、音调高、口形夸张、不断重复、联系实际。

7. 家长护理情况判断

婴幼儿是否喜欢吃添加的辅食；婴幼儿是否能自己拿着磨牙饼干吃；跟婴幼儿游戏的时间是否比做其他事情的时间多；爸爸是否平均每天跟婴幼儿游戏一小时以上；是否知道婴幼儿最喜欢什么活动；是否经常使用认知训练卡片。

8. 婴幼儿发展情况判断

是否会翻身了；坐着是否能变换姿势；是否喜欢抓人或抓东西；玩具掉了，是否会低头找；是否喜欢对着家长发声；是否能准确找到声源；入睡是否困难；生活规律是否正常。

（三）7～12个月婴幼儿——激发和维持婴幼儿做游戏的兴趣

7～9个月的婴幼儿已经会坐，从坐开始，很快发展到用肚子贴地匍匐前进地爬，再到双手双膝着地前后摇晃，然后就是真正的爬了。到8个月大的时候，可扶着东西自己站起来。好奇心强烈，喜欢各种音响，经常敲敲打打弄出些声音来，以此为乐。喜欢模仿大人动作，喜欢翻书。可慢慢认识到，自己看不见或摸不到的东西依然存在。10～12个月的婴幼儿的双腿能支撑自己的体重，因此他会扶着东西自己站一会了，满1岁的时候，大部分可以扶着一些固定的物品练习走路，能灵活地使用他的手指来抓取小东西。懂得学习模仿，知道挥手是表示再见的意思，在大人的引导下会做出挥手的动作。开始发出单音。这年龄段的婴幼儿对陌生人都会认生、产生焦虑和害怕的情绪，但不同天性的婴幼儿表现很不同。妈妈更要多关心婴幼儿，建立良好的依恋关系，让他有安全感，并要多给他创造机会和人交往，和小朋友接触。

1. 生长和发育

性　别	平均身高(cm)	平均体重(kg)	头围(cm)	胸围(cm)
男孩	78.02	10.42	46.93	46.80
女孩	76.36	9.64	45.64	45.43

有规律地在固定时间大便，1～2次/天。血色素≥110克/升。上、下颌开始长出第一乳磨牙。流涎的现象减少。一昼夜睡14小时左右。

2. 心理发展

（1）感知和运动。视力标准为0.2～0.25；会用四肢爬行，且腹部不贴地面；自己扶栏杆站起来，自己会坐下；自己扶物能蹲下取物，不会复位；独自能站稳，自己扶物可巡走；独走几步即扑向大人怀里；手指协调能力更好，如会打开包糖纸，会用手指向他感兴趣的东西；故意把东西扔掉又拣起，把球滚向别人；会将大圆圈套在木棍上，从杯子中取物放物（如积木、勺子），试着把小丸投入瓶中。

（2）认知和语言。喜欢看图画，能懂得一些词语的意义，如问他“灯在哪儿”时会看灯，向他索要东西知道给，能按要求指向自己的耳朵、眼睛和鼻子，能说出最基本的语言，如“爸爸”、“妈妈”；出现难懂的话，自创一些词语来指称事物；用动作表示同意如点头，或不同意如摇头、摇手；会模仿手势，面部有表情地发出声音；喜欢重复的游戏，例如“再见”、玩拍手游戏、躲猫猫。

(3) 情感和社会性。显示出更强的独立性，不喜欢大人搀扶和被抱着；更喜欢情感交流活动，还懂得采取不同的方式；能玩简单的游戏，惊讶时发笑；准确地表示愤怒、害怕、嫉妒、焦急、同情、倔犟等感情；以哭引人注意；听从劝阻。

3. 教养内容与要求

(1) 逐步形成婴幼儿定时睡眠(白天2～3次，一昼夜13～15小时)的习惯。

(2) 逐渐提供各类适宜的食物，让婴幼儿初步适应咀嚼、吞咽固体食品，尝试用杯喝水、用勺喂食。

(3) 鼓励婴幼儿配合成人为其穿衣、剪指甲、理发和盥洗等活动。引导婴幼儿学习坐盆排便，对大小便的语音信号有反应，帮助其形成一定的排便规律。

(4) 让婴幼儿练习独坐、爬行、扶站、独立站、扶走，以及捏拿小物件、两手配合倒物等动作。

(5) 用简单的词和指令刺激婴幼儿用表情、动作、语音等作出相应的反应(如指认五官等)，并模仿简单的动作。

(6) 引发婴幼儿跟着音乐节律随意摆动身体。

4. 科学喂养

一天可以吃800～1 000毫升的奶，继续给予更多的食物品种，以保证营养平衡，同时丰富婴幼儿的各种感觉认知。尝试用辅食代替一顿奶，开始添加颗粒状食物，以促进其咀嚼功能的发育，这有利于语言快速发展，扩大其味觉感受范围，防止日后挑食、偏食、拒食等不良行为的发生。

(1) 进食行为。9个月大的婴幼儿对于食物的喜恶逐渐明显起来，出现偏食的现象。如果婴幼儿偏食，家长要试着给他多种多样的食物，多花心思，让婴幼儿对食物感兴趣。要注意：吃饭定时、定点；喂前洗手、戴围嘴、用小毛巾擦手；开始让婴幼儿丢弃奶瓶，尝试用杯子喝水、喝奶；培养婴幼儿自我服务能力。

婴幼儿出牙之后要注意保护牙齿，睡前不要吃食物，平时少吃甜食，每天早晚让婴幼儿喝白开水以清洁口腔。另外，不要让婴幼儿养成吮手指、吃奶嘴等坏习惯，这些都影响牙齿的生长。

(2) 进餐行为的培养。婴幼儿学会爬行、站立后，似乎一刻也安静不下来。他们整天忙着在屋子里“探险”，不肯好好吃饭，经常可以看到婴幼儿用手指拣起盘子里的小块食物或者抓起盘子里的东西，搞得餐桌乱七八糟，还出现进餐时间和位置不固定、挑食、拒绝新食物、边玩边吃等不良进餐行为。

对于1岁左右的婴幼儿，家长除了提供均衡合理的膳食外，还需培养婴幼儿良好的进餐行为，为建立良好的进餐习惯打下一定基础。

① 正确认识婴幼儿用手抓食物。9个月大的婴幼儿已能用拇、食指捡起细小的东西，喜欢用手抓食物，这是正常现象。家长应鼓励婴幼儿自己进餐，这不仅是生活自理能力的培养，还可增进婴幼儿进餐的主动性及手的精细动作协调能力。对1岁左右的婴幼儿，可以在碗内盛一点饭菜，并给婴幼儿一把勺子，让他自己吃一点，家长喂大部分，为以后独立进餐做好准备。

② 固定进餐时间和地点。最好准备一个儿童餐桌椅，如果婴幼儿饿了，只要坐在这里，就能很快地吃到饭，可以养成在固定地点吃饭的好习惯。千万不要追着喂婴幼儿，以免婴幼儿有更多的精力去注意周围的事物，形成边吃边玩的坏习惯。如果婴幼儿超过半小时仍未吃饭，应将碗筷拿走，待过会儿吃点心时间到了才能有食物。

③ 不随便吃零食。1岁左右的婴幼儿过渡到成人饮食后，应逐步养成“三餐二点”的就餐习惯。不能经常吃零食(或主餐不吃就吃零食)，这样缺乏饥饿感，就影响对正餐的食欲。同时，胃肠道如不停工作就得不到休息，易引起胃肠功能紊乱，出现消化不良和胃炎等。

④ 避免挑食、偏食。这年龄段的婴幼儿喜欢吃熟悉的饭菜，不愿接触陌生的食物，这样容易出现偏食、挑食。家长应注意食物品种的多样化且经常更换，使婴幼儿有机会接触各种食物并熟悉其口味，避免养成挑食、偏食的不良习惯，达到合理膳食、营养均衡的目的。

⑤ 言传身教。婴幼儿虽小，但他已有很强的模仿能力。因此，大人应注意自己在餐桌上的言行举止，

从小培养婴幼儿良好的进餐礼仪：等待家人共同进餐，不能一个人先吃；懂得礼让和分享，大家都喜欢的食物不要据为己有；吃饭时细嚼慢咽，爱惜粮食。

⑥ 不宜食用的食品。10个月以后，婴幼儿的食谱更为丰富了，家长要尽可能地为婴幼儿提供营养丰富的多种食品，让婴幼儿尝试不同味道的食物，以免以后挑食或偏食。但有一些食品不适合本阶段的婴幼儿，如酒、咖啡、茶、可乐、巧克力、墨鱼、竹笋、咸菜、油炸食品等。

5. 卫生保健

(1) 健康检查。在8～9个月时需做一次健康体检，一般会进行动作发育、视力、牙齿、骨骼等方面的检查。婴幼儿视力初步可测，约0.1，能注视画面上单一的线条。此时婴幼儿易缺钙、缺锌，所以要检查微量元素。10～12个月时健康检查依然以健康监测为主，包括生长发育评价、喂养指导、体格检查、宣传育儿知识和护理常识、发现疾病及畸形。通常医院会检查婴幼儿囟门、血液、心肺、动作发育、视力、听力、牙齿等。

(2) 预防接种。婴幼儿满6个月一直到18个月间，接种A群流脑疫苗，共需接种2剂次，第一针次与第二针次接种时间须间隔3个月。

这个年龄段的婴幼儿应该已经完成了乙型肝炎、小儿麻痹症和白喉、百日咳和破伤风的基础免疫接种，但别忘了带婴幼儿接种麻疹疫苗。虽然有的婴幼儿在接种麻疹疫苗后可发生轻微反应如发热、不适、无力等，少数在发热后还会出疹，但不会继发细菌感染，亦无神经系统合并症，一般都不需焦急和处理。

(3) 常见问题

① 龋齿。龋齿可使咀嚼功能降低，从而影响婴幼儿全身的发育，甚至造成面部畸形。所以预防龋齿应从小抓起。

a. 注意喂姿和时间。喂代乳品时不要放太多糖，同时应让婴幼儿取坐(或立)位且睡醒后喂为好，不要躺着喂、睡前喂。喂食后应清洗口腔，去除食物残渣和乳凝块，以防被细菌发酵破坏牙齿。

b. 训练婴幼儿使用杯子。5～6个月时，家长要训练婴幼儿学习用杯喝，喝完后清洁其口腔，并逐渐帮助其戒掉睡前使用奶瓶的习惯。因睡着后唾液分泌减少，乳糖残留在口腔的时间久了，牙齿就会开始脱钙，甚至演变为黄褐色的蛀牙。

c. 养成良好的进食习惯。及时添加泥糊状食物，训练婴幼儿的咀嚼吞咽能力。不要将食物含在嘴中，因含糖类的食物到了嘴巴内，3分钟口腔就会呈现酸性，约45分钟后唾液才能中和口腔中的物质。如果吃东西太慢，会使牙齿浸在酸中过久而有蛀牙。

d. 家长应每隔半年带婴幼儿去医院做一次口腔检查，真正做到预防为主，龋齿早发现、早治疗。

② 大小便练习。此阶段，婴幼儿每日大便为2～3次，家长更应重视排便的调教，使婴幼儿养成良好的排便习惯，尽量不用尿布尿片。

6. 培养婴幼儿能力

(1) 7～9个月时：训练爬行的能力——从贴着地面爬到手膝爬，从牵着鼻子爬到自主搜寻目标爬；练习双手配合和手指动作——同时运用两只手，熟练倒手、双手对敲等，用手指捏起小物件；藏猫猫的训练——认知能力发展的基础；言语能力的训练——鼓励模仿正确发音，激励主动表达愿望和要求；二便训练——试着把大小便，试着练习坐便盆；自我服务训练——喂奶、喂水、吃饼干、水果等。

(2) 10～12个月时：尽可能创造机会，让婴幼儿多跟小伙伴一起游戏。运动上：进一步提高爬行能力，能灵活改变方向，能轻松跨越障碍；练习站立和迈步行走，建立正确的姿势和动作模式。精细动作上：锻炼双手操作的能力，如搭积木、把小物件放入小口容器、握笔涂画等。语言上：督促婴幼儿主动开口说话。认知上：认识更多具体食物，辨别颜色，感受体会简单的因果关系，归纳和概括食物的基本特征，不同物品和活动进行比较。生活上：训练婴幼儿自己动手配合吃饭、主动控制大小便的能力和坐盆习惯，引导婴幼儿按照指令完成各种动作等。

7. 家长护理情况判断

是否能说出自己的孩子与同龄婴幼儿相区别的三个特点；是否有办法延长婴幼儿专心游戏的时间；

全体家长处理与婴幼儿的矛盾时办法是否一致；是否开始使用阅读卡片；婴幼儿是否能独立入睡；婴幼儿对表扬、训斥或爱抚的反应是否恰当；婴幼儿是否有坏习惯；婴幼儿是否有怪动作或行为；是否很少冲着家长哭闹或耍赖；是否有办法赢得婴幼儿的关注；婴幼儿注意力跑掉时是否有办法把他吸引回来；婴幼儿取得哪怕是一点点进步时是否立刻给予夸奖；婴幼儿自己游戏时是否常常观察家长的态度和表现；是否每天给婴幼儿讲故事。

8. 婴幼儿发展情况判断

是否会爬了；是否能独自玩 5 分钟以上；是否会双手对敲玩具；是否会用食指与拇指捏住小物件；是否能自己拿着鸭嘴杯喝水、喝奶；是否能从大人拿着的杯子里喝水；是否喜欢模仿大人的一些表情和动作；站立的姿势是否正确，是否能自己扶着走路；是否会自己盖瓶盖；听到熟悉物品的名称时是否会去看；是否能听懂大人的话；是否能有意识地叫爸爸妈妈；是否会搂抱和亲吻家人；与主要抚养人分开时是否会哭；是否有眼睛怕光或眼睛动作异常。

第四节　婴儿期

婴儿期是指从 1 周岁至 3 周岁，即婴幼儿出生后 13 个月至 36 个月。

此期婴幼儿生长发育速度减慢，但智能发育较前突出，同时接触社会事物渐多，语言、思维和社交能力的发育日渐加快，自主性和独立性不断发展，但对危险的识别能力不足，自身防护能力较弱，易受各种不良因素影响导致疾病的发生和性格行为的偏离，故在这一时期应加强防护，注意防止意外创伤和中毒等情况的发生，及时进行干预和康复治疗，做好预防保健工作。同时，该期婴幼儿消化系统仍不完善，断乳和其他食物添加应在幼儿早期完成，注意防止营养缺乏和消化紊乱。

1～3 岁，特别是 2 岁以后，婴幼儿会自如地走、跑、跳，开始会说话，会思考，爱提问，爱模仿，要游戏，有了自己极原始的“逻辑”，有了最初的自我意识以及对人对事物的要求。最突出的就是产生了“独立性的需要”。由此，婴幼儿的行为变了，情绪复杂了，成人感到婴幼儿难带了，变得顽皮、不听话了。这一年龄阶段是儿童心理发展过程中的第一个转折期，又有人称作“第一个反抗期”或“第一个危机期”。

一、婴儿期概况

（一）婴儿期的特点

1. 体格发育仍迅速

1 岁过后，生长速度放慢了，但身高平均仍可以一年增加 10～13 cm，每月体重增加 0.25 kg；2 岁后，大部分婴幼儿身高在这一年可增加 8～10 cm，体重增长 1.5～2.0 kg；到了 3 岁，婴幼儿的身高约达到他们成年时身高的一半。

婴儿期的骨骼还在继续骨化，仍具有弹性大、易弯曲的特点。大肌肉已经发展，但耐力仍很差，易疲劳；小肌肉远未发展起来，因此一般还不能从事需要手指精细活动的，灵活性、准确性要求很高的动作。

婴儿期的内脏器官有了一定的发展。正常婴幼儿心率在每分钟 100 次以上，3 岁时，心率已降为每分钟 100 次，但与成人相比仍然很快，因此仍不宜做剧烈运动，以免过分加重心脏负担。

婴儿期身体的各方面虽然仍很柔嫩，不能耐劳，但已能保证婴幼儿从事一些最基本的活动。

自身免疫力仍较差，容易发生急性传染病：这个阶段从母体获得的先天免疫已消失，自动免疫逐渐产生，但对疾病的抵抗能力仍差，加之与周围环境接触的机会增多，故导致急性传染病的发病率增高。

2. 言语真正形成

随着实物活动这种母子间接交往方式的发生发展，婴幼儿的主要交际工具——身体接触、表情等渐渐显得不太适用了，而言语交际的优越性越来越明显。这种变化促进了婴儿期儿童言语的迅速发展。在短短的两三年里，婴幼儿不仅能理解成人对他讲的话，而且能够运用口语比较清楚地表达自己的思想，同时，还能根据成人的言语指示调节自己的行为。言语的形成和发展也促进了心理活动的有意性和概括性的发展。

3. 思维能力形成

思维是高级的认识活动，是智力的核心。婴儿期儿童的思维在实物活动中出现了，使他们的整个心理活动发生了巨大的变化。它的发生，不仅意味着婴幼儿的认识过程已完全形成，也引起了原有的低级认识过程的质变：知觉不再单纯反映事物的外部特征，也开始反映事物的意义和事物之间的关系，成为"理解性的"知觉，即思维指导下的知觉；记忆的理解性增强了，有意性也出现了；情绪情感逐渐深刻；意志行动产生了；婴幼儿的心理开始具有最初的系统性。

4. 自我意识萌芽

在与他人的交往中，在与客观事物的相互作用中，婴儿期儿童通过"人"与"我"、"物"与"我"的比较，逐渐认识到作为客体的外界事物和作为主体的自己，婴儿期从而形成了对自己的认识，即自我意识的萌芽。自我意识是调节自身行为的原动力。婴儿期儿童的自我意识突出表现为"闹独立"。有些家长会发现，婴幼儿常常会说"自己来"或吃饭时喜欢自己用匙进食，这些行为都表明婴幼儿已经有自我意识；同时婴幼儿有时不那么听话，开始发脾气，与家长们"作对"。其实婴幼儿期是人生中的第1个反抗期，也是个性形成的关键期。家长应重视其个性的发展，培养婴幼儿的自我生活能力，安排规律生活，养成良好的生活习惯。

5. 缺乏经验易发生意外

这个时期的婴幼儿活动范围较广，好奇心增强，但对各种危险的识别能力不足，容易导致各种意外伤害的发生。因此，家长应加强婴幼儿安全教育，防止意外伤害发生。

（二）婴儿期保健措施

1. 防止意外伤害

家长不能将易吞的东西，如瓜子、花生、纽扣等，放在婴幼儿能触及的地方，防止吸入异物引起窒息；不宜让婴幼儿独自外出或留在家中，以免发生事故；应避免婴幼儿活动环境中有致烫伤、跌伤、溺水、触电的安全隐患，如装有较热食物的容器、水池等。

2. 定期健康检查，预防疾病

婴幼儿每3～6个月应进行一次体格检查，预防营养不良与肥胖；家长应继续按照儿童免疫规划程序完成婴幼儿期疫苗接种，同时亦可依据当地的疾病流行情况及自我保健需求，选择性地让婴幼儿接种乙脑、流脑、风疹、腮腺炎、水痘、肺炎和流感等疫苗。

3. 注意膳食合理

虽然婴幼儿的膳食已接近成人，但家长还是应单独为婴幼儿制作三餐。烹调须切碎煮烂，不宜多食油炸、煎、炒及刺激性食物；避免摄入过多零食或液体而影响正常进食。

（三）婴儿期的教育

1. 家长要多与婴幼儿说话，进行语言的交流

可结合图片、实物，通过念儿歌、讲故事和唱歌等活动让其学习语言。但在与婴幼儿交流时，要注意语句完整，发音清楚，不能模仿婴幼儿的话和他们对话。如果1岁半的婴幼儿不会说话，3岁婴幼儿词汇量过少，或构音不清等，属语言、言语发育迟缓，应到医院诊治。

2. 家长可以选择不同的玩具进行早期教育

运动玩具，如球、拖拉车、木马和滑梯等可促进婴幼儿肌肉动作协调发育；形象玩具，如积木、娃娃、听诊器和炊具等，可发展婴幼儿的想象和思维能力。

3. 培养自我生活能力

家长可有意识地为婴幼儿安排规律生活，培养独立生活能力和养成良好的生活习惯，为适应幼儿园

独立生活做准备，如睡眠、进食、沐浴、游戏和户外活动等。此期婴幼儿的注意力持续时间短，学习活动不宜过长，一般为15分钟左右。

二、婴儿期各月龄段的发展特征及教养要点

本教材参考上海市《0～3岁早期教养方案》，将婴儿期分为13～18个月、19～24个月、25～36个月，分别阐述各阶段婴幼儿发展特征及教养要点。

(一) 13～18个月婴幼儿——想方设法让婴幼儿执行指令

这个阶段的婴幼儿能够行动自如了，不过，当你沿街追赶这个奔跑的小家伙时，或许会怀念他以前还走不好的那段日子吧。"活力无限"是此时最能恰如其分地描述婴幼儿的特征，他喜欢各种玩具或游戏，并能全身心投入，比如球、秋千，还有小的攀爬架等。小小的双手逐渐协调，能有效地玩形状匹配的玩具，搭建更高的积木塔、涂涂抹抹画出一幅画等。游戏内容包含很多试验，如"要是我松手，让这个球掉下去会怎样"或"如果拉一下这个杆会怎样"等。对自己的行为非常感兴趣，但不知其结果，尤其是不知道危险结局，易受伤害。由于记忆力正在不断发展，所以一遍遍地重复也乐此不疲。

1. 生长和发育

性　别	平均身高(cm)	平均体重(kg)	头围(cm)	胸围(cm)
男孩	83.52	11.55	48.00	48.38
女孩	82.51	11.01	46.76	47.22

上下第1乳磨牙大多长出，乳尖牙开始萌出；会咀嚼像苹果、梨等这样的食品，并能很协调地在搅拌后咽下；前囟门闭合(正常为12～18个月)，开始能表示大小便。

2. 心理发展

(1) 感知和运动。走得稳，自己能蹲，不扶物就能复位，扶着一手能上下楼梯2～3级，会跑，但不稳；味觉、嗅觉更灵敏，对物品有了手感，会扔出球去，但无方向；会用2～3块积木垒高，能抓住一支蜡笔用来涂画；能双手端碗，会试着自己用小勺进食；模仿母亲(主要教养者)做家务，如扫地。

(2) 认知和语言。开始自发地玩功能性游戏，如用玩具电话做出打电话的样子；开始知道书的概念，如喜欢模仿翻书页；喜欢玩有空间关系的游戏，如把水从一个容器倒入另一个容器中等；理解简单的因果关系，会挑出不同的物品；开始重复别人说过的话，开始对熟悉的物品和人说出名称和姓名，但还不能分得很细；会使用"动词"，如抱、吃、喝，模仿常见动物的叫声；能在镜中辨认出自己，并能叫出镜像中自己的名字。

(3) 情感和社会性。对陌生人表示新奇；在很短的时间内表现出丰富的情绪变化，如兴高采烈、生气、悲伤等；看到别的小孩哭时，表现出痛苦的表情或跟着哭，表现出同情心；受挫折时常常发脾气，对选择玩具有偏爱；醒着躺在床上四处张望，个别婴幼儿吮拇指习惯达到高峰，特别在睡觉时；喜欢单独玩或观看别人游戏活动；会依附安全的东西，如毯子；开始能理解并遵从成人简单的行为准则和规范；对常规的改变和所有的突然变迁表示反对，表现出情绪不稳定。

3. 教养内容与要求

(1) 停用奶瓶吸吮，提供杯子让婴幼儿喝水(奶)，顺利度过离乳期。

(2) 帮助婴幼儿学习用语言或动作表示大小便。提供适宜的坐盆，使其逐步形成一定的排便规律。

(3) 提醒婴幼儿饭前洗手、饭后擦嘴。吃饭时自己学用小勺进食，形成定时、定位、专心进餐的习惯。

(4) 提供机会让婴幼儿练习独立行走、下蹲、转弯、扶栏杆上楼梯等。

(5) 为婴幼儿提供其喜欢的玩具，让其进行摆弄和装扮等活动。

(6) 鼓励婴幼儿模仿成人说的单词或短句，学着称呼人，用单词、句表达自己的需求。

(7) 提供机会让婴幼儿感知生活环境中的花草和树木、人和物，指指认认，初步建立实物和图片、物体和词语之间的联系。

(8) 帮助婴幼儿充分感受色彩和形状，尝试涂涂画画。

(9) 引发婴幼儿感受音乐节奏带来的快乐，跟着音乐做动作。

4. 科学喂养

随着乳牙的增多和动作技能发展，自己吃东西的本领也越来越强。应彻底告别奶瓶，自己动手拿食物吃，而且吃饭可变得更加具有挑战性。此时常有厌食或偏食、吃饭易分心等行为，首先不必焦虑，此是发育过程中的常见行为，再则需正确引导，结合保健和教育的方法，使用餐成功。

乳牙还未长齐，咀嚼能力仍较差，消化道的消化功能亦较差，虽然可以咀嚼成形的固体食物，依旧要吃些细、软、烂的食物。应从保健和教育结合的角度，以及根据婴幼儿咀嚼食物的程度，为婴幼儿安排每日食物的种类、数量，以供饮食和学习，发展认知能力。此时婴幼儿可从规律的一日三餐中获取均衡的营养。

(1) 断奶。断奶并不是不给婴幼儿吃奶，而只是意味着不再以乳汁为主要营养来源，意味着要断掉奶瓶和奶嘴。因为到了这一阶段，乳汁已经不能满足婴幼儿的营养需求，不断奶将不利于婴幼儿建立起适应其生长需求的饮食习惯，更不利于婴幼儿身心的发展。

(2) 不必为婴幼儿食欲的起伏而发愁。断奶期间婴幼儿食欲时好时坏纯属正常现象，不必担心。对肥胖的婴幼儿来说，有时出现拒食，也是婴幼儿的正常生理保护，成人要尊重婴幼儿的自我选择和保护。

(3) 要鼓励婴幼儿自己进食。自己进食是婴幼儿发展中的基本技能，对智力发展和非智力因素发展均有重要的深刻影响。给予充分时间让婴幼儿反复实践是十分重要的。家长包办代替，则是剥夺婴幼儿的学习机会，是十分禁忌的。

(4) 培养良好的饮食习惯。正确树立饮食观，不要过多干涉婴幼儿的饮食，要保护婴幼儿选择食物的先天能力。不食烧烤、火锅、腌渍、辛辣等刺激性食物，最好选择蔬菜、鱼肉，低盐、少油的清淡饮食。创造良好的进食环境，控制零食，培养婴幼儿对食物的兴趣，不要强迫进食。父母要以身作则，尤其是纠正自身的不良嗜好。

(5) 注意观察。婴幼儿 1 岁以后，总的热能需求量要高于乳儿期，但每千克体重所需的热能却低于乳儿期。若辅食添加不合理，易造成营养不良，通常表现为食欲欠佳、抵抗力弱、运动发育落后、骨骼畸形等症状。因此，在婴幼儿成长过程中要注意观察。如果出现消瘦，但体重呈持续增加状态，饮食量虽减少，但大便每天 2~3 次，精力旺盛，无皮肤颜色苍白等，均属于正常的发育状态。

5. 卫生保健

(1) 健康检查。健康检查包括生长监测、发育评价、喂养指导、体格检查、宣传育儿知识和护理常识、早期发现疾病。通常检查囟门、血液、心肺、动作发育、视力、听力、牙齿等。如果前囟闭合较晚，或囟门的数值较大，都需要引起注意。

(2) 预防接种。应按通知接种流脑等疫苗。

6. 培养婴幼儿能力

训练学习走路——在游戏中增长本领；留心观察婴幼儿走路步态；创造机会引导婴幼儿走直线、走曲线、走坡路、绕障碍等；提高手眼协调能力——搭积木、握笔画画、拧螺丝、玩装嵌玩具、盖瓶盖等；训练控制能力及专心做细致的活动；训练自我服务及服务他人的意识和能力；进一步训练语言能力。

7. 家长护理情况判断

每个大人对婴幼儿的要求是否保持一致；游戏中婴幼儿是否能跟家长配合；家长是否经常让婴幼儿帮忙拿东西；家长能否通过提示而限制婴幼儿的危险举动；婴幼儿一旦有进步时是否及时表扬他；婴幼儿是否用哭闹要挟家长。

8. 婴幼儿发展情况判断

是否能自由行走；是否喜欢到处走动和翻弄；是否能把球抛出去；是否能专心玩精细动作游戏 8~10

分钟；是否能自己拿着杯子喝水、拿着勺子吃饭；是否喜欢模仿大人动作；是否能坐 2 分钟便盆；是否喜欢翻书看；是否怕见陌生人；是否喜欢重复一些动作以引起别人关注。

(二) 19～24 个月婴幼儿——以积极的办法应对婴幼儿的反抗行为

这个阶段的婴幼儿变得越来越独立，尽管他一会儿坚持要“自己”做，但一会儿又转向求助了。婴幼儿的行动特点是模仿，自己做，喜欢摆弄旋钮、开关门、按电灯开关等，表现出不断探究世界的发展行为。

1. 生长和发育

性　别	平均身高(cm)	平均体重(kg)	头围(cm)	胸围(cm)
男孩	89.91	12.89	48.57	49.89
女孩	88.81	12.33	47.42	48.84

会主动表示大小便，白天基本不尿湿裤子；开始长第二乳磨牙，牙齿大概 16 只，一昼夜睡 12～13 小时。

2. 心理发展

(1) 感知和运动。视力标准为 0.5；能连续跑 3～4 米，但不稳，能自己上下床(矮床)；会用脚尖走路(4～5 步)，但不稳，能一手扶栏杆自己上下楼梯(5～8 级)；开始做原地的跳跃动作，如双脚跳起(同时离开地面)；能踢大球，能蹲着玩，能够双手举过头顶掷一个球；能够根据音乐的节奏做动作，用玻璃丝穿进扣子洞眼，会把 5～6 块积木搭成塔。

(2) 认知和语言。能自己用汤匙吃东西，开口表示个人需要；能记住生活中熟悉物放置的固定地方，如糖缸；喜欢看电视，能口数 1～5，口手一致能数 1～3；开始理解事件发生的前后顺序，按指示办事(连续的 3 件)；开始知道自己是女孩还是男孩；对声音的反应越来越强烈，并且喜欢这些声音的重复，如一遍又一遍地听一首歌、读一本书等；能说 3～5 个字的句子，开始用名字称呼自己，开始会用“我”；能说出常见东西的名称(50 个)和用途；听完故事能说出讲的是什么人、什么事；能随大人念几句儿歌，会回答生活上的问题；能区别成人的表情，当父母或看护人离开房间时会感到沮丧；在有提示的情况下，会说“请”和“谢谢”。

(3) 情感和社会性。与父母分离时有恐惧；对自己的独立性和完成一些技能感到骄傲；不愿把东西给别人，只知道是“我的”；情绪变化开始变慢，如能较长地延续某种情绪状态；交际性增强，较少表现出不友好和敌意；会帮忙做事，如学着把玩具收拾好；游戏时模仿父母的动作，如假装给娃娃喂饭、穿衣。

3. 教养内容与要求

(1) 让婴幼儿逐步养成睡眠、进餐、盥洗的好习惯，生活有规律。

(2) 在盥洗时帮助婴幼儿学着使用肥皂、毛巾，学脱鞋子、裤子、袜子和外衣。

(3) 鼓励婴幼儿养成用餐时吃一口、嚼一口、咽一口和口渴时喝水的习惯。

(4) 提供机会让婴幼儿练习自如地走、跑，进行举手扔球、玩叠高积木、串大珠子等游戏，并学着收放玩具。

(5) 鼓励婴幼儿辨别周围生活环境中的常见物，让其对物体的形状、冷热、大小、颜色、软硬等差别明显的特征有充分的感知体验。

(6) 鼓励婴幼儿学用简单句(双词句)表达自己的需求，说出自己的名字，多进行亲子阅读、听故事、学念儿歌。

(7) 提醒婴幼儿与人打招呼，学着在和同伴一起玩耍、游戏中形成初步的规则意识。

(8) 引导婴幼儿随着音乐节奏做模仿动作，跟唱简单的歌曲，用各种材料涂涂画画。

4. 科学喂养

每日膳食安排：可选蛋类、鱼虾类、瘦畜禽肉等 100 g，米和面粉等粮谷类食物 100～125 g，用 20 g 植物油烹制上述食物。选用新鲜绿色、红黄色蔬菜水果各150 g。逐渐以混合食物为主，根据婴幼儿的生理特点和营养需求，保证均衡营养。

(1) 少吃多餐。在三餐的基础上，可在下午加一餐点心，与晚餐的时间不要太近，以免影响食欲，点心的量要少而精，要有计划地进行，避免高热高糖的食物。不能随意吃零食，否则易造成营养失衡。

(2) 多吃蔬菜和水果。如西红柿、胡萝卜、油菜、柿子椒等，不能以水果代替蔬菜，每天的蔬菜和水果摄取量应在150～250 g。

(3) 提供优质蛋白类食物。肉类、鱼类、豆类、蛋类含有优质蛋白，每天应摄取肉类40～50 g，豆制品25～50 g，鸡蛋1个。

(4) 保证摄入一定的奶制品。牛奶中富含钙等营养物质，婴幼儿每天应摄入350～500 g牛奶。

(5) 添加含铁丰富且易吸收的食物，如肉、肝脏、鱼、血豆腐、大豆、小米等。同时注意添加蔬菜、水果类食物，如柑橘、红枣、西红柿等，它们可提高肠道对铁的吸收率。慢性失血、补锌过度可能造成顽固的贫血。

(6) 纯糖和纯油脂的食物不宜过多摄入，如巧克力、糖果、含糖饮料、冰淇淋等摄入过多会导致食欲下降，影响生长发育，特别是在正餐前要禁止摄入纯糖和纯油脂的食物。应摄入白糖，不提倡用葡萄糖代替白糖。如常用葡萄糖代替白糖或其他糖类，肠道中的双糖酶和消化酶会丧失作用，可使消化酶分泌功能低下，导致消化能力减退，影响生长发育。

(7) 给婴幼儿选择适合自己的食物的权利。可先喂面糊等单一谷类食物，然后再喂蔬菜水果，接着再添加肉类，这样的顺序可帮助消化吸收，并符合婴幼儿消化吸收功能发展的规律。可给婴幼儿喂食颗粒较粗大的食物，这有助于锻炼牙齿生长，促进咀嚼功能的发展，切忌强迫婴幼儿进食不喜欢的食物。

(8) 进食习惯培养。此年龄段的婴幼儿喜欢拿着勺子在碗里、盘子里戳来戳去，热衷于模仿大人的样子，把勺子里的食物往嘴里送，因此这正是训练婴幼儿自己吃饭的大好时机。良好的进食习惯包括：定时、定位，同家人一起进餐；鼓励婴幼儿自己用勺进食；不挑食、偏食；不养成吃零食的习惯；不边吃边玩，不边走边吃；饭前洗手，吃甜食后漱口或喝白开水；不边吃边说话或责备婴幼儿。

5. 卫生保健

(1) 健康检查。本阶段的健康检查依然以健康监测为主，但由于本阶段婴幼儿处于对食物挑剔的阶段，容易发生营养问题，而导致体格发育变化。因此在做常规体检的同时，家长不要忘了多向医生咨询喂养和疾病预防方面的问题。

(2) 预防接种。应按通知接种流脑等疫苗。婴幼儿一岁半时需要接种麻风腮三联疫苗，预防麻疹、风疹和腮腺炎。接种甲肝疫苗，预防甲型病毒性肝炎。要进行脊髓灰质炎疫苗和乙脑减毒疫苗的第一次加强接种以及白百破联合疫苗的加强接种。

6. 培养婴幼儿能力

进一步发展协调能力和平衡能力；进一步训练手眼协调能力；加强语言能力的训练；注重培养自我服务独立生活的能力；注重培养社会交往能力；适当进行挫折教育。

7. 家长护理情况判断

全体家长限制婴幼儿的活动是否基本一致；遭到反抗时是否感到苦恼；哭闹耍赖时是否能很快让他停止；婴幼儿是否常有孤僻少语或独来独往的现象；婴幼儿是否经常有与家长期望不同的举动。

8. 婴幼儿发展情况判断

是否会跑；是否喜欢玩串珠、插图片等游戏；是否喜欢用笔涂鸦；能否把图形与实物准确对照；能否主动说出需要；能否与别人分享食物；经提醒，能否与别人打招呼；能否和小伙伴一起玩；是否喜欢拿着书请大人讲故事；到新环境是否能很快适应；是否有偏食、厌食的毛病。

(三) 25～36个月婴幼儿——善于向婴幼儿提问和回答婴幼儿的问题

25～30个月大的婴幼儿越来越有自己的主张了，不过，他的不听话其实是自身能力增强和渴望独立的表现，同时又需要各种指导和帮助。婴幼儿一遍遍不停地反复做，是不断地巩固和强化自身已有的能力，同时又为发展新能力奠定基础。随着独立性增强，婴幼儿的语言技能也日益提高。能说短句时，目的性明显增强，会提出各种各样的稀奇需求或想要什么，对抽象概念的理解开始萌发。这个阶段的婴幼儿体现出充沛的精力。31～36个月大的婴幼儿能自己穿衣服、洗手擦手、刷牙，能搭积木，甚至能玩简单的记忆游戏或棋盘类游戏。大多数婴幼儿能画竖直线，这个时候正适合把婴幼儿的作品粘在墙壁上，建一个小小的“艺术”陈列展。婴幼儿能很有自信地走路、奔跑和跳跃了，还可以单脚站保持平衡呢！

1. 生长和发育

性　别	平均身高(cm)	平均体重(kg)	头围(cm)	胸围(cm)
男孩	97.26	14.73	49.63	50.80
女孩	96.28	14.22	48.65	49.91

晚上能控制大小便，不尿床。

2. 心理发展

(1) 感知和运动。视力标准为0.6；能单脚站(5～10秒)，能双脚离地腾空连续跳跃2～3次，能双脚交替灵活走楼梯，能走直线，能跨越一条短的平衡木；能将球扔出3米多，能按口令做操(4～8节)，动作较准确，能用积木(积塑)搭(或插)成较形象的物体；能模仿画圆、十字形，会扣衣扣，会穿简单外衣，试用筷子。

(2) 认知和语言。让他画方形时，可能会画一个长方形；能口数6～10，口手合一能数1～5，认识黄色、绿色，懂得“里”、“外”；能用纸折小飞镖，会问一些关于“什么”、“何时”和“为什么”的问题；理解故事主要情节，认识并说出100张左右图片名称，能运用大约500个单词，能说出有5～6个字的复杂句子；开始运用“如果”、“和”、“但是”等词，知道一些礼貌用语，如“谢谢”和“请”，并知道何时使用这些礼貌用语；知道家里人的名字和简单的情况，知道自己的性别及性的差异，能正确使用性别短语，倾向于属于自己性别的玩具和参加属于自己性别群体的活动；能和别人一起玩简单的游戏，如玩“过家家”游戏；和同龄小朋友分享同一事件，如把玩具分给别人；知道等待、轮流，但常常不耐心。

(3) 情感和社会性。害怕黑暗和动物，同伴之间会比赛和产生嫉妒；会整理玩具，自己上床睡觉；大吵大闹和发脾气已不常见，持续时间短，有时试图努力隐瞒自己的感情；对成功表现出积极的情感，对失败表现出消极的情感。

3. 教养内容与要求

(1) 养成婴幼儿按时上床、安静入睡、醒后不影响别人的睡眠习惯。

(2) 鼓励婴幼儿用小勺吃完自己的一份饭菜，愿意吃各种食物，自主地用杯喝水(奶)。

(3) 提供婴幼儿模仿成人做事的机会，帮助其学习自己穿脱衣裤、鞋袜，自己洗手擦脸，主动如厕。

(4) 让婴幼儿有练习钻爬、上下楼梯和走小斜坡的机会，体验运动的乐趣，培养初步的环境适应能力和自我安全保护意识。

(5) 让婴幼儿操作摆弄积木、珠子、纸、橡皮泥等玩具，提高其手指的灵活性和手眼协调性。

(6) 提供感知常见动植物和简单数字的机会，帮助婴幼儿觉察、指认颜色、形状、时间(昼夜)、空间(上下、内外)等明显的差异，引导其开始了解人、物、事之间的简单关系。

(7) 鼓励婴幼儿学用普通话大胆表达自己的需求，理解并乐意执行成人简单的语言指令。

(8) 提供图画书，培养婴幼儿阅读的兴趣，学习讲述简单的事情和学讲故事、念儿歌。

(9) 帮助婴幼儿逐渐适应集体生活，愿意亲近老师和同伴。引导其学习对人有礼貌、不影响别人的活动。

(10) 引导婴幼儿跟着音乐唱唱跳跳，用声音、动作、涂画、粘贴等多种方式表达自己的感受。

(11) 开展家园共育，指导家长开展亲子游戏、亲子阅读活动，为婴幼儿的发展提供丰富多元的教育资源。

(12) 为不同月龄婴幼儿的父母提供早期教育服务。在尊重家长不同教养方式的前提下，给予生活养育、护理保健等方面的科学、合理的育儿指导。

4. 科学喂养

此时婴幼儿基本上可与成人吃一样的食物了，对饮食的限制也较少。根据地区食物的不同，可增添各种花样的食物，以利于婴幼儿保持进食的兴趣。

(1) 婴幼儿膳食应专门加工、烹制，并选用适合的烹调和加工方法。如将食物切碎煮烂，以便婴幼儿咀嚼、吞咽和消化，注意要去除皮、骨、刺、核等。烹调方式上，宜采用蒸、煮、炖、煨等，不宜采用油炸、烤、烙等。口味以清淡为好，不应吃咸、辛、辣等刺激性食物，尽可能少用或不用含味精或鸡精、色素、糖精的调味品。30～36个月大的婴幼儿每日膳食可选择蛋类、鱼虾类、瘦畜禽肉类等100 g，米和面粉等谷类食物125～150 g，用20～25 g植物油烹制上述食物。另选用新鲜绿色蔬菜和红黄色水果各150～200 g。

(2) 均衡膳食。若膳食中营养不均衡，缺乏铁、锌、维生素C、蛋白质等，都会造成铅吸收的增加，减少铅从体内的排出。采用合理均衡的膳食，摄入均衡的营养素，有利于生长发育。粗粮应正式进入婴幼儿的餐谱，因粗粮中含有丰富的营养物质，如B族维生素、膳食纤维、不同种类的氨基酸、铁、钙、镁、磷等，可满足婴幼儿的营养需求。

(3) 培养良好的进食习惯。首先要做到定时定量，应安排好早、午、晚三餐及早、午、晚三次点心。其次不要养成挑食、偏食、吃零食的习惯，达到营养均衡。对30～36个月大的婴幼儿应培养其独立进食习惯，帮助婴幼儿锻炼动手能力，让他自己尝试用勺、碗吃饭，为上幼儿园做好独立进餐准备。

(4) 培养良好的咀嚼习惯。过早给硬的食物会障碍咀嚼习惯的形成，时间久了会养成不爱咀嚼食物的情绪。有时可由于迫不及待地往嘴里塞食物，不咀嚼就下咽，因此需要有耐心地教婴幼儿咀嚼食物，切勿急躁，给婴幼儿充足的咀嚼时间。

5. 卫生保健

(1) 健康检查。本阶段检查的重点内容是：营养咨询，纠正厌食、偏食等，口腔检查，指导龋齿防治等，视力检查，指导如何保护视力。对30～36个月大的婴幼儿，除常规体格、营养状况检查外，重点要检查牙齿是否正常生长及五官发育情况等。语言能力发育也格外重要。

(2) 预防接种。应按通知接种流脑等疫苗。

(3) 生活习惯的培养。随着婴幼儿要求独立的愿望增强，这时是培养婴幼儿良好生活习惯的好时机。良好的生活习惯包括卫生习惯、饮食习惯、劳动习惯等。

① 清洁卫生：良好的习惯应从日常生活中的细微之处培养，不是靠规矩来实现。在给婴幼儿做日常清洁卫生时，要逐渐灌输卫生知识的概念，使其懂得什么是脏的，什么是干净的。学会饭前便后要洗手，不要吃脏东西、不要随地吐痰、不要吮手、不挖鼻孔抠耳朵等，养成整洁卫生的习惯，定期给婴幼儿剪手指甲、脚趾甲。

② 玩耍的时间逐渐延长，应保证夜间睡眠充足，培养良好的作息习惯。通常每天需要睡12小时，其中晚上要睡10小时左右，白天睡1～2小时。

③ 20颗乳牙已全部长齐，但此时好发龋病，因此培养刷牙习惯十分重要，应鼓励婴幼儿自己刷牙。可试用软毛儿童牙刷，帮他挤上一点儿童牙膏，学习刷牙。在婴幼儿3岁以后，让其独立刷牙，如果对着镜子练习，他会感到这是一件很好玩的事，增强兴趣。

④ 这时婴幼儿可控制身体的平衡，手和脚的动作逐渐灵活，是训练生活能力的好时机，如学扣扣子，学穿裤子、穿鞋、脱鞋等，同时这有助于手眼协调能力的发展。在学习的过程中，父母应多次示范，指导婴幼儿反复实践，给予充足的时间和空间。

⑤ 学习如厕。神经系统的发育成熟，使婴幼儿能有意地控制膀胱和肛门括约肌，控制腹部肌肉的收舒，增加腹腔压强，帮助大便排出，同时在感觉“憋”的时候，婴幼儿的表情、动作、语言表达更准确，并懂得配合大人的指令。但独立完成排便仍需要一个较长的过程。

6. 培养婴幼儿能力

支持鼓励婴幼儿运动锻炼，不必简单要求卫生整洁；精细动作训练要提出要求增加难度；语言训练更加多样化；更加注重培养良好的生活习惯；更加注重培养交往能力、合作能力、礼貌行为、积极乐观的生活态度等。

7. 家长护理情况判断

每天向婴幼儿的提问是否不少于婴幼儿的提问；是否能克制自己去等待婴幼儿自主回答；是否常跟婴幼儿聊天、谈心、讲故事、讲道理；是否让婴幼儿做力所能及的事情；是否限制婴幼儿的一些活动；婴幼儿要什么，是否多半都给买；是否曾经打过婴幼儿。

8. 婴幼儿发展情况判断

是否会跳；是否能自己画圆圈；是否能准确辨认出两种以上的颜色；是否能说出各种日常用品的用途；是否能说出自己的名字和年龄；是否能准确表述自己的疑问和要求；是否喜欢自己穿衣服；是否开始自己刷牙；是否能主动表示要去睡觉。

练习与思考

1. 理解婴幼儿年龄分期。
2. 了解胎儿期的发展特征及教养要点。
3. 了解新生儿期的发展特征及教养要点。
4. 了解乳儿期各阶段的发展特征及教养要点。
5. 了解婴儿期各阶段的发展特征及教养要点。

参考文献

1. 闫培素，李道佳. 怎样养育婴幼儿[M]. 北京：科学技术文献出版社，1989.
2. 陈帼眉. 学前儿童发展心理学[M]. 北京：北京师范大学出版社，2000.
3. 孟昭兰. 婴儿心理学[M]. 北京：北京大学出版社，2005.
4. 刘金花. 儿童发展心理学[M]. 上海：华东师范大学出版社，2006.
5. 苏州市人口和计划生育委员会。0～3岁科学育儿指导手册(0～1岁)(1～2岁)(2～3岁)[M]. 北京：中国人口出版社，2010.
6. 上海市教育委员会. 上海市0～3岁婴幼儿教养方案.

（盘海鹰编写）

现代社会对保育人员的需求越来越大，保育员的职责已经不是只提供保育服务，而已经开始包括给父母及社会大众提供正确的育儿知识与观念。

——〔美〕艾米·劳拉·多伯罗

第三部分
养 护 篇

婴幼儿的身心健康是发展的基础。在开展保教工作时，应把婴幼儿的健康、安全及养育工作放在首位。坚持保育与教育紧密结合的原则，保中有教，教中重保，医保结合，自然渗透，教养合一，促进婴幼儿生理与心理的和谐发展。

“养”，包括健康、安全及保育等，是一切教养活动的基础，理应放在首位。同时“教”也要从出生之时开始，只是“教”附属于“养”的过程，体现了“教”和“养”的合一性。身体发育并不保证心理发展，因为心理发展的保障是社会关系，而“养”正是在社会关系中进行的，它必然引导心理发展；“养”的过程自然蕴含着“教”的因素，在对婴幼儿吃喝拉撒的生活照料中充满了教的内容。因此，我们提倡“以养为主，教养融合”的原则，在实践中关注“教”与“养”的互相影响关系。一方面使蕴含在“养”中的无意“教”变得自觉，另一方面减少独立于“养”的专门“教”。具体地说，就是在养育过程中渗透认知、语言、动作、社会性发展的内容，关注养育方式对婴幼儿心理发展产生的影响，关注养育行为对婴幼儿行为养成的影响。

第三章　婴幼儿生理发展及教养要点

婴幼儿生理发展是指婴幼儿大脑和身体在形态、结构及功能上的生长发育过程。

生长发育是婴幼儿的生理现象，婴幼儿的生长发育不仅仅是身体大小随着年龄增长而简单增长，而是一个交织着量变和质变的复杂过程。这过程中包含着三个十分重要的概念：生长、发育和成熟。

生长：指身体各个器官系统以及全身的大小、长短和重量的增加与变化，是机体量的变化，是能测量的。

发育：指细胞、组织、器官和系统功能的成熟与完善，是机体在质的方面的变化。

成熟：指机体的生长与发育达到一种完备状态。

资料链接

双生子的爬楼梯实验

美国心理学家格赛尔所做的著名的双生子的爬楼梯实验证明，人的生理成熟度对婴幼儿学习技能有明显的制约作用。

具体实验是：双生子 T 和 C 在不同年龄开始学习爬楼梯。先让 T 在出生第 48 周起开始接受爬楼梯训练，每日练习 10 分钟，连续 6 周；而 C 则在出生后第 54 周才开始学习，即比 T 晚 6 周开始，C 仅训练了 2 周，就赶上了 T 的水平。

这个实验说明，提前学习对婴幼儿并没有多大作用，因为他的生理成熟度还没有达到所需要的水平。技能的学习在某种程度上依赖于婴幼儿生理的成熟水平。婴幼儿的心理发展依赖于大脑与神经系统的成熟程度。脑和神经系统的成熟是婴幼儿心理发展最直接的自然物质基础。

第一节　婴幼儿生长发育概述

一、婴幼儿生长发育的特点

婴幼儿机体总是处在生长发育的动态变化过程中，人体的生长发育不是直线上升的，而是波浪式的，发展是不等速的，有时快些，有时慢些，交替着进行。人体的生长有四个显著的时期：① 从出生到 2 岁，发展十分迅速；② 2 岁到青春发育期前，发展较平缓；③ 青春发育期(男孩在 13～15 岁，女孩在 11～13 岁)，发展急剧迅速，变化极大；④ 15、16 岁时发育到成熟，发展又趋缓慢。

生长发育在整个婴幼儿时期是连续的过程，但各年龄阶段生长发育的速度不同，如体重在出生后第一年，尤其是前三个月增加很快，出现第一个生长高峰，第二年以后生长速度逐渐减慢，至青春期生长速度又加快，出现第二个生长高峰。

身体各部的生长速度并不完全相同，增长幅度也不一样，遵循“1、2、3、4”规律，即：从出生到成年的生长发育过程中，头只长了 1 倍，躯干增长 2 倍，上肢增长 3 倍，下肢增长 4 倍，如下图所示。

二、婴幼儿生长发育的规律

（一）发展的阶段性与连续性

各年龄期生长发育不是等速进行的，年龄越小增长越快。各年龄按顺序衔接，不能跳跃，前一年龄期的发育为后一年龄期的发育奠定必要的基础。身体各部的生长发育有一定的顺序。

（二）各系统发育的不平衡性

不同的身体系统有着不同的发展速率，神经系统发育较早，生殖系统发育较晚，淋巴系统发育先快后慢。

（三）生长发育的顺序性

生长发育有一定的顺序与方向，不会越级发展，整个 0～3 岁婴幼儿生理发展都遵循以下一些共同原则。

1. 头尾原则

头尾原则是指婴幼儿体格发育遵循着头部领先生长，躯干、四肢生长在后的规律。在胎儿时期的形态发育是头部领先，其次为躯干，最后为四肢。乳儿期动作发育顺序为首先会抬头、转头，然后为翻身、直坐、爬，最后才会站立和行走。

2. 近远原则

近远原则是指身体发育遵循躯干的生长先于四肢、肢体近端的生长早于远端的规律。

（四）个体差异性

婴幼儿的体格发育由于受机体内外因素如遗传、环境、营养、教养等因素的影响，可产生相当范围的个体差异。有的早有的晚，有的快有的慢，有的先快后慢，有的先慢后快。同龄婴幼儿体格发育也可能存在较大的差别。

三、影响婴幼儿生长发育的因素

婴幼儿的体格、智能及心理的发育，一直受到内外因素的影响，而且两者相互作用。

（一）遗传

细胞、染色体所载的基因是决定遗传的物质基础，决定着每个婴幼儿体格生长发育的特征、潜力、趋向、限度等。如父母的身高、体重、皮肤颜色等均可以影响下一代。近亲结婚者下一代中智能迟缓的发生率高。父母的性格可以传给下一代。

(二) 营养

足够的热能和各种营养素是婴幼儿体格发育的物质基础。婴幼儿出生后的营养供给不足不仅影响体重及身高的增长速度,对智能的发育也有影响。但营养过分可造成肥胖,对身体也有影响。在缺铁性贫血发生之前已有注意力不集中、记忆力减退及性格的改变。缺碘可致甲状腺功能低下,造成体格发育落后及智能迟缓。

(三) 疾病

婴幼儿急性疾病后体重明显减轻,慢性疾病对体重及身高均有影响。有些内分泌疾病可导致身材矮小。患有代谢性疾病可影响婴幼儿的体格和智能发育。患脑部外伤及神经系统感染性疾病后有时留有程度不等的智能低下。

(四) 药物

婴幼儿用药不当可直接或间接影响生长发育。如链霉素、庆大霉素、卡那霉素对婴幼儿的听力有一定的影响。长期应用肾上腺皮质激素者,身高增长速度减慢。

(五) 教育

早期教育对婴幼儿的心理发育有积极的促进作用。目前强调婴幼儿出生后第 1 小时内的母婴接触,这与婴幼儿今后良好的性格、情感有密切的关系。轻度的智能迟缓主要由教育、经济、社会等因素造成;通过适当教育,可提高智能水平。

(六) 环境

良好的生活环境和完善的医疗保健服务,均可促进婴幼儿的生长发育。要充分利用日光、新鲜空气、水进行体格锻炼。合理的生活制度安排可以培养有节奏的、饱满的情绪。

四、婴幼儿身体健康的主要特征

身体健康主要是指人的身体发育正常、机能协调发展、体质强健。身体健康的婴幼儿应具备以下主要特征。

(一) 生长发育良好,体型正常,身体姿势端正

1. 身高、体重、头围、胸围等各项指标的数值,均在该年龄组婴幼儿发展的正常值范围之内。
2. 形态发育正常(如无脊柱异常弯曲、无扁平足、身材的比例符合该年龄组婴幼儿发展的基本特点等)。
3. 身体各器官、系统的生理功能正常,并处于不断完善的过程中。
4. 身体能保持正确的姿势(如站姿、坐姿等)。
5. 身体无疾病和缺陷(如龋齿、斜视、弱视、近视、佝偻病、贫血等)。
6. 食欲较好,睡眠较沉,精力较充沛等。

(二) 机体对内、外界环境具有一定的适应能力

1. 具有一定的抵抗疾病的能力,较少患病。
2. 对环境及其变化(如寒冷、炎热、冷热的变化等)具有一定的适应能力。

3. 能适应多种体位的变化(如摆动、旋转、身居高处等)。

(三) 体能发展良好

1. 身体的基本动作能适时地产生(如抬头、翻身、坐、爬、站立、走、跑、跳跃等)。
2. 走、跑、跳跃、投掷、钻、爬、攀岩等动作能力不断提高。
3. 肌肉较有力,身体动作较平衡、准确、灵敏和协调。
4. 手眼协调能力发展良好。

五、评价婴幼儿生长发育的主要指标

评价婴幼儿的生长发育,有形态指标与生理功能指标两类。

(一) 形态指标

即身体及各部分在形态上可测出的各种量度(如长、宽、围度以及重量等)。最重要、常用的形态指标为身高和体重。此外,代表长度的还有坐高、手长、足长、上肢长、下肢长;代表横径的有肩宽、骨盆宽、胸廓横径、胸廓前后径;代表周径的有头围、胸围、上臂围、大腿围、小腿围;代表营养状况的有皮褶厚度等。

(二) 生理功能指标

即身体各系统、各器官在生理功能上可测出的各种量度。常用的有:握力和背肌力,为骨骼肌肉系统的基本指标;肺活量,为呼吸系统的基本指标;脉搏和血压,为心血管系统的基本指标。

第二节　婴幼儿身体发育及其测量

常用的婴幼儿身体发育指标有体重、身高、坐高、头围、胸围,这些指标广泛用于判断婴幼儿营养状况和健康状况。

一、体重

体重是身体各器官系统与体液重量的总和,是反映营养状况最易获得的灵敏指标。体重反映了机体生长发育的综合情况,也是临床工作中计算药物剂量、输液量和热量供应等的主要依据。体重增长有一定的规律性,体重不足或增加缓慢、停止提示营养不良或有慢性疾患;体重增长过快,超过一般规律,应检查是否为肥胖病。

(一) 体重测量的计算公式

正常婴幼儿出生时的平均体重为 3 kg(前半年平均每月增加 700～800 g,后半年平均每月增加 250 g)。1 岁时约为 10 kg,2 岁到青春前期平均每年增加 2 kg,至青春前期又见体重迅速增加,粗略地计算婴幼儿体重可采用以下公式。

1 岁以内:

$$前半年的体重(kg)=出生体重+0.7\times 月龄$$

$$后半年的体重(kg)=出生体重+6\times 0.7+(月龄-6)\times 0.3$$

1～10 岁:

$$体重(kg)=2\times 年龄(足岁)+8$$

(二) 体重的生长规律

新生儿正常出生体重为 3.0～3.4 kg，出生后有一个生理体重下降的过程，下降量为出生体重的3%～9%。满月时，一般增重 0.5～1.5 kg，平均增重 0.9 kg 左右。

出生后第二和第三个月，分别平均增重约 1.25 kg 和 0.9 kg，出生后头三个月增长最快，出生后三个月的体重约为出生时体重的两倍。

婴幼儿出生后 4～6 个月平均每月增加 0.45～0.75 kg，7～12 个月平均每月增加 0.22～0.37 kg，全年共增重约 6.5 kg。1 周岁体重为出生体重的 3 倍。

婴幼儿 1 岁后体重增长速度进一步减慢。一般 1～2 岁全年体重增长 2.0～2.5 kg，因此 2 岁婴幼儿的体重应为 10～12 kg。2～3 岁全年增长约 2.0 kg。

此外，还有研究表明，刚出生时，足月男婴体重为 3.0～3.4 kg，足月女婴体重为 3.0～3.3 kg。在正常喂养情况下，到 5 个月时婴幼儿体重增加了 1 倍，12 个月时增加了 2 倍，此后速度放慢，到 30 个月时达出生时体重的 4 倍，即 13 kg 左右。

(三) 体重的测量方法

一般量具是杠杆秤。新生儿测体重可用婴幼儿磅秤。测量时脱去衣、帽、袜、鞋，只剩单衣、单裤，宜空腹，排去大小便。在测量过程中，婴儿可取卧位，1～3 岁婴幼儿可取坐位，需要注意保暖及安全。

二、身长(身高)

身长(身高)代表头、脊柱及下肢长度的总和，是反映长期营养状况和骨骼发育最合适的指标，不易受暂时营养失调的影响。

(一) 身高的生长规律

足月新生儿出生时身长平均为 50 cm，第一年增长最快，约 25 cm，1 岁时为 75 cm，第二年平均增长约 10 cm，到青春期前，平均每年增长 5～7 cm。进入青春期出现第二次身高快速增长。

2～10 岁身高(长)的推算方法为：身高(长)(cm)＝7×年龄(岁)＋70。

(二) 身高的测量方法

3 岁前身长用标准的量床(如下图所示)或量板测量。婴幼儿仰卧于测量床，面向上，脱去帽、袜、鞋，穿单衣，两耳在同一水平线，头接触顶板并固定。测量者左手按住婴幼儿两膝使腿伸直，右手移动足板使之接触双足底，读取量板两侧数字应一致，精确度为 0.1 cm。

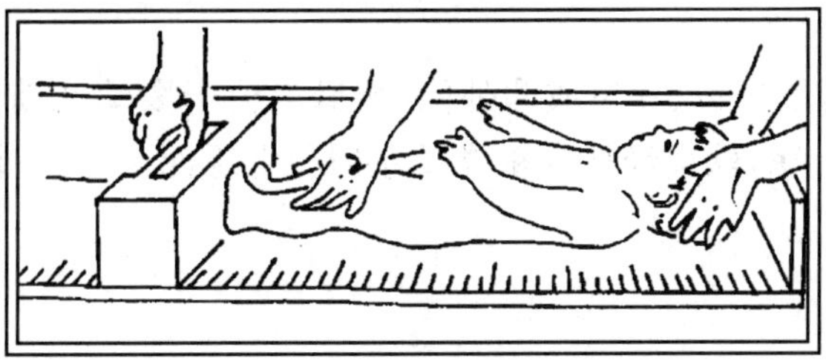

标准量床

3 岁以上幼儿的身高可用身高计测量。枕部、双肩、臀及足跟应紧靠身高计。测量时要求婴幼儿直立，两眼前视，胸部挺起，两臂自然下垂，脚跟并拢，脚尖分开约 60°。移动量板贴紧头顶，读数精确到 0.1 cm。

三、坐高

坐高(顶-臀长)的测量方法如下图所示。

3 岁以下婴幼儿量顶-臀长，取卧位，头部位置与测身长时要求相同，测量者左手提起婴幼儿两腿，使膝关节弯曲，同时使骶骨紧贴底板，大腿与底板垂直，然后移动足板，使其贴紧臀部，读数精确至 0.1 cm。

3 岁以上幼儿取坐位测量坐高，被测者坐在高度适中的板凳上，先身体前倾，使骶部紧贴立柱或墙壁，然后坐直，两大腿伸直面与身体成直角，与地面平行，膝关节屈曲成直角，两脚向前平放在地面上，头与肩部的位置与量身高时的要求相同。

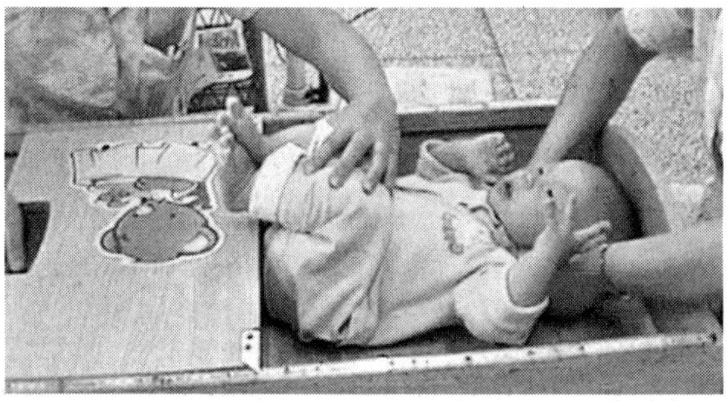

顶-臀长的测量(3 岁以下)

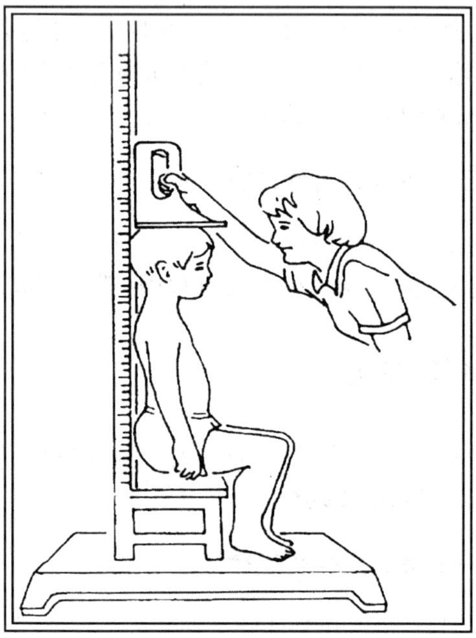

标准坐高测量(3 岁以上)

四、头围

头围为自眉弓上缘经枕骨结节绕头一周的长度，头围的大小间接反映了颅骨及脑的发育情况。出生后头 2 年头围迅速增加，新生儿头围平均为 34 cm，6 个月时平均为 42 cm，1 岁时约为 46 cm，2 岁时约为 48 cm；以后头围增加速度缓慢，5 岁时头围为 52 cm(成人为 54 cm)。头围过小，为头小畸形；过大可能为脑积水或其他疾病。

头围测量方法为：被测者取坐位、立位或仰卧位，测量者位于婴幼儿前方或右侧，用左手拇指将软尺零点固定于婴幼儿右侧眉弓上缘，软尺经枕骨粗隆及左眉弓上缘回至零点，读数精确到 0.1 cm。

五、胸围

胸围为沿乳头下缘和两肩胛下角水平绕胸一周的长度。胸围的大小与肺、胸廓的发育密切相关，是衡量胸廓、胸背肌肉、皮下脂肪、肺的发育程度的重要指标。新生儿出生时胸围约为 32 cm，胸围比头围小 1～2 cm，1 岁末胸围赶上头围，为 46 cm。营养状况差、患佝偻病的婴幼儿胸围超过头围的年龄可推迟到 1 岁半以后，1 岁以内如果营养状况良好，胸围可以超过头围。2 岁以后，胸围大于头围。

胸围的测量方法为：3岁以下取卧位，3岁以上取立位。立位时，婴幼儿两手下垂，测量者左手将软尺固定于乳头下缘，绕经背部在两肩胛角下缘绕至左侧乳头下缘回到零点，取呼气和吸气时的平均数，读数精确到0.1 cm。

第三节 婴幼儿身体各系统的发育及教养要点

婴幼儿阶段是生理发展最迅速的时期。对于婴幼儿而言，大脑、神经系统和感官活动是心理活动的物质基础和前提，婴幼儿的生理发展情况会直接影响心理的发展。

一、运动系统——人体动力装置

“生命在于运动。”运动能促进机体的新陈代谢，保持人体健康。运动系统由骨骼、肌肉和骨连结构成。骨与骨之间连接的地方称为关节。肌肉跨过关节，由两端的肌腱与骨相连，并包围着骨骼。肌肉收到脑发出的信号而收缩，通过肌腱牵拉骨骼，以关节为支点，产生相应的动作。此外，骨骼还起着支持人体、保护内脏器官和造血等功能。

(一) 婴幼儿运动系统的生理解剖特点

1. 骨骼

(1) 骨骼生长迅速。婴幼儿正处于身高迅速增长的时期，其骨骼不断地长长、加粗。同时，骨骼外层的骨膜比较厚，血管丰富，有利于婴幼儿骨骼的生长和骨组织的再生和修复。

(2) 骨骼数量多于成年人。婴幼儿的一些骨骼尚未融合连接成一个整体，例如，成人的髋骨是一块整骨，而婴幼儿的髋骨是由髂骨、坐骨和耻骨三块骨连接在一起的，到7岁左右才逐渐骨化融合成为一块完整的骨。

(3) 骨骼柔软易弯曲。婴幼儿骨骼含骨胶原蛋白等有机物较多，骨骼柔软，弹性大，可塑性强。因此，婴幼儿可以做许多成人无法做的动作，如婴幼儿能吃到自己的脚趾头，但同时也很容易出现变形、弯曲。

(4) 头部骨骼尚未发育好。新生儿出生时头部骨头之间有很大的缝隙。在颅顶前方和后方有两处仅由一层结缔组织膜覆盖，分别称为前囟和后囟(如右图所示)。婴幼儿的骨缝要到4～6个月才能闭合，后囟在3个月左右闭合，前囟到1.5岁左右才闭合。

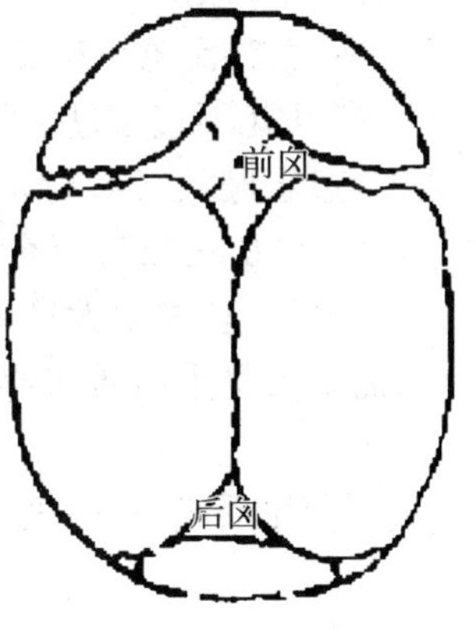

头围的大小、囟门关闭的早晚在某种程度上与脑的发育及疾病影响有关，囟门关闭过晚，头围过大(前囟中对边的中点连线大于等于3 cm为大)，多见于脑积水、佝偻病等；囟门关闭过早，头围过小，多见于大脑发育障碍、小头畸形等。

(5) 脊柱的生理弯曲。婴幼儿出生时脊柱是直的，弯曲是随着动作发育逐渐形成的。一般婴幼儿在3个月左右抬头时出现颈曲，6个月能坐时出现胸曲，10～12个月学走路时出现腰曲。7岁前形成的弯曲还不是很固定，躺下时弯曲可消失。7岁后随着韧带发育完善，弯曲才固定下来。

(6) 腕骨的钙化。婴幼儿出生时腕部骨骼均是软骨，6个月左右才逐渐出现骨化中心，10岁左右腕骨才全部钙化完成。因此，婴幼儿的手部力量小，不能拿重物。

2. 关节

婴幼儿关节窝浅、关节韧带松弛，关节的活动性及伸展性较强，但牢固性差，容易发生关节脱臼。

3. 肌肉

(1) 肌肉发育顺序。婴幼儿的肌肉发育按从上到下、从大到小的顺序进行，先发育颈部肌肉，然后是躯干，再四肢。先发展大肌肉群，如腿部、胳膊；再发展小肌肉群，如手部小肌肉。因此，婴幼儿先学会抬头、坐、立、行、跑、跳等大动作，手部的精细动作要到5岁左右才能完成。

(2) 肌肉力量小。婴幼儿肌纤维细，肌肉的力量和能量储备少，肌肉收缩力较差，容易发生疲劳，不能负重。

4. 足弓

婴幼儿的脚没有足弓。到了站立和行走时，才开始出现足弓。由于婴幼儿的肌肉力度小、韧带发育不完善，长时间站立、行走或负重，或经常不活动可导致脚底的肌肉疲劳，韧带松弛，出现扁平脚，影响行走和运动。

(二) 婴幼儿运动系统的教养要点

1. 教育婴幼儿保持正确姿势

保持正确姿势，形成良好体态，即"坐有坐相、站有站相"，不仅是为了美观，更是为了保证婴幼儿身心健康发育。不良体态如驼背、严重脊柱侧弯等，使胸廓畸形，可严重影响婴幼儿的心肺发育，易患呼吸系统疾病。

为防止骨骼变形，形成良好体态需注意以下几点：婴幼儿不应过早坐站，不宜睡软床和久坐沙发；负重不要超过自身体重的八分之一，更不能长时间单侧负重；托幼机构应配备与婴幼儿身材合适的桌椅；家长、教师要随时纠正婴幼儿坐、立、行中的不正确姿势，并为婴幼儿作出榜样。

正确站姿是：头端正，两肩平，挺胸收腹，肌肉放松，双手自然下垂，两腿站直，两足并行，前面略分开。

正确坐姿是：头略向前，身体坐直，背靠椅背；大腿和臀部大部分落坐在座位上；小腿与大腿成直角，双手自然放在腿上；脚自然放在地上；有桌子时，身体与桌子距离适当；两臂能自然放在桌子上，不耸肩或塌肩，坐时两肩一样高。

2. 组织适当的体育锻炼和户外活动

体育锻炼和户外活动可使肌肉更健壮有力，可刺激骨的生长，使身体长高，并促进骨中无机盐的积淀，使骨更坚硬。户外活动时适量接受阳光照射，可使身体产生维生素D以预防佝偻病。锻炼时血液循环加快，可为骨骼、肌肉提供更多的营养。要根据婴幼儿的年龄特点选择运动方式及运动量，使婴幼儿全身得到充分锻炼。

3. 衣服要宽松适度

婴幼儿不宜穿过于紧身的衣服，以免影响血液循环，鞋过小会影响足弓的正常发育。衣服、鞋要宽松适度，过于肥大会影响运动，易造成意外伤害。

4. 供给充足的营养

骨的生长需要大量蛋白质、钙和磷等，还需要维生素D促进钙、磷的吸收。肌肉生长及"能量"的储存，需要大量蛋白质和葡萄糖。合理膳食是保证骨骼、肌肉发育的重要条件。

二、呼吸系统——气体交换站

呼吸系统常以喉部环状软骨下缘为界，分为上呼吸道和下呼吸道。上呼吸道包括鼻及鼻旁窦、咽及咽鼓管、喉等；下呼吸道指气管、支气管、毛细支气管及肺泡。人体不断吸进氧气、呼出二氧化碳的过程，称为呼吸。呼吸道是气体进出肺的通道。肺是气体交换的场所。

(一) 婴幼儿呼吸系统的生理解剖特点

1. 鼻

婴幼儿鼻腔相对短小而窄，鼻黏膜柔嫩并富于血管，感染时鼻黏膜容易充血肿胀，致使鼻腔狭窄甚至闭塞，婴幼儿不会张口呼吸，鼻塞会导致烦躁不安、呼吸困难和拒绝吮乳。

2. 鼻泪管和咽鼓管

婴幼儿鼻泪管短，开口接近于内眦部，其瓣膜发育不全，因而鼻腔感染常易侵入结膜囊引起炎症。婴幼儿的咽鼓管较宽，并且直而短，呈水平位，而鼻咽腔开口处较低，故咽部炎症易侵入中耳，引起中耳炎。

3. 喉

婴幼儿喉腔窄，声门狭小，软骨柔软，黏膜脆弱，黏膜下组织较疏松，富于淋巴组织和血管，轻度炎症也易使喉头狭窄而出现呼吸困难、声音嘶哑，严重者可发生窒息。

4. 气管、支气管

婴幼儿的右侧支气管较垂直，因此异物较易进入右侧支气管。气管及支气管管腔相对较成人狭窄，软骨柔软，缺乏弹力组织，黏膜极柔弱，富于血管。黏液腺分泌不足而较干燥，黏膜纤毛运动力差，不能很好地清除微生物及黏液，易发生感染；由于炎症致使管腔变得更窄，引起呼吸困难。

5. 肺

在新生儿时期，气管、支气管和毛细支气管壁层均相对较薄，肌肉及结缔组织较少，以后发育主要为肌肉组织的增加使管壁增厚。婴幼儿肺脏富有结缔组织，弹力组织发育差，血管丰富而含血较多，含气较少，肺间质发育旺盛，肺泡数量较少，故感染时易被黏液堵塞引起间质炎症，并易发生肺气肿及肺后下部坠积性瘀血等。

6. 胸廓

婴幼儿胸廓较短，前后径相对较长，呈圆筒状，肋骨呈水平位。胸腔较小，肺脏相对较大，几乎填满整个胸腔，加之呼吸肌发育较差，肌张力差，呼吸时胸廓运动不充分，肺的扩张受限制，气体交换不能充分进行。呼吸困难时，不能加深呼吸，只能增加呼吸次数，以改善肺内气体交换不足，易发生缺氧症状。以后随着年龄增长，开始站立、行走，膈肌下降(3 岁以后下降至第 5 肋)，肋骨逐渐倾斜，胸部形状才逐渐接近成人。

(二) 婴幼儿呼吸系统的教养要点

1. 为婴幼儿创造良好的生活环境

家庭居室应阳光充足，定时通风，保证空气新鲜。初冬室温以 18～22℃，相对湿度以 45%～55%为宜。大人不要在室内吸烟，以免污染空气，伤害婴幼儿呼吸道。

2. 常带婴幼儿到户外适当运动

经常带婴幼儿进行一些力所能及的锻炼项目，如散步、慢跑、踢球、做操、游戏、骑小自行车等，让婴幼儿用凉水洗手洗脸，可增强婴幼儿对气候变化的适应能力和抵抗力。

3. 避免接触传染源

父母不要带婴幼儿到人口密集、空气污浊的酒楼、茶馆、超市等公共场所玩耍，尤其是不要带婴幼儿到患有感冒及其他传染病的人家串门，更莫让婴幼儿和大人一起去医院探望病人，以防止传染得病。

4. 饮食营养均衡合理

对婴幼儿最好完全母乳喂养，4 个月开始添加辅食。周岁后要培养婴幼儿按时进餐、不挑食、不偏食的良好饮食习惯，饭菜要荤素搭配，粗细粮混吃，甜咸适中。由于婴幼儿代谢生长旺盛，要注意摄入优质蛋白质，多吃些蛋类、瘦肉、鱼类和乳类制品。还要给婴幼儿补充足够的维生素 A、B 及 C，如多吃动物肝脏、蛋黄、胡萝卜、青菜、五谷杂粮等，有利于增强呼吸道抗感染的能力。

5. 让婴幼儿多喝白开水

常让婴幼儿喝白开水，尤其是 25℃左右的新鲜凉开水，有助于加快代谢，促使体内代谢废物的排出，并能增加体内血红蛋白含量，提高机体免疫力。

6. 脚部保暖

脚是肢体的末端，血循环较差，尤其是婴幼儿体温调节中枢不完善，御寒能力差，如果脚部着凉，可导致全身供血不足，反射性地引起鼻、咽、气管等上呼吸道黏膜血管收缩，降低对病原微生物的抵抗能力，潜伏在体内的致病菌会大量生长繁殖而引发呼吸道感染。因此，父母要注意给婴幼儿的脚部保暖，睡前用

40℃热水给婴幼儿泡泡脚，并按摩涌泉穴，对防范呼吸道感染大有裨益。

7. 保证高质量睡眠

婴幼儿体内生长激素分泌的高峰是在夜间熟睡时，若睡眠不足或作息不规律可导致生长激素分泌减少，既影响健康发育，又会使抵抗力下降。因此，父母要培养婴幼儿良好的睡眠习惯，创造舒适的睡眠环境，让婴幼儿夜夜睡个好觉，这可说是抵御呼吸道感染的良方。

8. 经常洗手

手是传播多种疾病的媒介，脏手上面的病毒能存活 70 个小时。所以，婴幼儿在饭前便后、平时玩耍后一定要用流动的水洗净双手。

9. 合理服用药物

有的父母常给婴幼儿服用清热解毒的中药，有的让婴幼儿喝“凉茶”，认为这样才能预防感冒。殊不知，常吃寒凉药易伤婴幼儿的脾胃，损耗人体正气，给病菌入侵开了方便之门。有的父母一见婴幼儿有个头痛脑热，就用抗生素，不但治不了病，反而使体内的微生态平衡遭到破坏，身体变得弱不禁风。因此，对待反复呼吸道感染的婴幼儿，不可滥用药物。应在医生指导下用药。

三、消化系统——人体食物的加工厂

消化系统由消化道和消化腺组成，消化道包括口腔、咽、食管、胃、小肠、大肠和肛门，消化腺能分泌消化液。

（一）婴幼儿消化道的生理解剖特点

1. 口腔

婴幼儿口腔容积较小，舌宽厚，唇肌和两侧颊肌及脂肪垫发达，有助于吮吸乳汁。

（1）唾液腺。口腔黏膜细嫩，血管丰富。唾液腺发育不够完善，唾液分泌少，口腔黏膜干燥，易受损伤和细菌感染。3～4 个月时唾液腺开始发育，唾液分泌增加，由于婴幼儿不会吞咽，因此会出现流口水现象。

（2）舌。婴幼儿的舌短而宽，灵活性差，对食物的搅拌及协助吞咽的能力不足。

（3）牙齿。人的一生有 20 颗乳牙和 32 颗恒牙。乳牙萌出时间的个体差异较大，早的 4 个月，晚的 10～12 个月，12 个月以后出牙称为出牙延迟。一般正常婴幼儿在 1 周岁末有 6～8 颗乳牙，全副乳牙在 2～2.5岁出齐。

可用下列公式推算 6 个月到 2 岁的婴幼儿正常情况下应出牙的数目：牙齿数＝月龄－4(或 6)。

恒牙在 6 岁左右开始萌出，萌出的第 1 颗磨牙称为第 1 恒磨牙；12 岁出现第 2 恒磨牙；18 岁以后出现第 3 恒磨牙(智齿)，也有终身不长出者。

婴幼儿的牙齿，根据其位置、形态和功能，可分为切牙(门齿)、犬牙(尖齿)和乳磨牙(臼齿)。大部分婴幼儿从 6 个月开始长牙。

最早长出的是下方的门牙(前牙)，之后是上门牙，然后是侧门牙，再后来是前磨牙和犬齿，最后是后磨牙。

如果婴幼儿 1 岁还未长牙，只要其他发育都正常，家长不必过分担心，只有极个别情况是由于代谢紊乱而造成出牙较迟。长牙的次序与遗传、体内钙含量、是否乳牙缺损等情况有关。

2. 食管

婴幼儿食管的黏膜纤弱，腺体缺乏，弹力组织和肌层不发达，食管下段贲门括约肌发育不成熟，常易发生胃食管反流，引起溢奶，绝大多数婴幼儿在 8～10 个月时反流好转。

3. 胃

新生儿胃容量为 30～60 mL，以后随年龄增大而增大，三个月时约为 100 mL，1～3 岁时为 200～

300 mL，故喂婴幼儿时食物量不宜过多，否则易引起呕吐。婴幼儿胃呈水平位（到直立行走时才变为垂直位），胃平滑肌发育尚不完善，在充满液体后，易引起胃扩张。婴幼儿胃的贲门括约肌张力低，幽门括约肌发育较好，因此易引起幽门痉挛出现呕吐。胃排空时间随食物种类不同而异，水的排空时间为 1～1.5 小时，母乳的排空时间为 2～2.5 小时，牛奶的排空时间为 3～4 小时，早产儿的胃排空时间则更慢。

4. 肠

婴幼儿肠管相对较长，为身长的 6 倍（成人仅 4 倍），且固定性较差，易发生肠套叠和肠扭转。婴幼儿的肠壁薄，通透性高，屏障功能差，肠内毒素、消化不全产生的过敏原和肠腔中的微生物可经肠黏膜进入人体，引起全身感染和变态反应性疾病。

5. 肝脏、胰腺

婴幼儿肝脏相对较大，新生儿时肝重为体重的 4%（成人仅 2%）。婴幼儿在 1 岁前肝脏常在肋骨边缘下方 1～2 cm 处，易扪及。婴幼儿肝脏结缔组织较少，肝脏细胞再生能力强，不易发生肝硬化，但易受各种不利因素影响，如缺氧、感染、药物中毒等影响其正常功能。婴幼儿胰腺发育不够成熟，分泌的消化酶活力也较低。

（二）婴幼儿消化系统的教养要点

1. 乳牙生长顺序和按阶段护理方法

(1) 第一阶段（出生后 6～8 个月）。一般在出生 6 个月以后，开始长出 2 个下牙。快长出牙齿时，牙龈会发痒。这是牙齿在突破牙龈时伴有少许炎症所引起的症状。

这阶段的护理方法是：

① 牙齿开始长出后，最好经常用湿纱布擦拭口腔和牙齿。尤其在哺完乳以后一定要擦拭干净。牙齿一旦长出，对龋齿的预防也就随之开始了。如果口腔环境干净，龋齿的发生率会大大降低。

② 将湿纱布缠绕在手上，就像按摩似的把嘴里的每个角落都擦拭干净，婴幼儿会很高兴。另外，给牙龈做按摩，能促进血液循环，使牙龈更加结实。

(2) 第二阶段（出生后 12～16 个月）。上下各长出 4 个乳牙，14 个月后上下各长出 2 个臼牙。

这阶段的护理方法是：

① 将纱布缠绕在手指上进行擦拭。在擦拭牙齿之前，一定要先给牙龈做按摩，保持牙龈的健康，擦拭牙齿时，指尖上稍微用力像画圈似的进行擦拭，能把夹在牙齿之间的食物残渣全部除掉。先擦拭上下牙的外侧，然后再擦拭内侧。

② 使用口腔清洁剂代替水会取得更好的效果。可将其涂抹在手上或纱布上每天擦拭三四次。

③ 婴幼儿长出臼牙以后，要定期去牙科接受检查，加强对牙齿的护理。每个婴幼儿长出乳牙的时期会有所不同，不过，要是出生 17 个月以后依然只长出上、下门牙各 2 个，说明发育过于迟缓，需要去医院进行检查。

(3) 第三阶段（出生后 16～20 个月）。此时上下各长出 2 个犬牙。

这阶段的护理方法是：

① 到了这个时期，婴幼儿想自己做的事情逐渐增多，要养成让婴幼儿漱口的习惯。妈妈给婴幼儿刷牙时，要轻轻抓住牙刷抚摸似的擦拭。按门牙和臼牙前后、两侧的顺序，进行均衡的刷洗。

② 使用牙膏是为了给嘴里带来清凉的感觉，婴幼儿不喜欢的话，也可以不用。

(4) 第四阶段（出生后 20～36 个月）。最晚在 3 周岁的时候，乳牙已经全部长出。需要正式教婴幼儿学会刷牙。让婴幼儿独自刷牙后，再用牙刷替婴幼儿除去夹在臼牙与其他牙齿之间的食物残渣。

这阶段的护理方法是：

① 在婴幼儿的牙刷上挤好豆粒般大小的牙膏，再让婴幼儿进行嘴里含水后再吐出的练习。婴幼儿独立刷完牙后，妈妈要重新再检查一遍。

② 从两岁半开始即养成早晚刷牙的习惯。指导婴幼儿学会正确的刷牙方法：顺着牙缝竖刷，刷上牙

自上而下，刷下牙自下而上；磨牙的里外要竖刷，咬合面横刷；刷牙时间不要太短，要使牙齿里外及牙缝都刷到。为婴幼儿选择头小、刷毛软、较稀的儿童牙刷，每 3 个月左右更换一次。每次刷牙后将牙刷清洗干净、甩干，放在干燥的地方。

③ 纠正婴幼儿某些不良习惯，如托腮、咬舌、咬唇、咬指甲、吃手指等，以预防牙列不齐。若乳牙该掉不掉影响恒牙萌出，应及时拔除滞留的乳牙，以保证恒牙正常萌出。

④ 去医院接受专门的护理。即使是健康的乳牙，到了 3 周岁左右，也最好用氟化物涂抹法来预防龋齿，一般每 6 个月做 1 次。

2. 培养婴幼儿良好的进餐习惯

(1) 饭后擦嘴、漱口，吃完零食也应及时漱口。

(2) 养成细嚼慢咽的习惯。细嚼慢咽有利于食物与消化液充分混合，能减轻肠胃负担，促进人体对营养素的吸收。细嚼慢咽还可使食欲中枢及时得到饱的信号，避免过量饮食。

(3) 饮食定时定量，不暴饮暴食。少吃零食，不挑食。

(4) 不要边吃边说笑，更不要边玩耍边吃零食。

3. 饭前饭后不要组织婴幼儿进行剧烈运动

饭前应安排婴幼儿进行室内较安静的活动。饭后宜轻微活动，如散步，1～2 小时后方可进行体育活动。

4. 培养婴幼儿定时排便的习惯，预防便秘

让婴幼儿养成定时排便的习惯。不要让婴幼儿憋着大便，以防形成习惯性便秘。适当运动，多吃蔬菜水果等含粗纤维较多的食物，多喝开水，都可促进肠道蠕动，预防便秘。

四、神经系统——人体指挥中心

人的意识产生于脑。人体的各种生理活动均受神经系统的调节。神经系统分为中枢神经系统和周围神经系统两部分。中枢神经系统包括脑和脊髓，周围神经系统包括脑神经、脊神经和植物性神经。

(一) 婴幼儿神经系统的生理解剖特点

1. 婴幼儿脑发育迅速

婴幼儿大脑发育十分迅速，脑重量增长很快。通常，刚出生时新生儿脑重量平均为 350 g，1 岁时可达 950 g，6 岁就接近成人水平，达 1 200 g(成人是 1 400～1 500 g)。

2. 大脑功能发育不全

婴幼儿的大脑尚未完全建立起各种神经反射，所以在运动、语言、思维等各方面的能力都不及成人。6 岁儿童的大脑在重量上已接近成人水平，但功能仍不完善，需要用大量的信息刺激来帮助婴幼儿建立起各种感觉通道。

3. 神经髓鞘化

髓鞘是指包裹在某些神经突起外面的一层类似电线绝缘体的磷脂类物质，它可以起到防止“跑电”、“串电”，使人的动作更准确的作用。刚出生时婴幼儿的神经细胞缺乏髓鞘，因此，婴幼儿在做许多动作时不精确。通常到 6 岁时完成神经纤维髓鞘化。

4. 大脑容易兴奋、疲劳

婴幼儿大脑皮层发育不完善，兴奋占优势，抑制过程形成较慢。婴幼儿大脑对外界刺激非常敏感，很容易兴奋，因此，婴幼儿容易激动，注意力不能持续集中，不能长时间做一件事，容易疲劳。

5. 小脑发育晚

婴幼儿出生时脑干、脊髓已发育成熟，但小脑发育较晚。3 岁左右时婴幼儿小脑功能才逐渐完善。因此，1～3 岁的婴幼儿平衡能力差，走路不稳，动作协调性比较差，容易摔跤。

6. 植物神经发育不全

婴幼儿植物神经发育不好，表现在内脏器官的功能活动不稳定。如婴幼儿的心跳和呼吸频率较快，节律不稳定，胃肠消化功能容易受情绪的影响。

（二）婴幼儿神经系统的教养要点

1. 保证合理的营养

婴幼儿正值脑细胞发育的高峰期，如果缺乏必需的营养物质，如优质蛋白质、脂类、无机盐等，将影响神经细胞的数量及质量。

2. 保证空气新鲜

成人脑的耗氧量约占全身耗氧量的1/4；婴幼儿脑的耗氧量几乎占全身耗氧量的1/2。因此，婴幼儿生活的环境应空气新鲜。新鲜空气含氧量多，可以满足婴幼儿发育对氧气的需求。

3. 保证充足的睡眠

睡眠可使全身各系统、器官，特别是神经系统得到充分休息，消除疲劳，积蓄养料和能量。睡眠时脑垂体分泌的生长激素多于清醒时的分泌量。长时间睡眠不足，会影响婴幼儿身体和智力的发育。睡眠时间有明显的个体差异，总的要求是年龄越小，睡眠时间越长；体弱儿睡眠多一些。

4. 制定和执行合理的生活制度

要根据婴幼儿的年龄特点，合理地制定生活制度，安排好一日活动的时间和内容。生活有规律，形成良好习惯，可以更好地发挥神经系统的功能。

5. 创设良好的生活环境，使婴幼儿保持愉悦的情绪

要为婴幼儿创设良好的生活环境与社会环境；与婴幼儿建立良好的关系，帮助和引导婴幼儿与同伴友好相处；坚持正面教育，不伤害婴幼儿的自尊心；不歧视有缺陷的婴幼儿；更不能体罚及变相体罚婴幼儿，以保证婴幼儿生活愉快。

6. 安排丰富的活动及适当的体育锻炼

丰富的活动，特别是适合婴幼儿年龄特点的体育锻炼，能促进脑的发育，能提高神经系统反应的灵敏性和准确性。为使大脑两半球均衡发展，应使婴幼儿的活动多样化，如两手同时做手指操、攀爬及各种幼儿基本体操等。日常活动中注意让婴幼儿多动手，尽早用筷子进餐，学会使用剪刀、玩串珠子游戏等。让婴幼儿在活动中“左右开弓”，能更好地促进大脑两半球的发育。

五、泌尿系统——人体废物处理场

泌尿系统包括肾脏、输尿管、膀胱及尿道。肾脏不仅是重要的排泄器官，也是维持机体内环境稳定的重要调节器官和内分泌器官。

（一）婴幼儿泌尿系统的生理解剖特点

1. 肾脏

新生儿肾脏相对较大，出生时双肾重约25 g（约占体重的1/120）。肾表面凹凸不平，呈分叶状，位置较低，故2岁以下婴幼儿肾脏容易扪及（尤其是右肾）。肾表面分叶至2～4岁时才消失，随着躯体长高，肾脏位置逐渐升高，最后达到腰部。

2. 输尿管

婴幼儿输尿管较长而弯曲，管壁肌肉及弹力纤维发育不良，容易扩张并易受压及扭曲而导致梗阻，造成尿潴留而诱发感染。

3. 膀胱

婴幼儿膀胱位置较高，尿充盈时易升入腹腔，随年龄增长逐渐下降至盆腔内。膀胱黏膜柔软，肌肉层

及弹力纤维发育不良，同时输尿管膀胱连接处斜埋于膀胱黏膜下的一段输尿管，较直而短，故防止尿液反流能力差，膀胱内压力增高时易出现输尿管反流而诱发尿道感染。随年龄增长，此段输尿管增长，肌肉发育成熟，抗反流机制亦随之加强。

4. 尿道

新生女婴尿道仅长1 cm，外口暴露且接近肛门，易受粪便污染。男婴尿道较长，但常有包茎，积垢时亦容易引起细菌上行性感染。

(二) 婴幼儿泌尿系统的教养要点

1. 养成及时排尿的习惯

注意培养婴幼儿及时排尿的习惯，不要让婴幼儿长时间憋尿。如果经常憋尿，不仅难以及时清除废物，还容易发生泌尿道感染。可在活动前及睡眠之前提醒婴幼儿排尿，养成习惯。但不要频繁地提醒婴幼儿排尿，以免形成尿频，影响膀胱正常储尿机能。

2. 保持会阴部卫生，预防泌尿道感染

(1) 让婴幼儿养成每晚睡前清洗外阴的习惯。要有专用毛巾、洗屁股盆，不要用洗脚水洗外阴，毛巾要经常消毒。

(2) 1岁以后活动自如的婴幼儿就可穿封裆裤。教育婴幼儿不要坐地。

(3) 每天适量喝水，既可满足机体新陈代谢的需要，及时排泄废物，又可通过排尿起到清洁尿道的作用。

(4) 教会婴幼儿大便后擦屁股要从前往后擦，以免粪便中的细菌污染尿道。

(5) 婴幼儿的厕所、便盆应每天消毒。

六、循环系统——人体运输管理

循环系统包括心脏和血管。循环系统在机体中起着运输各种物质(养料、氧、废物和二氧化碳)的作用。

(一) 婴幼儿循环系统的生理解剖特点

1. 心脏

婴幼儿时期心脏体积相对较成人稍大，但其与身体的比例随年龄的增长而下降。新生儿的心脏重20～25 g，占体重的0.8%；1～2岁达60 g，较新生儿时期增加两倍多，占体重的0.5%。出生后第一年心脏增长最快，7～9岁及青春期时增长速度再次加快。

2. 大血管

新生儿大血管的弹力纤维少，故弹力不足，以后血管壁渐厚，弹力纤维增多，12岁时大血管的发育成熟程度即与成人相同。婴幼儿年龄越小，心律及血流速度就越快。婴幼儿血循环周期时间平均为12秒，学前期儿童需15秒，以后则需18～20秒。

3. 淋巴器官

婴幼儿时期淋巴系统发育较快，淋巴结的保护和防御机能显著。扁桃体在4～10岁发育达到高峰，此年龄阶段儿童易患扁桃体炎。

(二) 婴幼儿循环系统的教养要点

1. 合理组织体育锻炼，增强体质

让婴幼儿进行适合于年龄特点的体育锻炼，可以促进血液循环，增强造血机能，能提高心脏的工作能力，增加每搏输出量。

应注意让婴幼儿每天有体育活动时间，但对不同年龄、不同体质的婴幼儿应安排不同时间、不同强度的活动。避免长时间的剧烈活动以及要求憋气的活动。运动前做好准备活动，结束时做调整活动，尤其在比较剧烈的运动后不宜立即停止。因为运动时，心脏向骨骼肌输送大量血液，如果立即停止运动，血液仍留在肌肉中，静脉回流减少，使心脏输出量减少，血压降低，可造成脑暂时缺血，引起恶心、呕吐、面色苍白、心慌甚至晕倒等后果。

2. 预防动脉硬化

预防动脉硬化应从幼年开始，使婴幼儿形成有利于健康的饮食习惯。婴幼儿膳食应控制胆固醇和饱和脂肪酸的摄入量，同时，宜少盐，口味“淡”。

另外，要纠正婴幼儿挑食、偏食的毛病，预防缺铁性贫血；发热时要卧床休息，减轻心脏负担。

七、生殖系统

生殖系统可分为外生殖器官和内生殖器官。男性外生殖器官包括阴茎和阴囊；内生殖器官包括睾丸、附睾、输精管、精囊、射精管和前列腺等。女性外生殖器官包括大阴唇、小阴唇、阴蒂、前庭及前庭大腺；内生殖器官包括阴道、子宫、输卵管及卵巢。

（一）婴幼儿生殖系统的特点

婴幼儿生殖系统的发育是非常缓慢的，到青春期才迅速发育。

（二）婴幼儿生殖系统的教养要点

1. 婴幼儿期是性心理发育的关键时期

3 岁左右，男婴幼儿常会提出“为什么我站着小便”之类的问题；5～6 岁时可出现恋父、恋母的情感，并提出“我是怎么来的”之类的问题。婴幼儿期是形成性角色、发展性心理的关键期。教师应注意对婴幼儿进行科学的、随机的性教育，使婴幼儿形成正确的性别自我认同，并提高自我保护意识，防范性侵害。

2. 保持外生殖器官的卫生

让婴幼儿养成每天清洗外阴部的习惯。若婴幼儿出现玩弄生殖器的现象，或出现“习惯性擦腿动作”，成人不要责骂婴幼儿，要以有趣的事情吸引其注意力。应查明婴幼儿出现这类行为的原因，内裤过紧、蛲虫病、卧室过暖都可能是诱因。

八、感觉系统——人体与外界沟通的途径

人体跟外界环境发生联系，感知周围事物的变化，首先要通过感觉器官的作用来实现。感觉器官包括眼、耳、皮肤、鼻、舌。

（一）皮肤

1. 婴幼儿皮肤的特点

（1）保护功能差：婴幼儿皮肤细嫩，角质层薄，真皮层的胶原纤维和弹性纤维较少，故容易感染。

（2）代谢活跃：细菌容易入侵，皮肤保护功能差，婴幼儿皮肤新陈代谢快，分泌物多，需要经常清洗，如不及时清洁容易长疖。

（3）体温调节能力差：婴幼儿皮肤的散热和保温能力都不及成人皮肤，容易受凉或中暑。

（4）皮肤渗透作用强：婴幼儿皮肤薄嫩，渗透作用强，一些有害物质很容易通过皮肤被机体吸收，引起中毒。

2. 婴幼儿皮肤的教养要点

（1）养成良好的卫生习惯，保持皮肤清洁。给婴幼儿洗头时，要避免皂沫进入婴幼儿眼睛。婴幼儿以

留短发为宜。给婴幼儿修剪指甲时，手指甲应剪成圆弧形，脚趾甲应剪平，边缘稍修剪即可。养成爱清洁的习惯。

(2) 加强体育锻炼。经常组织婴幼儿进行户外活动，坚持冷水洗脸，可提高皮肤调节体温的能力，增强对冷热变化的适应性。

(3) 注意婴幼儿衣着卫生。当季节、气候变化时，应提醒婴幼儿及时增减衣服。平日着装不宜过多，以提高机体的适应能力。衣服应安全舒适，式样简单，便于穿脱。内衣以棉织品为好。

(4) 不用刺激性强的洗涤、护肤品。婴幼儿皮肤嫩，皮脂分泌少，不宜用刺激性强的洗涤用品。洗脸洗手后应使用儿童护肤品，不宜用成人用的护肤品或化妆品，婴幼儿不要烫发和戴首饰。

(二) 眼睛

1. 婴幼儿眼睛发育的特点

(1) 发育不良：5岁前的婴幼儿由于眼睛发育不良，眼球前后径短，物像往往落在视网膜后面，容易造成生理性远视。

(2) 调节能力强：婴幼儿的晶状体弹性好，调节能力强。尽管是生理性远视，但对于较近的物体仍能看得比较清楚。

(3) 容易近视：婴幼儿由于远视，看近物时需要收缩睫状体使晶状体突出。长时间看近物，容易造成睫状体疲劳，眼睛调节能力下降，晶状体突度增大，使物像聚焦在视网膜前，看远物不清。

2. 婴幼儿眼睛的教养要点

(1) 养成良好的用眼卫生。容易导致婴幼儿用眼时间过长的活动主要是看电视、玩电脑游戏等，因此要限制婴幼儿看电视的时间，一般每周1~2次，每次不超过20分钟。看完电视要适当进行户外活动。

(2) 为婴幼儿创设良好的采光条件。婴幼儿活动室应窗户大小适中，使自然光充足。室内墙壁、桌椅家具等宜用浅色，反光较好。自然光不足时，宜用白炽灯照明。

(3) 为婴幼儿提供的书籍，字体宜大，字迹、图案应清晰。教具大小要适中，颜色鲜艳，画面清楚。

(4) 定期给婴幼儿测查视力。婴幼儿期是视觉发育的关键期，也是矫治视觉缺陷效果最明显的时期。要定期为婴幼儿测查视力，以便早期发现异常，及时矫治。在日常生活中，育婴师要注意观察婴幼儿的行为，当婴幼儿出现某些特殊行为时，要提醒家长，及时到医院检查治疗，比如：两眼“黑眼珠”不对称；经常眨眼、皱眉、眯眼；眼睛发红或常流泪；看东西经常偏着头；经常混淆形状相近的图案；看图片只喜欢大的；手眼协调差，等等。

(5) 教育婴幼儿不要揉眼睛，毛巾、手绢要专用，以预防沙眼、结膜炎。

(6) 预防眼外伤。

(7) 照顾视力差的婴幼儿，减轻他们的用眼负担，合理安排他们的座位，限制近距离用眼时间，并让他们经常望远。若婴幼儿佩戴矫治眼镜，应要求婴幼儿按医生的嘱咐去做。

(三) 耳朵

1. 婴幼儿耳朵的发育特点

(1) 咽鼓管短、平：人体中耳内有一管道与咽部相通，称之为咽鼓管。婴幼儿的咽鼓管短、管径宽，呈水平位置，上呼吸道的细菌、病毒等病原体十分容易从咽鼓管进入中耳，引发中耳炎。

(2) 对噪音敏感：婴幼儿对噪音比较敏感，当噪音达到60分贝时，就会影响睡眠和休息。

2. 婴幼儿耳朵的教养要点

(1) 不要用锐利工具给婴幼儿掏耳朵，防止损伤外耳道，引起外耳道感染；若不慎损伤鼓膜，则会影响听力。如耵聍较多，发生栓塞，可请医生取出。一般耵聍会自行脱落。

(2) 预防中耳炎。要教会婴幼儿正确的擤鼻涕方法：用手指按住一个鼻孔擤另一个鼻孔，擤完再擤另一个，不要太用力，更不要按住两个鼻孔同时擤，以免鼻腔分泌物经咽鼓管进入中耳。不要让婴幼儿躺着进食、喝水。防止污水进入外耳道。若在洗头、游泳时污水进入，可将头偏向进水一侧，单脚跳几下，将水空出。

（3）减少环境中的噪音，注意观察婴幼儿的活动，及早发现其听觉异常。听觉异常包括：婴幼儿对突然的或过强的声音反应不敏感；与人交流时总盯着对方的嘴；听人说话喜欢侧着头，耳朵对着声源；不爱说话，或发音不清、说话声音很大；平时很乖、很安静，睡觉不怕吵；经常用手搔耳朵，说耳闷、耳内有响声等。

练习与思考

1. 理解婴幼儿生长发育。
2. 掌握婴幼儿身体发育规律，练习给婴幼儿测量身体指标的方法。
3. 掌握婴幼儿身体各系统的发育及教养要点。

参考文献

1. 人力资源和社会保障部中国就业培训技术指导中心. 国家职业资格培训教程——育婴员[M]. 北京：海洋出版社，2009.
2. 古桂雄，戴耀华. 儿童保健学[M]. 北京：清华大学出版社，2011.
3. 万钫. 幼儿卫生保育教程[M]. 北京：北京师范大学出版社，1999.

（任慧娟、盘海鹰编写，宋媛审阅、修改）

第四章　婴幼儿保健与护理

婴幼儿身体保健侧重于防病和护理，一般包括生长监测、预防接种、常见疾病护理、预防铅中毒、预防意外伤害等内容。应掌握婴幼儿疾病的常见症状，以便及时发现异常进行处理，了解药品知识，学习婴幼儿日常保健的方法。

第一节　婴幼儿常见疾病的预防与护理

新生儿由于从母体中获得了比较多的免疫球蛋白，因此抗病能力比较强，对于常见细菌和病毒的侵袭都可以抵抗。但新生儿的皮肤非常娇嫩，对一些化脓性细菌和引起破伤风的细菌缺乏免疫力。1～6个月时婴幼儿体内仍有较多的免疫球蛋白，可抵御多种病毒和部分细菌的感染，所以一般较少发生感冒，也较少发生其他感染性疾病。6个月以后之前从母体获得的免疫球蛋白逐渐减少，而自身产生的免疫球蛋白的能力还比较低，因此抗病能力较差，容易生病。0～3岁的婴幼儿，免疫球蛋白水平仅为成人的1/12，12～16岁才能到达成人水平。

婴幼儿年龄较小，还不能用语言准确表达病痛，需要细心观察其精神状态、面色、呼吸、肤色、鼻腔、口腔、有无皮疹和行动，尽早发现异常情况，及时进行治疗。如果用手摸婴幼儿额头感到稍有热度，则应用体温计测体温确认。根据观察和测量的情况进行分析，判断有无病情。

在早教机构中如果和家长交接时发现婴幼儿已经患病，需要聆听病情，听从家长的提示，再和家长商量日间的护理要点，如全日观察、服药或就诊等。育婴师还需要把有关事项记录下来，提醒自己。婴幼儿出现异常情况不要盲目处理，需要迅速去医院进行诊治。

一、婴幼儿常见病的日常观察与发现

（一）注意辨别婴幼儿啼哭的原因

婴幼儿遇到饥饿、寒冷、燥热、疼痛时，都不会用语言来表达，只能用哭表示，哭是新生儿的语言。婴幼儿啼哭可以分为无病啼哭和有病啼哭两种。婴幼儿的哭声是判断身体状况的信号之一。如果婴幼儿持续地哭闹不安，而且精神状态萎靡不振，食欲不佳，有可能是发热了。应该量一下婴幼儿的体温，看看是否有发热的现象。如果婴幼儿一直在哭，不发热，碰到身体的局部哭得更厉害，可能是皮肤方面的问题。要细心查看身体各部位有没有异常，如臀部、颈下、腋下皮肤皱褶处有没有发生皮肤糜烂，耳朵、脐带处是否流脓等。如果婴幼儿突然哭闹，哭声高而尖，眼神呆滞，这可能是脑部病变的信号。发现这个现象，应该马上把婴幼儿送到医院就诊。如果婴幼儿持续哭闹，哭声微弱，呼吸急促，可能是呼吸道感染了。如果婴幼儿阵发性剧烈哭闹，哭声响亮，后逐渐微弱变轻，面色发白，可能有肠套叠或肠痉挛。当婴幼儿几个小时以上无原因地剧烈哭闹，时哭时停，伴有呕吐，随即排出暗红色血便时，可能是患了肠套叠。这种病非常危险，要立即把婴幼儿送医院。

(二) 从婴幼儿日常生活表现中发现异常

如果婴幼儿口齿不如同龄儿童那样清晰,应观察是否因舌系带过短影响了发音;如果婴幼儿对周围环境中突然出现的较大声响反应淡漠,应考虑是否有听力异常;如果婴幼儿经常看东西时歪头或靠得很近,应考虑是否有斜视或视力异常、斜颈等。只要细心观察,就可在早期发现疾病。

(三) 观察婴幼儿的精神状态

婴幼儿的精神状态是反映病情轻重的重要指标。一般来讲,如果面色红润,眼睛有神,正常玩耍,食欲好,说明病情不重;如果婴幼儿面色发白,眼睛无神,哭声无力或异常,不吃奶,烦躁不安或嗜睡,频繁呕吐或腹泻等,都表明病情较严重,应及时到医院就诊。

(四) 观察饮食的改变

如果婴幼儿平时吃奶、吃饭很好,现在突然拒奶或不肯进食,或进食减少,有可能患感染性疾病。如果婴幼儿有腹胀,不断打呃、放屁、口腔气味酸臭,则提示消化不良;倘若拒食或食后即哭,同时伴有口水增多,要注意有无口腔疾病,如鹅口疮或溃疡。

(五) 观察睡眠的改变

婴幼儿平时如果入睡较快,睡得安稳,睡姿自然,呼吸均匀,表情自如,但突然睡前烦躁不安,睡眠中踢被,或睡醒后颜面发红、呼吸急促,则常是发热的反应;睡眠中易惊醒啼哭,睡醒后大汗淋漓,平时易激怒,加上囟门闭合延迟,则常是佝偻病的表现;若入睡前爱用手搔抓肛门或睡眠不安,可能是患了蛲虫病。

(六) 观察呼吸的改变

婴幼儿呼吸系统处于发育阶段,患病时易引起呼吸异常。若呼吸变粗、频率增加或时快时慢,面部发红,则可能是发热;张口呼吸或常做深呼吸动作是鼻子不通气的表现;呼吸急促,每分钟超过50次,鼻翼扇动,口唇周围青紫,呼吸时肋间肌肉下陷或胸骨上凹陷,很可能是患了肺炎、呼吸窘迫症、先天性横膈膜疝气等病。如婴幼儿经常口唇发绀、面色灰青,要提防心肌炎或先天性心脏病。

婴幼儿年龄较小,还不能用语言准确表达病痛,需要育婴师细心观察,尽早发现异常情况,及时进行治疗。婴幼儿出现异常情况时不要盲目处理,要迅速去医院进行诊治。

二、婴幼儿常见疾病的护理

(一) 测量体温

1. 测量体温的用具

包括标准口表、肛表、电子体温计、耳式体温计等。准备酒精棉球和一盒凡士林,凡士林用于润滑肛表。

2. 体温测量的方法

(1) 正常婴幼儿体温。腋下体温为36～37℃。如果以口表为参照,正常体温是37℃,腋下体温为36.5℃,肛门体温为37.5℃。

体温的高低与许多因素有关,如哭闹、进食活动、室温过高、衣着过多等都会使体温升高,通常不超过37.5℃为正常范围。

(2) 测体温的部位:腋窝、口腔和肛门。根据不同的年(月)龄和部位,选择不同的温度计。3岁以下的婴幼儿不使用口腔测量体温。口表在口腔和腋下使用,与肛表不能混用。

肛表的使用方法是：让婴幼儿俯卧；取肛表，检查表是否完好，并将温度计上的水银柱甩到35℃以下。用润滑剂涂于肛表头部，轻轻插入肛门，插入长度为表长的1/3～1/2，测量2～3分钟。取出肛表，拭去粪汁，正确读数；根据正常婴幼儿的体温判断其发热情况。肛表用后需要消毒备用。

测量时间及正常体温为：一般皮肤(腋下)测5分钟，为36～37℃；肛门测2～3分钟，为36.2～38℃；口腔(舌下)测2～3分钟，为36～37.4℃。高于前述体温，则为发热。

(3) 体温测量注意事项。测量前要将温度计上的水银柱甩到35℃以下。由于正常情况下每日体温有波动，一般早晨最低，傍晚最高，哭闹、活动和进食都可以使体温升高，所以在婴幼儿吃饭、喝水、运动出汗等情况下要休息半小时后再测量体温。读数时转动体温表，看到白色不透明的水银柱时，即清晰地显示出暗色的水银柱线。体温计使用完毕用酒精棉擦拭。

3. 婴幼儿发热的处理方法

(1) 发热婴幼儿的衣服不要穿得太多，要保证室内空气清新，经常开窗保持空气流通。

(2) 药物应用。在体温超过38.5℃时再给婴幼儿吃退热药。如果婴幼儿以往有高热惊厥史，不妨在38℃时就给婴幼儿吃退热药。

(3) 物理方法。除了药物退热，运用一些物理方法也可以帮助发热的婴幼儿降温。家庭常用的物理降温方法一般有温水擦浴、冰枕降温或酒精擦浴三种。酒精擦浴会造成婴幼儿皮肤快速舒张及收缩，对婴幼儿刺激大，另外还有可能造成婴幼儿酒精中毒，所以现在不提倡给婴幼儿使用这种方法。

① 温水擦浴。如果婴幼儿已用过退热药，但不久体温又超过39.0℃，可以用温水不间断地擦身体使其降温。

具体做法是：让婴幼儿平躺在床上，用海绵或清洁纱布蘸上37℃左右的温水给婴幼儿擦四肢和前胸后背。温水可以使血管扩张，在蒸发时带走热量，从血液中带走的热量越多，降温的效果就越好。还可以再用稍凉的毛巾(约25℃)擦拭额头、脸部。

要注意的是：用温水降温时不要擦拭腹部；在进行这些降温处理时，如果婴幼儿有手脚发凉、全身发抖、口唇发紫等所谓寒冷反应，要立即停止；擦浴后，一定要擦干皮肤，防止再度感冒。

② 冰袋的使用。当婴幼儿发高热时，还可以使用冰袋进行物理降温。如果使用现成的冰袋，先仔细阅读说明，了解使用方法。在使用冰袋前，用干毛巾或棉布把冰袋包起来。这样做有两个原因：一是避免使用后冷凝水直接流到婴幼儿的身上，造成不适；二是直接放置后，会造成局部血管受冷收缩，反而影响散热降温，且易造成冻伤。

一般冰袋被包裹以后，可以放在颈部两侧、大腿根部和双侧腋窝。这些部位下有大血管，便于散热。

要注意的是：6个月以内的婴幼儿不宜使用这种方式，因为婴幼儿易受外在温度影响，使用冰袋会导致温度下降太快，让婴幼儿难以适应。

(二) 婴幼儿用药的知识和技能

婴幼儿由于各器官的功能尚未发育成熟，对药物的解毒功能和耐受能力均不如成人。因此，用药必须严格掌握剂量，否则会影响治疗效果，还会发生中毒。

1. 药物用量的计算

(1) 按体重计算的公式。不同药物对应于每千克体重的用量不同，应仔细阅读说明书或遵医嘱。

$$1\sim6\text{个月体重(kg)}=\text{出生体重(kg)}+\text{月龄}\times0.7$$

$$7\sim12\text{个月体重(kg)}=\text{出生体重(kg)}+6\times0.7\text{(kg)}+(\text{月龄}-6)\times0.3$$

$$1\sim10\text{岁体重}=\text{年龄(岁)}\times2+8$$

(2) 按成人剂量折算婴幼儿用药量。各年龄组的用药量不是绝对的，应根据婴幼儿的体质情况进行调整。

(3) 按体表面积计算

婴幼儿用药量＝成人剂量×婴幼儿体表面积/成人体表面积

成人体表面积按体重 70 kg 计算为 1.7 m^2，婴幼儿体表面积(m^2)＝体重(kg)×0.035＋0.1。

2. *给患病婴幼儿喂药的方法*

(1) 喂药注意事项。口服喂药是治疗疾病的第一选择。但是由于婴幼儿年龄小，药物或多或少带有苦味或者有婴幼儿不喜欢的味道，对于偏好甜味的婴幼儿来说，这些有异味的药物不受婴幼儿的欢迎，甚至会拒绝、反抗，造成喂药困难。给患儿喂药时态度要温和，要让婴幼儿感到亲切、比较容易接受。如果态度生硬，婴幼儿产生恐惧心理就会拒绝服药。不管婴幼儿怎样啼哭，一定要保持镇定的情绪，坚持让婴幼儿把药吃完。严格遵照医生要求的药量和间隔期喂药，因为药物在血液中的浓度必须达到一定水平后才能有效。

(2) 喂药前的准备工作。给患儿喂药需要选择合适的器皿工具。对于新生儿可以使用滴管；1 岁左右的婴幼儿可以选择汤匙或者带有刻度的小量杯；需要有把饭勺或者压舌板；如果吃的是药片还需要准备小药钵将药片研碎；为了减轻苦味或者其他异味的刺激家长可以准备白砂糖，对于大一些的婴幼儿可以准备一些小的水果糖块。再准备搅动药物的筷子一根，白开水一杯，大毛巾一块，围嘴一条。以上物品均要经过消毒方可使用。在喂药水前先摇匀药液，根据医嘱，看准药瓶或量杯上的刻度，倒出需要的用药量。

(3) 婴幼儿的喂药方法。一般 0～1 岁婴幼儿的药物是液体的，需要用勺子或滴管喂。使用小勺时，把婴幼儿放在膝上，药液倒在小勺里，将盛有药液的小勺伸入婴幼儿口中，用勺底压住舌面，慢慢抬起勺子柄，使药物流入口中，待其咽下药液后再撤出勺子，若药液较苦，可以接着再喂点糖水。严禁捏住鼻子灌药。

使用滴管时，喂药前围上围嘴，旁边预备好毛巾，把婴幼儿抱在肘弯中，使其头部稍微抬高一些。将小滴管吸进药(可以混入少许白糖)后，伸进婴幼儿的嘴里，滴管嘴放在一侧颊黏膜和牙龈之间，将药少量挤进，待婴幼儿吞咽后再继续喂下一口，吃完药后再喂上几口水，用毛巾擦干净嘴角，然后亲亲和夸奖婴幼儿。

对于 1～3 岁婴幼儿，如果药物是液体，需要用勺来喂；如果是片剂，用小药钵将药片研碎，溶于水再喂。

3. *给婴幼儿滴药的方法*

(1) 滴眼药水。向下拉开婴幼儿的下眼睑，让药滴落到眼球与眼睑之间。

(2) 滴鼻药水。让婴幼儿平躺下来，使其头部略向后倾，把药剂轻轻滴入鼻内。滴管不可伸入鼻腔。

(3) 滴耳药水。让婴幼儿平躺下来，头偏向一侧，把药剂轻轻滴入耳道。

(三) 给患病婴幼儿的饮食照料

婴幼儿生病期间，胃肠功能都比较弱，所以要避开纤维多的食物或者油脂类等对身体比较有负担的食物。如果医生没有提出特别的要求，饮食要清淡，宜少吃多餐，吃些容易消化的食物。可以吃些乳类、豆制品、蛋等高蛋白食物，同时要适当多吃富含维生素 C 的食物。如果婴幼儿没有食欲，就不要勉强。

婴幼儿生病期间，饮水是最重要的。如果发热或者伴有呕吐，一定要给婴幼儿多喝水，牛奶和新鲜的含有丰富维生素和矿物质的水果汁也可以适量饮些。

三、婴幼儿常见病护理案例

(一) 皮肤病护理案例

1. *尿布疹与护理*

尿布疹是婴幼儿中最常见的皮肤问题，是婴幼儿臀部的一种炎症，又称臀红。

【病因】

尿布疹的形成原因是潮湿的皮肤互相摩擦或正常皮肤长期受湿尿布刺激，因小便中的尿素被细菌分解产生氨，皮肤受氨刺激而发生皮炎。婴幼儿皮肤细嫩，更易发生尿布疹。

【症状】

尿布疹常常发生在湿尿布覆盖区，包括外生殖器、会阴、臀部、腹股沟和大腿上部内侧甚至肛门附近，患处皮肤有红色斑点状疹子，可伴有渗出液及糜烂。婴幼儿患上尿布疹表现为爱哭闹、烦躁不安、睡不踏实。

【护理】

尿布要勤换，一定要为婴幼儿选用适当的布尿布或高质量的纸尿布，这是减少尿布疹发生的重要因素之一。

便后勤清洗，每次大小便后，必须将局部用温水洗净、吸干，然后给婴幼儿屁股搽上一层薄薄的润肤油，注意清洗臀部(避免用刺激性肥皂)；洗完不要扑粉，以免与尿便结成块对臀部形成刺激。

尿布下最好垫一块棉的或较厚的尿垫，尿垫下再用油布或塑料布，尽量不要让塑料布或油布直接接触皮肤，因为它们都密不透气，影响水分的吸收及蒸发，这是造成尿布疹的诱因。

不要用成人洗衣粉或衣物柔顺剂洗尿布，避免引起皮肤过敏。要彻底把尿布清洗干净。洗净的尿布一定要晒干，潮湿的尿布也会沤出尿布疹。

如病变皮肤上出现水疱或有脓，皮疹持续了两天以上不消失或更严重，就应看儿科医生。

2. 湿疹与护理

湿疹是一种婴幼儿常见的皮肤炎症性疾病，发病原因比较复杂，好发于1个月到1岁的婴幼儿。

【病因】

湿疹是一种常见的、多发的、反复发作的皮肤炎症，其起因多与遗传和外界诱因有关。其中过敏因素是最主要的直接因素，如果父母双方均有过敏体质，他们的婴幼儿70%左右会有过敏体质，如果一方易过敏，婴幼儿也有一半过敏的可能。

很多诱发因素又会诱发或加重湿疹症状，如：富含蛋白质的食物，尤其是鱼、虾、蛋类及牛乳；接触化学物品(护肤品、洗浴用品、清洁剂等)、毛制品、化纤物品、植物(各种植物花粉)、动物皮革及羽毛、发生感染(病毒感染、细菌感染等)、日光照射、环境温度高等，都可以刺激婴幼儿的湿疹反复发生或加重。

【症状】

起病时一般先在面颊部出现小红疹，很快可波及额、颈、胸等处，小红疹亦可变为小水疱，破溃后流水，最后结成黄色的痂皮。渗出后红肿渐轻，进入非急性期仅为丘疹。婴幼儿湿疹时轻时重，反反复复，在急性发作时瘙痒难忍经常烦躁哭闹，影响食欲和休息，重时还可继发细菌感染。湿疹常为对称性分布，根据临床表现分为干燥型、脂溢型和渗出型。

(1) 干燥型。可有皮肤红肿，丘疹上有糠皮样脱屑和干性结痂现象，很痒，擦之皮肤樱红脱屑，多发生于先天不足、后天失养或早产、人工喂养的婴幼儿。

(2) 脂溢型。小斑丘疹上渗出淡黄色脂性液体，覆盖在皮疹上，以后结成较厚的黄色痂皮，不易除去，以头顶及眉际、鼻旁、耳后多见，但痒感不太明显。

(3) 渗出型。可有皮肤组织肿胀现象，很痒，抓挠后有黄色浆液渗出或出血，皮疹可向躯干、四肢以及全身蔓延，并容易继发皮肤感染。严重者连成片，脸面除两眼外，几乎健康的皮肤处均可出现，肤色鲜红灼热，有腥气，多见于肥胖或摄入过量高糖、高蛋白质及渗出体质的婴幼儿。

无论哪种类型均有瘙痒，哭闹少寐，日久饮食减少、消化不良，腹泻、哮喘等病反复发生，甚至影响生长发育。

【护理】

(1) 喂养方面。要想避免湿疹，最好的方法就是纯母乳喂养。婴幼儿出生时哪怕母乳尚未下来也不要迫不及待地加牛奶，应耐下心来等待母乳分泌。

一旦患了湿疹，父母要格外耐心地护理和喂养，在怀疑牛奶过敏时可改喂深度水解蛋白奶粉，或将牛奶加热煮沸后多等几分钟，使蛋白质变性，减少过敏。一般到添加辅食后湿疹会逐步减轻，一岁左右大部分会消失。

有过敏体质的婴幼儿在加蛋黄、鱼虾类食物时要格外小心，密切观察婴幼儿食后的反应，最佳做法是等 7 个月后婴幼儿肠道屏障作用较完善时再加这类食物。人工喂养的婴幼儿患湿疹，可以喂深度水解蛋白奶粉。应该少些盐分，以免体内积液太多而易发湿疹。

(2) 衣物方面。贴身的衣服应是棉质的，所有的衣服领子最好是棉质的，避免化纤、羊毛制品的刺激。衣服穿得要略偏凉，衣着应较宽松、轻软，过热、出汗都会引起湿疹加重。床上被褥最好是棉质的，衣物、枕头、被褥等要经常更换，保持干爽。让婴幼儿避免接触羽毛、兽毛、花粉等容易引起过敏的物质。

(3) 洗浴护肤方面。以温水洗浴最好，避免用去脂力强的碱性洗浴用品，选择偏酸性的洗浴用品，保持皮肤清洁。如果认为婴幼儿有湿疹就应少洗脸、洗澡，那就错了，因为皮肤不清洁会增加继发感染的机会。洗澡时，沐浴剂必须冲净。洗完后，抹干婴幼儿身上的水分，再涂上非油性的润肤膏。婴幼儿的头发亦要每天清洗，若已经患上脂溢性皮炎，仔细清洗头部便可除去疮痂。如果疮痂已变硬黏住头部，则可先在患处涂上橄榄油，过一会再洗。

(4) 环境方面。室温不宜过高，否则会使湿疹痒感加重。环境中要最大限度地减少过敏原，以降低刺激引起的过敏反应。家里不养宠物，如鸟、猫、狗等。室内要通风，不要在室内吸烟，室内不要放地毯。打扫卫生最好是湿擦，避免扬尘，或用吸尘器处理家里灰尘多的地方，如窗帘、框架等物品上。在日常生活护理中应避免过热，减少出汗的机会，内衣应选纯棉制品，减少化纤和羊毛织物的刺激。用温开水洗脸，洗澡不用肥皂，以减少皮肤痛痒感觉，避免婴幼儿抓搔患处，防止继发感染。

3. 痱子及其护理

【病因】

夏季温度高、湿度大，如果汗腺分泌过多，毛孔和汗腺管容易被堵住，造成排汗不畅，从而生成红色的疹子。这是长痱子的主要原因。婴幼儿之所以容易生痱子是由于皮肤娇嫩，汗腺发育和通过汗液蒸发调节体温的功能较成年人差，汗液不易排出和蒸发。

【症状】

痱子主要长在经常出汗的额头、脖子、鼻子、胸口、腿部等部位。初起时皮肤发红，然后出现针头大小的红色丘疹或丘疱疹，密集成片，其中有些丘疹呈脓性。生了痱子后剧痒、疼痛，有时还会有一阵阵热辣的灼痛等表现。

痱子分三种：白痱子、红痱子和脓痱子。白痱子为针尖大小的表浅水疱，易发生在长期卧床的患者身上；红痱子初起时皮肤发红，继而发生密集的针尖大丘疹或丘疱疹，内含透明浆液，周围有轻度红晕，多发于肘窝、颈部、躯干及婴幼儿面部；脓痱子也叫痱毒，是长痱子后又出现继发感染引起的，多发于婴幼儿头部。

【护理】

出汗太多或天气太热、湿度太大时，不要让婴幼儿穿太多的衣服。最重要的是凉爽、通风好的环境，而且婴幼儿一出汗就要擦干，勤换洗衣物，要让婴幼儿穿吸汗性能好的宽松的棉质衣服，避免穿化纤内衣。

炎热时保证每日用温水洗浴 2～3 次，以保持皮肤清洁，浴后擦上痱子粉。婴幼儿从外边回来后不要用冷水洗浴，因为经冷水一浇，原先张开的汗孔会突然闭塞、汗液潴留，极易引发痱子或加重病情。

应给婴幼儿多喝绿豆汤、金银花水，忌食辛辣刺激性食物及浓茶、咖啡。婴幼儿生了痱子，切忌涂抹软膏或油类制剂；不要用手挤弄、搔抓患处；避免强烈日光照射；一旦出现大面积痱毒，应及时到医院治疗。

（二）五官疾病的护理案例

1. 弱视及其护理

弱视是指发生在婴幼儿时期的眼病，从临床角度看，绝大多数患弱视的婴幼儿只表现视力差，而眼睛外表看起来与正常人一样，眼部检查也没有异常发现，但经散瞳验光、配合适的眼镜，视力也不能矫正至正常(0.9 以下)，这就是弱视。

【病因】

(1) 视觉信息输入减少。如婴幼儿期患有先天性白内障、角膜白斑或上睑下垂等，这些病的共同特征是直接阻挡光线进入眼内，眼底黄斑部得不到图形刺激，因此造成弱视，临床称剥夺性弱视。

(2) 视觉信息质量低劣。婴幼儿期患有较高度数的远视或散光，双眼度数或相等或不等，在视网膜上结成模糊不清的物像，导致弱视。

(3) 斜视。斜视即双眼球位置失调，视轴关系失去平衡，结果外界物像落在眼底视网膜的外对应点上，落在非对应点上的物像不能被大脑融合为一，大脑就主动抑制来自斜视眼的物像，该眼就形成弱视。

有以上情况应早期发现、及早治疗，只有在视觉发育敏感期这个可塑阶段，弱视才有可能治愈，如果超过 12 岁治疗便不会有效了，应争取让所有的弱视儿童在上学前达到治愈。

【护理】

婴幼儿要定期做眼保健，及时发现其视力障碍，3 岁婴幼儿应该有视力和眼位检查的记录，每年应做一次眼科检查。

预防弱视，关键在母亲，做好围产期保健至关重要。国内外大量临床实践证实，出生时体重低于 2 500 g的新生儿，日后发生弱视的机会比正常婴幼儿大得多，低体重儿和有窒息史、较长时间吸氧史的婴幼儿眼底可能会有病变，家长要特别注意。

要警惕遮盖性弱视，有报道证明 6 个月以下的婴幼儿，单眼盖一周，即能造成不可逆的视觉剥夺，所以在婴幼儿期，除了为了治疗眼疾而要包扎或交替遮盖双眼，家长千万不要自行其是盲目遮盖以免造成不良后果。

要重视屈光不正的防治：对于幼年期尤其是学龄前儿童，及时合适的屈光矫治能预防和治疗弱视、斜视。

眼位有偏斜的，要及早发现，及时治疗。

保护婴幼儿眼睛的措施还有：预防感染，不要与家人共用毛巾、脸盆，保持婴幼儿手的卫生，防止用手揉眼；避免有害光对眼的损害，如避免强光刺激，特别注意给婴幼儿照相时不使用闪光灯；注意用眼卫生，不宜经常看电视，看书时坐姿要端正，书与眼距离不少于 33 cm，照明要足够。

2. 斜视及其护理

斜视是指婴幼儿 6～7 个月以后眼的视轴明显偏斜。出生数周的婴幼儿可有生理性斜视，至 5～6 个月时，双眼注视机能应发育健全。

【病因】

(1) 发育不完善。尤其是婴幼儿双眼单视功能发育不完善，不能很好地协调眼外肌，任何不稳定的因素都能促使斜视的发生。人的单视功能是后天逐渐发育的，这种功能的建立与视觉功能一样，是反复接受外界清晰物像的刺激而逐渐地发育和成熟起来的。婴幼儿出生后 2 个月只有大体融像，精确融像功能的建立要持续到 5 岁以后，立体视力建立最迟，6～7 岁才能接近成人。所以说，5 岁前双眼单视功能未完善期间，是儿童斜视的高发期。

(2) 先天异常。这种斜视多由先天眼外肌肉的位置发育异常、眼外肌本身发育异常、中胚叶分化不全、眼肌分离不良、肌鞘异常及纤维化等解剖上的缺陷或支配肌肉的神经麻痹所致。也有的是由于生产过程中使用产钳造成婴幼儿头面部损伤或母亲生产时用力过度致胎儿颅压升高产生大脑点状出血，而出血刚好在支配眼球运动的神经核处引起眼外肌麻痹。此外，也有遗传因素，斜视眼在家族中的遗传不是针对全体成员，这种缺陷往往是间接遗传到下一代子女身上。一般出生 6 个月内发生斜视称先天性斜视，它不具备建立双眼视物的基本条件，对视功能的发育危害最大。

(3) 眼球发育特点使婴幼儿易患斜视。由于婴幼儿眼球小，眼轴短，多为远视眼，又因婴幼儿角膜及晶体屈折力大，睫状肌收缩力强，即调节力强。这样的婴幼儿想看清物体就需要更多的调节力，同时双眼也用力向内转产生了过量辐辏，容易引起内斜视，这种内斜视称调节性内斜。

（4）眼球运动中枢控制能力不足。如果集合过强或外展不足或两者同时存在就产生了内斜；相反外展过强、集合不足或者两者同时存在，就产生了外斜。

【矫治】

佩戴合适的矫正镜片或手术治疗。斜视越早治疗效果越好。

3. 中耳炎及其护理

婴幼儿与大人相比，耳朵内的耳咽管短而宽，经常会发生炎症。据统计，80%的婴幼儿在3岁之前都曾患过中耳炎。中耳炎的危害频繁，如果不加治疗，会导致永久性听力丧失，进一步延迟婴幼儿的语言功能发展，这是因为在3岁前正常的听力对语言功能的发展至关重要。在一些特殊情况下，中耳炎还能导致严重的并发症，如乳突炎、脑膜炎等，或破坏平衡能力。

【病因】

婴幼儿的免疫系统还处于发展阶段，功能尚不健全，使得他们易受感冒病毒或其他病毒的感染。婴幼儿连接中耳到喉后部的咽鼓管较短且较偏水平，使得细菌容易从喉部进入耳朵。感冒时，咽鼓管肿胀阻塞，鼓膜和咽鼓管之间的空间充满液体而引流不畅，细菌最易在其中生长繁殖，形成炎症。

【症状】

如果稍大点的婴幼儿称耳部疼痛或有压迫感，并在发热、打喷嚏时加重，就可能患了中耳炎；如果婴幼儿烦躁、哭闹不安、夜不能寐、拒绝喂哺，应想到中耳炎，因婴幼儿在喂奶、吞咽或夜间平躺时，对耳鼓膜的压力最大，加剧疼痛；如溢出脓血性液体，在排除外耳道疖之后，可确定中耳炎鼓膜已穿孔；中耳炎有时会导致程度不同的听力丧失。

【护理】

虽然预防中耳炎没有什么绝对有效的方法，但有些做法可以减少中耳炎的发生。

（1）母乳喂养。研究表明，经母乳喂养的婴幼儿中耳炎的发病率是瓶装牛奶喂养婴幼儿的一半。原因是母乳中含免疫抗体（IgA），能抵抗细菌和病毒的感染。

（2）让婴幼儿坐起来和用倾斜体位喂奶。喂奶时使婴幼儿头部抬起一个角度，特别不要让婴幼儿拿着奶瓶入睡，以免液体流向咽鼓管，使咽鼓管阻塞，导致细菌繁殖。

（3）避免婴幼儿经常感冒。感冒会导致咽鼓管阻塞，容易引起中耳炎的发生，所以避免感冒也能减少中耳炎的发生。

（4）创造无烟环境。一项研究表明，被动吸烟导致每年22万婴幼儿患中耳炎。被动吸烟增加婴幼儿上呼吸道疾病的发生，导致中耳炎发病增加。

（5）患急性中耳炎后立即前往医院接受治疗。治疗一般需要半个月到1个月，而且一定要坚持治疗，直到痊愈为止。如果以为热退了，疼痛消失了，就掉以轻心，有可能会发展为慢性中耳炎；严重时还可能丧失听力。

（6）在家里要充分休息。发热会导致耳朵疼痛，可以用湿毛巾冷敷耳后，以减轻疼痛。

（7）平时擤鼻涕时，轮流使用两侧鼻孔，也是很好的预防方法。

（三）营养性疾病的护理

营养性疾病是指由于营养物摄入不当（包括摄入不足、摄入过多或摄入比例失调）所造成的疾病。

1. 佝偻病及其护理

佝偻病是3岁以下婴幼儿常见的营养缺乏症。由于维生素D不足，引起体内钙、磷代谢紊乱和骨骼发育异常，严重影响婴幼儿健康。

【病因】

（1）胎儿期维生素D储备不足。

(2) 接触日光不足,冬季、衣着多、处于多雾多雨地区、户外活动少等因素都可导致内源性维生素D合成不足。

(3) 天然食物及母乳中维生素D少,会导致摄入不足。

(4) 生长过快,但需要量没有增加。

(5) 疾病影响。胃肠道或肝、肾疾病可影响维生素D吸收。

【症状】

2岁以下婴幼儿如果从未或很少晒太阳,未服用维生素D预防量,就会出现易激怒、爱哭闹、夜惊、多汗、烦躁不安等明显症状,还可有枕秃、易患呼吸道感染、贫血等症状,如不及时治疗,就会引起骨骼和肌肉病变,如颅骨软化、肋外翻、囟门晚闭、出牙迟缓、肌肉和韧带松弛等,以后可出现方颅、肋骨串珠、鸡胸、脊柱后凸及佝偻病性"手镯"(手腕膨大)。婴幼儿学步后会出现"O"、"X"形腿。当婴幼儿出现多汗、睡眠不安的体征时就要引起重视,及时找医生进行治疗。

【护理】

(1) 广泛开展健康教育,从胎儿期开始,采取综合预防措施。如向家长宣传佝偻病的病因、预防措施以及正确摄入维生素D的方法,指导家长实施。

(2) 孕母应多户外活动,食用富含钙、磷、维生素D的食物,妊娠后期要每日补充800 U的维生素D。

(3) 从4~6个月开始及时添加泥糊状食品,补充富有维生素D、钙、磷及蛋白质等的营养物质,如蛋黄、肝类、鱼类、鱼子等。

(4) 多进行户外活动,多晒太阳。太阳中的紫外线可以使皮肤组织中的7-脱氢胆固醇转变成维生素D,促进钙的吸收。

(5) 维生素D预防性补充。足月儿出生后2周就要开始补充维生素D 200~400 U至2岁,早产儿和双胎儿生后就开始补充。

2. 缺铁性贫血及其护理

缺铁性贫血是由于体内缺铁导致血红蛋白合成减少而引起的一种全身性营养缺乏疾病,是儿童贫血中最常见的一种类型,尤以婴幼儿的发病率最高。任何年龄均可发病,以6个月至2岁最多见。发病缓慢,多不能确定发病日期,不少患儿因其他疾病就诊时才被发现患有本病。

【病因】

(1) 先天储铁不足。常见于早产儿、双胞胎和母亲患严重贫血的婴幼儿。

(2) 铁的摄入量不足。饮食中铁的供给不足是导致缺铁性贫血的重要原因。

(3) 生长发育过快。随体重增长血容量相应增加,生长速度越快,铁的需要量相对越大,越易发生缺铁。

(4) 铁的丢失或消耗过多。正常婴幼儿在出生后两个月内由粪便排出的铁比由饮食中摄取的铁多,由皮肤损失的铁也相对较多。

【症状】

临床主要特点为小细胞低色素性贫血。皮肤、黏膜逐渐苍白或苍黄,以口唇、口腔黏膜及甲床最为明显。易感疲乏无力,易烦躁哭闹或精神不振,不爱活动,食欲减退。年长儿可诉头晕、眼前发黑、耳鸣等。

【护理】

加强孕期保健,指导孕母摄入含铁丰富的食物。每天常规补铁60 mg。新生儿出生后要合理喂养,及时添加含铁较多的辅助食品,对消化、营养紊乱及感染性疾病应早防、早治,正常体重儿6个月时或早产儿及双胞胎2个月时给予铁剂,每天给予铁剂1~2 mg/kg,对疾病恢复期患儿注意营养素的供给等。

3. 单纯性肥胖症及其护理

单纯性肥胖症是全身脂肪组织普遍过度增生和堆积的慢性病。婴幼儿期单纯性肥胖症是导致成人期肥胖和心脑血管疾病、糖尿病、代谢综合征的重要危险因素。

【病因】

由于过度进食，脂肪或糖类摄入过多，营养过剩，又缺乏适宜的体育锻炼，使摄入的热量超过消耗量，剩余的热量就转化成脂肪堆积在体内，引起肥胖。这是目前婴幼儿期比较严重的健康问题和社会问题。

【症状】

肥胖好发年龄为小于1岁、5～8岁及10～13岁三个阶段。全身皮下脂肪组织过度增加、堆积，有氧能力和运动能力下降。行为偏差表现为过度进食、偏食、挑食，过度偏嗜高热量食物，懒于体力活动，喜静坐式生活方式，人际交流少。

【护理】

(1) 控制饮食。强调母乳喂养，人工喂养时要按婴幼儿实际需要进行科学合理喂养，3个月内避免喂固体食物，4个月时合理地添加辅食。1岁以内维持正常体重，避免摄入过多热量，多吃水果蔬菜和粗粮制品。指导家长科学合理地安排膳食，定时定量，养成婴幼儿良好的生活习惯和进食习惯。例如：多食芹菜、萝卜、黄瓜、西红柿、苹果、竹笋等含纤维素或非精细加工的食物；少食或不食巧克力、冰淇淋等高热量、高脂食物；少食或不食油炸食物、西式快餐或甜食；口渴时尽量喝白开水，不喝糖水及含糖饮料。纠正婴幼儿不良的饮食习惯，例如：不能经常吃零食；睡前不要吃东西；吃饭要细嚼慢咽、小口进食；吃饭时间不要过长。家长也不要把喂食作为奖励或惩罚的手段。

(2) 增加运动。根据婴幼儿的年龄特点设计一些安全、有趣味性、能够减少脂肪的运动项目，有目的、分步骤地锻炼婴幼儿的耐力、肌肉和关节柔韧性。

(四) 呼吸道疾病的护理案例

1. 上呼吸道感染及其护理

上呼吸道感染是呼吸系统疾病中具有代表性的疾病，是婴幼儿的常见病、多发病。上呼吸道感染主要指鼻、咽部等上呼吸道黏膜的急性炎症，90%是由病毒引起的。

【病因】

婴幼儿出生6个月后，随着从母体获得的抗体逐渐减少，患“上感”的机会开始增多。一年四季均可发病，但冬季、晚秋和早春季节更多发。此病发病率较高，还往往起病急骤，病情进展迅速，而且易出现并发症，如：感染蔓延到邻近器官可引发中耳炎、支气管炎、肺炎；感染通过血液循环播散可引起败血症、脓胸、脑膜炎；感染毒素及变态反应，可发生风湿热、心肌炎、急性肾炎。因此，需要尽快治疗和彻底预防。

【症状】

患了上呼吸道感染以后，会出现发热、喉咙肿、流鼻涕、咳嗽等症状，还有可能伴随呕吐和腹泻等消化系统的疾病。

【护理】

如体温超过38.5℃，应该喂退热剂；假如发热依然没退，可以用温热的毛巾擦拭全身或把婴幼儿放在盛有温水的浴缸里，以帮助退热。

如咳嗽和鼻塞严重，可以利用加湿器使室内湿度保持在50%～70%，使呼吸得以畅通，而且还要随时给婴幼儿喂水。婴幼儿呼吸困难时，用棉签或鼻呼吸器掏鼻涕，有可能会损伤黏膜，所以一定要慎之又慎。

咳嗽和痰是排除体内细菌的防御体系，因此，不要随意让婴幼儿服用消除咳嗽和痰的药物。可以经常喂温热的水，不仅能减少咳嗽，还能使痰得到稀释而容易排出。如婴幼儿没有胃口而不愿吃东西，或者腹泻和呕吐，可以喂米糊等易消化的食物。

不管怎么说，感冒最好是事先加以预防。可以让婴幼儿多穿几件薄衣服来调节体温。外出回到家里，要把婴幼儿的手脚洗干净。不仅如此，还要经常给室内换气、清扫，使室内环境保持清洁。

2. 支气管炎及其护理

【病因】

支气管炎是支气管产生炎症引发的疾病，出生3～6个月的婴幼儿容易患此病。支气管十分狭窄，稍有刺激或分泌物即容易肿胀并生成炎症。若不及时治疗，会经常发生支气管炎或哮喘，需要特别引起重视。

【症状】

支气管炎主要由感冒合并症而引起，大多在变换季节的时候和冬季10—3月份时流行。患感冒后3～4天出现多痰、呼吸急促、咳嗽、流鼻涕、鼻塞、呼吸困难等症状，还会造成食欲不振。

虽然有发热也有不发热的时候，一旦患病，会在2～3天内突然很严重，然后慢慢好转。呼吸困难会使体内水分大量损失，食欲不振还会引起脱水，甚至会因合并症而引起肺炎。

【护理】

严重时也可能需要住院治疗，只要治疗及时，一般不会有什么大问题。不过，要是误认为是因感冒引起咳嗽而不予重视，会造成治疗困难，从而转化成慢性哮喘或肺炎。

多喂水，并用加湿器给屋子里加湿等，都会对治疗有很大的帮助。另外，充分摄取水分，会使痰稀释后容易排出，并能减少对支气管炎的刺激，使咳嗽得以减轻。

出现呼吸困难的症状时，可以让婴幼儿以平稳的姿势坐起，使头部与胸口成45°或脖子后倾。因咳嗽严重或多痰等原因造成呼吸困难时，也可以采取轻轻拍打后背的方法。

3. 支气管肺炎及其护理

肺炎是婴幼儿时期常见的疾病，重症肺炎是婴幼儿时期主要死亡原因之一，婴幼儿以急性支气管肺炎为多见。

【病因】

（1）婴幼儿呼吸道生理解剖因素。婴幼儿的鼻咽、气管及支气管狭窄，黏液分泌少，纤毛运动差，肺组织分化不全，弹力纤维不发达，代偿能力差，肺泡少而间质发育旺盛，故含气少血多，加之免疫功能尚未充分发育，因此，容易患气管肺炎。

（2）疾病影响。机体本身的健康状况与肺炎的发生有密切的关系。特别是营养不良、佝偻病、贫血、先天性心脏病、脑发育不全等在机体抵抗力、免疫力低下的情况下容易发病。

（3）环境因素。如气候骤变、居室通风不良、空气污浊等。

【症状】

发热和持续咳嗽是肺炎最大的症状。严重时，高热还可能造成呼吸困难，这是和感冒不同的地方。另外，呼吸会加快，达到1分钟50次以上。每次呼吸时，鼻翼一扇一扇，脸、嘴唇、指尖、脚尖等部位往往会由青转白。

咳嗽严重时，年龄越小越容易出现呕吐、多痰。即使病因相同，患儿的状态也会各自不同。因此，要根据发病原因和婴幼儿的状态来接受恰当的治疗。

【护理】

（1）保持空气流通：保持室内空气新鲜和一定湿度，以利于咳出分泌物。

（2）供给充足养分：适量增加营养和水分，少食多餐，多饮开水。

（3）注意充分休息：避免因过度劳累引起呼吸困难。

（4）保持呼吸畅通：经常抱起患儿，轻拍背部或翻身；发现有鼻痂时，用温开水浸软清除。

4. 急性扁桃体炎及其护理

急性扁桃体炎分为链球菌引起的白细菌感染和病毒等引起的感染。一般在季节变换的时候更容易患上此病。如果患上热感冒，喉咙肿会引起炎症，会产生突然发热（39～40℃）、头痛、肌肉痛等症状。

【病因】

新生儿一般不会患此病，而在出生1个月以后经常会患上此病。发生扁桃体炎，会造成扁桃体增大、鼻塞、用嘴呼吸，以及不能入睡等症状。

【护理】

在儿科诊治后，最重要的是及时服药，经常喝水，好好休息。为了不刺激咽喉，可以给婴幼儿喂软和细的饮食。如果发热、肌肉疼痛厉害，需要接受抗生素治疗。

（五）消化道疾病的护理案例

1. 肠炎及其护理

【病因】

肠炎分为病毒性肠炎和细菌性肠炎。婴幼儿患的肠炎大部分是病毒性肠炎。其中最常见的是轮状病毒性肠炎，多发于秋冬。一般是通过沾染细菌的饮食或手、玩具等感染的，并有极强的传染性，也可能通过呼吸系统感染。1周左右以后，大部分婴幼儿病情都会逐渐好转。

【症状】

症状主要是：咳嗽、发热、咽部疼痛、呕吐、腹痛等；大便每日数次，多为水样或蛋花样，年龄大些的婴幼儿大便呈喷射状，无特殊腥味及黏液脓血。由于频繁腹泻与呕吐，食欲低下，患儿容易出现不同程度的脱水、酸中毒现象。严重者可出现电解质紊乱，还可合并脑瘫、肠出血、肠套叠而危及生命。

【护理】

应加强综合护理。调节饮食，进食必须由少到多，由稀到干。对轻度脱水的患儿，可用口服补液盐溶液调治；脱水严重的，应予静脉输液，以纠正电解质的紊乱。如发高热，首先要让婴幼儿服用退热剂；如腹泻和呕吐，会出现脱水现象，要经常喂淡盐水。为了补充营养，可以喂母乳、米汤等；而适合于肠炎时喂的特殊奶粉，需按照医生的指示来喂。要做好大便后的清洁，每次用温水清洗肛门，次数多的需用油膏涂肛门。

由于传染性极强，因此预防最重要。在抚摸婴幼儿时一定要先洗手，特别是替换尿布后要用香皂把手洗干净。

2. 腹痛及其护理

婴幼儿腹痛是相当常见的疾病，胀痛、绞痛、疼痛轻重程度与病情并不一致。如疼痛剧烈，婴幼儿哭闹不止，过一会儿又完好如初，可能是得了肠道痉挛，痉挛解除，疼痛即可缓解。对于因胃肠道痉挛引起的胃肠绞痛，特别是因受寒、饭食过多引起的胃部胀痛，用热水袋进行热敷能够有效缓解胃肠痉挛，减轻疼痛。但上述操作必须由医生排除以下几种疾病后进行。

(1) 肠虫病。肠虫病是婴幼儿腹痛的常见原因，当某种因素刺激虫体时，可使蛔虫窜上窜下地蠕动，刺激肠道引起痉挛疼痛。此时如果热敷就会加重病情，引发危险。按揉腹部会刺激虫体穿肠破壁，引起弥漫性腹膜炎。

(2) 急性阑尾炎。急性阑尾炎是婴幼儿中较多见的一种病症。阑尾炎在早期并无典型症状，可能肚脐周围有轻微疼痛，诱使呕吐、腹泻，按压时疼痛并不明显。婴幼儿的免疫功能较差，患阑尾炎时很容易发生穿孔，如果盲目按揉或局部热敷，就可能促使炎症化脓处破溃穿孔，形成弥漫性腹膜炎。

(3) 肠套叠。肠套叠多见于6个月左右的婴幼儿，由于被套入的肠子血液供应受到阻碍而引起疼痛，时间过长可能发生坏死。如果盲目按揉，可能造成套入部位加深，加重病情。如阵发性哭吵不安、呕吐或有暗红色果酱样大便应立即去急诊。

鉴于婴幼儿腹痛病因比较复杂，婴幼儿又缺乏一定的表达能力，所以不要以疼痛的程度来推测病情，更不要盲目动手按揉腹部，最好的办法是立即送医院就医。

3. 呕吐及其护理

新生儿呕吐的原因是多种多样的。首先要搞清楚呕吐的原因，针对不同的原因进行不同的处理。

(1) 喂养不当引起的呕吐。最常见的是由于喂养不当而出现的溢奶或呕吐，对此要用科学方法喂养和加强护理。

用奶瓶喂奶时要注意橡皮奶头孔眼不要过大，防止吸奶过急。喂奶次数不要过多，喂奶量不要过大，喂奶前不要让婴幼儿过于哭闹，不要吮吸带眼的假奶头。喂奶时要使奶瓶中的奶水充满奶头，这样可以防止婴幼儿胃内吸入过多的空气而导致呕吐。

喂奶后不要过早地翻动婴幼儿，最好把婴幼儿竖抱起来，轻轻拍打背部，拍出几个“饱嗝”再放回床上，或将他的床头抬高，形成右侧立睡姿，可以防止呕吐时发生窒息或引起吸入性肺炎。

(2) 生理性呕吐。生理性呕吐一般会随着婴幼儿月龄的增长和胃肠功能逐渐完善而慢慢好转。如果婴幼儿出生后24小时就开始呕吐，或吃后就吐，量较多，甚至呈喷射状，一般可能是因为颅内疾病或高位肠梗阻。

(3) 病理性呕吐。除呕吐外还伴有其他异常的症状体征，这是因生病引起的呕吐，应及早送到医院进行治疗。如果呕吐持续存在，并反复出现，改进喂养方法也毫无作用，就要考虑婴幼儿是否存在患有某种疾病的可能。一般母乳喂养的婴幼儿发生呕吐的次数少于人工喂养的婴幼儿。婴幼儿如果呕吐，吐出来的东西主要是喂给他的奶，如果混有血液、黄色的胆汁、类似大便的东西，可能是十二指肠梗阻。如果婴幼儿腹泻的同时频繁呕吐，就可能是胃肠炎引起的，一定要引起重视。这是很严重的疾病，它会造成婴幼儿脱水，处理不当会引起婴幼儿死亡。如果新生儿每次喂完奶都呕吐出大量的奶，并且没有大便，特别是看起来还很饥饿，或有喷射状呕吐，一定要到医院治疗。

4. 便秘及其护理

婴幼儿大便时总是比较吃力，或3~4天内不大便，就可以认为是便秘。新生儿每天大便4~8次，1周岁前后每天2次，4周岁起每天3次到每周3次，都属于正常情况。

【病因】

婴幼儿便秘分为肠子无异常的功能性便秘和肠子出现异常的器质性便秘。另外，药物等也会引起便秘。不过，95%以上的婴幼儿便秘属于功能性便秘。其病因有水分摄取不足、肛门产生炎症、长期食用缺少纤维质的饮食、精神压力大等。

【症状】

每次大便时肛门疼痛，或者因为大便太干太硬导致肛门撕裂出血，都是便秘的症状。如果症状十分严重，干硬的大便又会变成一连好几天的溏便。

【护理】

不要养成灌肠的习惯，这样会导致婴幼儿难以自行调节肛门括约肌，严重情况下会使肛门括约肌逐渐松弛。

大便太干太硬容易造成肛门撕裂，可以让婴幼儿把臀部浸泡在冷开水中。如果大便带血，也有可能不是肛门撕裂的缘故，需要接受儿科医生的诊察。

5. 肠套叠及其护理

肠套叠是指一部分肠子被卷入下部肠子内而导致肠子重叠的疾病。婴幼儿在周岁前后容易患此疾病，尤以出生后5~11个月的男孩居多。

【病因】

虽然还不能了解确切的病因，但是有30%左右的肠套叠是由上呼吸道感染或病毒性胃肠炎引起的；也有因为饮食变化或肠子过敏反应造成肠子蠕动更加活跃而引起的。

【症状】

呕吐、便血、痉挛性腹痛，是肠套叠的三大症状。发病时每次肠子的蠕动都会引起剧烈的疼痛，而且每次肠子的蠕动，不仅使肠子被更多卷入，连肠黏膜也一起被卷入。此时，肠黏膜上的血管被卷入，导致血液供应中断，使重叠的肠子发生溃烂。其特点是疼痛好像稍有好转，又会以5~30分钟的间隔出现反复。如果婴幼儿疼得把腹部贴着大腿而痛哭，或者出现呕吐、脸色变得像葡萄浆的颜色，必须立即前往医院。

如果被扭曲在一起的肠子非但没能松开，反而更加扭曲，婴幼儿会渐渐失去力气，甚至陷入虚脱或休克的状态，而且还会发高热，脉搏渐渐转弱，呼吸渐渐衰弱，一开始吐的是吃下去的食物，逐渐连绿色的胆汁也一起吐出来。由于肠子被阻断，时间一长，腹部就会膨胀；3 ~15个小时以后，会出现便血或黏液性血便等现象。

【护理】

如果怀疑患肠套叠，可以进行X光透视，或利用造影剂或空气进行大肠透视。

一旦肠套叠被确认，可以利用钡餐灌肠的方法来解脱被卷入的肠子；也可以通过腹部超声波利用盐水来解脱肠子。如果肠子受到较大的损伤甚至有发生破裂的危险，必须立即进行手术。手术被延误则有可能转化为腹膜炎。早期就应去医院，此时由于肠子扭曲的时间较短，所以受到的损伤较小。

有时候病情会复发，所以，平时对曾经患过肠套叠的婴幼儿的状态要予以严密的注意。

第二节　婴幼儿传染病的预防与护理

我国卫生部在 1986 年颁发的儿童免疫程序要求 1 岁以内的婴幼儿完成卡介苗、脊髓灰质炎活疫苗、麻疹活疫苗、百白破混合疫苗三联制剂等 4 种生物制品的基础免疫以预防相应的 6 种病，以后按时加强免疫，以确保 7 岁以下儿童获得可靠的免疫。从 1992 年起，1 岁内婴幼儿增加接种 3 次乙肝疫苗（初生、足月、6 足月），以提高婴幼儿对乙型肝炎的免疫水平。所以，当前儿童计划免疫程序是“五苗防七病”。

一、婴幼儿传染性疾病的预防

（一）预防接种、计划免疫的含义

预防接种是将生物制品注射到人体内，使人体产生对传染病的抵抗力，以达到预防传染病的目的。计划免疫是根据传染病流行病学的规律，按不同的年龄进行有计划的预防接种，以达到增加人体免疫力的目的。

健康人对微生物或其毒素能产生两种免疫：一种是体液免疫，一般菌苗、疫苗、类毒素都可引起这种免疫；另一种是细胞免疫，是通过刺激 T 细胞分化增殖，而形成致敏 T 细胞。当细菌（如结核杆菌）侵入机体时，致敏 T 细胞被激活，释放淋巴因子将其吞噬清除，形成抗结核免疫。卡介苗的免疫主要是细胞免疫。

（二）预防接种、计划免疫的主要对象

婴幼儿是计划免疫的主要对象，其目的是通过预防接种使婴幼儿自身产生对一些传染病的免疫力，从而控制传染病的发生。预防接种就是通过注射或者口服药物使婴幼儿获得对一些疾病的特殊抵抗力。国家计划免疫的要求和程序，是根据传染病的疫情监测和对人群免疫水平的分析制定的。

（三）计划免疫的内容

自实施计划免疫以来，多数儿童传染病得到了控制，对降低婴幼儿死亡率起到了重要作用。世界卫生组织把我国现已实行的 6 种疾病（结核病、百日咳、白喉、破伤风、脊髓灰质炎和麻疹）的预防接种列为扩大计划免疫的目标，要求全世界的婴幼儿都接受这 6 种预防接种。

（四）预防接种的实施

婴幼儿各种预防接种实施程序详见下表。

婴幼儿计划免疫程序表

年（月）龄	卡介苗	乙肝疫苗	脊灰疫苗	百白破疫苗	麻疹疫苗	乙脑疫苗	流脑疫苗	白破二联
出生时	初种	基础 1						
1 月龄		基础 2						
2 月龄			基础 1					
3 月龄			基础 2	基础 1				
4 月龄			基础 3	基础 2				

续 表

年(月)龄	卡介苗	乙肝疫苗	脊灰疫苗	百白破疫苗	麻疹疫苗	乙脑疫苗	流脑疫苗	白破二联
5月龄				基础3				
6月龄		基础3						
6～18月龄						基础2针		
8月龄					初种			
10～12月龄							基础2针	
1.5～2岁			加强1	加强		加强1		
4岁			加强2		复种			
5岁							加强	
6岁						加强2		
7岁								加强

(五) 婴幼儿预防接种的护理

1. 一般反应及其护理

一般反应是由于疫苗本身的理化特性造成的反应，主要有发热、局部红肿、局部硬结等。一般反应中还有一类称为加重反应，加重反应仍属一般反应范畴，只是表现为局部和全身症状的加重，如脊髓灰质炎活疫苗口服，偶有恶心、呕吐、皮疹、腹泻等，2～3个月能够自愈。

2. 异常反应及其照料

异常反应发生在极少数被接种者中，与一般反应有一定联系，其发生与疫苗的种类及接种者个体的病理生理状态有密切联系。异常反应有许多种，常见的有局部化脓、晕针、过敏等。

一般反应只要经过适当的对症处理，一般都无严重后果。异常反应与一般反应的性质和表现不同，程度比较严重，一般需要到医院进行适当治疗，多数人可以痊愈。

(六) 预防接种应注意的问题

第一，尽量利用上午时间接种，这样若有什么异常症状发生，当天就可以接受急救处理。

第二，如果婴幼儿患感冒或发热，可以把接种的日期推迟几天。否则，接种后出现发热甚至痉挛等现象时，很难分清是感冒引起的，还是接种的副作用。预防接种晚几天无关紧要，尽量要在婴幼儿状态好的时候进行。

第三，接种前，适当进食，注意在空腹时不宜预防接种。接种时，如实将健康状况告知医生，并配合医生做简单检查。接种后要在休息室里进行观察。接种后也许会出现副作用，所以要对婴幼儿的状态观察20分钟左右，万一发生速发性反应，医生可及时救治。回到家里以后，3小时之内也要随时留意。

第四，接种当天和第二天，多饮用白开水，不要让婴幼儿过分玩耍，要予以充分休息。接种当天不能洗澡，不仅仅是因为接种部位不能沾水，主要是为了不使婴幼儿因为沐浴而感到疲劳。注意注射局部的清洁，以防局部感染。

第五，出现发热、痉挛或持续发热数日等现象必须去医院。如果是半夜里突然发热，可以先喂退热剂，然后早晨去医院。接种后如果有局部红肿疼痛等反应，除对症处理外，还应及时告知预防接种门诊医生做好相关记录。

第六，如果漏打，应在医生指导下进行补种。

二、传染性疾病的护理案例

(一) 麻疹及其护理

麻疹是由麻疹病毒引起的急性呼吸道传染病。一般来说，3～6 岁的婴幼儿容易患此疾病。临床特征为发热、流涕、咳嗽、眼结合膜炎、口腔黏膜斑及全身皮肤斑丘疹。病后有较持久的免疫力。患过 1 次后会产生终身免疫力。

【病因】

麻疹的潜伏期为 10～14 天。患者为麻疹的唯一传染源。一般认为接触麻疹后 7 天至出疹后 5 天均有传染性。患者咳嗽、喷嚏时，病毒随飞沫排出，直接到达易患者的呼吸道或眼结合膜而致感染。间接传播很少。未患过麻疹，也未接种麻疹疫苗者均为易感者。

【症状】

经过 10～12 天的潜伏期后出现症状。与发热同时，口腔黏膜上长出白色的小斑点。从耳朵或额头开始，脸部、脖子、身子、手脚依次长出大量疹子。临近出疹子的时候，在发高热的同时，会出现严重的咳嗽、流鼻涕、打喷嚏等类似感冒的症状，有时候还可能引起支气管炎或肺炎等。出疹子后四五天，热度会退去，疹子也会消失，出疹子的部位变成紫色，然后自行脱落。

病情严重时，皮疹可突然隐退，这时全身中毒症状加重，体温高到 40℃，精神萎靡、嗜睡，有时谵妄抽搐。面部水肿，出皮疹，眼分泌物增多，甚至粘连眼睑不易睁开，流脓涕，上述表现面貌称为麻疹面容。

【护理】

由于没有什么特别的治疗方法，所以要在出生后 12～15 个月内进行预防接种。如果麻疹正流行，也可以在出生后 6 个月进行接种。

患儿应在家隔离、治疗至出疹后 5 天。有并发症的患儿应住院隔离治疗，隔离期延长 5 天。还应保持室内适宜的温度和湿度。给予营养丰富、易消化的食物或半流质饮食，水分要充足。保持皮肤及眼、鼻、口、耳的清洁，用温热水洗脸，用生理盐水漱口。用抗生素眼膏或眼药水保护眼睛，防止继发感染。

(二) 水痘及其护理

水痘是由水痘-带状疱疹病毒通过接触空气、飞沫传染的。一般 1 岁以下较少见，3～4 岁是水痘的高发期。

【病因】

水痘作为病毒性传染病，通过与患水痘的婴幼儿或被感染者使用的物品接触而传染，也可能通过咳嗽或打喷嚏时喷出的唾沫传染。水痘传染性特别强，2～10 周岁的婴幼儿很容易患。只要患过 1 次，会产生终生免疫力。但是，有时候也会因为水痘病毒而引发带状疱疹。

【症状】

通常发热 1～2 天后出疹。第一天长出点状小粒，慢慢变成水泡。皮疹呈向心性分布，躯干多四肢少，也可见于头皮、口腔、眼结合膜和外阴。水痘分期分批地长出，有四种皮疹(红斑、丘疹、疱疹和结痂)同时存在，此起彼伏，为期 8～10 天，最后会结痂，基本上不会留下瘢痕。若婴幼儿用不清洁的手搔抓，会引起水痘感染后皮肤化脓。不仅皮肤上出疹子，也可能会出现在口腔、消化器官等处黏膜上。患了水痘后，瘙痒会十分厉害，一旦被抓破就会留下痕迹。而通过出疹子使细菌进入，会引起脓痂疹、脓疮、淋巴腺炎、败血症等合并症。除此以外，还可能会出现头痛、腹痛、食欲减退、肌肉痛等各种症状。

【护理】

即使患了水痘，只要不引发合并症，10 天左右就会自然好转。出现瘙痒、高热等症状时，可以给婴幼儿服用药物缓解。不过，在患水痘期间喂药最好在医生指导下进行。

患水痘期间，婴幼儿食欲不振、不愿意吃东西，需要喂果汁、粥等流质饮食来预防脱水。

在皮肤上的疹子转变成干痂之前，水痘具有传染性。因此在出疹子后 1 周需要隔离治疗，不能与别人接触。

注射疫苗有良好的预防效果，但周岁之后才能进行水痘预防接种。如果 1 次接种产生效果，将会终生有效；如果预防接种后仍然患上水痘，一般也只有轻微发病，以后就会痊愈。

保持皮肤清洁健康，勤洗澡，勤换衣服，勤剪指甲，避免婴幼儿用手搔抓。抓破后继发感染，会留下瘢痕，影响容貌，还可能引起溃疡或细菌感染。如果感染，不要涂抹氟轻松类外用软膏，应使用抗生素类药膏。

（三）猩红热及其护理

猩红热是由 A 族溶血性链球菌引起的急性呼吸道传染病，其临床特征有发热、咽炎、草莓舌、全身弥漫性红色皮疹，疹退后片状脱皮。猩红热全年均可发病，但以冬、春季多见。潜伏期为 1～7 天，平均 3 天。

【病因】

传染源为患儿和带菌者，主要通过呼吸道飞沫传播，也可经破损的皮肤传播，引起“外科型”猩红热。此外，偶可见细菌污染玩具、食物、生活用具等经口传播。3～7 岁的婴幼儿是主要的易感人群，感染后可获得较长久的抗菌和抗红疹毒素能力。婴幼儿通过胎盘从母体获得的被动免疫可持续到 1 岁末。

【症状】

经过 2～7 天的潜伏期后，突然发高热至 38～39℃，并伴有头痛、呕吐、腹痛、恶寒、咽喉炎等症状，与此同时，全身还会长出红色的斑点。另外，还会出现上腭或咽头黏膜发红、扁桃腺肿胀等现象。发病初期，食欲不振，甚至呕吐。1～2 天以后，除了嘴巴周围以外，身子、腋下、胯下等处长出细小的疹子，痉痒难忍。发病 2～3 天后，舌头上会长出草莓模样的凹凸不平的疹子。虽然会有小块脱皮，但不会留下瘢痕。

【护理】

出疹子以后会失去食欲，可以喂一些易咽、易消化的饮食。要彻底消毒被化脓性分泌物污染的物品。与患儿接触过的家人，要及时进行检查，以确定是否被传染。

一般治疗要做好呼吸隔离，急性期应卧床休息，供给充足水分和营养，保持皮肤清洁，防止继发感染。

（四）百日咳及其护理

百日咳是由百日咳杆菌引起的急性呼吸道传染病，多流行于冬春季。一般通过打喷嚏或咳嗽时喷出的唾沫被感染。能够引发中耳炎、支气管炎、肺炎等合并症，严重时会因为缺氧而产生痉挛等症状。

【症状】

开始时轻度发热、咳嗽、流鼻涕，与感冒相似，3～4 天后，热度消退，咳嗽加重，呈阵发性，并且白天症状较轻，晚上咳嗽加重，有大量黏液分泌，咳十余声后伴有特殊的呼吸气性鸡鸣样回声。剧咳者常伴有眼睑浮肿、眼结合膜出血、紫癜及舌系带溃疡。

百日咳病程一般需要 6～8 周才能痊愈，需要耐心细致的护理和治疗。

百日咳具有极强的传染性。尤其在发病初期和发病后 8 周左右，感染的可能性最大。患病 1 次以后，能终身免疫。

【护理】

与白喉、小儿麻痹等疾病一样，婴幼儿不能从妈妈那里获得对百日咳的免疫能力，因此，如果周岁之前，特别是出生后 6 个月之前患上此病，会成为重病，所以需要尽快进行预防接种。接种疫苗之后需 2～4 周才会产生效果。

在百日咳流行期间应减少公共场所活动，避免传染。

咳嗽还会引起脱水症状，应充分供应水分。注意室内通风，以防空气受到污染。避免食用刺激性的饮食。

隔离患儿 3～4 天，密切接触者观察 21 天。

（五）脊髓灰质炎及其护理

脊髓灰质炎俗称小儿麻痹症，是脊髓灰质炎病毒引起的小儿急性传染病，它可以通过患者的粪便、飞沫来传播病毒。此症可损害脊髓前角，产生运动神经散发性伤害及麻痹的急性疾病。若及早发现治疗，其治愈率超过 90%。

【症状】

受到感染的婴幼儿大部分都没有明显症状，只有小部分会出现类似感冒的症状，如发热、恶心或疲倦。病程会持续数天，若不加以治理，患儿会出现脉搏加速、抽搐及瘫痪。瘫痪部位一般都不对称，主要视中枢神经受破坏部位而定。严重者会引起后遗症至死亡（2%～10%）。

小儿麻痹症潜伏期为 5～14 天，发病持续约 2～7 天后渐渐康复，一般没有后遗症。只有 1%的患者会因中枢神经受损而出现瘫痪。

【护理】

首先要口服减毒活疫苗。预防疫苗的保护力可以达 95%以上。服用后，身体产生自然感染，刺激身体产生循环抗体及肠道疫苗。

为减低婴幼儿感染的机会，要把患儿隔离，从发病起至少隔离 40 天，密切接触者应连续观察 20 天。

怀疑婴幼儿患上此症就要立刻送医院，不宜自行处理。

第三节　婴幼儿意外伤害的预防与护理

意外伤害对婴幼儿健康的威胁并不亚于疾病，甚至超过一般常见病。在我国，意外伤害占婴幼儿死亡原因总数的 26.1%，主要死因是意外窒息、溺水、中毒、车祸及跌落。1～4 岁是发生意外伤害最多的年龄段，发生率为 21.1%。意外伤害对婴幼儿的直接危害是损害、伤残，甚至是死亡。意外伤害伤残的后果，往往是使婴幼儿丧失生活自理能力，对婴幼儿心灵造成严重的创伤，也对家庭、社会造成沉重的负担，这种负担是无法用经济损失来衡量的。

一、婴幼儿意外伤害的预防

意外伤害是指各种意外事故引起的人体损伤。意外伤害就是在预料之外的情况下，由于某种原因发生的损伤或灾害，如成人疏忽造成婴幼儿从床上摔到地上，洗澡时水温过高造成烫伤等。许多意外事故是可以避免的，只要加强安全意识和防范措施，就可以防止或减少意外伤害。

各年龄层婴幼儿易受伤的潜在危险如下表所示。

年　龄	发展特质	潜在危险
0～3 个月	稍微能控制头部在床上移动	跌落，在床上窒息，手指卡在床垫和床之间，洗澡时受伤
3～6 个月	能控制头部，能翻身，会将手放入口中	小东西入口造成梗塞，危险物品放置在其伸手可及的地方
6～12 个月	会运用手指抓握，会坐及爬	玩地上的电线，触摸电插座，攀爬楼梯造成跌倒
12～18 个月	会走及蹲下再站起来	与有尖锐棱角的家具碰撞，电线绊倒，跌落水中溺水
18 个月～3 岁	能跑跳及单脚站立，喜欢模仿成人	好奇心强，任何危险物品皆可能造成伤害

（一）发生意外伤害的两个原因

1. 婴幼儿自身的原因

（1）婴幼儿的危险意识差。年龄越小，自我保护能力越差。由于没有经历意外伤害的痛苦，也没有接受间接教训的可能，缺乏对危险及其后果的认识，例如玩打火机造成火灾、烫伤。

（2）好奇、好模仿。喜欢模仿和尝试成人的行为，对于成人阻止的事情有强烈的好奇心，例如误服父母的药物。

（3）生性活泼好动，往往喜欢攀高、下跳，爬窗台，跨护栏，容易发生摔伤或坠落。

（4）骨骼和皮肤薄弱。婴幼儿的颅骨骨质比成人薄，成人从床上摔下来一般不会有严重后果，婴幼儿则容易发生颅骨骨折、颅脑损伤。60℃的开水，对成人造成的伤害最多是烫伤Ⅰ，而婴幼儿则是烫伤Ⅱ，造成表皮脱落，甚至深入皮下组织。

（5）逃避能力差。0～3岁婴幼儿的运动能力发育不完善，动作不协调，平衡能力较差。发生水灾、火灾时，婴幼儿无法靠自身能力逃避。

2. 不安全的环境因素

（1）地面光滑、家具边角尖锐、电源插座位置太低等。

（2）玩具有尖锐的边口，或可以拆卸成细小、可以吞咽的部件。

（3）窗户没有插销和栏杆。

（4）家用物品管理不善，如打火机、火柴、热水瓶、剪刀等没有保管好，让婴幼儿能够取到，或热水瓶、饮水机放置在婴幼儿能接触到的地方。

（二）提高安全意识，消除安全隐患

1. 家居设施设备的安全检查

（1）门窗安全。不可装弹簧，要能上锁。除大门外，房门可以被打开。各种门可以加装安全门挡。窗户栏杆的间隔应小于11 cm，床下不放家具，以免婴幼儿爬高。有阳台的应将通往阳台的门锁上。落地窗选用强化玻璃。

（2）地板和楼梯安全。地板和楼梯都要防滑，以免婴幼儿滑倒。浴室地面应用防滑垫并在浴缸和便器边装上扶手。楼梯栏杆的间隔不能过宽，应小于11 cm。

（3）家具和各类生活用品检查。应避免尖角和锐边、缺口、木刺等，有尖角的家具要套上塑料防护角。将针、刀、刀片、剪刀等锁上。给抽屉等安装防脱落装置，给橱、柜门装上安全锁扣。

（4）家用电器检查。经常检查家用电器、电线和插座，插座应安装在成人才能接触到的位置。注意电饭锅、热水瓶、开水炉、电熨斗要放置在婴幼儿拿不到的位置。暖气管、暖气片周围要用护栏隔离。

（5）家用化学品管理。家庭中的化学品主要包括洗涤用品和药品，如各类消毒液、洗涤剂、皂粉、杀虫剂等。这些物品如果管理不善，可能被婴幼儿误食，也可能接触到皮肤而造成化学灼伤。

2. 公共场所安全

婴幼儿活动的公共场所，主要包括居住所在地的物业小区、户外活动的公园、动物园、儿童游乐场、购物的商场或超市、就餐的饭店等。这些场所的设施设备并不单独为婴幼儿提供，带婴幼儿到这些场所时应注意照顾好婴幼儿，避免意外发生。

（1）防止失散。在人多拥挤的场合，如商场、步行街、公园等地，不要让婴幼儿离开养育人的视线，人多时拉住婴幼儿的手，避免婴幼儿走失、挤伤。

（2）阻止婴幼儿在有光滑的地面（如人造广场、商场）、台阶、玻璃等材料的场地嬉戏。防止婴幼儿滑倒和被玻璃柜台边角的锐边割伤、撞到玻璃移门。

（3）阻止婴幼儿攀爬自动扶梯和护栏，以防被撞倒、撞伤。

（4）阻止婴幼儿拿到超市的颗粒样食物，以防塞入口中引起窒息。

（5）安全乘坐各类运输设备，注意避免过多的人挤在一个狭小的空间，注意婴幼儿不要被运行中的电梯轧伤。

（6）严禁婴幼儿在水池逗留，以防溺水。

（7）不要带婴幼儿在动物园的禁入标志前玩弄动物。

(8) 注意居住地周围的环境变化，如果居住地周围有泥坑或水井、窑井、粪坑等，未加盖的易发生婴幼儿跌入，应告知婴幼儿禁止走近危险地带。

3. 交通安全

交通事故是近年来婴幼儿意外死亡的重要原因之一。根据统计，婴幼儿发生交通事故引起的伤害中，有55%发生在婴幼儿与成人同行时。

(1) 遵守交通规则。要手牵着手带领婴幼儿行走于人行道上，没有人行道的靠路边行走。通过路口时应走横道线，不闯红灯。不让婴幼儿独自在马路逗留。

(2) 注意行车安全。乘坐四轮机动车时，严禁婴幼儿单独或被抱坐在前排。婴幼儿宜在后排座位上，与成人同坐，而不是坐在成人身上。用安全带固定，或使用婴幼儿专用的后向式安全座椅，以免刹车时突然被撞。

(3) 乘坐公交车时，切勿让婴幼儿的头、手伸出窗外。

(4) 骑自行车带婴幼儿时，座位放在成人前面，并注意脚的固定，防止脚被夹入车轮内。

(5) 为提高能见度，在黎明、黄昏以及其他能见度低的情况下(如雨天或雾天)，应当给婴幼儿穿上有反光材料附件的衣服。

(三) 意外急救的准备工作

1. 熟记急救电话

家长和老师需要熟悉附近的急救中心、医院及其相关信息，主要是电话号码、地址、交通路线等，特别的情况下，需要迅速拨打“110”、“120”等电话。

2. 建立急救电话联系卡

根据家庭所在地区的医疗、救护情况，建立家庭急救电话联系卡。需要的信息有婴幼儿监护人的基本信息、发生意外情况下的联系方式和急救方法。如果已知婴幼儿有特殊的疾病或其他状况，需要知道从何处可以寻求及时的帮助或处理。这份联系卡要放置在比较容易获取的地方或者醒目的地方。

3. 配备急救箱

家庭急救箱可以提供最基本的急救与护理，最大限度地减轻婴幼儿所受的伤害。

二、婴幼儿意外伤害的护理

婴幼儿意外伤害一旦发生，如果育婴师或家长掌握救护时机，并能冷静、沉着、迅速地采取急救措施，往往能在很大程度上争取时间，减少婴幼儿的伤残或死亡。因此，家长和老师除了要掌握预防意外伤害的知识外，还要具备简单处理意外伤害的应急救护知识和能力，使婴幼儿得到及时妥善的处理，为转送医院进行急救创造条件和赢得时间。

(一) 意外窒息

1. 原因

蒙被捂热是婴幼儿比较常见的意外窒息事故原因。6～7个月大的婴幼儿在添加辅食后，很容易在吃食时发生食物卡喉的意外。当婴幼儿能在房间中自由移动时，又常常会捡到东西就往嘴里放，误将小玩具吞进喉咙而导致窒息。

2. 预防措施

(1) 用母乳喂奶的母亲必须抱起婴幼儿坐着喂奶，不能躺着喂奶。

(2) 经常吐奶的婴幼儿不要使用塑料围嘴，并让他侧身睡。不能把塑料袋、塑料薄膜放在婴幼儿枕边或枕下。

(3) 不要让婴幼儿睡在枕头或蓬松的寝具上，比如鸭绒被或皮毛垫上。不要让婴幼儿在水床或其他柔软的物体表面上睡觉。让婴幼儿仰卧睡。

(4) 不要给婴幼儿吃果冻、龙眼等易吞食的食物或坚果颗粒类食物。

(5) 选择适合婴幼儿年龄特点的安全玩具,不要让婴幼儿独自一人拿着有吞咽危险的小玩具玩。

(6) 经常清理婴幼儿活动范围内的物品,如硬币、纽扣等小物品、香烟、药物等一定要注意收拾好。

(二) 跌伤

1. 原因

3个月以后的婴幼儿最容易发生跌伤,常常能听到一些母亲述说自己的孩子不慎从床上坠落的经历。尤其是当婴幼儿会翻身、会爬行以后,成人稍有照顾不周,婴幼儿就很容易从床上或椅子上跌下;蹒跚学步的婴幼儿也经常容易从台阶或楼梯上摔下。有调查显示,半数以上的婴幼儿在跌落时正在从事娱乐活动,而家里和宿舍等居住地则是婴幼儿跌落受伤的高发地点,特别在1~4岁的调查人群中,有57.4%是在家中跌落。这些事故引起的伤害,较严重的有脑震荡、内出血、骨折等,头部外伤也十分常见。

2. 预防措施

(1) 不要让婴幼儿独自睡在没有栏杆的床上。

(2) 放置婴幼儿床的地面最好铺上地板或软质地毯。

(3) 婴幼儿坐在小车、高脚椅或其他较高的地方时,身边最好有人看护。

(4) 不要让婴幼儿独自一人处于无人看管的状态,防止婴幼儿从高处坠落。

(5) 不要让婴幼儿单独留在床上或椅子上,否则,保证这些物品有栏杆可以阻止婴幼儿翻越。

(6) 抱婴幼儿上下楼梯时,注意拉住扶手,避免绊倒。

(7) 婴幼儿在婴幼儿车、机动车里时要系好安全带。

(8) 给婴幼儿换尿布或衣服时,人不要离开婴幼儿,保持有一只手保护着婴幼儿。

(9) 经常检查婴幼儿活动的地面是否平整、有无障碍物。

3. 处理方法

一旦发生意外坠落,冷静快速地作出反应很重要。若坠落高度不高,可先对婴幼儿进行检查,察看有无外伤、红肿、淤血、流血等,及时对症处理;若婴幼儿头部撞伤,须注意观察其有无呕吐、头痛、抽筋等,只要出现上述症状之一就应赶紧送婴幼儿就诊;若怀疑骨折,应用硬物固定患肢后立即送医院;若伤口出血较多,应用干净纸巾或手绢压迫伤口后再送医院。若从高处坠落,不论婴幼儿当时情况如何,都应急送医院作必要的检查。在等待救护车的同时,快速解开婴幼儿的衣领扣,将婴幼儿的身体平移到担架或者木板上,平稳快速地送往医院,此时必须注意千万不要直接抱起婴幼儿或者抬起身体的一侧,应让婴幼儿保持脊柱伸直的姿势,以免发生或加重截瘫。

(三) 眼睛进入异物

1. 原因

婴幼儿眼中进入的异物最为多见的是小沙粒、小飞虫。如果婴幼儿感到异物进了眼里,首先需要进行检查。

2. 处理方法

育婴师可把手洗净,让婴幼儿向上看,用手按住下眼皮下拉,可看下眼睑内有无异物;用拇指和食指提上眼皮,食指轻轻一按,拇指将眼睑往上翻,可看上眼皮内有无异物。如有异物,不要乱揉,应该提起眼皮轻轻动,让眼泪把异物冲出来,也可用棉棒蘸水将异物沾出。取出异物后,往眼里滴一两滴眼药水,既可预防发炎,又可冲掉异物。如果眼睛严重发炎,需要马上送医院处理。

(四) 耳朵进入异物

1. 原因

婴幼儿常会把小物塞入耳内,也可能有虫子爬进耳内,如不处理,可引起耳鸣、耳痛、听力障碍,也可能发生感染。

2. 处理方法

(1) 如果外耳道异物属于非生物异物和水,可倾斜头、做单腿跳跃的动作,将异物跳出。

(2) 如果是虫子入耳,让婴幼儿进入暗室或没有光线的房间,用手电筒向婴幼儿的耳道照射,可以诱使虫子飞向亮处,离开耳道。

(3) 如果在家里不能排除异物,要尽快去医院检查,千万不要自己试着用镊子或耳勺挖取。

(五) 鼻腔进入异物

1. 原因

婴幼儿生性好奇,有时会把纸团、豆子、小珠子、扣子等较小物品塞入鼻孔,这不仅会影响呼吸,还会引起感染、出血,甚至引起气管异物。

2. 处理方法

(1) 豆粒、纸团等如未泡涨,可用擤鼻涕的方法将其擤出。如已泡涨,则需医生处理。

(2) 如果是虫子进入鼻腔,可用纸捻刺激婴幼儿鼻腔,使其在打喷嚏时把虫子喷出。

(3) 不要随意给婴幼儿掏鼻孔,否则容易使异物进入咽喉部、气管,容易引起窒息。

(六) 咽喉部进入异物

1. 原因

咽喉部的异物,绝大多数是鱼刺、骨头渣,会引起疼痛,吞咽时加剧。

2. 处理方法

应该去医院,请五官科医生检查,将刺拔去,不然会引起咽后壁感染、脓肿。如果看见黏膜处只有鱼骨刺入的伤痕,经1~2天后异物感会自行消失。

(七) 食道进入异物

1. 原因

婴幼儿喜爱将物品放入口内玩耍,容易将异物吞入。

2. 处理方法

发现婴幼儿吞食异物后,为了明确消化道异物的性质和部位,需要做X线摄片及其他检查。特别应当注意的是,有许多误吞的异物不能被X线显影,如塑料、玻璃制品等,所以应当提高警惕。

检查以后,应坚持仔细观察婴幼儿的大便至少3天。如果异物是光滑、圆的,极可能从大便中排出。观察时用水将大便冲散稀释,从大便沉渣中去寻找。如果异物是尖锐的,如别针、发夹等,要吃一些粗纤维的蔬菜和韭菜等,使异物能被包裹,避免异物损伤胃肠道黏膜,并帮助排便。

(八) 气管进入异物

1. 原因

气管进入异物是婴幼儿时期较常见的危急重症,往往因误食或误吸所致。如花生、坚果、鱼等食物对大人来说是美食,但对婴幼儿则可能会造成致命的伤害。婴幼儿由于其生理原因容易发生食物卡喉或误吸异物的伤害,如在婴幼儿活动的区域有硬币、纽扣等小物件很容易被婴幼儿捡到送入口中,如果婴幼儿不慎将食物或异物吞入气管,就容易发生窒息而危及生命。

2. 预防措施

(1) 尽量不让婴幼儿吃可能卡喉的食物,如果一定要吃,也要先仔细处理,去掉核、鱼刺等。坚果类要碾碎后再让婴幼儿食用。

(2) 不要给3岁以前的婴幼儿吃果冻或容易吞咽的食物,如桂圆、龙眼等。

(3) 让婴幼儿养成在固定位置就餐的习惯，不可让婴幼儿边走边喂食。

(4) 吃饭时成人不要逗笑或惹哭婴幼儿，让他专心进食。

(5) 对拒绝服药的婴幼儿，切不可采取捏着鼻子灌药的办法，这也是非常危险的。

(6) 婴幼儿活动的区域需要经常清扫和检查，防止婴幼儿误吞吸小东西。

3. 应急处理

气管异物如果来不及清除，就会很快危及生命。所以，一旦发生必须冷静又及时地做出正确处理，患儿是否能够得救，最初的几分钟非常关键。

(1) 拍背法。育婴师坐在座位上，将婴幼儿放在育婴师的双腿上，婴幼儿前胸部紧贴育婴师的膝部，头部略低。以适当力量用掌根拍击婴幼儿两肩胛骨中间的脊椎部位，拍击 4～5 次异物有可能被咳出。

(2) 推腹法。使婴幼儿平卧在适当高度的桌子或床上。育婴师站在婴幼儿左侧，左手放在婴幼儿脐部腹壁上，右手置于左手的上方加压，两手向胸腹上后方重复推动数次，有时也可使异物咳出。

注意：使用以上两种方法后如有异物排出，育婴师要注意迅速从口腔内清除阻塞物，以防再度阻塞气管，影响正常呼吸。如上述方法无效，应立即去医院急诊求医。

(九) 烧烫伤

若是轻微的烧烫伤，可以先用冷水冲洗，再用冷敷或冷水泡。没有起泡的创面可涂蓝油烃或红花油。烧烫伤较严重时应采取以下处理方法。

1. 迅速脱离热源

一旦发生烫伤，迅速移开热源，并尽快脱去或剪掉烫伤部位的衣服、帽子、鞋袜等。如果衣服和皮肤粘在一起，切勿撕拉，将未粘在皮肤上的衣服剪开，粘着的部分让其留在皮肤上以后再处理。如果身上还沾有热粥、热菜等要轻轻擦去。

2. 降温

用自来水或干净的凉水对伤处冲洗 5～10 分钟或用干净毛巾包住冰块置于烫伤部位，这样既可减轻创面的受伤程度又可止痛。降温处理越早越好，如果烫伤的时间超过 10 分钟，其作用就不明显了。

3. 送医院

大泡状烫伤应去医院处理。

(十) 被动物咬伤后的处理

1. 被狗咬伤

婴幼儿被狗咬伤后，应对咬伤的伤口立即挤血，而不是忙于止血。对于伤口大的为防止出血过多，可进行止血。较小的伤口，可先用自来水对着伤口冲洗，再用肥皂水(20%)冲洗伤口，然后用 3%双氧水冲洗，特别注意对伤口深处的清洗。用纱布擦干后涂上碘酒，包扎一下，立即送医院治疗。

被狗咬伤，即使再小的伤口，也有感染狂犬病的可能，同时可感染破伤风。为了预防狂犬病，必须注射狂犬疫苗。这种药物在被咬当日就注射第一针，然后分别在第 3 天、第 7 天、第 14 天、第 30 天各注射一针，共 5 针。

2. 被蜂蜇伤

立即让婴幼儿静卧，将蜂刺取出，患处涂氨水、碳酸钠等碱性药水。如果蜇伤在口、咽部位，可涂硼砂甘油或甘油以消除水肿，严重的要尽快送医院救治。

第四节　婴幼儿的铅中毒预防

铅是一种用途广泛的重金属元素，对人类是有毒性作用的，环境中的铅经食物和呼吸途径进入人体，引起消化、神经、呼吸免疫系统和造血系统急性或慢性毒性影响，近年来其对内分泌、生殖系统及对后代的影响也引起了人们的重视。

一、铅的来源

(一) 大气中的铅

1. 自然来源

自然环境中的铅可能通过地壳侵蚀、火山爆发、海啸和森林山火等自然现象而释放在大气环境中。

2. 非自然来源

非自然来源主要指来自工业和交通等方面的铅排放，所以不要带婴幼儿长时间逗留于马路边上。

(二) 环境媒介中的铅

土壤是自然界中铅的最大储存库。土壤中的铅会在婴幼儿玩耍时被有意无意地摄入，室内铅尘也是婴幼儿铅暴露的重要来源之一。

(三) 水中的铅

一般情况下水中的铅不至于成为婴幼儿铅中毒的主要来源。清晨第一次打开水龙头放出的水往往含铅量较高。热水龙头放出的水含铅量往往较冷水龙头高。自来水中的铅含量虽然不高，但其生物利用度往往较食物中的铅高。

(四) 食物中的铅

食物中的铅可能来自几个方面：大气中的铅直接沉积到谷物和蔬菜中；室内铅尘污染厨房中的食物，以含铅釉彩器皿储存食物造成污染；铅制焊锡制作的食品罐头对食物的污染等。其中，铅污染罐头食品的危害最大。受铅污染的食品有以下几种：爆米花，含量最高的超标41倍；皮蛋(松花蛋)在传统制作过程中需要加入氧化铅(氧化铅能协助氢氧化钠渗入皮蛋中)以加快其成熟，因此，皮蛋的含铅量就较高；砷酸铅仍被广泛用作果园的杀虫剂，水果皮含铅量就较高。

二、铅中毒的原因

铅尘进入婴幼儿体内的主要途径是通过正常的手、口动作和在玩耍过程中不知不觉摄入体内。婴幼儿铅中毒常因舔食母亲面部含有铅质的粉类、吮吸涂拭于母亲乳头的含铅软膏，以及吸取患铅中毒母亲的乳汁所致。含铅油漆为目前婴幼儿铅中毒的主要原因。当婴幼儿乳牙萌出时常喜啮物，可因啃食床架、玩具等处含铅的漆层而致中毒。有异嗜癖的婴幼儿可因吞食大量油漆地板或墙壁等的脱落物引起铅中毒。食入用含铅器皿(锡器、劣质陶器的釉质或珐琅中均含铅质)煮放的酸性食物或饮食被铅污染的水和食物等亦可发生铅中毒。

婴幼儿还可能吸入含铅的爽身粉。婴幼儿生活在周围有铅尘的环境中、铅业工人的工作服长期带回家、汽车尾气均可导致婴幼儿铅中毒。

三、铅中毒对婴幼儿的危害

铅污染后一般95%的铅沉积于骨骼系统，仅5%存在于肝、肾、脑、心、脾等器官和血液中，骨铅与血铅处于动态平衡；当骨铅与血铅平衡失调(如遇发热或传染病，有酸中毒倾向时)，可使骨骼内不活动的铅变为活动的铅，就有可能使血铅浓度升高甚至变为急性中毒状态。

婴幼儿长期接触铅，会引起食欲不振、失眠、学习障碍、便秘、恶心、腹泻、疲劳、贫血等症状，会造成智力低下、生长发育落后。

四、铅中毒的预防方法

国际上关于婴幼儿铅中毒的防治，有著名的三句话：环境干预是根本手段，健康教育是主要方法，临床治疗是重要环节。所以，预防婴幼儿铅中毒要做好以下工作。

（一）培养婴幼儿养成勤洗手的良好习惯，特别注意在进食前一定要洗手。

（二）常给婴幼儿剪指甲，因为指甲缝是特别容易匿藏铅尘的部位。

（三）经常用湿拖布拖地板，用湿抹布擦桌面和窗台。食品和奶瓶的奶嘴上要加罩。

（四）经常清洗婴幼儿的玩具和其他一些有可能被婴幼儿放到口中的物品。

（五）位于马路附近或铅作业工业区附近的家庭，应经常用湿布抹去婴幼儿能触及到的部位的灰尘。

（六）铅尘浓度在距地面 1 米以下比 1 米以上高 16 倍，不要带婴幼儿到汽车流量大的马路和铅作业工厂附近玩耍。

（七）直接从事铅作业劳动的工人必须按规定洗澡、更衣后才能回家。

（八）以煤为燃料的家庭应尽量多开窗通风。

（九）婴幼儿应少食某些含铅较高的食物，如松花蛋、爆米花等。

（十）有些地方使用的自来水管道材料中含铅量较高，每日早上应将水龙头打开 3～5 分钟，让前一晚囤积于管道中、可能遭到铅污染的水放掉，且不可将放掉的自来水用来烹食和为婴幼儿调奶。

（十一）婴幼儿应定时进食，空腹时铅在肠道的吸收率可成倍增加。

（十二）由于缺钙、缺铁、缺锌的婴幼儿对铅吸收率增高，所以要保证婴幼儿的日常膳食中含有足够量的钙、铁、锌等。

（十三）应加强对学习用品生产及销售的管理，生产厂家应向学校提供质量检验证明等。

练习与思考

1. 掌握婴幼儿常见疾病的预防和护理。
2. 了解婴幼儿传染病的预防与护理。
3. 了解婴幼儿意外伤害的预防和护理，练习心肺复苏。
4. 了解婴幼儿的铅中毒预防。

参考文献

1. 人力资源和社会保障部中国就业培训技术指导中心. 国家职业资格培训教程——育婴员[M]. 北京：海洋出版社，2009.

2. 古桂雄，戴耀华. 儿童保健学[M]. 北京：清华大学出版社，2011.

3. 万钫. 幼儿卫生保育教程[M]. 北京：北京师范大学出版社，1999.

（杨俐、盘海鹰编写，宋媛审阅、修改）

第五章　婴幼儿生活照料

0～3岁婴幼儿的生活照料、日常健康护理主要包括饮食、饮水、睡眠、二便、三浴、卫生、营养配餐、辅食添加、清洁衣服玩具等。

第一节　婴幼儿睡眠

婴幼儿期的睡眠与身心健康有密切关系。婴幼儿大脑容易疲劳，只有在适当的、足够的睡眠以后，婴幼儿大脑才能完全解除疲劳，这时他才能吃好、玩好。

一、婴幼儿睡眠的特点与功能

（一）婴幼儿睡眠的特点

睡眠是一种生理行为过程，对于保障人体发育和有序性以及人性的培养具有极其重要的意义。睡眠是由无快速眼球运动期(NREM)或称安静睡眠期和快速眼球运动期(REM)或称活动睡眠期两个阶段构成，两者交替出现，有规律地循环。

在安静睡眠期，副交感神经兴奋，呼吸脉搏、血压和全身新陈代谢下降，体温降低。睡眠的深度由入睡初期的浅睡眠逐渐加深，进入深睡眠，入睡后1～1.5小时有一短暂的觉醒，然后进入活动睡眠期。此期交感神经兴奋，呼吸脉搏频率增快，血压上升，身体活动增多，可做梦，婴幼儿可出现微笑皱眉等动作，但不易被叫醒，此期持续5～10分钟后，又由REM转入NREM，90分钟后进入REM，如此两者交替出现，NREM越来越短，REM越来越长，直至自然醒觉。

不同月龄婴幼儿所需的睡眠次数和时间如下表所示。

月　龄	白天睡眠次数	白天每次睡眠时间	一昼夜睡眠时间
1～3个月	4次	1.5～2小时	18小时左右
4～6个月	2次	2小时左右	15～16小时
7～12个月	2次	1～2小时	14～15小时
1～3岁	1～2次	2～3小时	12～13小时

（二）婴幼儿睡眠的功能

睡眠与大脑各部位的成熟密切相关，在睡眠时各器官组织减少代谢活动，重新储存能量和物质，以便继续生命活动。睡醒后机体精力和体力都得以恢复。睡眠与生长发育也十分相关，睡眠时生长激素达到分泌高峰，促进机体生长发育。所以，睡眠对全身生长发育尤其大脑的发育起重要作用，保证婴幼儿有充足良好的睡眠极其重要。

二、影响婴幼儿睡眠的因素

（一）睡前精神过度兴奋

如婴幼儿玩耍时间过长，十分疲劳，或曾受惊吓，情绪焦虑、恐惧、精神紧张等，导致大脑皮层过度兴奋，不易受到抑制，致使不易入睡，多哭吵，甚至做噩梦，不能好好睡眠。一般在入睡前不要安排活动，以免婴幼儿过分兴奋，可以用音乐、故事等引导婴幼儿平静进入睡眠。

（二）身体不适

穿过厚、过紧的衣服，或盖着过厚的被子，会妨碍婴幼儿自由活动、翻身。室内过热过冷也会使婴幼儿感到身体不适，影响睡眠。一般要让婴幼儿穿着贴身的睡衣，被子保暖即可。

（三）睡前进食

腹胀难受会刺激大脑，出现睡眠不安。如果晚饭吃得太少，饥饿感也会影响睡眠。如果婴幼儿饮食正常，食欲不减，不需要在夜间加餐。

（四）睡眠姿势不适

一般可随婴幼儿自由选择，但以仰卧稍右侧为佳。如姿势不舒服，手、脚受压时间过长，或胸部受压，使胸口不舒服，也可使婴幼儿醒来哭吵。发现这些情况时，可轻轻调整姿势，恢复睡眠。

（五）膀胱胀欲排尿

睡前必让婴幼儿小便一次，排空膀胱。1 岁后婴幼儿膀胱容量增大，睡眠时可不需唤起小便。睡前不应给婴幼儿喝太多的水。

（六）睡眠环境改变，生活规律破坏

如住房迁移、卧室改动、抚育人变换或外出等，婴幼儿平时生活规律发生变动，均可使睡眠发生障碍。周围环境和生活节奏改变常常是扰乱婴幼儿睡眠的因素，要引起足够重视。

（七）疾病影响

婴幼儿患病和发热、鼻塞、呼吸不畅、腹泻、患蛲虫病和蛔虫病等，都可引起婴幼儿睡眠时哭闹不安，睡眠时打鼾的婴幼儿可发生睡眠呼吸暂停综合征，也常使婴幼儿睡不安宁。

三、婴幼儿睡眠的照料方法

（一）为婴幼儿营造适宜的睡眠条件

第一，卧室的环境要安静。睡觉时，拉上窗帘，室内的灯光最好暗一点，室温控制在 20～23℃。窗帘的颜色不宜过深。

第二，为婴幼儿选择一个适宜的床。床的软硬度要适中，最好是木板床，以保证婴幼儿脊柱的正常发育。

第三，睡前将婴幼儿的脸、脚和臀部洗净。1 岁前的婴幼儿不会刷牙，可用清水或淡茶水漱口，并排一次尿。换上宽松、柔软的睡衣。

第四，注意婴幼儿的睡姿、脸色，注意被子是否捂住口鼻造成窒息，避免意外的发生。对容易惊哭、尿床和体弱的婴幼儿应加强观察，适时给予照料。如在体弱、多汗的婴幼儿背部垫上毛巾，等出汗后，及时取走。

（二）为婴幼儿营造适宜的生理条件

保证婴幼儿的饮食质量；保持婴幼儿的正常情绪；婴幼儿精神饱满，能主动关注外界的信息，愿意和成人沟通；让婴幼儿增加适当的运动，最好与成人之间形成互动。

（三）婴幼儿睡眠充足的标准

清晨自动醒来，精神状态良好；精力充沛，活泼好动，食欲正常；体重、身高能够按正常的生长速率增长。

四、培养婴幼儿睡眠的良好习惯

第一，有节奏、有规律地安排婴幼儿睡眠程序，每次睡前应洗脸、洗手，喂些白开水漱口。晚上入睡前应洗屁股、洗脚，出牙的婴幼儿还要刷牙，养成晚睡前洗漱的习惯。

第二，养成和保持早睡早起的习惯，按时入睡，醒即起床，要掌握好白天和夜间的睡眠时间，合理安排日间小睡，不要任其自然，想睡到什么时候就什么时候，或睡醒后不起床，在床上玩，或该睡觉时不睡。到了该起床的时候，可通过把尿、放音乐等将婴幼儿叫醒。经过一段时间后，婴幼儿会定时自然醒来，保证睡眠充足、高质量。

第三，注意晚间不打扰婴幼儿安睡，不进食，不换尿布，不唤醒抱起，任其按生理规律熟睡。

第四，养成良好的睡姿，以右侧卧位为宜，这样既可减少对心脏的压迫，当奶水溢出时也不致呛奶。睡长了还可适当变换体位，如俯卧、仰卧等。不用被子蒙头睡，不咬手指和被角，不抱玩具，也不需拍、摇、抱着入睡。

第二节　婴幼儿大小便

一、婴幼儿大小便的特点

（一）婴幼儿大便

婴幼儿粪便的次数和性质常反映着胃肠道的生理与病理状态，故观察粪便极其重要。正常大便含水80%，其余为黏液和食物残渣，包括一定量的中性脂肪、脂肪酸、未完全消化的蛋白质、淀粉和以钙盐为主的矿物质。

1. 胎便

新生儿多数在出生24小时内排胎便。胎便呈墨绿色，略带黏液。它是由脱落的上皮细胞、浓缩的消化液及胎儿时期吞入的羊水所组成，一般2～3日排尽。

2. 母乳喂养婴幼儿的粪便

未加辅食的母乳喂养儿的大便呈黄色或金黄色，半糊状，没有臭味，有时会出现稀薄，微带绿色，每天排便2～4次。加辅食后大便次数可减少。1周岁后大便次数即可减至一天一次。

3. 人工喂养婴幼儿的粪便

由于各种因素母亲不能亲自哺喂而采用牛乳、羊乳及其他代替乳品喂的婴幼儿，大便颜色淡黄，略干燥，质较硬，有臭气味，有时便内易见酪蛋白凝块，每天大便1～2次，个别的隔天一次。

(二) 婴幼儿小便

不同年龄的婴幼儿，尿量和排尿次数不同。婴幼儿新陈代谢特别旺盛，年龄越小，热能和水代谢越活跃。但他们的膀胱小，所以排尿次数较多。

1. 正常尿量

新生儿大多数出生后24小时内排尿。出生后头几天因摄入少，每天排尿4～5次，随着哺乳摄入量的增多，尿量增多，出生后4～8天平均约为200 mL，满月后可达250～450 mL，满2岁时是700～750 mL。

尿量的多少取决于摄取水分的多少和周围气温的高低。

2. 排尿次数

一般是吃乳次数的3倍左右，1天约15次，随着月龄的增加逐步减少。大致出生后1个月时1天约14次，3～6个月时约20次，6～12个月时15～16次，1～2岁时约12次，2～3岁时约10次。

3. 排尿颜色与气味

出生后几天内，新生儿的尿量都很少，呈浓黄色，显得浑浊，表明含有蛋白质。1个月后，尿液为淡黄色，无味。如果婴幼儿水分摄取得少，或天热流汗多，会出现尿量减少、尿色发黄的现象。另外，如果服用了含有维生素B_2的药剂，也会造成尿色发黄。在冬天时，有的婴幼儿小便发白，可能是尿中草酸钙和磷酸钙的结晶含量特别多，平时多喝些水就可以了。

二、辨别婴幼儿大小便异常的方法

(一) 识别小便异常

1. 排尿异常

(1) 少尿或无尿。婴幼儿时期24小时尿量少于200 mL可称少尿，少于50 mL称无尿。如出现这种情况要去医院就诊。

(2) 尿失禁。即尿潴留致膀胱过度充盈时，尿液被迫外溢呈尿滴沥，可能由神经系统疾病引起。痴呆婴幼儿亦可伴有尿失禁。

(3) 尿急。即排尿时有迫不及待的感觉，一般多见于膀胱或尿道有炎症时，或因膀胱的容量显著缩小所致，有时也由于情绪紧张所致。

(4) 多尿。一般由于天气寒冷及饮水过多等情况引起。若发现长期尿量增多，有多饮、多尿、贪食而体重却减轻的情况，需进一步检查。多尿的临床表现为糖尿病、尿崩症、暑热症、肾功能衰弱等疾病。

(5) 尿频。尿频对于2岁前婴幼儿是正常现象。如果尿次数过多，在临床上可见膀胱炎、膀胱结石、尿道口炎或神经紧张等症状。有时浓缩酸性尿液可刺激膀胱而引起尿频。

(6) 排尿疼痛。膀胱或尿道炎症和梗阻都可以引起排尿疼痛，如膀胱结石、尿道炎等。

2. 尿液异常

(1) 血尿。尿液中含有血液或大量红细胞者称血尿。量较多时肉眼可察见，尿液呈血色。血尿是泌尿系统疾病中常见症状。能引起血尿的疾病很多，其中内科疾病有血液病、变态反应性疾病和肾脏炎症等，外科疾病有先天性泌尿系统畸形、炎症、损伤、结石、肿瘤等。血尿多数是泌尿系统有病变的早期信号，必须引起重视，及时就诊检查，明确原因，进行治疗。

(2) 脓尿。正常尿液中可有极少量的细胞，若尿液中白细胞增多，表示肾脏、膀胱或尿道有炎症存在，其他如结石或肿瘤以及尿路外的感染侵入尿路等也有可能引起“脓尿”。

(3) 蛋白尿。新生儿期可能出现短暂的蛋白尿，肾外疾病，如急性感染、脱水及心力衰弱等亦可造成蛋白尿。如持续出现蛋白尿应考虑肾脏器质性疾病，如急性肾小球肾炎、肾病综合征、慢性肾小球肾炎。

(4) 糖尿。即血液中葡萄糖含量超过120 mg/L(6.7 mmol/L)、尿糖(＋)以上。肾小管不能将肾滤液中糖分完全回收，或肾小管细胞回收葡萄糖的功能本身有缺陷，可产生糖尿。临床上最为重要的糖尿为胰岛素缺乏引起的糖尿病，其他如剧烈运动、情绪紧张、发热、惊厥、脑膜炎、脑损伤、甲状腺功能亢进等均可引起暂时性糖尿。

(5) 乳糜尿。尿液呈乳白色，大多是由于胸导管炎症及丝虫病等引起淋巴管阻塞，以致淋巴管扩张、破裂，淋巴液溢入尿路。

(二) 识别大便异常

若粪便臭味加浓，表示蛋白质过多，为消化不良；泡沫多的粪便，表示碳水化合物消化不良，发酵发酸；粪便外观呈奶油状，多为脂肪消化不良；如大便呈绿色，可能受凉或饥饿没吃饱；如大便呈灰白色，多为肠道阻塞；如大便呈黑色，则为肠道上部出血或因服用铁剂等药物所致，要加以鉴别；如大便中带有血丝，多由于大便干燥、肛门破裂、直肠有息肉等所致；若是脓血便，则可考虑肠道感染或细菌性痢疾。如发现婴幼儿大便异常要及时到医院进行检查治疗。

三、婴幼儿大小便的照料方法

(一) 尿布的使用

1 岁以内的婴幼儿还不能把排泄大小便的生理现象与自己的内部感觉结合起来，所以不能有效地控制大小便。3 岁左右的婴幼儿能够有意识地控制肠道和膀胱肌肉，排泄大便和小便的控制能力逐步增强，这是婴幼儿生理成熟的一个明显标志。

(二) 合理使用一次性纸尿裤和尿布

1. 一次性纸尿裤

(1) 一次性纸尿裤的优点和缺点。纸尿裤具有大小便不渗漏、吸水性能强等优点，因而使用起来比较方便。不过，如果不经常替换，臀部皮肤会出现红肿，还会发生炎症和斑疹等。因此，一定要谨慎使用。

使用一次性纸尿裤的时间不宜过长，否则会造成婴幼儿随意拉、尿的习惯，不利于培养定时排便的好习惯。

一次性纸尿裤的裤裆比较宽厚，会使婴幼儿的髋关节活动受到限制，影响翻身动作等。因此，最好白天使用一般尿布，晚上使用一次性纸尿裤。

(2) 纸尿裤选购注意事项。纸尿布大致分为一字型、黏合式三角衬裤型、穿着式三角衬裤型等。一字型适合于活动较少的婴儿期婴幼儿使用，价格也比较便宜；黏合式三角衬裤型因价格便宜和使用方便等因素，是当前最为广泛使用的纸尿布，最适合小便量和活动量同步增长的 6～7 个月大的婴幼儿；穿着式三角衬裤型能像三角衬裤那样穿着，虽然使用方便，但价格比较昂贵。穿着式三角衬裤型具有极为出色的活动性，适合会走会跑的婴幼儿使用。

每种尿布产品的规格都稍有不同，大多分为小、中、大、特大等 3～5 个型号。即使同为小型或中型，其长度和宽度，以及大腿粗细等都会有所区别。在挑选时，可以以尿布包装上标明的体重为标准进行选择。婴幼儿如果比同龄人体型大、大腿粗、腹部突出，应该购买比标准体重大一号的产品。

2. 尿布

尿布应选择柔软、透气性能好、浅颜色的纯棉布类，撕成 75 cm 见方，煮沸 10 分钟晒干后再用。使用时叠成三角形或长方形。

使用过的尿布，必须洗烫后再使用，并定期煮沸消毒。

3. 更换尿裤和尿布(0～1 岁)的方法

必须及时更换。更换的时间和次数要因人而异。一般是早晨醒来、睡觉前和每次洗澡后更换。每次喂奶后因为进食引起胃肠反射容易发生粪便排泄，要及时换尿布。

换尿布和纸尿裤时要注意舒适、安全。可以把柔软、温暖、防水的垫子放在床上或地板上为婴幼儿换尿布，防止婴幼儿翻滚和扭动。

换新尿布时，要轻轻地用尿布的边缘擦掉大部分粪便，用卫生纸把屁股擦净，再用油脂或洗液清洗婴幼儿的臀部。为1岁左右的婴幼儿换尿布，可以准备一些玩具或图书来分散其注意力。

为婴幼儿换尿布时要充分利用这个机会，用目光、语言和动作与婴幼儿进行沟通。要养成良好的卫生习惯，每次给婴幼儿换尿布时，要用清水和肥皂洗手。注意室内和水的温度，过冷则婴幼儿易感冒，过热则要避免伤及婴幼儿皮肤。

（三）换尿布的操作

婴幼儿最初的几个月，因为膀胱容量小，会经常尿湿尿布（一天要换10～15次尿布）。应该给婴幼儿准备30～40块尿布。一般在喂奶前、婴幼儿醒来时及睡前检查尿布。如果尿布湿了，应及时更换。

换尿布时要注意室内温度，动作迅速、熟练，以免婴幼儿感冒。育婴师需要清洁双手，做好准备，把毯子、尿布等放在伸手可及的地方。

具体做法是：一只手抬起婴幼儿的双脚，用湿毛巾从前向后直接把臀部擦洗干净，换去脏的尿布，再擦上护臀膏，换上干净尿布，尿布上缘一定不要覆盖脐部。一次性尿布应紧贴婴幼儿的腰部和腿部，夹在两腿中间。注意男女婴不同的生理结构，给予不同的护理。对于男婴，注意清洗阴囊背面、外生殖器和两者的结合部，男婴的尿布前部容易尿湿，所以前部应垫得厚一些；对于女婴，注意阴唇内侧容易积留大便，应轻轻将其撑开、擦净。擦拭时，要从前向后擦。女婴的背后容易被尿湿，所以背后应垫得厚一些。

四、培养婴幼儿良好的大小便习惯

定时大便、较早控制大便、主动坐盆等良好的排便习惯能随着身心的发展逐步建立。1岁以内婴幼儿不能有效控制大小便，以使用尿布为主。2岁以后婴幼儿应对膀胱和肛门肌肉有控制能力，要培养婴幼儿熟悉便盆、建立条件反射、养成习惯，并适时给予鼓励和赞扬。

每个婴幼儿的生理成熟程度不同，大小便控制力有明显的差异。婴幼儿某种特殊的声音、表情、动作，都可预示他排便的需要。2～3个月大时就可采取一定姿势，发“嘘、嘘”声把尿，发“嗯、嗯”声把大便，慢慢形成条件反射，婴幼儿听到这种声音就有尿意、便意了。一般把尿在睡前、醒后，喂食前后，出门前后。不能太勤，如果间隔时间太短，会造成婴幼儿尿频。把大便在清晨较好，逐步培养婴幼儿一天一次大便的习惯。9个月大的婴幼儿可培养坐盆排便：成人扶着婴幼儿用“嗯、嗯”声促使排便，解完就起来，坐盆时间不超过5分钟；如婴幼儿不配合，不要勉强。1岁以后学习能表示大小便，听见“嗯、嗯”，就知道朝便盆方向走去，并能坐在盆上。19个月以后要学习控制大小便。2岁以后培养婴幼儿主动如厕。要求婴幼儿坐盆时不吃东西或玩耍。

资料链接

在美国，纸尿裤的使用率已从20世纪80年代的57%达到现在的97%。如今，中国的父母也越来越接受使用纸尿裤。同时，提倡使用布尿布的人认为让婴幼儿有尿湿的感觉，有换尿布时冷一点的感觉对婴幼儿是有益的，它增加了对皮肤的刺激，可提高婴幼儿的感知能力。建议父母们两种尿布交替使用，外出和夜间用纸尿裤，在家用布尿布，这样既可节省花费又可发挥各自的优点。

如果婴幼儿有尿布疹，未脱皮溃烂可外涂鞣酸软膏，已脱皮溃疡有渗出的可涂氧化锌油或雷锌软膏以吸收渗出物。

第三节 合理穿着服饰和抱放婴幼儿

一、婴幼儿的服饰要求及穿脱方法

(一) 婴幼儿服饰的基本款式

1. 式样

婴幼儿关节和骨骼发育尚不成熟,服装样式宜简单、宽大,使穿脱容易和活动方便,最好穿各部分都十分宽松的连衣裤。

新生儿服饰以斜襟式最好,无领无扣。用带子系最好,带子缝在腰腹两侧。不宜采用扣子和别针。婴幼儿需要了解自己的小手,所以不要穿连手套的衣服。注意除去衣服上的线头,否则可能套住婴幼儿的指头,俗称"缠绕指"。不要让婴幼儿穿紧身衣裤,这会使其柔软的骨骼变形。

婴幼儿时期上衣以背面开口为好,裤子要用背带式,以免用带子束住胸廓,影响胸廓的发育。不要选择开裆裤,因其不卫生、不安全、不保暖,容易引起细菌感染。衣服上尽量不要有太多点缀的东西,以免被婴幼儿放到嘴里误食。

刚会走路的婴幼儿,骨骼发育尚不成熟,脚型有胖有瘦,足背有高有低,鞋子应根据脚型大小来选择,以免造成婴幼儿走路姿势异常,或者造成足部关节受压不均匀,使关节受损并影响足部的发育。

2. 用料

婴幼儿皮肤娇嫩,活动较多,衣服面料最好选择透气性能好、易吸水、质地比较柔软、保暖性能好的纯棉料,这些面料对婴幼儿皮肤刺激小,可以更好地调节体温。婴幼儿的毛衫不要用马海毛或腈纶编织,化纤制品容易引起婴幼儿皮肤过敏。婴幼儿的衣服可以机洗。不要使用纤维柔顺剂来洗婴幼儿的衣物,以免这些东西残留于衣服上,刺激婴幼儿的皮肤。

(二) 各种衣服的穿脱方法

在给婴幼儿穿衣服之前,把要穿的衣服准备好,解开所有开口处。家长需要洗净双手,修剪指甲。

1. 为婴幼儿穿内衣

用双手把内衣从底部往上卷拢至领口,这样整件内衣就在两手握持中,把内衣底部放在婴幼儿头顶上方,迅速、轻轻地把衣服领口套在婴幼儿颈部,一只手轻轻抬起婴幼儿的头和上半身,另一只手顺势把衣服拉下到肩部,然后轻轻把头放下。用一只手伸进一侧袖子直至衣服的肩部,并展开袖口,另一只手把握住婴幼儿的手腕和小拳头,轻轻地带到伸进袖子的那只手上。用在袖中的手抓住婴幼儿的手,用另一只手在他手臂上松开袖子,并把衣服袖子往上拉。注意是拉衣服而不是拉婴幼儿的胳膊,如果婴幼儿的前臂卷曲,不要强行将它拉直,而是将衣服顺着胳膊的弧度拉下。用同样的方法穿上另一只袖子,穿好两只后,一只手轻轻抬起婴幼儿的头,另一只手把衣服拉至腹部。

穿裤子时,用一只手从裤脚底向上拢至裤裆处,这样整条裤腿在一只手中,另一只手握持婴幼儿的一条腿,并顺势把婴幼儿的腿交到伸在婴幼儿裤腿中的手上,然后把裤腿往上提拉,并用同样方法穿上另一条裤腿。轻轻握持婴幼儿的两条腿,并抬高婴幼儿的腿和臀部,把裤子拉至腰部。

2. 为婴幼儿脱内衣

用手把衣服往腋下拢起,在衣服里面握住婴幼儿的肘部,并顺势稍稍弯曲其肘,另一只手可灵活地将衣袖移出,用同样的方法将另一只衣袖移出,此时衣服就在婴幼儿的颈部和胸前了。把衣服及衣服的领口拢起在两手中,把颈部开口处尽量撑大,把拢起的内衣和颈圈一起向上,并稍抬高婴幼儿的上半身,这样衣服就脱下来了。

3. 为婴幼儿穿连衣裤

把连衣裤展开,平放在床上或垫子上。打开连衣裤的拉链或所有的开口后,用手从上至下拢起一条裤腿,很自然地把婴幼儿的腿放入裤腿中,把裤腿拉平服,并用同样方法穿上另一条裤腿。

用一只手从袖口伸入袖子,让这只袖子都握在这只手中,用另一只手轻轻握住婴幼儿的手和肘,握住衣袖的手顺势抓住婴幼儿的手带入袖子。

松开握袖子的手,然后把袖子拉至婴幼儿肩膀处,用同样方法穿另一只袖子。扣上所有的开口处。

4. 为婴幼儿脱连衣裤

先解开连衣裤所有开口或拉链,一只手从上面伸进裤腿,握住婴幼儿的足踝,顺势稍稍屈曲婴幼儿的膝,另一只手脱下同侧裤腿,并用同样方法脱下另一侧裤腿。

把一只手放入袖内抓住婴幼儿的肘部,并顺势让肘稍稍弯曲,另一只手抓住袖口拉出袖子,用同样的方法脱去另一只袖子。

用手托住婴幼儿头部,稍稍抬起他的身体。从身体底下轻轻抽去连衣裤。

资料链接

包裹婴幼儿的方法

1. 襁褓包裹婴幼儿

襁褓可以模拟婴幼儿在子宫里的环境,使他在适应外界环境的过程中安心和放心,还可以帮助新生儿保持体温。

(1) 给新生儿穿上纯棉制的斜襟领的内衣,裹好尿布。

(2) 裹毛毯时,将毯子折起一角,把婴幼儿放在毯子对角线上,让脖子对准顶端。先将一侧毯子角提起向对侧包住婴幼儿,折转放在婴幼儿身下,用毯子底下的尾端包住婴幼儿的脚,在婴幼儿身躯下拉平毯子,再将另一侧按相反方向折转包住婴幼儿的肩膀,使毯子松紧适当。

(3) 新型睡袋下端多设有拉链,便于打开换尿布,比较方便,也便于活动,睡袋厚薄可以调节,还可以经常洗涤,既保暖又清洁,可以自制也可购买。

外面裹上薄毛毯。这样包裹后,婴幼儿既能保持安静的睡眠,又可避免包裹过严引起弊端。

2. 在怀里包裹婴幼儿

如果婴幼儿哭闹不止,可以直接在怀里为他包裹,以缓解其烦躁情绪。

(1) 让婴幼儿靠在肩膀上抱在怀里打开毯子,并在膝盖上折毯子呈三角形,三角形的斜边沿大腿一侧垂下,顶端在另一侧大腿侧垂下。

(2) 把婴幼儿横放在两膝上,使头部正好齐毛毯的边,用手支住婴幼儿的头,拉起远侧的那边塞在婴幼儿身子下边,拉平。

3. "蜡烛包"的弊端

中国传统习惯把新生儿用布、毯子、夹被、小棉被严严实实地包裹起来。有时,怕婴幼儿手脚踢动打散了包裹,或者婴幼儿的腿形不直,还要用带子或绳子捆绑起来,这种包裹方式被称为"蜡烛包"。这种"蜡烛包"存在许多弊端。

(1) 婴幼儿越小,生长越快。严实的包裹不但限制手脚运动,还限制了胸廓的运动,影响肺功能的发育。

(2) 四肢运动受限制,会妨碍大脑发育。感知觉是刺激大脑神经细胞发育必不可少的条件,包裹过严恰恰使婴幼儿减少了获得这些刺激的可能性。

(3) 因包裹后内部湿度高,尿布更换不方便而容易发生尿布疹。

在冬天给婴幼儿保温时要注意:婴幼儿上身要穿合适的保暖衣,用柔软的绒布齐腋下包住,胸廓要以能插入成人手为宜,使婴幼儿双腿能自由蹬踢。如果还怕冷,就将婴幼儿放入睡袋或保暖被中。

二、抱(放)婴幼儿的姿势

(一) 抱起睡着的婴幼儿

婴幼儿有惊吓反射,这种反应的典型特征表现为婴幼儿挥动小手小脚,然后大哭,这通常是婴幼儿感到危险时的一种无意识的条件反射。如果婴幼儿睡着了,在抱起他之前最好轻声地将他唤醒,避免因突然的动作而使婴幼儿受惊哭闹。

(二) 从床上抱起婴幼儿

将一只手掌伸到婴幼儿颈下托起头,另一只手托住臀部,两手同时将婴幼儿稳稳地托起。婴幼儿在怀里身子要直,略呈水平姿势比较好,不要让婴幼儿在怀里蜷曲成弧形。

(三) 从俯卧位抱起婴幼儿

当婴幼儿初具俯卧位时,先用一只手从婴幼儿的两腿之间插入,用手掌心托住胸口慢慢抱起婴幼儿,确保他的重心在手上。使婴幼儿的头始终高于身体其他部分,再将他的脸部转向育婴师,然后将插在两腿之间的手放在婴幼儿的背后,降低另一只手,使婴幼儿顺势躺在育婴师的肘弯里。

(四) 放下婴幼儿的姿势

将婴幼儿轻轻抱起,使他的身体呈垂直位。再弯腰放下婴幼儿的身体后半部,再放下上身和头部,抽出双手。

第四节　清洁与卫生

一、婴幼儿身体的清洁

皮肤具有保护身体不受病菌入侵的屏障作用,还有调节体温、感受刺激、排泄废物等一系列重要功能。皮肤排出的汗液、皮脂及皮肤本身脱落的上皮细胞和周围环境中的尘土形成的污垢,是细菌生长繁殖的温床,影响皮肤的排泄作用。清洁是保护皮肤正常功能的重要措施。通过经常为婴幼儿清洗,注意个人卫生,能够逐步养成婴幼儿良好的卫生习惯。

(一) 洗手和洗脸

1. 洗手

较小的婴幼儿洗手时,用大团的棉花擦婴幼儿手指,把小指头轻轻地分开,擦净里面的污垢。

较大的婴幼儿洗手时,先把他的衣袖卷起或推上去,然后淋湿双手,擦点肥皂或洗手液,帮他轻轻揉搓,最后冲洗干净。

2. 洗脸

(1) 眼的清洁。用手拧干一支浸在温开水里的消毒棉签,由眼的内侧(鼻侧)向外擦拭,然后换一支棉签擦拭另一只眼,最后用干净的柔软毛巾或餐巾纸擦干。

(2) 耳的清洁。用拧干的小毛巾擦洗耳朵,注意只擦耳郭和耳朵背面(千万不要去擦耳朵孔里面),每只耳朵用一支干净棉球,然后把耳朵拭干,也不要用棉签去擦耳朵孔里面(外耳道)。

(3) 鼻腔的清洁。天气干燥或室内比较干燥时,有的婴幼儿会因鼻痂堵塞鼻腔而哭闹不安,此时可用消毒棉签饱蘸温热水后，滴一滴在婴幼儿的鼻腔中，以软化鼻痂使鼻痂排出，也可在晚上婴幼儿睡着时滴一滴水在他的鼻腔中，以保持鼻腔黏膜的湿润，有时也可用温湿棉签轻轻拭卷婴幼儿鼻腔，把鼻痂卷出，但千万不可把棉签太过深入。

(4) 脸部的清洁。用柔软湿润的毛巾轻轻擦掉脸上的口水及奶水，擦口鼻周围及两颊。清洁以后用婴幼儿专用润肤露涂于脸部。

(二) 头发的清洁

使婴幼儿仰卧在育婴师的左前臂上，左手扶住婴幼儿的头，左手拇指和中指从枕后把婴幼儿的两只耳朵的耳轮(耳朵软的地方)压在耳朵眼上，前臂托住婴幼儿的背和腰；用自己的肘臂弯和腰部夹住婴幼儿的下肢。右手用小毛巾把婴幼儿的头发淋湿，将少量婴幼儿洗发水倒在手心里并揉出泡沫，涂抹在他的头发上，轻轻揉搓；用清水冲洗干净头发，最后用干毛巾吸干头发，用棉签擦拭耳朵孔。

(三) 修剪指(趾)甲

新生儿因为指甲还没有完全形成，所以不一定要修剪，但如果发觉他们的指甲长得会抓破脸，要剪短一些。满月后，就该替婴幼儿剪指甲了。婴幼儿发育迅速，指甲生长的速度也相当快，指甲边缘容易藏细菌和脏物，当婴幼儿用指甲抓破了皮肤后，伤口容易感染，因此，要注意替他们剪指甲。剪指(趾)甲时要注意下列几点：使用婴幼儿专用的指甲剪刀，否则容易使婴幼儿感染成人的疾病；为了安全起见，应该在婴幼儿入睡以后替他们修剪指甲；不要剪得太短太贴肉，注意指甲的边缘要剪得圆滑，不能留有尖角，以免损伤皮肤、引起感染；及时清除剪下的指甲屑，以免掉落在婴幼儿衣服上和身上，弄伤他们的皮肤。

(四) 牙齿的清洁(漱口)

婴幼儿只有一两颗牙齿的时候，可以用婴幼儿牙刷套在手指上，深入婴幼儿的口腔清洁牙齿。到婴幼儿2岁左右，可以给他们专用牙刷自己刷牙。

(五) 洗澡

婴幼儿的皮肤要经常保持清洁，最好是每天洗澡。沐浴时室温保持在25℃以上，水温保持在40℃左右。

1. 洗澡要领

先洗头、洗脸，再洗身子，所以最里面一层的衣服和尿布可以先不脱。

最主要的是要托住婴幼儿的头部和腰部，这两个地方比较软，可让婴幼儿睡在沐浴床上。

洗头的时候，托住头部的那个人要用手指压住婴幼儿的双耳，防止水进入，发生感染。

洗身体时把婴幼儿放到水里后可以给婴幼儿身上盖上一块毛巾，给他带来一定的安全感。

一个人洗澡的时候，另一个人可以握住婴幼儿的双臂，轻轻地做螺旋上升式的按摩，婴幼儿会觉得很舒服，很有安全感，双腿也可以用这个方法。

洗澡的时候，脐部碰到水是没有关系的，不用担心，最重要的是要在洗澡后做好护理。

洗的顺序是：颈部→腋下→胸腹部→双臂→腿→后背→臀部，注意关节、皮肤褶皱处要多清洗，耳后这样的部位也不要忘记；如果婴幼儿一开始就哭闹，也可以先洗背部，因为洗背部时婴幼儿如同在母体里趴着一样，会觉得更安全，更容易安静下来。

洗背部时，让婴幼儿双臂向前，双手趴在浴床上，婴幼儿本能地会抬起头来。

清洗屁股时，一定要注意从上往下、从前到后，尤其是女婴。

婴幼儿放在水里的时间不要超过10分钟，时间过长，婴幼儿不会配合，而且水温降低婴幼儿容易受凉。

洗完、做完护理之后一定要喂奶，因为洗澡使婴幼儿体力消耗很大。

2. 沐浴后顺序

擦干→垫上尿布→脐部护理→涂润肤露、按摩油→抚触(天冷就穿好衣服再按摩)→穿衣服→口腔护理。

3. 脐部护理

新生儿的脐带一般7～10天脱落,如果脐带比较细就会脱落得早一点,反之就晚一点。脐带护理要用医院配的碘液和医用纸棒棉签。

(1) 用棉签蘸碘液后,擦拭由肚脐中间向外约3 cm的范围。

(2) 换棉签,用手指把脐带部位皮肤撑开,顺时针再擦几圈。注意:每擦一圈都要换棉签,不能一根用到底;要辨别有没有擦干净,可以闻一下棉签上面还有没有难闻的气味,如果只有碘液的气味就说明擦干净了;擦干净就可以了,不要过度清洁。

(3) 清洁完成后,如果脐带部位还有一些水分,不要多此一举地用干净的棉签去擦,因为碘会挥发,自然会吸干多余的水分。

(4) 脐带脱落后,每次洗澡还是要进行护理。

二、日常生活中的清洁和消毒

(一) 餐具、奶具的清洁和消毒

用刷子清除奶具上的奶液,用流动的自来水冲净。把洗净的奶瓶放入装满冷水的锅中,水须没过奶瓶,放在火上煮,在水开后煮沸10分钟。用长柄钳取出奶瓶放置在消毒过的地方,盖上干净纱布备用。

用流动自来水洗净餐具,然后放入锅中煮沸10分钟。

(二) 玩具、图书的清洁和消毒

婴幼儿玩具必须是经国家有关部门检验合格的玩具。不仅其安全性要达标,还要符合卫生标准,不携带细菌、病毒,易于清洗。

图书需要在通风处晾晒,婴幼儿用布质图书要能够清洗。

(三) 衣服、毛巾、床上用品等的清洁和消毒

准备多套服装,便于更换。根据不同的部位使用不同的毛巾,适当备用几条,每天清洗消毒。被婴幼儿污染的衣被、毛巾、床上用品需要先清除污物后再进行清洗。

保证每周清洁和晾晒一次被褥、床垫,在阳光下暴晒消毒杀菌,驱除异味。夏天每天擦洗席子。清洗床上用品时,拆开枕套、被套,换下床单,注意床上有无玩具或其他污物,并且不随意抖动,防止污物漂开、落下。然后将枕套、被套和床单用热水或温水浸泡后,再使用适量肥皂清洗,过水漂清。

每天用清洁的湿布擦洗婴幼儿床时,用热水或温水,按照从前向后、从上往下的顺序擦洗。

(四) 环境的清洁和消毒

环境的清洁卫生对婴幼儿的成长非常重要。由于婴幼儿对外界环境的刺激适应性较低,容易吸收生活环境中的有害化学物质,呼吸道黏膜嫩,较容易受污浊空气影响,免疫能力较成人低,易受细菌病毒感染,因此需要加强环境的清洁和消毒。

1. 保持室内空气清新

(1) 经常通风。每半天开窗通风10～30分钟,保持室内空气流通。外界温度越低,通风效果越好。冬季要避免门窗紧闭,坚持定时通风换气。

(2) 注意绿化。在室内栽种一些绿色植物,可以调节空气温湿度,灭毒杀菌,植物的叶子能够截留对

人体有害的飘尘和细菌等颗粒物，起到空气净化器的作用。

(3) 定期扫除。尘土是病菌落脚的地点，是病菌的载体，室内空气的清洁度与尘土的多少有密切关系。

2. 保持适宜的温度

居室的温度过高或过低都会对婴幼儿健康产生不良影响。冬季居室的温度以 18~21℃为宜，夏季以 25℃为宜，相对湿度不高于 70%。使用湿布来清洁婴幼儿的居室，避免扬尘。

三、消毒工作的类型

(一) 清洁

消除物品表面或手上的一切污物。在日常生活中大量使用，如擦洗家具、洗手等。

(二) 消毒

清除或杀灭外环境中除细菌性芽孢外的各种病原微生物，达到无害化的处理过程。根据有无已知的传染源，消毒可分为预防性消毒和疫源性消毒，日常生活中也有较大应用，如给玩具消毒、注射前的皮肤消毒等。

(三) 灭菌

即清除或杀灭外环境中的一切微生物(包括细菌)的处理过程。只有在特殊情况下使用，如发生传染病时。

消毒有用于卫生防疫方面，灭菌则主要用于医疗护理。

第五节 婴幼儿锻炼

体格锻炼是促进婴幼儿生长发育、增进健康、增强体质的积极措施。婴幼儿早期进行适当运动，不仅可锻炼机体，也能促使智力迅速发育。婴幼儿的体格锻炼可采取多种形式，在日常生活中要利用自然因素，如日光、空气、水。此外，游戏、体操、体育活动以及一切户外活动均会对婴幼儿机体发生积极的影响。各种用于锻炼的因素又能互相补充和彼此加强，因此锻炼时可利用 2~3 种因素同时进行。

一、简而易行的锻炼

从婴幼儿出生开始，除给正常进食外，经常洗温水澡是他们人生的第一堂运动课。

婴幼儿满月后，大人即可抱婴幼儿到室外活动——“散步”，每天 5~10 分钟。婴幼儿“散步”时可改善机体的气体交换状况，使体内血氧含量增多，有助于其健康发育。

2~4 个月时，家长应让婴幼儿适应四肢运动。让婴幼儿平卧，先将其两上肢交叉伸屈，再将下肢交叉伸屈，每一动作重复 2~3 次，锻炼肩部及腿部的肌肉。

4~6 个月时，是婴幼儿开始练习翻身运动的时候。家长可握住婴幼儿双脚，将其身体左右翻转。婴幼儿翻身尚不自如时，可一手持其脚，一手持其上身帮助翻身。

6~8 个月时，是婴幼儿开始练习爬行运动的时期。家长在大床上，放置一些可按动的、色彩鲜艳的玩具(带响声更好)，这样一来，婴幼儿将探身、滚爬着去摸拿那些玩具，这恰恰是一种有益的运动，促使婴幼儿协调性、灵敏性得到很好的发展。

8~10 个月时，应开始独自站立的准备运动。让婴幼儿俯卧，将两脚提起，再慢慢地放下。这样重复多次，以锻炼上身及腕部力量。

10～12个月时，应开始步行的准备运动。让婴幼儿蹲着或跪着，拉住婴幼儿双手，使其立起，这样重复多次，以锻炼其下肢肌肉。

婴幼儿已初步能行走时，家长可抱其两腋让其跳动，既锻炼各部器官的生理功能，又能增加婴幼儿的欢快心理。

二、利用自然因素的锻炼

空气浴、日光浴、玩水、玩沙就是利用大自然的各种因素对婴幼儿进行锻炼，以达到增强体质、抵抗疾病侵袭的目的。

（一）利用空气锻炼

即利用气温和人体皮肤表面温度之间的差异对机体形成刺激。气温越低，作用时间越长，刺激强度就越大。寒冷空气可促进机体的新陈代谢。气温大致可分三个级别：温暖（20～27℃）、凉爽（14～19℃）、寒冷（14℃以下）。利用空气浴要从夏季开始过渡到冬季。先从室内开始，过渡到室外。开始锻炼时气温要在20～24℃，以后每隔3～4天下降1℃，托儿所婴幼儿可降至14～16℃，幼儿园婴幼儿可降至10℃，体弱儿不可低于15℃。锻炼每日一次，开始时持续2～3分钟，以后可逐渐延长到30分钟。可结合游戏活动或体育活动，遇有寒战感觉时就应停止进行。如遇大风、天气过热、过冷、气候剧烈变化，锻炼不宜进行。身体虚弱、患急慢性病者应禁止锻炼。

（二）利用水锻炼

1. 利用水锻炼的作用

这种方法就是利用身体表面和水的温差来锻炼身体。此方法比利用其他自然因素更宜控制强度，便于照顾个体特点，一年四季均可进行。水的导热性强，是空气的28～30倍，因此水能从体表带去大量的体热。对健康婴幼儿来说低于20℃的水温可引起冷的感觉，20～32℃为凉，32～40℃为温，40℃以上为热。因此，可以从温水逐渐过渡到冷水。

冷水对全身温度所起的作用可分为二期：第一期是在寒冷刺激后立即引起血管收缩；第二期是在短期的血管收缩之后，如没有新的外界刺激，则血管逐渐扩张。因此，利用水锻炼可以增强体温的调节能力。

2. 锻炼方法

(1) 温水浴。出生后即可作半身温水浴。脐带脱落后，可进行全身温水浴。浸浴时，要求室温控制在20～21℃，水温在35℃左右，浸浴时间不超过5分钟。

(2) 冷水洗手、洗脸。适合于2岁以上的婴幼儿，要常年不懈，这是一种简单易行的方法。

(3) 擦澡。此法较柔和，适合于体弱儿。6个月起即可进行湿擦。对于6～12个月大的婴幼儿，最初水温为33～35℃，以后水温逐渐下降到25℃，而对于学龄前婴幼儿可下降到16～18℃。擦澡宜在清晨进行。方法是先用拧干的湿毛巾按上肢、下肢、胸腹、背部的顺序依次擦一遍，共5～6分钟。然后，用干毛巾将皮肤擦红（轻度），最后让婴幼儿静卧10～15分钟，以免疲劳。

(4) 冷水冲淋。这种方法利用水的温度和水的机械力量，是一种锻炼较强的方法。适用于2岁以上婴幼儿，淋浴喷头不宜高于婴幼儿头顶40 cm。

具体方法是：先用湿毛巾擦遍全身，然后依上肢、胸背、下肢的顺序冲淋，不冲头部，冲洗动作要快，时间20～40秒；冲淋完毕马上用干毛巾擦干，使全身皮肤轻度发红。水温开始为35℃，以后逐渐降到26～28℃。

(5) 游泳。游泳除了温度及大量的水压作用外，还有日光和风的作用，同时还伴有较强的体育活动，因而是一种良好的锻炼方法。下水气温不应低于 24~26℃。游泳的水温不低于 22℃，开始时每次不超过 2~5 分钟，以后逐渐延长。

3. 利用水锻炼的注意事项

(1) 采取哪种锻炼方法，要根据婴幼儿的年龄和体质情况而定。

(2) 应从刺激小的冷水洗手、洗脸开始，循序渐进，逐步过渡到冷水冲淋。

(3) 锻炼时应密切观察，如果婴幼儿打寒战、面色苍白、有躲闪的情况，应马上调节水温，或暂停锻炼，立刻用干毛巾擦遍全身。

(三) 利用日光锻炼

1. 日光对人体的作用

日光中含有紫外线和红外线，日光中的红外线照到皮肤，可使皮肤感到温暖，周围血管扩张，血液循环加快，对心肺功能起到有益的作用。紫外线照到皮肤，可把皮肤内的 7-脱氢胆固醇变成维生素 D_3，有预防佝偻病的作用。适量的紫外线还可使全身功能活跃且循环加速，并能刺激骨髓制造红细胞，防止贫血，此外尚有杀菌消毒作用。

2. 锻炼方法

利用日光锻炼可在日常活动中进行。对 3~6 个月婴幼儿，可在日光的阴凉处进行，以获得辐射日光，开始为 2 分钟，渐进至 10 分钟；6~12 个月婴幼儿可由 5 分钟渐进至 20 分钟。1 岁以上的婴幼儿可直接在阳光下进行。开始可照 1 分钟，以后每隔 2 天增加 1 分钟。年长儿可渐增到 30 分钟。胸背两面交替进行。

锻炼时间如在夏季，南方以上午 8—10 时为宜；北方以上午 9—11 时为宜，春秋季节均可在上午 10—12 时进行。

3. 利用日光锻炼的注意事项

(1) 锻炼前要做一次体格检查，身体虚弱、有结核病或心脏病的婴幼儿不宜进行锻炼。

(2) 空腹或饭后 1~1.5 小时内不宜进行锻炼。每天只进行一次，日光浴后不宜立即进餐。年幼儿锻炼时，应让他们喝少量糖水，以预防低血糖。

(3) 日光浴中出汗的婴幼儿，锻炼后应在阴凉处休息 3~5 分钟，再进行水浴。

(4) 不能耐受日光的婴幼儿可在透光的树荫下进行锻炼。

(5) 进行日光浴时，教师应密切观察，如果婴幼儿出汗过多，精神萎靡，头晕、头痛、心跳加快，应暂停锻炼，到阴凉处休息，喝少量糖水。日光浴后应给婴幼儿擦身或进行淋浴，然后穿好衣服在阴凉处休息，如感口渴可供凉开水。若出现汗多、脉搏加快、虚弱、暴躁、不眠等应停止锻炼。

三、婴幼儿按摩和体操

婴幼儿按摩和体操可以刺激婴幼儿的淋巴系统，增加抵抗能力，改善消化系统功能，改善睡眠，平复婴幼儿急躁的情绪，减少哭泣，促进母婴间交流，使婴幼儿感受到爱护与关怀，因此是一项适宜的锻炼。

(一) 婴幼儿抚触

抚触是自西方传入的一个名词，即"touch"，也可译作"按摩"，起源于 20 世纪 60 年代。开始时只是针对早产儿，通过对早产儿进行亲密的抚摸、触摸而促进早产儿发育，后因其功效良好而推广应用至健康婴幼儿。20 世纪 90 年代引入我国。

1. 婴幼儿抚触的功能

婴幼儿抚触既是身体按摩——防治疾病，促进婴幼儿身体健康发育，又是心灵按摩——交流情感，促进婴幼儿心理健康发展。

(1) 可以增进食欲——能够增加胰岛素、胃泌素等的分泌,使婴幼儿的摄入量增加,从而促进体重增长。

(2) 可以增强抵抗力——增加迷走神经的活动,增强机体免疫功能,使婴幼儿对疾病产生抵抗力。

(3) 可以促进智力发育——婴幼儿接受抚触时,由皮肤接受到不同力度的刺激,传至大脑,刺激大脑的神经联系,从而促进智力发展。

(4) 可以调节情绪——抚触直接刺激婴幼儿身体各部位,从而解决了皮肤饥饿问题。抚触中,对婴幼儿微笑、目光交流,能够使其情绪平稳,容易入睡。

2. 婴幼儿抚触的方法和时间

(1) 抚触前的准备工作及注意事项

① 操作者要把手上所有装饰物取下,以免抚触时划伤婴幼儿皮肤,然后清洗双手。

② 准备好婴幼儿用的干毛巾、尿片、要换的衣服。

③ 抚触时选择轻柔、舒缓、有节奏的音乐,既可以培养婴幼儿的音乐感,又可以给婴幼儿养成一个良好的习惯。

④ 保持适宜的房间湿度(40%～45%)和温度(26～28℃),注意保暖,不做抚触的地方盖毛巾。

⑤ 抚触前妈妈把婴儿润肤油(无刺激的强生油)倒在手掌上,双手轻轻摩擦,以温暖双手,增加润滑度。

⑥ 抚触时间:每次 10～20 分钟,每天可做三次。刚开始做抚触时,婴幼儿会不习惯而哭闹。所以开始做时的时间、次数可以较少,以后逐渐增加。当婴幼儿疲劳或烦躁时就不要再做抚触刺激他,让他休息。

⑦ 三个月前一定要在固定时间做,应在沐浴后、早晨起床前、晚上睡觉前、两次喂奶之间、餐后半小时进行。在婴幼儿刚刚吃完奶或饥饿时不宜做抚触。

⑧ 胸腹部(乳头、脐部)较敏感,注意保护,动作要轻。脐痂未脱落时不要碰到脐痂,以免让婴幼儿感到不适。

⑨ 选择婴幼儿舒适的体位,不要强迫婴幼儿保持固定的姿势。婴幼儿觉得疲劳时任何刺激都不适宜了,需要休息后再替他按摩,如果婴幼儿受伤或身体不适,不要做抚触。

⑩ 0～3 个月的婴幼儿是秩序抚触,以后日常照料时随时可做。较大婴幼儿除了秩序抚触外,可打乱随意进行。

(2) 适宜抚触的时间:沐浴后或吃奶 30 分钟后,每次 10 分钟左右,不能超过 20 分钟。

(3) 不宜抚触的情况:啼哭;睡觉;皮肤有破溃;身体不适,发热、黄疸、腹泻,预防注射后 48 小时内。

(4) 抚触的操作步骤

① 头面部的按摩——可舒缓脸部紧绷,预防感冒。两手拇指从眉心向两侧太阳穴方向轻推压,继续至耳后。两手拇指沿鼻梁两侧向下推压至鼻翼两侧。两手拇指从下颌中央向两侧往上滑动,画个笑脸。四指轻摩头顶,由前往后至颈部。重复以上动作 3～5 次。

② 胸腹部的按摩——顺畅呼吸循环,有助于肠胃活动。胸部:双手从胸部中心向两侧弧形推向肩部,避开乳头。腹部:从右下腹起,沿顺时针方向推,经右上、左上、左下、右下腹止,重复以上动作四次。

③ 上肢的按摩——增加灵活反应。从上臂到手腕轻轻揉捏。按压手背、手心,推动手背,在手心画圈。指根向指尖揉捏转动。扩胸,握住双手,向两侧水平展开,然后在中心交叉。重复以上动作四次。

④ 下肢的按摩——增加运动协调功能。从大腿到脚腕轻轻揉捏。按压脚背、脚心,推动脚趾,在脚心画圆,从脚趾根向趾尖揉捏转动。弯曲膝部,做踏自行车状。上举双腿达 90°。重复以上动作四次。

⑤ 背部的按摩——舒缓背部肌肉。双手平放在脊椎下端,向外上两侧推动。单手从背部上端抚摩至臀部,再推回上端。食指和中指从尾骨部沿脊椎向上按摩到颈椎。重复以上动作四次。

（二）婴幼儿体操

婴幼儿体操不仅是促进婴幼儿全身发育的好方法，还是一个很好的亲子游戏项目。每天坚持给婴幼儿做被动操进行体能锻炼，不但可以促进他的体格发育，还能促进神经系统的发育。

婴幼儿体操根据婴幼儿月龄和体质，循序渐进，每天可做 1～2 次，在睡醒或洗完澡时、婴幼儿心情愉快的状态下进行。做时少穿些衣服，所着衣服宜宽松、质地柔软，使婴幼儿全身肌肉放松。操作时动作要轻柔而有节律，可配上音乐。

婴幼儿体操是促进婴幼儿动作发展的一个好方法，它分为适用于 1～6 个月婴幼儿的婴幼儿被动操和适用于 6～12 月婴幼儿的婴幼儿主被动操。

1. 婴幼儿被动操（共 8 节）

上肢运动预备姿势：婴幼儿仰卧，妈妈双手握住婴幼儿手腕，把拇指放在婴幼儿手掌内，让婴幼儿握拳，两手放在婴幼儿两侧。

(1) 第一节　扩胸运动

① 两手左右分开，向外平展，与身体成 90°，掌心向上；

② 两手胸前交叉；

③ 同①动作；

④ 还原，重复两个八拍。

(2) 第二节　屈肘运动

① 向上弯曲左臂肘关节；

② 还原；

③ 向上弯曲右臂肘关节；

④ 还原，重复两个八拍。

(3) 第三节　肩关节运动

① 握住婴幼儿左手由内向外作圆形的旋转肩关节动作，重复四拍；

② 握住婴幼儿右手做同样的动作，重复四拍。

(4) 第四节　上肢运动

① 两手左右分开，向外平展与身体成 90°；

② 两手向前平举，两掌心相对，距离与肩同宽；

③ 两手胸前交叉；

④ 两手向上举过头，掌心向上，动作轻柔；

⑤ 还原，重复两个八拍。

(5) 第五节　踝关节运动

① 预备姿势：婴幼儿仰卧，妈妈左手握住婴幼儿左足前掌，右手握住婴幼儿右足前掌；

② 足尖向上，屈曲踝关节；

③ 足尖向下，伸展踝关节；

④ 换右足做相同动作，重复两个八拍。

(6) 第六节　下肢伸屈运动

① 预备姿势：婴幼儿仰卧，两腿伸直，妈妈双手握住婴幼儿两小腿，交替伸展膝关节，做踏车样动作；

② 左腿屈缩到腹部；

③ 足尖向下，伸展踝关节；

④ 右腿屈缩到腹部、伸直，重复两个八拍。

(7) 第七节　举腿运动

① 预备姿势：两下肢伸直放平，妈妈两手掌向下，握住婴幼儿两膝关节；

② 将两下肢伸直上举90°；

③ 还原，重复两个八拍。

(8) 第八节 翻身运动

① 预备姿势：婴幼儿仰卧，妈妈一手扶婴幼儿胸腹部，一手垫于婴幼儿背部；

② 帮助婴幼儿从仰卧转体为侧卧；

③ 从侧卧转体到俯卧；

④ 从俯卧再转体到仰卧，重复两个八拍。

2. 婴幼儿主被动操

随着婴幼儿月龄的增加，在被动做操的基础上，可转入在成人的帮助下发挥婴幼儿的主动性，促进全身的锻炼。每次可选做几节，不要求一次全部做完，可听音乐做动作。开始学做时不要求合拍，先让婴幼儿学习配合成人一起做，熟练后再逐步要求合拍。

(1) 拉手坐(起坐运动)

① 预备姿势：婴幼儿仰卧，成人双手握住婴幼儿双手，或用右手握住婴幼儿左手，左手按住婴幼儿双膝。

② 动作：第1、2拍牵引婴幼儿从仰卧位起坐，第3、4拍还原，共重复两个八拍。

③ 注意：拉婴幼儿起坐时，如果婴幼儿不配合就不能过于用力。

(2) 站站立(起立运动)

① 预备姿势：婴幼儿俯卧，成人双手托住婴幼儿双臂或手腕。

② 动作：第1、2拍牵引婴幼儿俯卧跪直，起立，或直接站立，第3、4拍还原，共重复两个八拍。

③ 注意：扶婴幼儿站起要逐步让他自己用力。

(3) 提提腿(提腿运动)

① 预备姿势：婴幼儿俯卧，两手放在胸前，两肘支撑身体，成人双手握住其两足踝部。

② 动作：第1、2拍轻轻抬起婴幼儿双腿，约30°，第3、4拍还原，共重复两个八拍。

③ 注意：动作轻柔缓和。

(4) 弯弯腰(弯腰运动)

① 预备姿势：婴幼儿与成人同一方位直立，成人左手扶住婴幼儿双膝，右手扶住婴幼儿腹部，在婴幼儿前方放一玩具。

② 动作：第1、2拍让婴幼儿弯腰前倾，捡起玩具，第3、4拍直立还原，共重复两个八拍。

③ 注意：让婴幼儿自己用力前倾和直立，如不能直立，成人可将左手移至婴幼儿胸部，帮助婴幼儿完成动作。

(5) 挺挺胸(挺胸运动)

① 预备姿势：婴幼儿俯卧，两手向前伸出，成人双手托住婴幼儿肩膀。

② 动作：第1、2拍轻轻地使婴幼儿上体抬起并挺胸，腹部不离开桌，第3、4拍还原，共重复两个八拍。

③ 注意：动作要缓和，在挺胸、挺腰时可稍用力。

(6) 游游水(游泳运动)

① 预备姿势：婴幼儿俯卧，成人双手托住婴幼儿胸腹部。

② 动作：第1、2拍托起婴幼儿悬空俯卧，向前摆动，重复数次，让婴幼儿出现四肢活动似游泳的愉快动作。

③ 注意：要托住婴幼儿，注意安全，向前摆动，开始时摆动1～2次，婴幼儿适应后可增加次数。

(7) 蹦蹦跳(跳跃运动)

① 预备姿势：婴幼儿与成人对面站立，成人双手扶婴幼儿腋下。

② 动作：第1、2拍扶起婴幼儿使其足离开床或桌面，同时说“跳、跳、跳”，做跳跃的动作，以足前掌接

触床或桌面为宜，共重复两个八拍。

③ 注意：动作要轻快自然，让婴幼儿的脚尖着地。

(8) 慢慢走(扶走运动)

① 预备姿势：婴幼儿站立，成人站立在他背后，两手扶婴幼儿腋下；或成人立在婴幼儿面前，两手扶住婴幼儿前臂或手腕。

② 动作：第 1、2 拍婴幼儿左右腿轮流跨出，学开步行走，共重复两个八拍。

③ 注意：场地要清洁平坦，让婴幼儿站稳后再鼓励开步学走。

3. 0～6 个月的婴幼儿进行被动操锻炼时的注意事项

(1) 婴幼儿参加训练应在喂奶一小时后进行，避免训练中回奶。

(2) 婴幼儿锻炼时应穿着宽松舒适的衣裤。

(3) 做操时间尽量安排在婴幼儿清醒、情绪好时。

(4) 做操前拥抱、亲亲婴幼儿。

(5) 爸爸、妈妈尽量和婴幼儿一起锻炼，增进彼此感情。

(6) 每天做 1～2 次，循序渐进。

(7) 做操时注意动作轻柔，让婴幼儿有舒适感。

(8) 应灵活掌握，逐渐完善。

婴幼儿 1 个月后长期坚持每天做婴幼儿操，不但可以增强婴幼儿的生理功能，提高婴幼儿对外界自然环境的适应能力，促进婴幼儿动作发展，使婴幼儿的动作变得更加灵敏，肌肉更发达，同时可促进婴幼儿神经心理的发展。

长期坚持做婴幼儿操可使婴幼儿初步的、无意的、无秩序的动作，逐步形成和发展分化为有目的的协调动作，为思维能力打下基础。做操时伴着音乐，让婴幼儿接触多维空间，使左右脑平衡发展，从而促进婴幼儿的智力发育。

练习与思考

1. 了解婴幼儿的睡眠。
2. 了解婴幼儿大小便，练习给婴幼儿换尿布。
3. 了解婴幼儿合理服饰和抱放婴幼儿，练习给婴幼儿穿脱衣服。
4. 了解婴幼儿的清洁与卫生，练习洗手。
5. 了解婴幼儿锻炼。

参考文献

1. 人力资源和社会保障部中国就业培训技术指导中心. 国家职业资格培训教程——育婴员[M]. 北京：海洋出版社，2009.

2. 古桂雄，戴耀华. 儿童保健学[M]. 北京：清华大学出版社，2011.

3. 万钫. 幼儿卫生保育教程[M]. 北京：北京师范大学出版社，1999.

(杨俐、盘海鹰编写，宋媛审阅、修改)

第六章　婴幼儿营养与喂养

第一节　婴幼儿营养基础

营养是保证婴幼儿正常生长发育和身心健康的重要物质基础。胎儿依靠孕母供给营养，出生后营养素则主要来自所摄入的食物，食物中的营养物质经体内消化吸收和代谢过程被利用，供给机体能量，合成组织成分与体内生物活性物质，以维持生命的一切生理活动，并修补组织消耗。婴幼儿营养与成人不同之处在于还需保证其不断生长发育。营养不足可导致生长发育迟缓，体重不增，甚至引起营养缺乏和障碍。所以，育婴师应根据婴幼儿对营养素的生理需要，合理地指导婴幼儿喂养和平衡膳食。

一、婴幼儿的能量需求

热能并非营养素，而是由食物所供给的各类营养素的化学能转变而来，主要由碳水化合物、脂肪、蛋白质在代谢过程中氧化所释放的热能提供。按其在体内实际产生热能计算，碳水化合物可供热能为16.81 kJ/g（约4 kcal/g），蛋白质可供热能为16.74 kJ/g（约4 kcal/g），脂肪可供热能为37.66 kJ/g(约9 kcal/g)。

婴幼儿的热能消耗可分为以下5个方面。

（一）基础代谢所需

指在人体清醒、空腹、安静状态下（18～25℃环境下），维持人体基本生理活动（如维持体温、肌肉张力、循环、呼吸、肠蠕动、腺体活动等代谢）所需的最低能量。在单位时间内每平方米体表面积基础代谢所需的热能，称为基础代谢率。基础代谢所需热能随年龄、性别、体表面积、生长发育、内分泌及神经活动等变化而不同。婴幼儿较成人高10％～15％，一般占总热能的50％。各器官的热能消耗与该器官的大小及功能有关。婴幼儿时期脑、肝的代谢率较成人高，而肌肉活动耗能较少，脂肪组织的代谢率则极低。

（二）生长发育所需

生长发育需要消耗的热能为婴幼儿所特有。消耗热能的多少与生长发育速度成正比，每增加1 g体重约需热能20.92 kJ(约5 kcal)，每增加1 g蛋白质约需热能25 kJ(约6 kcal)，每增加1 g脂肪约需热能50.21 kJ(约12 kcal)。人体内热能摄入与消耗处于一种平衡状态，婴幼儿按规律生长，成人新陈代谢稳定。一旦这种调整机制失控，则可发生过食或厌食，引起肥胖或消瘦。

（三）食物特殊动力作用所需要

所摄取的食物在体内被消化、吸收、利用等而增加基础代谢所耗的热能称食物特殊动力作用。蛋白质的特殊动力作用最大，婴幼儿摄取食物较多，蛋白质需要量也较高，故这方面消耗热能也大，约占总热能的7％～8％，食混合饮食的年长儿则大多在5％左右。

(四) 活动所需

婴幼儿活动所消耗的热能与活动的强度、持续的时间和类型以及身体的大小有关。1岁婴幼儿每天约需83.68 kJ/kg(约20 kcal/kg);多动好哭婴幼儿可增加2~3倍;安静少哭的婴幼儿此项所需热能可减半。

(五) 排泄物中能量损失所需

食物中不能完全消化吸收的产能营养素及其代谢产物从大小便中排出,所丢失的能量一般占摄入量的10%。

以上各方面热能分配比例目前尚无统一意见,一般认为基础代谢所需约占50%,体力活动和生长所需约占40%,10%从排泄中丢失。在安排婴幼儿膳食时还应考虑蛋白质、碳水化合物与脂肪的供能比例。根据我国情况,以总热能12%~15%来自蛋白质,20%~30%来自脂肪,50%~60%来自碳水化合物较为适宜。

能量的主要来源应为碳水化合物,如各种粮谷食品,它们在体内的消耗、吸收和利用较脂肪、蛋白质迅速而完全。

若能量摄入不足,其他营养素在体内的利用会受到影响,同时机体还会动用自身的能量储备,或消耗自身组织,导致生长发育迟缓、消瘦、活动力减弱或消失,甚至死亡;相反能量过多会导致肥胖。

2000年中国营养学会制定的婴幼儿、儿童、少年能量推荐摄入量(RNIs)如下表所示。

年龄/岁	RNI/(kcal/d)		年龄/岁	RNI/(kcal/d)	
	男	女		男	女
0~	95 kcal/(kg·d)	95 kcal/(kg·d)	6~	1 700	1 600
0.5~	95 kcal/(kg·d)	95 kcal/(kg·d)	7~	1 800	1 700
1~	1 100	1 050	8~	1 900	1 800
2~	1 200	1 150	9~	2 000	1 900
3~	1 350	1 300	10~	2 100	2 000
4~	1 450	1 400	11~	2 400	2 200
5~	1 600	1 500	14~	2 900	2 400

二、婴幼儿的能量组成及来源

(一) 蛋白质

1. 蛋白质的作用

蛋白质是机体保证所有细胞构成和功能的重要物质,是各种组织的成分之一,肌肉、骨骼、皮肤、牙齿、指甲、各种脏器、体液(血液、淋巴)、酶和激素都含有蛋白质,蛋白质是维持生命不可缺少的营养素。

蛋白质经消化分解为多种氨基酸被吸收利用,不同蛋白质含有不同的氨基酸模式。动植物食物蛋白质含有26种不同的氨基酸,其中大部分在摄取充足的蛋白质及热能后可自行提供,但有8种体内不能合成,必须从食物中摄取,称为必需氨基酸:亮氨酸、异亮氨酸、赖氨酸、蛋氨酸、苯丙氨酸、苏氨酸、缬氨酸、色氨酸。非必需氨基酸并不是不重要,只是它们能在体内被转化合成。人类幼年在合成氨基酸能力有限的情况下,一些氨基酸在其体内就变得比对成人重要,例如牛磺酸、精氨酸等。

牛磺酸是一种胎儿、婴幼儿正常生长发育所必需的营养素，是由半胱氨酸衍生的β-氨基磺酸。它在生物体内具有广泛重要的生理功能，对胆盐的生成、维持细胞膜的稳定性、机体生长发育功能的调节、钙在体内的平衡、氧化和渗透调节、免疫功能的加强、维护视网膜光感受活性、参与脂类消化吸收等具有重要作用。牛磺酸在脑发育过程中扮演神经营养因子的角色；还可通过对钙稳定的调节来阻止细胞内钙超载，保护神经细胞，并发挥其增强学习记忆（增加C-FOS基因表达的强度）的功能；还可促进神经细胞突触的形成及神经网络的完善，使神经母细胞有丝分裂增加。胎儿由于牛磺酸的剥夺可导致大脑发育不全。

选择蛋白质食品时，除了尽量选优质蛋白质外，另一条原则是要注意这种蛋白质食品还能提供其他什么营养物质。如鱼是最佳蛋白质来源，还富含维生素和脂肪酸。此外，一些食品如果组合得好，也可以供应足够的蛋白质。如玉米面、芝麻、花生和牛奶一起吃可保证有较高的蛋白质摄入量。采用谷类食物为主喂养者蛋白质供应量应稍增加。当能量供应不足时，蛋白质也可用以供能，这样就要减少用以组织增长和修复的蛋白质；而能量供给充足时，则可节省蛋白质的需要量。另外，婴幼儿不宜长期摄食单一的谷类食物，应米面混吃，粗细粮搭配。

2. 蛋白质主要来源及供给量

(1) 母乳：其所含必需氨基酸的比例最适合婴幼儿生长的需要，吸收率高达90%，其蛋白质的生理价值也较高，母乳哺乳的婴幼儿只需要2.0 g/(kg·d)。

(2) 牛乳：牛乳喂养的婴幼儿蛋白质需要量为3.5 g/(kg·d)。

(3) 混合喂养（即除人乳、牛乳外，还摄取大豆或谷类蛋白）的婴幼儿，蛋白质需要量为4.0 g/(kg·d)。

中国营养学会建议婴幼儿的蛋白质摄入量为1.5～3 g/(kg·d)。

3. 蛋白质摄入不足的影响

如蛋白质摄入不足，婴幼儿可出现生长发育迟缓或停滞、消化吸收功能障碍、肝功能障碍、抵抗力下降、消瘦、腹泻、水肿、贫血等症状，还会影响大脑的发育。蛋白质过高也不行，会增加肾脏负担（尿素等），引起便秘、肠胃疾病、口臭、舌苔厚等。

（二）脂类

脂类是油、脂肪、类脂的总称。食物中的油脂主要是油和脂肪，一般把常温下是液体的称作油，而把常温下是固体的称作脂肪。其特性是不溶于水，溶于有机溶剂。脂肪酸从结构形式上可分为饱和脂肪酸和不饱和脂肪酸。

脑细胞组织脂肪中约1/3为亚油酸和亚麻酸。人脑细胞髓鞘化过程中，除需饱和脂肪酸外，多为不饱和脂肪酸，如亚油酸、亚麻酸这些必需脂肪酸，它们对髓鞘和细胞膜的生成极为重要。实验证明，缺乏必需脂肪酸会导致婴幼儿生长发育迟缓，可损伤中枢神经系统。因此，婴幼儿膳食中应含有足够的脂肪，提供饱和与多不饱和脂肪酸。

1. 脂肪的主要生理作用

(1) 产能：脂肪是人体热量的储存仓库，当热量摄入大于消耗时，脂肪被储存，但当热量不足时，就首先消耗脂肪。

(2) 构成人体细胞和组织，保护内脏器官。脂肪如一层软垫，能固定内脏器官、减少摩擦，起到缓冲作用。同时也能防止体热散失，保持体温。

(3) 提供脂溶性维生素A,D,E,K，促进脂溶性维生素的吸收。

(4) 提供必需脂肪酸：必需脂肪酸不能在人体内合成，必须由食物脂肪供给。

2. 脂肪的食物来源及供给量

脂肪主要来源于一些动物性食物，例如乳类、蛋黄、肉类、肝类，以及植物油。

婴幼儿对脂肪的需要量高于成人。0～6月龄的婴幼儿按每日摄入人乳800 mL计，可获得脂肪27.7 g，占总能量的47%。中国营养学会推荐婴幼儿脂肪摄入量为4～6 g/d，占总能量比例为初生至6个月占45%～50%，6个月之后虽然添加一些辅助食品，但还是以奶类食品为主，脂肪提供的能量比仍然较高，占 35%～40%。每 100 kcal 婴幼儿食品含脂肪应不少于 3.8 g，不多于 6 g(能量比为 30%～54%)。

脂肪摄入过多与不足均不行：过多会影响蛋白质和碳水化合物的摄入并影响钙吸收；不足会导致必需脂肪酸缺乏以及蛋白质或碳水化合物过量。

(三) 碳水化合物

碳水化合物又称糖类，由碳、氧、氢三种元素构成，根据它们的分子结构可分为单糖(葡萄糖、果糖、半乳糖等)、双糖 (蔗糖、乳糖、麦芽糖等)及多糖(淀粉、糊精、糖原及不被消化吸收的纤维素、果胶)，是最重要、最经济的供能营养素。除单糖能直接通过小肠壁吸收外，其他两种要经过酶的分解才能被小肠吸收。一般主张吃多糖。

1. 碳水化合物的主要生理作用

糖类可与蛋白质或脂肪合成糖蛋白或糖脂，组成核酸、细胞膜、抗体、酶、激素、神经组织等重要人体成分。纤维素与果胶(属非淀粉多糖)虽不能被消化吸收，但可促进肠蠕动和消化液产生，吸收水分，有利于正常排便，维持肠道生理功能。

当人体缺乏碳水化合物时，脂肪代谢氧化不完全而产生酮体，多达一定浓度时，会发生代谢酸中毒。碳水化合物可以抵抗机体内产生酮体，防止中毒。

纤维素可以刺激肠道蠕动，促使粪便排出，减少胃肠疾病，也有利于防治肥胖。注意婴幼儿不宜吃粗纤维，每天可以从蔬菜水果中摄取适量的柔软的纤维素。

2. 碳水化合物的来源及供给量

糖类主要来自谷物类、根茎类食物及食糖，蔬菜、水果中也含少量糖、果胶及纤维素。

婴幼儿饮食中碳水化合物所供能量应占总能量的 40%～50%，随年龄增长应达 55%～65%。

母乳喂养的婴幼儿平均每日摄入量约为 12 g/kg(供能比约为 37%)，人工喂养儿的供能比略高(为 40%～50%)；

4 个月以下的婴幼儿由于缺乏淀粉酶，因此消化淀粉的能力尚未成熟，米、面类食物要在 4 个月后才能开始添加。

糖类中的乳糖是婴幼儿最佳的碳水化合物来源，在肠道溶解性好，易吸收，发酵后产生的乳酸可以降低肠腔 pH，有助于钙吸收和促进肠道益生菌的增殖，并抑制有害菌。

若碳水化合物摄入过多，则碳水化合物在肠内经细菌发酵，产酸、产气并刺激肠蠕动引起腹泻。如果同时伴有蛋白质供给不足，则引起虚胖和水肿，虽然体重增长迅速，表面肥胖，但肌肉松弛，机体抵抗力差，易受感染，也是营养不良。

(四) 三种产能营养素之间的比例

蛋白质、脂肪和糖类之间应有一定比例，以适应不同年龄婴幼儿生理所需，因为：① 总能量(主要来自糖和脂肪)供给充分，可对蛋白质起庇护或节约作用，使摄入的蛋白质少供能，以保证组织的新生和修补；② 供给糖不足而脂肪较多，则易致脂肪氧化不全，产生大量酮体，易发生酮症、酸中毒；③ 糖过多而蛋白质未达需要量，则能量已够而蛋白质不足，故仍呈负氮平衡，婴幼儿虚胖，甚至免疫力低下，易感染；④ 若能量供应不足，虽供给充裕的蛋白质，均用作能量来源，仍可发生负氮平衡，婴幼儿消瘦，肝肾负担加重，增加耗能，因蛋白质特殊动力作用大；⑤ 若能量与蛋白质供应量均不足，脂肪、蛋白质首先用于供能，负氮平衡更明显，很快发生营养不良。

故在膳食安排时必须合理安排三种供能营养素，使其发挥最佳作用。

三、维生素

维生素虽不能供能，需要量又少，但为人体所必需的营养素，对维持生长发育和生理功能起重要作用，常促进酶的活力或为辅酶之一。维生素种类很多，按其溶解性分为脂溶性与水溶性维生素：前者有维生素A，D，E，K；后者有维生素B族和维生素C等。

1. 维生素A

脂溶性，亦称视黄醇，主要作用是可提高暗适应能力，对多种组织细胞的增生和分化起着重要作用，对生殖功能、免疫功能、骨质代谢均有影响，与铁剂合用可明显改善缺铁性贫血，同时还有防癌抗癌的作用。维生素A缺乏时可引起干眼病、夜盲症、角膜溃疡和穿孔、皮肤干燥、毛发干枯、生长发育迟滞、易患感染等。维生素A摄入过多，会在体内蓄积而引起维生素A中毒。

维生素A的食物来源：维生素A只存在于动物性食品中，肝脏、蛋黄、奶油、鱼肝油中含量较高。而植物中含有胡萝卜素（维生素A原，以β-胡萝卜素最活跃），摄入人体后，经小肠壁及肝脏中酶作用转化为维生素A，橙黄色或深绿色蔬菜或水果（如胡萝卜、红心甜薯、木瓜、芒果、杏子、南瓜、深绿叶菜等）中含量较高。

每天参考摄入量为：0～5月1 500 IU，6～12月1 500 IU，1～4岁1 800 IU。

2. 维生素B族

(1) 维生素B_1（硫胺素）。维生素B_1是体内物质代谢和能量代谢的关键物质，还能促进食欲、胃肠道的正常蠕动和消化液的分泌。因此，它有促进婴幼儿生长发育的作用。溶于水，干燥时稳定，遇水易氧化破坏，食物中加碱则损失多。缺乏时可发生脚气病，乳母严重缺乏可使婴幼儿患此病。轻症为纳差、乏力、膝反射消失等，严重者引起心力衰竭（心型）、抽搐、昏迷（脑型）或猝死，婴幼儿及儿童缺乏则可导致多发性神经炎（假性脑膜炎）。

主要食物来源：维生素B_1主要存在于动物内脏中，如肝、心、肾等；还存在于肉类、豆类、花生和不过于碾白的谷类中，如全麦、糙米等。所以要米面混吃、粗细搭配。维生素B_1易溶于水，并且遇碱易破坏，因此谷物不要过分淘洗，蒸煮时不要弃去米汤，在做饭或蒸馒头时不应加碱。

每天参考摄入量为：0岁0.2 mg，0.5岁0.3 mg，1岁0.6 mg，4岁0.7 mg。

(2) 维生素B_2（核黄素）。维生素B_2是体内多种氧化酶系不可缺少的构成成分，在氨基酸、脂肪酸和碳水化合物的代谢中起重要作用，并参与铁的吸收储存。水溶性低，易受光和碱的影响而被破坏。

缺乏时，表现为唇干裂、口角炎、舌面光滑、乳头增大、阴囊或会阴炎、生长发育迟缓、贫血等。因维生素B_2不易体内储存，故易发生缺乏。

主要食物来源：维生素B_2主要存在于动物性食物中，如肉、蛋、肝、肾、心等，尤其乳类中维生素B_2含量丰富；也存在于植物性食物中，如大豆、各种绿叶蔬菜和水果，但含量较少。

每天参考摄入量为：0岁0.4 mg，0.5岁0.5 mg，1岁0.6 mg，4岁0.7 mg。

(3) 维生素B_6。维生素B_6有三种形式：吡多醇、吡多醛、吡多胺，易互相转化，食物中以吡多醇为主。在小肠内经磷酸化转变为辅酶，作用于氨基酸转氨酶、脱羟酶及脱硫酶等，是蛋白质代谢的重要辅酶。也参与脂肪代谢。婴幼儿易缺乏，出现躁动不安、惊厥、贫血、口腔炎、周围神经炎等。

主要食物来源：肉、鱼、蛋、乳类、蔬菜、谷物中含量较多。

每天参考摄入量为：0～5月0.1 mg，6～12月0.3 mg，1～4岁0.5 mg。

(4) 叶酸。叶酸微溶于水，易被热、光和酸所破坏。小肠吸收后经维生素C还原型辅酶Ⅱ作用转变成有活性的5，6，7，8-四氢叶酸，参与嘌呤和嘧啶代谢，是合成核酸的原料，促进骨髓造血功能。缺乏时发生巨幼红细胞贫血，孕母缺乏可引起胎儿神经管畸形。

主要食物来源：绿色蔬菜中含量多，肝、肾、牛肉、酵母中也有。

每天参考摄入量为：0～5月65 μg，6～12月80 μg，1～4岁150 μg。

(5) 维生素B_{12}（钴胺素）。水溶液较稳定，易受日光、氧化剂、还原剂、强碱的作用而被破坏，在胃内与内因子结合而吸收。能促进叶酸的利用，参与核酸、蛋白质、胆碱等合成过程，促进红细胞发育成熟。缺乏时发生巨幼红细胞贫血，青年可发生恶性贫血。

主要食物来源：肉、肝、肾、乳、鱼、蛋中均含有。

每天参考摄入量为：0~5月0.4 μg，6~12月0.5 μg，1~4岁0.9 μg。

3. 维生素C

维生素C为水溶性，又称抗坏血酸，它在体内作为酶的激活剂和物质的还原剂，参与激素合成。它可促进组织胶原蛋白合成，维持血管、肌肉、骨、牙的正常功能。极不稳定，易被氧化，是强抗氧化剂。在日光、碱性溶液及金属离子作用下氧化更快。缺乏时可发生坏血病，易出血，易感染，生长迟滞，伤口愈合差。

主要食物来源：新鲜的水果、蔬菜中含量较丰富，尤以柑橘、山楂、猕猴桃中含量为多，番茄、青椒、花菜、卷心菜中也不少。

每天参考摄入量为：0岁10 mg，0.5岁50 mg，1岁60 mg，4岁70 mg。

4. 维生素D

(1) 维生素D的主要生理作用。维生素D能够促进钙和磷在小肠内的吸收；促进肾小管吸收磷；促进钙在骨骼中沉着，从而促进骨、软骨骨化和正常生长。此外，维生素D还和甲状旁腺激素与降钙素一起维持正常的血钙水平，以防止骨质疏松。脂溶性，抗高温及耐碱，较稳定，为一组固醇衍生物。对正常骨骼的矿化、肌肉收缩、神经传导以及体内所有细胞的功能都是必需的。

(2) 维生素D缺乏和过多的后果。缺乏维生素D可发生营养性佝偻病，骨骼生长受阻，婴幼儿可有手足搐搦，青少年及成人可发生骨软化症。如长期过量(每日500~700 μg，即2万~5万IU)服用维生素D制剂也可引起中毒。

(3) 维生素D的来源和推荐摄入量。维生素D有两个来源。一个是外源性维生素D，它来自食物。但除了在脂肪含量高的海鱼和肝脏中维生素D含量较高外，天然食物中的维生素D含量都不高。因此，人们把海鱼肝脏中的维生素D提炼出来制成鱼肝油，供婴幼儿作为维生素D的补充，在配方奶粉中也添加维生素D。维生素D的另一个来源是内源性维生素D，它由皮肤合成。当阳光中的紫外线直接照射人体皮肤时，皮肤就会产生维生素D以供人体需要。

维生素D的推荐摄入量为从出生第二周开始到10岁每天400 IU。

5. 维生素E(生育酚)

脂溶性，易被氧化，对紫外线敏感，易被破坏，是一种强力抗氧化剂。有α、β、γ、δ四种形式，α型活性大，又称生育酚，可保护细胞膜的不饱和脂肪酸，使之不被氧化，使细胞膜的脂质维持正常功能。新生早产儿缺乏时可发生红细胞溶血性贫血及硬肿症。

主要食物来源：植物胚芽油，如花生油、玉米油中最多，绿叶蔬菜、豆类中也很多，肉、蛋中也存在；人乳中含量较牛乳多6倍，初乳含量是成熟乳的3倍，特别适宜喂养早产儿。

我国2000年修订的饮食营养素参考摄入量中婴幼儿的维生素E适宜摄入量为3 mg维生素E当量/天。

四、矿物质

矿物质(无机盐、灰分)是人体主要的组成物质。碳、氢、氧、氮约占总体重的96%，钙、磷、钾、钠、氯、镁、硫约占3.95%，以上11种元素为常量或宏量元素(各占人体总重量1/10万以上)，其余为微量元素(各占人体总重量1/10万以下)，共41种，其中铁、锌、铜、锰、铬、钼、钴、硒、镍、钒、锡、氟、碘和硅为人体必需，称必需微量元素。

人体无机盐虽不供给热能，但有重要的生理功能：构成骨骼主要成分；维持神经、肌肉正常生理功能；为多种酶和大分子活性物质的组成成分；调节人体体液渗透压、电解质和酸碱度，使之保持平衡。

1. 钙

(1) 生理作用。钙为人体中含量较多的元素之一，是骨骼和牙齿的主要成分(占全身钙的99%，在其余体液中的钙仅占1%)。血液中的离子钙起调节神经肌肉生理活动的作用，有镇痉作用，又可促进血液凝固及腺体分泌，还可激活体内多种酶发挥诸多生理作用。钙的代谢受维生素D、甲状旁腺素、降钙素的调节。

(2) 影响钙吸收的因素。膳食中可提高钙吸收利用的成分有氨基酸(如赖氨酸、色氨酸和精氨酸)、乳糖(存在于奶中)和维生素D。食物中脂肪、草酸盐、磷酸盐、膳食纤维过多，可将其沉淀并影响钙吸收。

(3) 钙缺乏的影响。血清钙降低时会引起神经肌肉的兴奋性增高，婴幼儿饮食中长期缺钙可引起佝偻病和手足搐搦症。

(4) 钙的食物来源和参考摄入量。奶和奶制品是钙的主要来源，其中含钙量丰富，吸收率也高。发酵的酸奶也有利于钙的吸收。海产品、豆类、蔬菜也是钙的较好来源。母乳钙、磷比例适宜(2∶1)，有利于钙的吸收。钙的最好食物来源是奶制品，其他如虾皮、海带、豆及豆制品中含钙也不少。

每天参考摄入量为：初生～6个月300 mg/d，7～12个月400 mg/d，1岁以后600 mg/d。

2. 磷

磷是人体组织的重要成分，可与钙、钾、蛋白质、脂肪结合构成骨骼、牙齿、肌肉、神经等组织，是多种酶的重要成分，并能促进葡萄糖、蛋白质和脂肪代谢以及参加缓冲系统，维持体内酸碱平衡。维生素D、甲状旁腺素调节其吸收排泄，肠内脂肪、钙及植酸过多可减少其吸收，缺乏时发生佝偻病。食物中含磷普遍丰富，很少发生营养性磷缺乏。

主要食物来源：乳、肉、鱼、蛋及谷类、蔬菜中含量丰富，但谷物中磷利用率低，因其常与植酸同时存在。

对于婴幼儿的磷摄入量，我国目前还缺乏实验资料，主要参考美国的1岁以上婴幼儿磷的适宜摄入量为450 mg/d，4岁以上为500 mg/d。

3. 铁

(1) 生理作用。铁是人体必需微量元素，为血红蛋白、肌红蛋白、细胞色素C和多种酶的主要成分，血红蛋白中的铁占人体总铁量65%，参与氧的运输及组织氧化作用。在新陈代谢过程中每日约损失1 mg铁，只要每日从膳食中摄入的铁能弥补这个损失，就可以满足机体的需要。足月新生儿体内约有300 mg的铁储备，通常可防止出生后4个月内的铁缺乏。早产儿及低出生体重儿的铁储备相对不足，在婴幼儿期容易出现铁缺乏。铁的吸收利用受食物中铁的量与质影响。血红素铁吸收优于非血红素铁；肉类、维生素C、酸促进铁的吸收，而植酸、咖啡因、茶碱、纤维素等则妨碍铁的吸收。

(2) 铁缺乏的影响。铁摄入不足或吸收不良易患营养性缺铁性贫血，继而可能导致抵抗力低下，易发生上呼吸道感染，严重贫血会影响婴幼儿的智力发育和认知能力，而且这种影响是永久不可逆的，甚至可导致死亡。发展中国家婴幼儿缺铁性贫血的患病率可达25%～60%，我国婴幼儿的患病率为30%～40%。

(3) 铁的食物来源和参考摄入量。乳类为贫铁食物，母乳1～3个月时的铁含量为0.6～0.8 mg/L，4～6个月时为0.5～0.7 mg/L。牛乳中铁含量约0.45 mg/L，低于母乳，且吸收率亦远低于人乳。婴幼儿在4～5个月后必须从饮食中补充铁，如强化铁的配方奶、米粉、肝泥、蛋黄、肉末等。膳食中铁的良好来源为动物肝脏、动物全血、肉类、鱼类和某些蔬菜(白菜、油菜、雪里蕻、苋菜、韭菜等)。

每天参考摄入量为：0岁0.3 mg，0.5岁10 mg，1岁12 mg。

4. 锌

(1) 生理作用。锌是人体必需的微量元素，人体内锌含量为1.4～2.3 g，广泛分布于各组织器官中，其中骨骼与皮肤中较多。锌参与很多机体生理功能，与多种酶、蛋白质、核酸及激素的合成有关。已发现50余种金属酶中含锌。锌通过对蛋白质和核酸的作用而促进细胞分裂、生长和再生。唾液中的味觉素含两个锌离子，对味觉和口腔上皮细胞起重要作用。锌也参与肝脏和视网膜维生素A还原酶的合成。

(2) 锌缺乏的影响。缺锌则引起食欲减退、生长迟缓、矮小症、贫血、性腺发育不良、皮炎、伤口愈合差、学习成绩低下等情况。孕妇缺锌可致胎儿畸形及低体重、围产期并发症。

(3) 锌的食物来源和参考摄入量。锌在食物中的含量以牡蛎等海产品最丰富，其次是肉、肝、蛋类。植物性食物中锌含量较低，且吸收率亦差。母乳中的锌含量比牛乳中高，尤其在初乳中更高。

每天参考摄入量为：0岁1.5 mg，0.5岁8.0 mg，1岁9.0 mg。

5. 碘

碘主要用于制造甲状腺素，促进新陈代谢，加速生长和中枢神经系统发育。缺碘可引起甲状腺功能不足，使婴幼儿生长发育迟滞，智力低下，出现地方性克丁病，常发生于山区。

碘的食物来源：海产品如海带、紫菜、海鱼等碘含量丰富，另外加碘食盐也是其来源。

每天参考摄入量为：0岁50 mg，4岁90 mg。

五、其他

1. 膳食纤维

膳食纤维是指不被人体肠道内的消化酶所消化吸收，但能被大肠内的某些微生物部分酵解和利用的一类非淀粉多糖类物质及木质素，多来自植物细胞壁中的复合碳水化合物。近年的研究提示食物中含丰富的植物纤维，对人体的某些慢性非传染性疾病起着预防和保健作用，如对防止结肠癌、预防便秘有一定作用。

2. 水

水是维持生命的必需物质，丧失水分达20%，生命就无法维持，机体内的重要物质代谢和生理活动都需要水参与。所有的物质必须溶于水才可被吸收、被输送到各组织器官，代谢产物必须通过水才能排出体外。水能调节人体的体温，保持体温的恒定，还能作为关节、肌肉和脏器的润滑剂。人体内最多的成分就是水。婴幼儿体内含水占体重70%～75%，比成人（含水占体重60%～65%）为高。70%体重的水中有7%为血浆，18%为组织间液，45%为细胞内液。

人体水分来源主要依靠摄取饮用水。但组织代谢和某些食物氧化过程中也可产生水，称为体内氧化水（代谢水）。婴幼儿生长发育旺盛，年龄越小水的需要量相对越大。水需要量与年龄、体重、摄取热量多少及尿的比重等均有关。1岁内婴幼儿每天每千克体重需水150 mL，2～3岁婴幼儿每天每千克体重需水120 mL。

第二节　婴幼儿乳汁喂养的三种方式

一、母乳喂养

母乳是婴幼儿最理想的天然食物。母乳喂养是人类哺育下一代的最佳方式，它不仅能全面提供4～6个月以内婴幼儿需要的各种营养物质，而且可增强婴幼儿对疾病的抵抗力，也有利于促进母亲的产后康复。因此，联合国世界卫生组织（WHO）大力提倡母乳喂养，要求4个月以内婴幼儿的母乳喂养率要达到80%以上。

（一）喂养方式

1. 纯母乳喂养

指除母乳以外，不给婴幼儿吃其他任何食物和饮料，包括水。

2. 母乳为主喂养

指除母乳以外，还给婴幼儿喂少量水、维生素、果汁。

3. 部分母乳喂养

指母乳占全部婴幼儿食物的20%～80%。

4. 人工喂养

指完全用母乳代用品喂养，不喂母乳。

(二) 母乳喂养的优点

人类的母乳具有非凡的特性，其化学组成物质及活性物质估计至少有300种以上。人乳是一种极其复杂的生物性液体，迄今还有许多未认识的问题。

1. 对婴幼儿的好处

(1) 营养成分最合适。母乳对于婴幼儿是一种最佳、最完全的天然食品，它含有婴幼儿期所需的蛋白质、脂肪、碳水化合物、矿物质、维生素、酶及水等，营养成分比例最合适，是婴幼儿无可代替的食品。母乳的营养成分和量会随着婴幼儿长大不断地变化，以适应生长需要，所以母乳喂养婴幼儿一般都能保证最佳的生长发育。

资料链接　**各期母乳成分**

(1) 初　乳：产后第一周分泌的乳汁，蛋白质含量高；

(2) 过渡乳：产后第二周分泌的乳汁，脂肪含量高，而蛋白质含量下降；

(3) 成熟乳：第二周以后分泌的乳汁，成分稳定；

(4) 晚　乳：10个月以后分泌的乳汁，蛋白质、脂肪含量均少。

乳房是一个很精致的供需器官，吸得越勤，分泌得就越多。一般认为婴幼儿6周时乳母每日的分泌量为700 mL，到3个月时就可增加到800 mL，母乳喂养7个月时则可以达到1 500 mL。

(2) 头脑更聪明，眼睛更明亮。母乳中含有对脑发育有特别作用的牛磺酸，它是提高婴幼儿智商所必需的一种氨基酸，其含量是牛奶的10～30倍。母乳喂养的婴幼儿的视敏度高于人工喂养的婴幼儿，其中的奥秘在于母乳中的长链多不饱和脂肪酸家族对视觉敏锐度有着促进作用，其中最重要的是DHA(二十二碳六烯酸)和AA(花生四烯酸)。

(3) 增强免疫力。母乳中含有抗体及其他免疫物质(特别是在产后马上分泌的初乳中)，能抑制微生物生长，可保护婴幼儿免受细菌和病毒侵袭，从而减少婴幼儿呼吸道和肠道感染发生，少生病。母乳中不含食物过敏原，又可抑制过敏原从肠道进入体内，因此母乳喂养可预防婴幼儿食物过敏，避免细菌感染。

(4) 最利于消化吸收。母乳中的蛋白质分为乳白蛋白和酪蛋白，其中乳白蛋白占2/3，营养价值高，在胃中遇酸后形成乳状颗粒，凝块较牛乳小，易于消化。人乳蛋白质为优质蛋白质，利用率高。脂肪中主要是中性脂肪，其中甘油三酯易于吸收利用。

(5) 卫生安全，经济实惠。母乳是新鲜、清洁无菌、温度适宜的营养食物，不需要特别的配比冲调，哺乳非常方便。由母亲直接抱着喂乳，肌体接触机会多，还能及时发现婴幼儿的冷暖、疾病，便于及早诊治。

(6) 增进亲子之间的交流。母亲在哺乳过程中，通过对婴幼儿皮肤的接触、爱抚、目光交流、微笑和语言，可增进母婴的感情交流，有助于乳母和婴幼儿的情绪安定，有益于婴幼儿的智力发育。关于不同喂养方式对婴幼儿体格发育及智能发育影响的研究发现，母乳喂养儿体格发育及智能发育，包括动作、语言、应人、应物等能力均明显优于人工喂养儿。婴幼儿频繁地与母亲皮肤接触，有利于促进心理与社会适应性的发育。

资料链接　**早期教育从母乳喂养开始**

1. 母乳喂养促进母子亲情纽带的建立

哺乳过程是增进母子互动的一个重要时机。母亲的体味、拥抱和微笑，都构成了最佳的进餐气氛，有利于婴幼儿的消化吸收。而婴幼儿吸吮的强弱、身体的举动都被母亲清晰地感知着，使她能在第一时间掌握婴幼儿的需求。婴幼儿吃进去的是奶,留在心中的是爱。母婴依恋的建立从第一次哺乳就已开始了。

2. 母乳喂养促进母子交流的方式

(1) 触觉交流。哺乳过程中最常见的是母婴间的触觉交流,因此,哺乳已不单是为婴幼儿提供生长发育的营养,而且为婴幼儿大脑的触觉产生和发展提供条件。婴幼儿以其最为敏感的口角、唇边和脸蛋,依偎在母亲的胸前,吮吸着甜蜜的乳汁,抚摸着妈妈柔软的乳房,倾听着熟悉的心跳声,并享受着妈妈臂膀的围抱,仿佛又回到了子宫,那个最温暖、最安全的家。虽然他不懂得什么是幸福,但这为他带来了安静与满足,能在大脑中产生安全、甜蜜的信息刺激,这对其智力发育起催化作用。哺乳可以大大激发母亲体内潜藏的母爱,建立母婴间的亲密关系。母亲经常抚摸、拥抱婴幼儿所产生的肌肤接触,也会获得同样的效果。科学家发现,一生下来就失去上述交流的婴幼儿,在成长过程中会表情冷淡,发育迟缓,性格孤僻而难与同龄儿和睦相处。

(2) 视觉交流。哺乳过程中母亲总会发现婴幼儿边吃边直视着自己的眼睛,这是婴幼儿情感发育过程中的视觉需要。有了这种交流,婴幼儿可在吃奶速度和进奶量上,达到所需要的标准;失去这种交流,其吃乳时会频繁转身摇头,甚至烦躁不安。当然,除哺乳以外,平时多与婴幼儿做对视交流,大多婴幼儿会甜蜜地微笑,从而有益于其心理健康发育。对于人工喂养的婴幼儿,母亲在使用奶瓶授乳时,更应有这种视觉交流。

(3) 嗅觉交流。婴幼儿的嗅觉相当灵敏,刚出生几天的婴幼儿,便能闻出母乳的奶香气味。在试验中,如果把浸过母乳的布片靠近婴幼儿一端,婴幼儿会顿时止哭而做出寻乳的姿态。

(4) 听觉交流。哺乳过程中,母亲可以边按摩婴幼儿的小手和小脚,边与婴幼儿交谈。更重要的是,多与婴幼儿对话,可使大脑正处在急剧发育中的婴幼儿,很快牙牙学语,为日后语言发展奠定良好的基础。事实上,缺乏母婴语言交流的婴幼儿,发语均迟于有母婴语言交流的同龄儿,且发语不清,表情不活泼。

(5) 肺部发育。在吸乳的过程中,婴幼儿常用尽"吃奶的力气",有助于胸廓发展、肺功能发育,有利于呼吸调节。

(6) 含接乳头好的 4 个体征为:下巴触及乳房(或很近);嘴张大;下嘴唇向前伸出;口上乳晕较口下乳晕露出来的多。

(7) 吸吮有效。在吸吮的过程中,吸吮深而缓慢并时有停顿,那么是吸吮有效。可听到婴幼儿的吞咽声。若能观察母乳喂养如何结束,可观察到婴幼儿的满足感。满足后,婴幼儿会自动释放乳头(即使母亲继续母乳喂养),看上去比较轻松,欢心入睡并对乳头失去了兴趣。若婴幼儿吸吮快而浅,说明吸吮无效,可看到下巴往里缩,同时听不到吞咽声。喂乳结束后,可能会出现烦躁不安,也可能哭闹或试图再吸吮,或连续吃的时间很长。若鼻腔堵塞,可妨碍母乳喂养,应清洁婴幼儿的鼻腔,然后再检查婴幼儿能否有效地吸吮。

2. 对母亲的好处

母乳喂养能给予母亲一种敏感信号,使之从孕期状态向非孕期状态成功过渡。由于哺乳过程中婴幼儿不断吸吮乳房,能反射性地刺激母亲分泌催产素而引起子宫收缩,能减少产后出血,有助于产后子宫复原。乳汁的生成和分泌需消耗大量能量,从而促使孕期储存于母亲体内的脂肪被动用和消耗,有利于乳母的体重尽快恢复正常。持续母乳喂养可推迟母亲再生育,这对母亲和次子女的健康都有益。

(三) 母乳喂养的方法和技巧

1. 产前乳房准备

(1) 乳房按摩。在妊娠 7 个月后为增加乳房血液循环,促进乳腺发育,用手掌侧面轻按乳房壁,露出乳头，并围绕乳房均匀按摩，每日一次。

(2) 乳头准备。妊娠第 8 个月起做乳头伸展练习，将两拇指平行放在乳头两侧，慢慢的由乳头向两侧外方拉开，牵动乳晕皮肤及皮下组织，使乳头向外突出，重复多次。

(3) 纠正内陷乳头。有内陷乳头的孕妇，从妊娠第 7 个月起佩戴乳头罩，利用乳头罩对乳头周围组织的恒定、柔和压力使内陷乳头外翻，乳头中央小孔持续突起，为今后顺利哺乳做准备。

2. 母乳成功喂哺的方法

(1) 树立信心。帮助母亲建立愉快的心情，坚持母乳喂养的信心，有利于泌乳反射。

(2) 尽早开奶。一般在分娩后半小时内即开始。

(3) 按需哺乳。婴幼儿有吃奶的愿望可随时喂哺，每侧乳房各喂 5 分钟。

(4) 增加给婴幼儿喂奶的次数，母乳不够时不要急着给婴幼儿增加奶类食物，要让婴幼儿勤吸乳头，刺激泌乳。

(5) 喂哺前，用湿热毛巾敷双侧乳房 3～5 分钟。

3. 喂哺姿势

(1) 一般姿势

① 稳定婴幼儿头部。母婴必须紧密相贴，无论婴幼儿抱在哪一边，应使婴幼儿的身体与母亲身体相贴，头朝向乳房，嘴处于乳头相同水平位置。让婴幼儿的头靠在母亲的胳膊里，用手掌根部托住婴幼儿颈背部。

② 稳定乳房位置。另一手的拇指和四指分别放在乳房上、下方，柔和地握住乳房。

③ 配合吮吸。使婴幼儿口腔对着乳房移动，将乳头从口的上唇掠向下唇引起婴幼儿觅食反射。当婴幼儿嘴张大，舌向下的一瞬间，温柔地将乳头引入婴幼儿口内。

(2) 儿种不同的喂哺姿势

① 坐位喂哺。选用没有把手的椅子，要求高度合适、软硬适中、椅背不能后倾，喂哺时母亲应紧靠椅背，使背部和双肩处于放松姿势，还可在脚下添加小凳以帮助体位舒适、松弛。

② "环抱式"喂哺。采用坐位"环抱式"喂哺，尤其适用于剖腹产儿及双胎儿，此式可避免伤口受压疼痛，也可使双胎儿同时授乳。

③ 卧位喂哺。采用侧卧或仰卧的方法喂哺，也适用于剖腹产儿。但这种方法不宜提倡，因为在授乳时母亲要保持清醒，以免压到新生儿，造成窒息。

4. 喂哺的持续时间和频率

喂哺时间最好选择在母婴双方都精神饱满、愉快的时候，母亲把心理感受和体验传递给婴幼儿，能提高喂养的质量。理想的喂哺时间，最好由婴幼儿进行自我调节，所以母亲要注意总结婴幼儿吃奶的规律。一般来说，满月时 90％的婴幼儿可以建立起适合自己规律的基本稳定的喂养习惯和时间。

喂哺持续时间取决于婴幼儿的需求。一般情况下，10～15 分钟几乎可以吸空全奶。但每对母婴有个体差异，喂哺时间过长或过短都应加强观察，以便及时纠正存在的问题。

出生 2～7 天时是母乳泌乳过程，喂奶次数应频繁些。当婴幼儿睡眠时间较长或母亲感到奶涨时，应唤醒婴幼儿并喂奶，通常每 24 小时喂 8～12 次。

5. 人工喂奶或手工挤奶的方法

有的婴幼儿因疾病等原因暂时与母亲分开，母亲应该在产后 6～12 小时内开始人工吸奶或手工挤奶。白天至少每隔 3 小时吸一次，夜间醒来再吸一次。每次吸奶时间以 10～15 分钟为宜，即使没奶也不要缩短时间，有奶就继续吸下去。每天母亲的两侧乳房至少轮流吸 2～3 次，以保持母乳的分泌量不致减少，并应尽量让婴幼儿吃到母亲的奶。

手工挤奶方法如下：用手挤奶时，产妇应先洗手，且要彻底地洗净。然后采取舒适的体位，将接奶的容器靠近乳房。产妇将拇指及食指放置在距乳头根部 2 cm 处，拇指与食指相对，其他手指托着乳房。用拇指及食指向胸壁方向轻轻下压，但不可压得太深，否则可引起乳腺导管阻塞。拇指及食指向下的压力作用在两手指间的乳房组织，正位于乳晕下方的用于收集乳汁的乳窦上，乳窦内储存着乳汁，手指反复地一压一放，乳汁就可从乳头滴出，并逐渐增多。挤压各乳窦时手指不要去压乳头，压乳头不会压出奶，必须压在乳窦上。

6. 上班妈妈的母乳喂养指导

(1) 上班2周前换成奶瓶。妈妈白天上班的话，就不能直接给婴幼儿哺乳，需要使用奶瓶，然而，婴幼儿已经熟悉妈妈的乳汁，换成奶瓶并不是一件容易的事情。为此婴幼儿也需要有适应的时间，最好是在产假结束前2周左右，就开始慢慢地换成奶瓶来喂养。

(2) 上班前和下班后哺乳。早晨起来后立即给婴幼儿哺乳，吃完早饭上班之前再喂1次。下班后时间比较充裕，可以增加哺乳的次数。周末也要经常给婴幼儿哺乳，尽量不要让乳汁的分泌量减少。

(3) 每天上班挤乳汁保存。每天上班的时候，中午12点和下午4点左右分2次将乳汁挤出，放在冰箱里保存。

在室温下，母乳放6个小时左右不会变质。如果要让挤出的乳汁依然保持新鲜，就需要利用冰箱来保存。冷冻可以保存3个月，冷藏可以保存48小时。

7. 不同类型乳头的护理要点

(1) 小乳头。乳头虽然小如豆粒，但是突出在乳房表面。因此，只要护理得当，就能使婴幼儿吸吮起来很容易。有的乳头甚至小到直径只有5 mm，但还是不用过分担心。

护理要点：由于婴幼儿不容易含住乳头，妈妈可以用手抓住乳头，使乳晕一起朝前延伸。每天重复这样的动作。要注意不要用力过大，以免乳房整体前移。

(2) 大乳头。最适合婴幼儿吸吮的是突出在乳房表面、直径为1 cm左右的乳头。虽然有的乳头大如核桃，但是婴幼儿很快就能适应。

护理要点：这是最适合婴幼儿吸吮的类型。一开始，也许婴幼儿会被大乳头吓住而不敢吸吮，但是很快就能适应。为了使婴幼儿更容易吸吮，妈妈要经常轻轻地搓揉乳头和乳晕，坚持不懈。

(3) 扁平乳头。乳头虽然露在乳房表面，但是几乎成扁平状态，使婴幼儿吸吮起来极其困难。不过，只要护理得当，就不会有什么太大的问题。

护理要点：轻轻搓揉乳晕部分。尤其是从妊娠中期情绪比较稳定的时候起，每天护理乳头。产后或哺乳之前，一定要进行按摩。

(4) 凹陷乳头。乳头缩进乳房，使婴幼儿吸吮起来极其吃力。另外，由于乳头没能突出在乳房表面，因此，平时对乳头的刺激很小。

护理要点：每天都要进行护理。轻轻按压乳晕部位，使乳头逐渐露出乳房表面，同时使乳晕周边的皮肤保持较强的弹性。还可以反复做拉扯乳头的动作。使用吸引器来吸引乳头也是一种可行的方法。

8. 母亲不能喂奶的情况

(1) 氨基酸代谢异常。氨基酸代谢异常主要侵犯神经系统，是婴幼儿智力发育落后的重要原因。苯丙酮尿症(PKU)是氨基酸代谢异常引起的一种疾病，属常染色体隐性遗传病。这种病的起因是体内缺少苯丙氨酸羟化酶，不能使苯丙氨酸转化为酪氨酸，而造成苯丙氨酸在体内的堆积，严重的可干扰脑组织代谢，造成功能障碍，以致这类患儿常表现为智能障碍。

(2) 乳糖不耐受综合征。乳糖不耐受综合征患儿，由于体内乳糖酶的缺乏导致乳糖不能被人体消化吸收，临床常表现为婴幼儿吃了母乳或牛乳后出现腹泻。长期腹泻不仅直接影响婴幼儿的生长发育，而且可造成免疫力的低下，引发反复感染。应暂停母乳或其他奶制品的喂养，而代之以不含乳糖的配方奶粉或大豆配方奶。

(3) 病理性母乳性黄疸。对于母乳性黄疸，停母乳只是短时间的，一般是48小时左右，就可恢复母乳喂养。如果恢复母乳喂养后，黄疸再次加重，可再停喂1～2天。经过两三次这样的过程，婴幼儿就不会因为吃母乳而出现黄疸了，可以继续母乳喂养。婴幼儿若出现母乳性黄疸，只要不是病理性的(胆红素<340 mol/L)，仍可母乳喂养，一般两个月后自行消失，对婴幼儿发育无不良影响。一般性的发热、上呼吸道感染等，也不影响哺乳，不宜停止喂奶，以防回乳。

(4) 母体患严重疾病。感染 HIV,或患有严重疾病(如慢性肾炎、糖尿病、红斑狼疮、恶性肿瘤、精神病、癫痫或心功能不全等)的母亲,或工作环境中存在放射性物质的母亲,或母亲接受抗代谢药物、化疗药物或某些特别的药物治疗期间,或吸毒、滥用药物的母亲,或乳房患有单纯疱疹病毒感染的母亲,或患有活动性肺结核的母亲,应停止哺乳。"大三阳"母亲的婴幼儿应得到免疫保护,母亲不宜哺乳。

要指出的是,母亲在使用有损婴幼儿的药品时应少喂或者尽可能不喂,激素类药物、部分抗生素(如四环素、氯霉素、红霉素、链霉素、磺胺类等)、锂盐、阿司匹林、嗅隐亭、抗癫痫药、抗甲状腺药等,对婴幼儿均有一定的影响,应避免服用。不得已服用时,应暂停哺乳,或母亲暂时停止药物治疗,两者不宜兼顾。

二、人工喂养

由于各种原因不能用母乳喂养婴幼儿,而采用牛乳、羊乳、马乳等动物乳及其制品,或非乳类代乳品喂养婴幼儿称人工喂养。只要调配恰当,卫生消毒,并能满足婴幼儿营养需要,这种喂养方式也可以达到婴幼儿正常生长发育的目的。

(一) 人工喂养的常见原因

母亲患有较为严重的心、肾、肝、内分泌疾病,恶性肿瘤,活动性结核病,精神病等;母亲因营养不良、极度劳累或悲伤、服某些激素类药物、哺乳方法不当等原因使乳汁分泌太少;新生儿或婴幼儿经筛查发现患有苯丙酮尿症、半乳糖血症等遗传代谢性疾病,不适宜喂母乳和其他乳品,必须采用特殊制备的乳制品或非乳类代乳品。

不同种动物的乳严格来讲只适合相应种类动物的幼子,并不适宜人类婴幼儿的生长发育,同时亦不适宜直接喂养婴幼儿。因此,特别是对 0～4 个月的婴幼儿,只有在实在无法用母乳喂养时才采用人工喂养。

(二) 常用喂养用品的配置

1. 常备婴幼儿哺乳用品

奶瓶、奶瓶消毒锅、奶瓶刷、奶瓶保温筒、奶瓶加热器、奶粉等。

2. 各类奶具的准备

奶瓶和奶嘴代替了妈妈的乳房和乳头,所以需要慎重选择。

(1) 选择奶嘴

① 形状。奶嘴的形状有拇指大小的核形和圆筒般的圆形两种。核形奶嘴是妈妈乳头的变形,是根据口腔学的原理而开发的产品。圆形奶嘴与妈妈乳头的模样相仿,容易使婴幼儿产生亲近感,而且大小也正好适合婴幼儿吸吮。

根据新生儿的实际情况,厂家将奶嘴的生产型号分为 S,M,以及喂辅食时用的 L 或 XL 等 3 个阶段。出生后 0～3 个月为第 1 阶段,出生后 3～6 个月为第 2 阶段,6～18 个月为第 3 阶段。

根据婴幼儿不同的成长阶段和饮食的变化,奶嘴的孔眼也分为各种不同的形状。通常奶嘴分为小圆孔(慢流量)、中圆孔(中流量)、大圆孔(大流量)、十字孔(大流量)。孔眼有 O、一、T、Y、＋等形状。一般来说,小圆孔奶嘴适合刚出生的婴幼儿使用,中圆孔奶嘴适用于喝水、牛奶,而大圆孔和十字孔奶嘴可用于喝果汁、米粉等稠性流质。新生儿一般都使用 O 形孔眼的奶嘴。＋形孔眼的奶嘴一般用于需要大力吸吮的牛奶或辅食。

② 质地。市场上出售的奶嘴,一般都使用硅酮树脂和天然橡胶乳胶等作为原材料。相比硅酮树脂奶嘴,乳胶奶嘴触感柔和,伸缩性强,但是在抗热和抗湿方面较弱,一经消毒,会变得黏糊糊。现在比较常用的是清澈透明的硅酮树脂奶嘴,它具有较强的抗热和抗湿性能,不管消毒多长时间,也不会出现烂糊的现象。

(2) 选择奶瓶

① 质地。选择时注意环境激素。虽然塑料奶瓶很轻,且不易破碎,但是可能会在消毒时受到损伤或被检出环境激素。而玻璃奶瓶则能避免环境激素的影响,而且几乎能永久性使用。其缺点是较重,而且容易打碎。

最近，有许多既避免了环境激素又弥补了玻璃奶瓶缺点的 PP（聚丙烯）、PES（聚酯酸）、PEN（聚酯酞）等塑料奶瓶相继上市。奶瓶表面描绘有各色各样的图案，色彩鲜明，线条简单，能够有效地刺激婴幼儿的视觉。只要保证消毒的时间，就能安全地避免环境激素。

② 奶瓶大小的选择。以婴幼儿一次能喝的奶粉量为标准，奶瓶可以分为小型、中型（普通型）、大型等。市场上出售的小型奶瓶容量为 120～150 mL，中型为 240～260 mL，大型为 300～320 mL。新生儿喂奶粉的次数多而量少，一般需要准备 6 个 120～150 mL 小型奶瓶。出生 3～4 个月以后，喂奶粉的量逐渐增多，需要准备 4～6 个 240～260 mL 中型奶瓶。随着婴幼儿长大，喝奶粉的量更多，需要准备 2 个超过 300 mL的大型奶瓶。

（三）牛奶的冲调

1. 奶粉的选择

母乳不足或人工喂养时应首选配方奶粉，配方奶粉改变了牛奶中的一些不合理成分，强化了婴幼儿生长发育所需的维生素和矿物质，某些配方奶粉中还强化了促进智力和视力发育的 DHA 和 AA、增进机体抵抗力的核苷酸和免疫球蛋白。只有在不得已的情况下才选择新鲜牛奶、全脂奶粉等。炼乳、麦乳精、豆浆、乳儿糕等都不能代替乳制品喂婴幼儿。

2. 冲奶粉的方法

（1）配方奶粉。将烧开后冷却到 40～50℃的水，倒入消过毒的奶瓶，先倒入一半，用奶粉筒里专用的小勺，按正确的量舀起奶粉，将奶粉放入奶瓶，双手轻轻转动奶瓶，使奶粉充分溶解，奶粉全部溶解后，再把剩余的水也倒入奶瓶。在开启或关上盖的时候，都不能用手去碰奶嘴。

（2）新鲜牛奶。在没有配方奶粉供应的地方，可选择牛奶喂养。

满月前的新生儿喂牛奶时要稀释，如 2 周内用 3∶1 的牛奶（3 匙牛奶加 1 匙水），2～4 周用 4∶1 的牛奶（4 匙牛奶加 1 匙水），满月后用全奶，不再加水稀释。

牛奶要煮沸（一煮沸即离火）。煮沸可以消毒杀菌，并使其更容易被婴幼儿消化吸收，同时应加糖 5%～8%，使牛奶的热能增加。

任何奶制品的配制一定要按比例冲调。不能太稀，否则婴幼儿得不到足够营养；也不能太浓，否则会增加肾脏负担。

3. 测试奶液的温度

将奶滴在左手腕内侧，皮肤感到滴下的奶滴不冷不热或略微偏温说明奶液温度与体温相近，可以喂婴幼儿了。或者把盛有奶液的奶瓶摇匀，贴在面颊上，如果不感到烫或冷说明和体温相近，可以喂奶。

（四）正确的喂哺方法

父母洗净双手，在安静的环境中抱起婴幼儿斜靠在自己的臂弯中，将奶头轻触婴幼儿的嘴角，当婴幼儿张嘴时将奶头放入婴幼儿口中，让婴幼儿深深含住奶嘴直到看不见奶嘴稍长的那部分。然后将奶瓶倾斜，使奶嘴部分充满奶粉，从而使婴幼儿尽量少吸入空气。如果空气吸入过多，胃里会充满气体，导致喝下去的奶粉全都吐出来。每次喂哺的时间在 15 分钟左右。

喂哺后将婴幼儿抱起，伏在父母肩上，父母手掌弓起呈杯状，以适当的力度由背中部往上拍，使婴幼儿打嗝，将胃中气体排出。

两次喂哺之间一般间隔 3 小时，半夜可不醒不喂，1～3 个月的婴幼儿每天哺乳 7 次。但每个婴幼儿有自己的特点，按需喂哺则更理想。

三、混合喂养

由于母乳不足或母亲因工作或其他原因不能按时给婴幼儿哺乳时，采用牛乳或其他代乳品作为补充或部分替代称混合喂养。

对于6个月以下，特别是0～4个月的婴幼儿，混合喂养比完全不吃母乳的人工喂养要好。虽然母乳不足，也仍应坚持按时给婴幼儿喂奶，让婴幼儿吸空乳汁，这样有利于刺激乳汁的分泌。

混合喂养用以补充或替代母乳的食品与人工喂养相同，6个月前以乳类为主，保证优质蛋白质的供给，6个月后除乳类外可补充豆类和谷类食品。

(一) 喂养的方法、次数和时间(随乳母的具体情况而定)

6个月内婴幼儿尽量采用补授法，即先哺母乳，将乳房内乳汁吸空，不足时再喂其他食品，以促进乳汁的分泌，防止母乳量的进一步减少。采用补授法的混合喂养必须注意以母乳喂养为主，牛奶、奶粉喂哺为辅。

如母亲因故不能按时哺乳，可用其他乳类或米、面替代一次母乳，称代授法。乳母应将多余的乳汁及时挤出并保存在清洁的容器中，待煮沸消毒后仍可喂哺婴幼儿。但每日母乳喂哺的次数最好不少于3次，若长期只哺乳1～2次，泌乳量常会很快减少。

这种混合喂养要先吃母乳、每天坚持按时母乳喂养，每天不得少于3次，哺乳时间为10～20分钟，吸空两侧乳房，然后再增加配方奶粉进行补充。如果由于母亲上班无法及时喂哺婴幼儿，可顺应婴幼儿自我调节的规律，建立适合母婴双方的喂养习惯。可以把乳汁及时挤出，挤到消毒奶瓶内并进行冷藏，喂前要隔水加热。

喂牛奶时要少加糖，否则婴幼儿喜甜后会拒食母乳。每个婴幼儿的进食量有个体差异。人工喂养主张基本定时，每次吸奶10～20分钟，间隔3小时，晚上婴幼儿不醒可以不喂。

(二) 喂养中的主要问题

喂养中的问题主要有喂养不足或过度喂养、溢奶或回奶、便秘、腹痛(肠绞痛)和食物过敏等。如果情况严重，应到医院就诊。

第三节 辅食添加原则与顺序

随着婴幼儿月龄增大，在4～6个月时单纯的母乳或配方奶已不能满足婴幼儿发展的需要，婴幼儿的神经肌肉已开始能习惯用勺子、杯子喂食，逐渐能咀嚼和吞咽非液体食物。肠道黏膜已能防止外来大分子蛋白质的通过。脂肪、蛋白质、碳水化合物消化和吸收能力迅速增强。除母乳以外给婴幼儿添加的任何含营养素的食物或液体称为辅助食品。添加辅助食品的时期也可称为转乳期。

辅助食品是在营养、感官以及构成上适宜于婴幼儿的补充母乳的食物，是从单纯的母乳到普通家庭食物之间的过渡食品。联合国儿童基金会不使用“断奶食品”一词，是为了提示添加辅食不意味着替代母乳或不用母乳、牛乳喂养。

一、添加辅食的意义及原则

(一) 添加辅助食品的意义

1. 补充母乳的营养不足

虽然母乳是婴幼儿最好的食物，但也不是十全十美，如母乳中维生素 B_1、维生素D和铁的含量较低，不能满足婴幼儿需要。尤其生活在贫困地区的乳母由于饮食中营养的不足而影响乳汁中的营养成分，引起婴幼儿的维生素及铁的不足。

2. 增加营养以满足婴幼儿生长发育的需要

随着婴幼儿逐渐长大和活动量增加，所需的各种营养和能量也日益增加，单纯的母乳和配方奶粉已不能满足 4 个月以后婴幼儿的需要，必须添加补充食物。

3. 为断乳作准备

吸吮和吞咽是婴幼儿与生俱来的生理功能，但搅拌、咀嚼功能的发育需要适时的生理刺激、训练和培养。在换乳期及时添加泥状食品是促进咀嚼功能发育的适宜刺激，能促进婴幼儿语言能力（构音、单词、短句）和认知功能的发展。延迟添加或不添加泥状食品，会使婴幼儿口腔功能低下，不能摄取更多的营养，从而造成营养不良。同时泥状食品扩大了婴幼儿味觉感受的范围，为断乳作准备，也为养成不挑食、不偏食等良好习惯打下基础。婴幼儿的最佳生长需要三种食物段的合理喂养：出生后立即开始母乳喂养或配方奶粉喂养（一级火箭），换乳期添加泥状食品（二级火箭），固体食物期过渡到天然均衡膳食（三级火箭），任何一级喂养偏差都会影响婴幼儿成长，在下一阶段无法弥补。

（二）添加辅助食品的原则

婴幼儿肠胃功能发育不完善，对新食物的适应能力弱，易发生消化、吸收紊乱，因此，添加补充食品时必须遵循循序渐进的原则，不能操之过急。

1. 从少到多，从稀到稠，从细到粗

如添加蛋黄可以从 1/4 个开始，逐渐增加到 1/2 个，以后再增加到 1 个。同样，先喂米汤，再喂稀粥、稠粥到烂饭。蔬菜则先喂菜泥，再喂碎菜。

2. 习惯一种后再添加另一种

新食物要一样一样添加，每一种食物需要试吃 4～5 天，试吃期间无厌食、过敏、腹泻等情况，则可再试另一样食物。这样除了能了解婴幼儿是否能耐受这种食物外也能确定何种食物会引起过敏。

3. 在婴幼儿健康时添加

婴幼儿患病时，食欲常减退，消化能力也有所下降，此时添加新食物，常使婴幼儿不能适应。

4. 辅食不可替代乳类

有的妈妈认为婴幼儿既然已经可以吃辅食了，从 6 个月就开始减少婴幼儿对母乳或其他乳类的摄入，这是错误的。这时婴幼儿仍应以母乳或牛奶为主食，辅食只能作为一种补充食品，否则会影响健康成长。

5. 当婴幼儿熟悉一种食物后仍要保持进食的频率

如当婴幼儿习惯蛋黄后又添加了菜泥和鱼泥，但蛋黄仍要经常吃。

6. 泥状食品的味道要清淡

不宜食用过量糖、盐和化学添加剂，一般不主张用味精。

7. 要坚持试喂

当婴幼儿开始吃一种新食物时，会本能地用舌头将食物推出或恶心，这并不表示婴幼儿不喜欢吃，而只是他自身的一种保护动作，因此，只要经常坚持喂，待婴幼儿熟悉后就会接受。

8. 要用小匙喂

因为添加泥状食品的同时，也是在训练婴幼儿用匙、吞咽和咀嚼的能力。尤其是纯米粉类，不应与奶粉调配后放在奶瓶中让婴幼儿吸吮。小匙应适合婴幼儿口形，并采用比较浅、平的小匙。

二、辅食的种类

（一）淀粉类辅食

婴幼儿在 4 个月后随着唾液腺及肠内淀粉酶活力的增强而可以接受淀粉类食物。通常首先添加大米粉，因为大米蛋白不容易引起食物过敏，其蛋白质利用率也优于面粉。此外，由于乳类缺铁，4 个月起婴幼儿需要补充铁质，大米粉可作为铁的载体。强化铁的米粉有助于预防缺铁性贫血，又可与水调制成不同比例的糊状，可适应不同月龄婴幼儿的食用。6 个月后婴幼儿乳牙萌出，可喂食米粥、烂面，7 个月起可给饼干或略烤黄的馒头或面包干，每次咬食一片，以训练咀嚼能力，助长出牙。

(二) 蛋白质类辅食

随着母乳的减少，必须给予其他优质蛋白质。

1. 蛋类

蛋类是首选的补充蛋白质的辅食，但蛋白容易引起小月龄婴幼儿食物过敏，故一般先加蛋黄。蛋黄除可提供优质蛋白质外，又富含铁和维生素 A、D、B_2，这些都是 4～5 个月婴幼儿十分需要的营养素。可取鸡蛋洗净煮沸 10 分钟，取出蛋黄研成细末，食用时加水调成泥状喂食，或加入米糊、烂面等食用。对稍大些的婴幼儿也可做成蛋花汤或蒸蛋食用。

2. 鱼和禽肝

这两类食物都富含优质蛋白质和铁，又较容易消化，可从 5～6 个月起添加。方法是将鱼或禽肝蒸熟，去刺，研成泥，加少量盐或酱油喂食或加入粥、面中喂食。

3. 动物肝脏和肉类

动物肝脏是含铁最丰富的食物，但猪肝的颗粒较粗，最好用鸡肝、鸭肝、鹅肝。可取洗净的肝置沸水中煮熟，以匙压成泥，混入粥、面中喂食。

7～8 月龄婴幼儿可添加肉类，将猪、牛、羊、禽肉制成肉末加入粥、烂面中喂食。

(三) 维生素、矿物质类辅食

主要是新鲜蔬菜和水果，它们含有丰富的胡萝卜素、维生素 C、多种矿物质以及膳食纤维。

4～5 月龄婴幼儿即可由菜汁、果汁逐渐向菜泥、果泥过渡。取青菜、苋菜、胡萝卜、土豆等洗净切碎，在沸水中煮 3～5 分钟取出，用匙捣烂成细泥状。可单独喂食也可混入粥、面中同食。果泥的制作可将香蕉剥皮用匙压成泥，也可将苹果对切开，用匙在剖面来回刮取苹果肉成泥状。蔬菜和水果的营养成分不完全相同，不能互相替代。

6～7 个月后可以食用切细的蔬菜，婴幼儿食后若大便中出现菜叶残渣属正常现象，可继续喂食。

(四) 能量类辅食

主要是植物油和糖，用来补充能量。对食量过小的婴幼儿，可在粥、面或菜泥中拌入熟的植物油如豆油、花生油、芝麻油等，或用油炒蔬菜。初食每次加 1 g，习惯后可增至每日 5～10 g。在牛乳、豆浆中加入蔗糖，也可增加能量的摄入。

三、按月龄添加婴幼儿辅食的顺序

(一) 添加辅食的时间

通常情况下，4～6 个月时应逐步添加辅助食品。4 个月前增加辅食对婴幼儿生长并无益处，相反还容易增加胃肠道感染及食物过敏的危险性；但也不宜迟于 6 个月，以免婴幼儿营养不良。另外，因婴幼儿个体差异，开始添加辅食并没有一个严格的时间规定。

添加辅助食品并不需要终止哺乳，母乳喂养时间至少应持续 6 个月，然后开始减少哺乳次数，逐渐过渡至 8～12 个月时完全断乳。断乳后的婴幼儿应继续饮用牛乳或羊乳。在无条件获得牛、羊乳及配方奶粉时，母乳可持续哺乳至两岁，并加以辅食。

一般有下列情形时可以开始添加辅食：婴幼儿体重已达到出生时的 2 倍；婴幼儿在吃完约 250 mL 奶后不到 4 小时又饿了；婴幼儿可以坐起来了；婴幼儿在 24 小时内能吃完 1 000 mL 或以上的奶；婴幼儿月龄达 6 个月。

(二)添加辅食的顺序

新生儿2~4周起,首先添加鱼肝油400 U。

1~3个月的婴幼儿,可添加菜水或果汁,如山楂汁、橘汁、西红柿汁、胡萝卜水、菠菜水等,以补充维生素A、维生素C和矿物质。

4~6个月的婴幼儿,可添加香蕉泥、苹果泥、胡萝卜泥、土豆泥、豆腐糊、蛋黄泥、鱼肉糊、牛奶粥、青菜粥、藕粉等,以补充能量、蛋白质、钙、铁和维生素A、B族维生素、维生素C及纤维素等。

7~9个月的婴幼儿,可添加猪肝泥、虾肉泥、鱼肉泥、牛肉末、蛋、鸡肉粥、烂面条糊、饼干、面包干等,以增加能量、动物蛋白质、铁、锌及维生素A、B族维生素等营养素。

10~12个月的婴幼儿,可添加苹果色拉、虾末菜花、蒸肉豆腐、黄鱼小馅饼、肉松饭、鸡汤煮饺子、涂抹面包片、小蛋糕、燕麦片粥等,以补充能量、蛋白质、矿物质、维生素及纤维素。

月　　龄	添加的辅食	主要供给的营养素
4~6	米糊、婴儿米粉、烂粥等	能量(用匙喂)
	蛋黄、鱼泥、动物血	蛋白质、铁、钙和各种维生素
	菜泥、水果泥	各种维生素、矿物质和纤维素
7~9	粥、烂面、面包、烤馒头片、饼干	能量(训练咀嚼功能)
	鱼、全蛋、肝泥、肉末、豆制品	蛋白质,铁、锌等矿物质和维生素
	菜泥、水果泥	各种维生素、矿物质和纤维素
10~12	厚粥、软饭、挂面、馒头、面包	能量
	鱼、全蛋、碎肉、碎肝、豆制品、油	蛋白质,铁、锌等矿物质和维生素
	碎菜、水果	各种维生素、矿物质和纤维素

资料链接

婴幼儿食物进化过程

喂养阶段	吞咽期	咀嚼期	咬嚼期	大口咬嚼期
参考年龄	4~6个月	7~8个月	9~12个月	1~3岁
各阶段婴幼儿的表现	(1) 老流口水、唾液分泌增多; (2) 爱咬妈妈的乳头或奶嘴; (3) 看到大人吃东西,小嘴开始不自觉吧嗒	(1) 唾液量增加; (2) 爱流口水,喜欢咬硬一点的东西; (3) 爱咬妈妈的乳头或奶嘴; (4) 睡觉时可能不太安稳	(1) 对食物兴趣增大; (2) 喝奶显得无精打采	(1) 咀嚼能力明显提高; (2) 喜欢用手抓食物
每天辅食添加次数(参考)	每天1次	每天2次,上下午各1次	每天2次,上下午各1次	每天3次,养成成人进食习惯
食物的形态	润滑的泥糊状	用舌头可捣碎	用牙床能磨碎,硬度参考香蕉	比正常成人食品略软

第四节 辅食及家庭菜肴的制作

一、泥糊状食品及汁水的制作

(一) 泥糊状食品的制作

1. 土豆泥和胡萝卜泥

将土豆和胡萝卜去皮，在沸水中煮烂，取出压碎即可。再用少量植物油煸炒后喂食。

2. 菜泥

将蔬菜洗净去茎，在锅里加水(一般约为2碗水加1碗菜)，沸水内煮1～3分钟。取出菜叶，略沥干水分。用粉碎机粉碎，或在铜丝网上研磨，滤出菜泥。用少量植物油煸炒后加入稀饭中。

3. 肝泥

将肝清洗干净，把肝横剖开，用刀刮出红色泥状物，加上少量酒和葱段姜块，隔水蒸熟，取出压碎，加入菜泥、土豆泥、胡萝卜泥或豆腐中一起喂婴幼儿。

4. 鱼泥

以海鱼为好，因海鱼刺较少易剔除，营养也较河鱼更高(含碘)。将鱼洗净加酒和葱姜，蒸熟后取肉压碎即可。

5. 肉泥

将肉用粉碎机打碎或剁成肉浆，加水煮烂后加入稀饭或面条中喂食。

6. 蛋黄泥

将鸡蛋煮熟，取出蛋黄，用匙压碎。

(二) 汁水的制作

1. 鲜橙汁

先将手和容器洗干净，用水果洗涤剂将橙子外皮洗干净，并用干净的毛巾擦干。将洗净的橙子横向一切为二，把橙子剖面覆盖在玻璃挤橙器上左右旋转，使橙子汁流入下面的缸内。加温水稀释0.5～1倍，或加少量白糖。

2. 菜汁

将1碗水煮开，倒入洗净切碎的一碗菜叶，煮沸1分钟，倒出上部清液即为菜汁。胡萝卜汁也同样制作，但煮沸时间可略长。

3. 西红柿汁

将西红柿洗净切去蒂盖，用一块纱布包裹在沸水中烫1分钟。用汤匙在纱布外挤压出汁液。

二、菜粥与烂面条的制作

(一) 蛋花粥

在将要煮好的粥中，加入打碎的鸡蛋，再煮片刻。

(二) 蔬菜粥

将青菜切碎，或将胡萝卜、土豆蒸熟、压碎，用油急火快炒后加入粥中。

(三) 肉末粥

将瘦肉剁碎成末,加适量水用火煮烂,加入粥内。

(四) 猪肝粥

将猪肝加水煮"老"去除筋膜,用匙将其压碎,用油煸炒加入粥内。

(五) 烂面条

面条切成小段,其他食材也要切细煮烂,用高汤(猪肉汤、鸡汤、鱼汤或鸭汤)熬煮即可。

三、婴幼儿食品的制作

(一) 不同原料的加工要点

1. 蔬菜

烹调蔬菜时最重要的是避免维生素的流失,尤其是要减少维生素C的流失。选购新鲜的蔬菜,现购现吃。蔬菜要先洗后切,切好后要尽快烹调,不要长时间放置或浸泡于水中。蔬菜要急火快炒,油温不要太高,煸炒时应用旺火。焯水时要火大水多,使菜热得快。一般煮开1分钟即可捞出。也可在焯水时放入一些植物油将水面和空气隔开。在炒菜或焯水时不要加碱。蔬菜要现炒现吃,放置过久会增加维生素的流失。

2. 粮食

选购当年出产的新米、新面。长期存放的米、面,维生素流失较多,如保存不妥还会引起黄曲霉素的污染。尽量减少淘米的次数,一般不超过3次,淘米时不要用力搓洗,淘米应用凉水,且不要长时间浸泡,浸泡时间越长,维生素流失越多。

3. 肉类

肉类营养丰富,能提供热量、优质蛋白质并且含有丰富的维生素和矿物质,尤其是铁的含量高,可预防贫血,但肉类的纤维长,必须烹调得当才易为婴幼儿接受。对于1岁以前的婴幼儿应将肉剁成肉末,在水中煮得酥烂后取出做成肉末粥或肉末面。

(二) 加工方法

为婴幼儿烹调时要选新鲜易咀嚼的原料,又要色、香、味俱全。一般不宜选择笋类,鱼则应选择刺少肉多的海鱼或淡水鱼。在初加工前,鱼、虾要充分漂洗以减少腥味,去骨去刺。土豆、胡萝卜要切得符合婴幼儿口型。

(三) 烹调方法

多采用炒、煮、蒸、焖、烩、煨等,而不用或少用炸、煎、烤等方法。

1. 炒

如肉丁加入蛋清、淀粉上浆后,在温油锅中滑油,用小火焖煮片刻(约15分钟),使肉类的纤维组织疏松断裂,然后加其他配菜炒制。

2. 蒸

先上笼蒸熟,然后用刀切成丁、丝、小块,加入其他配菜一起炒。也可将上浆后的肉末制成肉圆上笼蒸熟。

3. 焖

将猪肉、牛肉、鸡肉、鸭肉等切成小块后加入较多汤汁,上火长时间焖煮使其酥烂。

四、食谱举例

(一) 初期辅食最佳食谱(4～6个月)

初期辅食的目的并不只是为了补充营养，而应该把重点放在引起婴幼儿对饮食的兴趣上。为此，应该做成婴幼儿容易吃的糊状，而且不用任何调味品。

1. 米糊

材料：米 10 g，水 1/2 杯。

做法：

(1) 将米洗净，并在凉水中浸泡1个小时左右。

(2) 利用粉碎机或石臼将(1)中浸泡过的米细细捣碎。

(3) 将准备好的水加入(2)中捣碎的米粉中，然后用猛火煮。

(4) 煮沸后，将火调弱继续煮，熬成5倍米糊。

(5) 如果(4)中出现较大的米粒，可以过滤后再喂。

2. 豌豆土豆糊

材料：豌豆2大匙，土豆1/3个，水1杯。

做法：

(1) 将豌豆和土豆分别煮熟后捣碎。

(2) 在锅里放入(1)中的豌豆和土豆，以及一定量的水，再用猛火煮。

(3) (2)煮沸后，将火调弱继续煮。

(4) (3)中的水减少到一定程度，近乎于较浓的汤汁。

(5) 将(4)中的汤汁过滤，再把蔬菜加入过滤后的汤水中。

(6) 重新放在火上煮，煮到蔬菜完全烂糊为止。

3. 土豆米糊

材料：米 10 g，土豆 10 g，水 1/2 杯。

做法：

(1) 将米洗净，并在凉水中浸泡1个小时左右后细细捣碎。

(2) 土豆不用削皮，用水洗净，挖去芽眼，然后用锡纸包起来放在微波炉里蒸。蒸完后去皮，捣碎。

(3) 将水加入(1)的米粉中，煮沸后，将火调弱继续煮，不时用饭勺搅拌。

(4) 将(2)中捣碎的土豆加入(3)的米糊中，再煮1分钟左右即可。

4. 嫩南瓜米糊

材料：米 10 g，嫩南瓜 5 g，水 1/2 杯。

做法：

(1) 将米洗净，并在凉水中浸泡1个小时左右后细细捣碎。

(2) 将洗净的嫩南瓜挖去瓜囊，切成极小的小块。

(3) 在切好的嫩南瓜中加入适量的水，迅速搅拌成糊状。

(4) 将(1)中的米粉和1/2杯水加入(3)中的嫩南瓜中，然后用猛火煮。

(5) (4)煮沸后，将火调弱继续煮，不时用饭勺搅拌。

5. 甜南瓜糊

材料：甜南瓜 50 g，水 1/2 杯，母乳或奶粉1大匙。

做法：

(1) 将甜南瓜去皮，挖去瓜囊，切成极小的小块。
(2) 将(1)中的甜南瓜放入锅中，再加入水，然后用猛火煮。
(3) 煮沸后，将火调弱继续煮，直到煮熟为止。
(4) 将(3)过滤，再把过滤好的甜南瓜捣碎。
(5) 将(4)过滤下来的汤汁和捣碎的甜南瓜重新放进锅里，用弱火煮 1 分钟左右；然后加入母乳或奶粉，再煮 1 分钟左右。

6. 甘薯米糊

材料：米 10 g，甘薯 5 g，水 1/2 杯。

做法：
(1) 将米洗净，并在凉水中浸泡 1 个小时左右后细细捣碎。
(2) 将甘薯切成极小的小块，在凉水中浸泡 10 分钟左右，除去淀粉。
(3) 将(2)中浸泡过的甘薯蒸熟后捣碎。
(4) 将水加入米粉中，然后用猛火煮。煮沸后，将火调弱继续煮。
(5) 米糊快煮成之前，加入(3)中捣碎的甘薯，再煮 1 分钟左右。

7. 三色蔬菜米糊

材料：米 10 g，水 1/2 杯，胡萝卜、土豆、嫩南瓜各 20 g，母乳或奶粉 1 大匙。

做法：
(1) 将胡萝卜、土豆、嫩南瓜洗净。
(2) 将(1)中的蔬菜煮烂糊后，各自进行过滤。
(3) 将米洗净，并在凉水中浸泡 1 个小时左右后细细捣碎。
(4) 将水加入(3)中，边煮边不时用勺搅拌，直到透明为止。
(5) 在(4)中加入母乳或奶粉，稍微再煮一会儿；再加入(2)中的蔬菜，煮 1 分钟左右。

8. 母乳(奶粉)米糊

材料：米 10 g，水 1/3 杯，母乳或奶粉 1/4 杯。

做法：
(1) 将米洗净，并在凉水中浸泡 1 个小时左右后细细捣碎。
(2) 将水加入(1)的米粉中，然后用猛火煮。
(3) (2)煮沸后，将火调弱继续煮。此时，如果越煮越糊，可以补充少许母乳或奶粉。
(4) 米糊快完成的时候，将剩下的母乳或奶粉全部加入后再煮 1 分钟左右即可。

(二) 中期辅食最佳食谱(7～9 个月)

中期辅食可以做成带有软和的小粒的辅食。利用肉类、鱼类等给婴幼儿补充铁质。做辅食时可以将 2～3 种材料混合使用。

1. 白米菠菜鱼粥

材料：浸泡过的白米 20 g，菠菜 10 g，鲜鱼 10 g，水 2/3 杯，母乳或奶粉 1 大匙。

做法：
(1) 将浸泡过的米磨碎，再把菠菜用开水烫过后切碎。
(2) 将洗净的鲜鱼放进沸水里煮熟，剔除大小鱼骨。
(3) 把 2/3 杯水和菠菜、鱼肉等放进锅里，用中火煮烂。
(4) 把磨碎的白米放进(3)中，用猛火熬。
(5) 煮沸后，将火调小，添加准备好的母乳或奶粉，再煮 2 分钟左右。

2. 软豆腐汤

材料：软豆腐 40 g，胡萝卜 10 g，牛肉汤 2/3 杯。

做法：
(1) 将软豆腐切成 0.5 cm 见方的块状，再用开水烫过后捞出。
(2) 把胡萝卜洗净后切碎。
(3) 把准备好的牛肉汤以及胡萝卜放进锅里，用猛火煮沸。
(4) 煮沸以后，将油沫去掉，将火调成适中。
(5) 把(1)中的软豆腐放入(4)中，一直煮到胡萝卜烂熟为止。

3. 菜花粥

材料：浸泡过的白米 20 g，菜花 10 g，胡萝卜 10 g，海带汤 2/3 杯。

做法：
(1) 将浸泡过的米磨细。
(2) 把菜花用开水烫过后，捞出冷却，然后剁碎。
(3) 把胡萝卜洗净后去皮，剁碎。
(4) 把(1)中的白米和准备好的海带汤放进锅里，用猛火煮沸。
(5) 煮沸以后，将火调成适中，再将准备好的胡萝卜、菜花依次放入后继续煮。
(6) 煮沸后，将火调小，一直煮到烂糊为止。

(三) 10～12 个月婴幼儿辅食最佳食谱

1. 肉末豆腐

材料：肉末 25 g，豆腐 100 g。

调料：生粉、酒、盐、油，水淀粉少许。

做法：
(1) 肉末中加入生粉、酒和盐，用筷子略搅拌，上浆。
(2) 锅中加入油，至油五成熟时，将上浆的肉末倒入爆炒。
(3) 加入豆腐、少量水后加入水淀粉，调味出锅。

2. 五彩虾仁

材料：虾仁 25 g，小豌豆、胡萝卜、蘑菇各 10 g。

调料：生粉、酒、盐、油适量。

做法：
(1) 胡萝卜、蘑菇洗净切成丁。给 2 岁以下的婴幼儿吃时，虾仁应切碎。
(2) 虾仁加生粉、酒和盐上浆。
(3) 在油锅中爆炒虾仁和蘑菇，再倒入煮熟的小豌豆和胡萝卜丁，调味后出锅。

3. 八宝粥

材料：赤豆 50 g，莲心 50 g，血糯米 100 g，粳米 100 g，冰糖 80 g。

做法：
(1) 将赤豆、莲心洗净煮酥，血糯米和粳米漂净浸泡。
(2) 将锅中水烧开，加入血糯米，小火烧 20 分钟，加入粳米，烧到酥烂，加入煮酥的赤豆和莲心，最后加入冰糖。

4. 五丝煨面

材料：厚百叶丝 20 g，黑木耳 5 g，胡萝卜 20 g，青椒 15 g，鸡腿肉 50 g，切面 200 g，鸡蛋 50 g。

调料：黄酒、盐、葱姜水、麻油、生粉适量。

做法：
(1) 将鸡腿肉洗净切丝，加入盐、鸡蛋、葱姜水、生粉上浆。黑木耳水发后切成丝，厚百叶丝切段，胡萝卜、青椒切丝，面条切段。

(2) 在沸水中放入面条，煮烂后放入上浆的肉丝、百叶丝、黑木耳丝、胡萝卜丝、青椒丝一并煮熟，加入黄酒、盐，淋上麻油即成。

5. 百合西米露

材料：嫩莲藕 50 g，鲜百合 30 g，小西米 100 g，冰糖 80 g，生粉 10 g。

做法：

(1) 将嫩莲藕洗刷干净，切成细粒，将鲜百合洗净分剥，小西米冷水浸泡待用。

(2) 在沸水锅中放入嫩莲藕细粒、鲜百合，煮酥，加入小西米，煮成透明状小粒，加入冰糖，融化后淋入调湿的生粉勾芡即成。

(四) 一岁以后食谱

1. 蚝油素什锦

材料：蘑菇 25 g，水发香菇 15 g，油面筋 3～4 个，香豆腐干半块，胡萝卜片和茭白片少量。

调料：蚝油、酱油、糖、水淀粉适量，麻油少许。

做法：

(1) 油面筋用冷水浸泡，香菇去根后切片，香豆腐干剖开切成三角形，蘑菇切片。

(2) 将油烧热至七八成，倒入上述所有原料，煸炒。

(3) 加入蚝油、适量酱油、糖和水，烧开，用水淀粉勾芡，淋上麻油出锅。

2. 鸡蛋肉末紫菜卷

材料：鸡蛋 1 个，肉末 50 g，紫菜(海苔)5～6 片。

调料：葱姜少许，油、盐适量，生粉。

做法：

(1) 肉末用生粉、黄酒、盐少量上浆。

(2) 将鸡蛋打碎，在平底锅中摊成一张蛋皮。

(3) 在蛋皮上依次铺上肉末、紫菜，卷成鸡蛋卷，上蒸笼 30 分钟。

(4) 取出切成段。

3. 海带丝肉丝粥

材料：水发海带 50 g，猪肉丝 50 g，粳米 150 g，蒜泥 5 g，葱姜少许，油、盐适量，汤骨 100 g。

做法：

(1) 将粳米略洗待用。海带切成 1 cm 长的小段。用适量油煸炒蒜泥、葱姜起香后，加入肉丝、海带丝炒熟。汤骨熬成浓汤待用。

(2) 另取一个锅，加入浓汤烧滚后，加入粳米，至米开花，放入肉丝、海带丝，用火熬成粥，加上盐、葱末。

4. 韭菜鸡丝汤面

材料：韭菜 20 g，鸡脯 50 g，鸡蛋 50 g。

调料：黄酒、葱、姜、盐、生粉、熟油适量。

做法：

(1) 鸡脯洗净切丝，加入盐、葱姜水、鸡蛋、生粉上浆备用。韭菜洗净切成粒，将面切成小段。

(2) 清水在锅中烧开，放入面条，大火烧开后改小火，煮后加入鸡丝，再加韭菜粒、盐，淋入熟油。

5. 荸荠水果羹

材料：荸荠 50 g，苹果 100 g，梨 100 g，糖水菠萝、橘子各 50 g，淀粉 15 g，冰糖 80 g。

做法：

(1) 荸荠削皮切成小粒，苹果、梨去核切成丁，糖水菠萝、橘子切成小丁待用。

(2) 在沸水中加入荸荠粒、苹果丁、梨丁、菠萝丁、橘子丁，烧开后加入冰糖，调入水淀粉勾芡。

第五节　婴幼儿饮食习惯的培养

对婴幼儿来讲维持生命和保证生长发育的基本物质是通过摄入各种食物来保障的，所吃食物的质量直接影响婴幼儿生长发育。可是，在当前物质条件日益提高的前提下，婴幼儿偏食、厌食、肥胖和营养缺乏等情况屡见不鲜，其主要原因是婴幼儿没有良好的饮食习惯。从出生开始就帮助婴幼儿培养良好的饮良习惯会使其一生受益。

一、婴幼儿饮食的几个误区

婴幼儿时期是儿童体格发育最迅速的一个阶段。一方面，婴幼儿必须摄入各种营养丰富且易于消化吸收的食物来满足生长发育的需要。另一方面，这个时期婴幼儿的消化功能尚未成熟，稍有不慎就可能导致消化功能紊乱、腹泻、营养不良等疾病的发生。鉴于婴幼儿消化系统的特殊性，下面对一些传统的错误观念进行分析，希望借此向家长传输正确的喂食观念，以免其走入误区。

（一）饮水误区

1. 错误观点：给婴幼儿喂菜水比白开水好

大多老年人认为菜水比白水好，把任何食物用水煮一下后，再把菜水让婴幼儿吃下去更健康。这是一种错误的观点，应该让婴幼儿多喝白开水，因为喝白开水有利于排泄代谢产物，会减轻婴幼儿的肾脏负担。

2. 错误观点：给婴幼儿喝饮料没什么不好

婴幼儿应该少喝饮料，喝过多的饮料容易影响婴幼儿的食欲，还会减低消化功能，十分容易造成腹泻、腹胀、腹部不适。汽水饮料中碳酸含量高，容易刺激胃肠道，影响消化液的分泌，引起食欲不振，婴幼儿也不宜经常饮用。

3. 错误观点：喝高浓度糖水有助于补充体能

有的家长听说糖分能补充体内碳水化合物和热能的不足，于是，他们有空就给婴幼儿喝些糖水，或在牛奶中加糖，而且越甜越好。实际上，糖水浓度过高，一方面，容易满足食欲，刺激胃肠道，产生腹泻、消化不良等，婴幼儿因而不愿再进食其他食物，从而造成食欲不振，长此以往，导致营养不均衡，甚至出现营养缺乏症；另一方面，由于糖水中糖含量较高，如果长期食用，当其供给的热量超过机体需要时，就会转化为脂肪储存于体内，从而造成婴幼儿体重增加，肌肉松弛，继而出现肥胖症。此外，糖分在口腔中溶解后还可能腐蚀牙齿，使婴幼儿易患龋齿。

4. 错误观点：喝茶有益

中国人喜欢喝茶，因为茶里含有多种对人体有益的物质，如鞣酸、叶酸、维生素、蛋白质及矿物质，还有茶碱、咖啡因等。所以，适当喝茶，对人体有益。但是，给婴幼儿喝茶则另当别论。

给婴幼儿喝少量淡茶没有大的害处，但是，如果经常喝茶，或喝浓茶，就会对他们的健康产生一定的影响。茶中的咖啡因等对中枢神经系统有兴奋作用，婴幼儿喝浓茶后易出现睡眠减少、精力过剩、身体消耗增大的弊病，影响其生长发育。鞣酸可引起消化道黏膜收缩，并与食物中的蛋白质结合形成凝块，影响食欲及对营养物质的吸收，使婴幼儿出现消化不良、身体消瘦。鞣酸在体内与铁形成鞣酸铁复合体，使铁吸收减少75%。过度喝茶，还会因水分过多，使心脏负担加重。

（二）饮食误区

1. 错误观点：咀嚼过的食物易于消化吸收

有些家长认为，婴幼儿胃肠功能尚不成熟，给他们喂食咀嚼过的食物，更易于消化吸收。其实，这是一种不科学、不卫生的喂养方式。人体的口腔本身就是一个多菌的环境，给婴幼儿喂咀嚼过的食物，易将成人口腔中的细菌传给婴幼儿，从而引起感染。实际上，初生婴幼儿已具备较好的咀嚼和消化食物的能力，让婴幼儿自己咀嚼食物，不但可以促进其牙齿的生长，还有利于培养他们咀嚼和吞咽的良好习惯。但要注意的是，应避免给婴幼儿喂食生硬、粗糙、油腻或过于刺激的食物。

2. 错误观点：人工喂养方便易行

当今社会竞争激烈，妇女广泛参加各项社会工作，她们可能尚在哺乳期就不得不回到工作岗位上，因而不能按时按需给婴幼儿母乳喂养，加之目前市面上可供选择的乳制品、优质代乳品琳琅满目，许多家长可能就会过早地以人工喂养代替母乳哺育。而实际情况是，过早地以人工喂养代替母乳喂养，并不利于婴幼儿的生长发育。

众所周知，母乳是婴幼儿最理想的天然食品，它不仅营养丰富，易于消化吸收，并且含有多种免疫成分。因此，母乳喂养的婴幼儿患病率往往较低，而哺乳时的母婴直接接触，使婴幼儿患病也较容易被及时发现。此外，母乳还有经济方便、温度适宜、不易过敏等优点。健康母亲的乳汁分泌量已可满足6个月以内婴幼儿对营养的需求，若过早地以人工喂养代替母乳，则容易引起消化功能紊乱，还会因所选代替品(如米糊、豆奶等)所含的营养成分不完全而引起营养不良。

3. 错误观点：奶粉越浓，营养成分越多

在给新生儿喂食奶制品时，许多家长可能会想当然地认为奶粉越浓，营养成分越多，就越有利于婴幼儿生长发育。于是，他们往往喜欢给婴幼儿喂食高浓度的奶。诚然，新生儿生长发育迅速，他们对能量及营养的需求特别高，但我们还必须注意到，新生儿胃肠发育尚不成熟，他们对能量及营养的耐受性亦相对较差。

奶粉配制过稀，固然易引起营养不良，但配制过浓了，则可能加重胃肠道负担，导致消化功能紊乱、肠胀气等问题出现，这同样会影响婴幼儿的生长发育。因此，我们强调配制奶粉时，应按照奶粉罐上的详细配制说明，选择适宜的浓度。

4. 错误观点：保健品有益健康

近年来，随着人们生活水平的不断提高和自我保健意识的不断增强，不少爱子心切的父母认为蜂乳、人参等是高级营养品，为了使婴幼儿更健康，在每日吃饭、饮水时都给他们喝一些，有的甚至以此代替牛奶给婴幼儿吃。诚然，婴幼儿期营养充足是个体生长发育的关键，但上述补品均含有一定量的激素(如雌二醇，或能与雌二醇抗体交叉结合的雌激素类物质)，其浓度相当于正常未发育儿童体内浓度的8～34倍。即使“儿童专用补品”中的某些品种，也不能排除其含有类似性激素和促性腺因子的可能。因此，当机体摄入这些外源性激素后，可能促使性功能发育提前启动，以致发生性早熟现象。再者，保健品中所含的营养成分也并不完全，不能供给较多的蛋白质、维生素和矿物质。若长期以这些保健品代替牛奶，容易出现营养缺乏症，更会影响婴幼儿的生长发育。此外，蜂乳、人参糖浆等通常含糖量较高，经常吃还会影响婴幼儿的食欲。

其实，正常健康的婴幼儿，只要根据实际需要，按比例进食牛奶、鸡蛋、肉类、粮食、青菜、水果、豆制品等日常食品，已完全可以得到充分的营养。盲目进补，其结果只会影响婴幼儿的健康。

5. 错误观点：蛋类食品营养丰富，多吃无妨

蛋类食品中含有丰富的蛋白质、钙、磷、铁和多种维生素，对婴幼儿成长有一定的益处，但食之过多，会给婴幼儿带来不良的后果。营养专家认为，1～1.5岁的婴幼儿，最好只吃蛋黄，且每天不宜超过一个；1.5～2岁时，可隔日吃一个蛋(包括蛋黄和蛋白)；年龄稍大一些后，才可以每天吃两个蛋。假如婴幼儿的粪便中发现蛋白状的物质，则说明婴幼儿的肠胃不大好，不能很好地吸收蛋白质，对于这些婴幼儿，最好把蛋黄加入其他食物中一起喂食。如果婴幼儿正在出疹，更要注意暂不要吃蛋，以免增加胃肠负担。

6. 错误观点：多给婴幼儿吃谷物类粮食比吃蛋白质食物好

婴幼儿最好六个月以后再逐渐吃谷物，因为婴幼儿胃肠道中的淀粉酶含量很少，消化功能很弱，不像成人的消化功能那么强，如果过早过多添加谷物类，就会导致消化不良。

7. 错误观点：要早点给婴幼儿添加辅食，这样长得更快

添加辅食是帮助婴幼儿进行食物品种转移的过程，使以乳类为主食的乳儿，逐渐过渡到以谷类为主食的幼儿。但不能操之过急，要循序渐进，按照月龄大小和实际需要来添加。2～3 个月可以添加鱼肝油，5～6 个月可添加蛋黄、米汤、菜汁等，7～9 个月可添加鱼泥、米糊、果泥、碎肉末、大豆制品等，10～12 个月可添加稠粥、米饭、面条、水果、蔬菜等。添加辅食一定要注意：由少量到多量，由单一到多种，由细到粗，由软到硬。

8. 错误观点：婴幼儿不长牙就不能吃饭

一般来说，婴幼儿在 6 个月大时就已经开始长牙，但有些婴幼儿长牙可能会早些或晚些，无论长牙早或晚，5～6 个月就应该添加辅食了，可以吃一些蛋黄、米糊等食物，这样会更利于婴幼儿成长发育。

9. 错误观点：婴幼儿就应该吃百家饭

这种观点也是完全错误的。因为成人的口味较重，菜里面放的盐较多，如果让婴幼儿经常吃成人饭菜，摄入盐量过大，会影响肾脏的功能，不利于生长发育，建议老年人一定要改掉这个习惯。

10. 错误观点：婴幼儿想吃就给吃，长得胖胖的，这样才健康

很多老年人都有一个错误的观点，那就是“吃饱了总比饿着强”。现在生活条件好了，婴幼儿的营养摄入很容易过量，造成很多肥胖儿，其实婴幼儿不是越胖越健康，如果让婴幼儿不停地吃东西，容易加重婴幼儿的胃肠负担，会经常出现不消化、积食的现象，婴幼儿三天两头腹泻、发热，其实就是吃得太多了。我们不主张饿着，但是应该适量，家长要改掉这个不良习惯，同时还要避免高脂高糖的食物，一定要记住，一个肥胖儿绝对不是健康的。

11. 错误观点：婴幼儿一哭就是饿了，就该喂奶了

母乳喂养儿应该“按需哺乳”，婴幼儿想吃就吃，他说了算！如果是配方奶喂养儿，要定时喂养。婴幼儿哭不一定就是饿了，也有可能是别的原因。

12. 错误观点：婴幼儿胃口小就是缺乏食欲

婴幼儿的食量是有个体差异的，在任何年龄阶段都存在，妈妈不要以婴幼儿食量大小来衡量婴幼儿是否吃得好。有些婴幼儿虽然胃口小，但生长发育指标正常，那就是健康的。

13. 错误观点：既然婴幼儿不爱吃饭，就让婴幼儿多吃零食

导致婴幼儿不爱吃饭的原因有很多，父母应该与医生好好沟通，尽可能寻找原因，而不要强迫吃饭、追着喂饭、边吃边玩，更不要给婴幼儿多吃零食，其实这种做法会更加抑制食欲，导致婴幼儿更加厌食和喂养困难，不利于婴幼儿健康成长。

二、培养良好的饮食习惯

培养婴幼儿良好饮食习惯的目的是促进营养素的吸收，增强身心健康。良好的饮食习惯不仅能保证婴幼儿正常的食欲，供给其生长发育所需的大量营养物质，而且有助于婴幼儿胃肠功能的发育完善，使其健康生长。应从小培养一种有规律的、愉快的、不挑剔的进食习惯。

(一) 培养良好的饮食习惯的要求

饮食要定时，每次进食应在一定时间内完成。要防止边吃边玩或边吃边听故事、边看电视。吃饭过慢不能迁就，要及时撤食。进食要定点，最好在饭桌旁喂食，婴幼儿可与大人一起在桌上用餐。

饮食要有一定的饱腹量，保证吃好正餐，不随意给零食、糖果。但在正餐间可给 1～2 次点心。年龄小的给 2 次点心，2 岁以上给 1 次。

适时训练婴幼儿自己使用杯、勺、碗、筷。1 岁左右可以训练婴幼儿自己拿杯子喝水，1 岁半开始训练婴幼儿自己用匙吃饭，2 岁可以独立进食，但成人应予以协助，3 岁左右可学会用筷子吃饭。

饭前应做好准备，如收玩具、如厕、洗手、休息片刻，振奋食欲，可避免婴幼儿感到突然而拒食。

进餐时保持精神愉快，不责骂婴幼儿。鼓励婴幼儿吃多样食物，不挑食、不偏食、不贪食，少吃零食，

保持正餐有旺盛的食欲。家长用简单的语言介绍餐桌上食物，既可增长知识又可促进婴幼儿食欲。

要保证婴幼儿有旺盛食欲，必须让他们游戏好、休息好、睡眠好和定时吃好饭。

婴幼儿模仿性强，家长要以身作则，并以旺盛的食欲影响婴幼儿吃好正餐，吃饭时要避免大声说笑，以免婴幼儿呛食。

总之，旺盛的食欲是促进消化吸收的重要因素，而良好的饮食习惯是保证合理营养的必要条件。

（二）不同年龄段婴幼儿饮食习惯培养的要求

1. 1岁以内的婴幼儿饮食要求

3～4个月的婴幼儿也要按时喂奶，不要一哭就喂。小婴儿一般3小时一次，夜间停一次。不定时喂奶容易导致婴幼儿消化功能紊乱，引起腹痛、呕吐或腹泻，喂得过饱势必会引起消化不良。

人工喂养的婴幼儿，从5～6个月起就可以训练他用两只手扶奶瓶，9～10个月时可试着让他自己拿奶瓶吃，自己用手拿饼干吃。不要让婴幼儿用手抓饭、菜吃。

吃饭时要安静，心情愉快，思想集中，细嚼慢咽，不要看电视、玩玩具，不要在就餐时训斥、打骂婴幼儿。一餐饭约20～30分钟。

自9～10个月起可让婴幼儿用手或小匙拿食物以增加兴趣，为1岁后自己吃饭打基础。

2. 1岁以后的婴幼儿饮食要求

1岁以后的婴幼儿，每日除正常三餐外，上、下午各加一次点心，不要随意吃水果或零食。

1岁以后逐步训练用小匙吃。但成人需协助其完成应吃的数量，不可因怕浪费时间或弄脏衣服而禁止自食。训练婴幼儿自己吃饭是天经地义的事，有助于培养婴幼儿的独立性，减少依赖性。

饭前一个半小时内不吃零食，尤其不要吃甜食，以免影响食欲。不挑食，饭、菜、鱼、肉都吃，干稀都吃，鼓励婴幼儿多咀嚼。

婴幼儿在12～21个月大时，非常愿意进食任何给他的东西。开始时，喂婴幼儿吃少量的固体食物，如果一下子让婴幼儿吃太多新的食物或给他们吃太多他们曾经拒绝进食的食物，只会引起婴幼儿的反感。如果婴幼儿还想再吃，他自然会让大人知道。2岁的婴幼儿通常较不愿尝试新的食物，一种新食物可能会被拒绝十几次之后才逐渐接受。有时婴幼儿在家里对某些食物特别厌恶，但在幼儿园时却毫不排斥，因为在那里其他小朋友都在开心地享用这些食物。婴幼儿年龄越小，受同辈影响越大。

练习与思考

1. 理解婴幼儿营养基础。
2. 了解婴幼儿乳汁喂养的三种方式，练习给婴幼儿喂奶。
3. 掌握辅食添加原则与顺序，练习制定食谱。
4. 掌握辅食及家庭菜肴的制作，练习制作果泥、粥、家庭菜肴。
5. 理解婴幼儿饮食习惯的培养。

参考文献

1. 人力资源和社会保障部中国就业培训技术指导中心. 国家职业资格培训教程——育婴员[M]. 北京：海洋出版社，2009.

2. 古桂雄，戴耀华. 儿童保健学[M]. 北京：清华大学出版社，2011.

3. 万钫. 幼儿卫生保育教程[M]. 北京：北京师范大学出版社，1999.

（杨俐、盘海鹰、孙莹编写，宋媛审阅、修改）

幼稚期(自出生至七岁)是人生最重要的一个时期,什么习惯、言语、技能、思想、态度、情绪都要在此时期打了一个基础,若基础打得不稳固,那健全的人格就不容易建造了。

幼稚教育从三岁半开始已经太晚。不重视幼稚教育,是国家最大的损失。

——陈鹤琴

第四部分 教 育 篇

婴幼儿时期是心理发展和学习的关键期,年龄越小,发展越快,在三岁以下,特别是一岁以下,婴幼儿的智能发展日新月异,此时最易获得知识和行为经验,是学习的关键期。刚出生的婴幼儿并不是只会吃奶睡觉,其实有视觉、听觉、味觉、触觉。接受的刺激越丰富,大脑的功能越强。而且,此时婴幼儿的学习是"印刻模式",外界给什么就能接受什么,给多少就能吸收多少,因此,科学、系统、良性的教育能够最大限度地发展婴幼儿的潜能,省时省力,事半功倍。

俗话说"三岁定终身",说明婴幼儿三岁时智能、体能、个性都已经定型80%以上。大脑的早期经历很重要,人们经常用"机会之窗"这一词语来描述早期经历的重要性。

第七章　婴幼儿心理发展特征及教养要点

婴幼儿心理发展是整个儿童心理发展的关键期，其发展的好坏对以后的发展有重要作用。婴幼儿阶段是心理发展和生长发育最快的时期。例如：婴幼儿出生时还不会说话，到 3 岁左右已经可以说和理解 1 000 多个词汇；新生儿脑重只有 350～400 g，3 岁时已达到 1 000 g 左右，是出生时脑重的 2.5 倍左右；新生儿主要靠感官（眼、耳、口、手、鼻、体肤）认识周围世界，3 岁时不仅有了相当的观察、记忆、思维能力，而且情绪和情感也大大丰富了。可以说，这一阶段的发展为儿童成熟期的心理发展奠定了基础。人的基本语言能力，人的典型动作和行为方式与能力，人的各种心理能力，人的基本情绪和情感获得等，都是在这一阶段初步形成的。

第一节　婴幼儿心理发展概述

一、婴幼儿心理发展总体规律

婴幼儿心理发展是一个连续的过程，又是一个可以划分出年龄阶段的过程。每个新阶段，不仅能力上会获得飞跃式发展，也会带来一些新的特殊问题。

（一）婴幼儿发展的连续性及年龄阶段性

发展的连续性是指婴幼儿心理发展是一个不可中断的过程，而且这一过程有其自身的逻辑发展顺序。年龄阶段性是指在婴幼儿心理发展的全过程中，表现出一些在质量上不同的年龄阶段特点，每一年龄阶段都有其最一般、最典型的特征，以区别于其他阶段。

（二）婴幼儿心理发展年龄阶段的稳定性和可塑性

婴幼儿心理发展的每一年龄阶段特点，都具有相对的稳定性。由于所处的时代不同，社会和教育条件不同，身心成熟状态不同，心理发展的变化也表现出一定的可塑性。从前一阶段向后一阶段过渡的时间可能略有早晚，但各阶段不能跳跃，顺序是一致的。在每一阶段，各种心理发展变化的过程或速度也会有个体的差异，但差异是在量的水平上，而不是在质的水平上。

（三）婴幼儿心理发展是整个婴幼儿心理发展的关键期

伟大的教育学家蒙台梭利认为婴幼儿发展具有一定的敏感期，也就是说，抓住婴幼儿发展和学习的敏感期，对婴幼儿长大以后的学习以及教育会起到事半功倍的效果；反之，错过了婴幼儿的敏感期，即使以后投入再多的精力和方法去教育，效果也微乎其微。婴幼儿秩序敏感期为 0～3 岁，运动敏感期为 1～4 岁，语言敏感期为 0～3 岁，精细动作敏感期为 1.5～3 岁，感觉能力敏感期为 0～5 岁，学习生活规范和社会礼仪敏感期为 2.5～4 岁。由此可见，在婴幼儿身心发展的摇篮期就开始有目的、有计划的系统的早期教育是非常重要的。

1. 对秩序的喜爱——秩序感的敏感期(包括外在的、内在的顺序感和精神的秩序感)

出生至24个月属秩序敏感期(当周围环境发生变化时会不适应),这是由于婴幼儿急切需要一个精确而有序的环境,只有在这样的环境中,他们才能将自己的知觉归类,然后形成实在的概念,以了解环境并知道如何对待环境。2.5~3.5岁是教育婴幼儿怎样做到有规矩的敏感期。父母应高度重视这个阶段,这时期婴幼儿学习到的大多数行为规范,将成为他以后生活中有益的习惯。

2. 急切以双手和舌头探索环境——感觉器官的敏感期

这时婴幼儿在靠味觉、触觉感知环境中的每样东西的性质,以便寻找采取行动的方法。同时,他们也凭这种感官肌肉的运动来发展语言能力所需的神经组织。婴幼儿6个月时正是学习咀嚼的最佳时期,这时可喂些干的、硬些的食物。

3. 乐于学习走路——肌肉运动协调发展的敏感期

12~15个月是走路敏感期(以婴幼儿的步调走,能快乐地走上一大段),18~48个月处于肌肉协调敏感期。这等于是婴幼儿的第二次诞生,获得了自由活动的能力,从而建立起自己的行为独立性。

4. 对微小精细的东西感兴趣——细小物品敏感期

这似乎是大自然特意安排的一个阶段,以使婴幼儿探索并欣赏大自然的奥秘。

5. 对社会性发生兴趣——社会化发展的敏感期

婴幼儿会积极地了解别人的基本权利,学着形成与他人合作的团队意识。他们试着学习礼节,并且懂得了为自己做事之外也要为别人服务。这些社会性行为在开始时也是观察,后来慢慢演变成一种积极地接触别人的动机。

6. 对说话感兴趣——语言敏感期

1.5~3岁是学习口头语言的最佳时期,所以父母从婴幼儿出生开始,就要为他们提供丰富的语言环境。1岁时要给他们讲图片故事,同时注意对图片的描述要具体、简练。2岁时是语言会话期,一些家长会有疑问:这时可以多语种吗?答案是可以的,但需注意在多语种环境中成长的婴幼儿表达会话期出现得要晚一些,因为他们会在某一个时间段处于语言混乱期,不知道自己要说哪种语言表达自己的意愿。在这里我们要强调一点,学习多种语言单说单词是不行的,必须完全口语化,如果家长达不到这样的标准,建议不要在这个阶段让婴幼儿学习外语,因为单词只是增强婴幼儿记忆能力的练习,不会对外语学习有实质性的帮助。婴幼儿发展到3岁,语言的内容就十分丰富了,他们能感知声音、理解声音、模仿声音、感知语言、理解语言、模仿语言、表达会说的语言……

资料链接

印　刻

"印刻"(imprinting)是指刚获得生命不久的小动物追逐它们最初看到的能活动的生物,并对其产生依恋之情的现象。

个体在这时刻所印刻的对象,可以使该个体对它接近、并发生偏好,而且不会被忘却,由此形成了一种对它的永久约束性的依恋。印刻现象和一般的反应不同,它只在一定的时期内发生。印刻发生的时期称作"关键期"。一个有机体生命中的一段时间里,某些外部条件对个体的影响可超过在其他时间所能达到的程度。1935年,K. Lorenz因提出"关键期"理论,为揭示人类个体发展规律奠定了基础而获得当年的诺贝尔奖。

二、婴幼儿心理发展的特点

婴幼儿依靠眼、耳、鼻、舌、身等感觉器官发展视觉、听觉、嗅觉、味觉和触觉等各种感觉、知觉。

1 岁前是动作能力发展最迅速的时期，包括抬头、翻、坐、爬、站、走、跑、跳等大动作，拿、抛、捏、夹、插、放、穿等小动作。婴幼儿记忆时间短，记忆能力弱，处于直觉行动思维阶段。婴幼儿无意注意占主导地位，注意持续时间很短。婴幼儿人际交往关系主要有亲子关系和玩伴关系。自我意识从无到有，逐步发展。从一出生婴幼儿就具备情绪、情感，3 岁前婴幼儿具备了人类的所有基本情绪情感。婴幼儿意志力从无到有，3 岁前意志力仅处于萌芽状态。婴幼儿气质特征与生俱来，是个性发展的最原始基础，气质由先天决定。言语是人类特有的活动，是引导婴幼儿认识世界的基本手段之一。

三、婴幼儿心理健康的特征

心理健康主要是指人的整个心理活动和心理特征相对稳定、相互协调、发展较充分，并能与客观环境相统一和适应。心理健康的婴幼儿应具备以下主要特征。

(一) 智力发展正常

在感知、注意、记忆、语言、想象、思维等方面的表现都符合其年龄发展的特点。

(二) 具有良好情绪特征

情绪愉快，积极情绪多于消极情绪，情绪反应较适度，逐渐学会调节和控制自己的情绪。

(三) 个性特征良好

活泼开朗，乐观，自信，积极主动，独立性较强，谦虚，诚实，勇敢，意志较坚强。

(四) 具有良好的社会适应能力

乐于与人交往，合群，能与他人友好相处，行为较能符合社会的要求和规范。

(五) 具有良好的生活态度、生活方式和行为

知道爱惜自己，具有良好的生活与卫生习惯以及初步的生活能力。

(六) 没有较明显的心理问题或心理障碍

无攻击性行为、口吃、夜惊、遗尿症等。

第二节　婴幼儿各类心理发展的特征及教养要点

心理学家皮亚杰对儿童认知、智力或思维发展进行了深入的研究，他认为人的认知发展可以追溯到童年时期，甚至是胚胎时期。他所提出的儿童认知发展的年龄阶段理论，对教育和教学理论都产生深远的影响。他把儿童认知的发展分为四个阶段：感知运动阶段(0～2 岁)，前运算阶段(2～7 岁)，具体运算阶段(7～11 岁)和形式运算阶段(11 岁以后)。其中，前两个阶段属于婴幼儿时期。

在感知运动阶段，婴幼儿以感觉和活动来适应环境。他们用手抓物体，视觉、听觉、触觉等能与动作配合。他们也能够预料到一些行为的后果，例如知道敲击物品会发出声响。婴幼儿八九个月大时，物体如果在他的视线内消失，婴幼儿不懂得去寻找，但当他接近 1 岁时，把他眼前的物品藏起来，他已懂得去寻找，这就说明他已知道物体仍然存在。在感知运动阶段的后期，婴幼儿已能觉察到可以靠自己的行动来解决简单的问题。例如，如果前面有障碍物挡住去路，婴幼儿就会懂得绕道而行，显示出智力活动的萌芽。

一、动作发展特征及教养要点

婴幼儿的动作发展包括躯体和四肢的动作发展。动作本身并不是心理，但是动作和心理发展有密切的关系，心理的发展离不开人的活动，人的活动又是在神经系统特别是大脑的支配下，通过动作来完成的。动作的发展在一定程度上反映大脑皮层神经活动的发展。因此，人们常把动作作为测定婴幼儿心理发展水平的一项指标。婴幼儿期是开发运动潜能的敏感期，“三翻、六坐、七滚、八爬、周会走”是最经典的育儿老话了，意思是婴幼儿三个月时会翻身，六个月会坐，七个月会来回滚，八个月会爬，一岁会走。婴幼儿的最初三年也是手的动作发展关键期，如经常抓、触碰、爬动、走路、伸手拿东西、推、拉、转，这些动作能够锻炼手眼协调。

（一）动作发展的规律

婴幼儿的动作发展受身体的发育，特别是骨骼肌肉的发展顺序及神经系统的支配作用所制约。动作发展遵循以下一定的规律。

1. 从整体动作到分化动作

婴幼儿最初的动作是全身性的、笼统的、非专门化的，“牵一发而动全身”，这是运动神经纤维一开始没有髓鞘化的结果。以后，这种泛化性的全身动作才逐渐分化为局部的、准确的、专门化的动作。

2. 从上部动作到下部动作

婴幼儿最先发展起来的是头部动作，然后自上而下，学会俯撑、翻身、坐、爬、站，最后才学走路。这体现了身体发展的首尾方向。

3. 从大肌肉动作到小肌肉动作

大肌肉动作比小肌肉动作发展早。这表现为婴幼儿躯体的动作比四肢动作发展早，手指动作发展最迟。这一发展顺序与身体发展的近远方向(中心到边缘)相一致。

4. 从无意动作到有意动作

婴幼儿的动作起初是无意的，当他做出各种动作时，既无目的也不知道自己在干什么。以后逐渐出现有目的的动作。6 个月以后，才开始意识到自己所做的动作。

（二）躯体和下肢动作的发展

身体和大脑的不断发育，使婴幼儿有可能学习、掌握一些人类的基本动作。

2～3 个月的婴幼儿已经不再手脚乱动，开始出现一些局部的动作。学会抬头。成人可将他竖直抱起。4～5 个月学翻身，5～6 个月学坐，特别是 6 个月以后，婴幼儿的动作发展更明显，连续学会坐、爬、站、走。婴幼儿这些动作的发展顺序是不变的。尽管因营养和训练等条件的不同，使婴幼儿在动作发展的快慢上存在个别差异，但他们的动作都是依照抬头、翻身、坐、爬、站、走的顺序来发展的。

婴幼儿学习这些动作不是先学会一样再学另一样，而是交叉进行的。如站立是在 11～12 个月时学会的，但在 5～6 个月时，便可以依靠成人扶住两腋，站立片刻；7～8 个月时又可以由成人拉着双手站立；再往后，他会自己扶住东西站立，在这期间，他同时又在练习坐、爬、蹲等动作。

婴幼儿 1 岁以前学会的动作都可看做是为行走做准备，这些动作在婴幼儿心理发展中起着积极的促进作用。婴幼儿坐和站起来，视野变得开阔了。爬行中移动身体，可以主动接近实物。动作发展使婴幼儿从躺卧姿势和成人的怀抱中解放出来，开始练习着自己活动，主动接触更多的事物，使其情绪也更加愉快和丰富。

婴幼儿大动作发展

0～1 岁以移动动作为主，包括躺、坐、爬、站等。

1～2 岁由移动活动向基本运动机能过渡，包括爬(障碍爬)、走、滚、踢、扔、接等。

2～3 岁以发展基本动作技能为主，向各种动作均衡发展，如走(向不同方向走、曲线走、侧身走或倒着走)，跑(追逐跑、障碍跑)，跳(原地跳、向前跳)，投掷，玩运动器具(荡秋千、登童车)等。

(三) 手的协调动作的发展

在人类进化过程中，由于直立行走，才使人的双手得到解放，从而促进了人脑的高度发达。研究证明，训练婴幼儿手指的动作，可以加速大脑的发育。

手是人进行活动的主要器官，也是人认识事物的重要器官。婴幼儿最初是用手来感知事物的属性和事物之间的关系的。

精细动作发展顺序是：满手抓握→用拇指与其他四指对握→食指与拇指对握。

手的主要功能是：通过手上肌肉的力量，利用手与手配合、手指与手指间配合，调整手指、手腕、关节活动状态，完成推、拉、提、夹、捏、抠、抱、绑、捆、拧、搬、撕、揭、贴等近百种动作。精细动作主要包括抓握、捏取、压搓、折叠、捆绑、对击、点指等。

婴幼儿认识周围事物的能力在很大程度上是和双手动作的发展相联系的。手的动作从不灵活到灵活有其特定的发展规律。

婴幼儿手部精细动作发展

0～6 个月：多做抓、握动作训练。

6～12 个月：多做敲打动作训练。

1～2 岁：围绕自己吃饭、穿衣、洗澡等日常生活进行行为训练。

2～3 岁：多做组合玩具、拼图、画画等训练。

1. 本能的抓握

3～4 个月前的婴幼儿，抓握物体还带有无条件反射的性质，即先天就有的抓握反射在这段时间里仍然影响着婴幼儿手的抓握动作。这种抓握的特点是：

(1) 没有目标，没有方向，偶尔接触到什么就抓什么。

(2) 手指配合不当，拇指和其余四指方向一致，整只手弯起来，好像一个大钩子，无论什么物体，都是一把抓。

(3) 手的动作不能同视线协调起来，看见眼前的物体，伸出手却抓不准。

2. 眼手协调

婴幼儿要想准确地抓住物体，必须通过视觉、触觉、运动觉密切配合的联合行动，这种将各个不同系统的行动合而为一的能力在 5～6 个月开始形成。婴幼儿在视觉引导下，能有目的地抓取物体，说明视力在很大程度上支配着双手活动。研究表明，婴幼儿的感觉器官和作为手的动作基础的触觉、运动觉的发展，主要是在视觉的参加下实现的。眼手协调动作，即看见东西并能抓住它，亦即眼睛控制手的活动，并把手准确地伸向物体所在的方位，可以作为婴幼儿心理发展的重要标志。

(1) 眼手协调动作的发展阶段

① 先学会看物体。婴幼儿在抓握之前必须看清物体的形象，判断出物体的空间位置。

② 当婴幼儿看见物体之后，必须快速而准确地将手伸出，为了抓住物体，他必须决定将手张开还是紧闭，特别是五指的相互配合。在学习取物动作之前，随着视力的发展，婴幼儿必须学习手的动作及手指的张开和紧闭。婴幼儿掌握人类特有的抓握动作是在同成人的交往中产生的，是学习的结果。

③ 当婴幼儿拿到物体后，会用眼睛仔细地查看它的颜色和形状，用手不断地玩弄，使其发出声响，还可能用嘴去咬，以便更仔细地了解物体的硬度、重量、大小等特性。这些既满足了求知欲望，又发展了视觉及手的动作。

（2）婴幼儿眼手协调动作的特点

① 眼手配合，能按照视线去抓取物体。

② 既能无意地摇动物体，又能做出一些简单而有效果的动作。例如，把东西拉过来，推开它，晃动手里的发响玩具使其发出声音等。

③ 动作虽有目标，但还伴随一些不相干的动作。例如，拿皮球的时候，不仅动手，还动起脚来，他还分不清哪些是必要动作，哪些是多余动作。

④ 不会用两手分别抓取物体。当婴幼儿手里拿着一块积木时，再给他一块积木，他会把手里的积木丢掉，去拿刚看见的积木，或者用手里的积木敲打旁边的积木，而不会用另一只手去拿。双手之间似乎存在一个“神秘的中线屏障”。

眼手协调和坐的姿势有密切的关系。坐起来时，婴幼儿的视线往往自然地落在自己的手上，并且容易使手的活动范围和视线范围相一致，因此，当婴幼儿学会坐起来的时候，眼手动作就明显地协调起来。

与此同时，大拇指的作用明显地发挥出来。婴幼儿会把拇指放在物体的一边，其余四指放在另一边，这样不仅能把东西抓牢，而且可以按照物体的不同形状、大小等变换手的姿势。这样既有利于认识物体的特点，又可捡起以前“大把抓”所不能拿起来的细小物体。

3. 手的动作逐渐灵活，成为认识活动的器官

出现手眼协调动作之后，婴幼儿手的动作日渐灵活，出现了双手的配合活动。他会把物体从一只手倒向另一只手，手在认识活动中的作用也越来越大。

从6～8个月开始，婴幼儿在同物体的反复接触中，兴趣中心逐渐从自身的动作转移到动作的对象。这时他会将各种东西乱敲、乱投、乱撕，或扔到地上，想以此来了解自己的动作能带来什么影响。这个年龄的婴幼儿喜欢做重复的动作，例如，一个7个月的婴幼儿把小盒的盖子拿下来，盖上去，又拿下来，又盖上去，如此重复24次，另一个婴幼儿反复地把一个小玩具杯放进一个圆盒里，又拿出来，持续了15分钟。这一现象不但说明他们对自己动作产生的效果发生了极大的兴趣，而且可以说是他们认识事物因果关系的开始。这些活动对于婴幼儿智能发育是非常重要的，因此可以给他们一些不易破碎又易消毒的小玩具，让他们任意摆布。

9个月以后，婴幼儿手的动作进一步复杂化，他们似乎知道可以借用工具来达到目的。例如，婴幼儿想拿玩具，但是自己够不着，他会抓住成人的手，朝玩具的方向拉。如果玩具被布遮住，他会拉着成人的手，让成人去揭开那块布。如果他的东西掉在地上，他会“啊啊”地叫着，让成人帮他捡起来。在这之前，婴幼儿只有行动的目的，即看见东西知道去拿，现在婴幼儿有了行动的方法。另外，他们开始模仿成人的一些动作，如抱娃娃睡觉、用小勺吃饭、拿手绢擦鼻涕等，这是人运用工具最初的苗头，也是游戏活动的萌芽。

二、认知发展特征及教养要点

认知是全部认识过程的总称，是人对客观世界和主观世界的认识活动，包括感知觉、注意、记忆、思维、想象、言语、创造性、问题解决等过程。

蒙台梭利认为，婴幼儿的早期教育应该以感官训练为主，因为那么小的婴幼儿是用他的感觉器官来感受身边的世界的，通过感觉、行走、触摸来使自己获得各种能力和技巧。感觉训练能够让婴幼儿的感觉器官变得更加敏锐，能够培养婴幼儿的观察能力、判断能力、专注力和意志力，在婴幼儿的身体功能协调和完善上起着非常重要的作用。

(一) 婴幼儿感知觉的发展

感知觉教育是蒙台梭利教育内容中最重要而且最有特色的部分，其内容主要是视觉、听觉、触觉、味觉和嗅觉练习五大类，它们分别由相应的教具来完成。

1. 视觉发展

胎儿在母亲肚子里就能感受到光，出生一个月左右也能看见 20 cm 远的物体，一出生就有颜色视觉。

婴幼儿视觉的发展特点

大约 1 岁左右就可以发展到接近成人的视觉功能，所以 1 岁前正是婴幼儿视觉发展的黄金时期。

2～3 个月大时会定点看东西，甚至会转动头部去追移动物体。

到了 4 个月大左右，会改以转动眼睛去追移动物体。

4～6 个月：具备立体感，双眼视觉已发育成熟，所以眼睛和双手可以相互协调做简单动作。

6～8 个月：从躺着发展到会坐、立，视力范围从左右发展到了上下。

8～12 个月：此时通常会喜欢坐着丢东西，然后爬行追物品，或者想要站立拿东西等。那是因为婴幼儿看到物品，以丢东西的方式来测距离，也有了空间感，同时也证明了婴幼儿的视觉发展程度。

1 岁以后：可以给一些较精细的玩具或物品刺激，因为此时婴幼儿的成像发育已经成熟。

3 岁左右：视敏度形成，可以带到眼科进行视力测验。

2. 听觉发展

婴幼儿的视觉在 1 岁时发育成熟，而听觉在出生时已经达到成人水平。婴幼儿在 10 个月以前，是听觉通道占主导，直到 10 个月以后，才像成人一样，由视觉通道占主导。

婴幼儿听觉的发展特点

1 个月后：当婴幼儿正在睡眠时，若突然听到声音，眼睛会自然张开并哭泣(属于一种惊吓反应)。

2 个月左右：当婴幼儿正在睡眠时，若有喧闹的声音，眼睛会自然张开但不会哭(表示已习惯声音)。

3 个月左右：开始发展辨识、区别声音；例如听到吵架声会不安、听到音乐会高兴等。对于高频率的声音开始喜欢。

4 个月左右：婴幼儿对最熟悉的声音较有感觉，所以会去寻找声音来源；例如妈妈若讲话，婴幼儿会转颈去寻找。

5 个月左右：若有突如其来的声音，婴幼儿会赶紧去抱住妈妈，算是真正的吓到，因为他感觉可能被伤害。

6～7 个月：配合眼珠转动及头颈转动更加灵活，婴幼儿会去寻找所有的声音来源。

8 个月左右：婴幼儿会主动发出声音，并根据听到的他人言语而模仿发出声音。

9～11 个月：会区分声音有无意义，例如喊他的名字，婴幼儿知道是在叫他，听到快乐的音乐，会不由自主地手舞足蹈。

12～15 个月：婴幼儿区分声音的能力更加成熟了，并且会配合声音的节奏做动作。

18 个月左右：会区分物件的声音，例如电话声、门铃声等。也会听从声音的指令。

2 岁左右：婴幼儿已具备听觉记忆的能力，也就是可以和人对话。

3. 嗅觉、味觉的发展

新生儿的嗅觉和味觉都已经有了相当的发展，如让新生儿多次闻一种气味，待其身体及呼吸反应变化减弱后，再出现另一种气味，这时他反应又强烈起来，说明新生儿已经觉察到两种不同气味。新生儿味觉系统也早已开始发育，如半个月的婴幼儿就能对糖水、盐水有不同反应，对糖水就做吸吮动作，盐水就做怪相。随着婴幼儿年龄的增长，他们的嗅觉、味觉越来越发达。

4. 空间知觉的发展

空间知觉是一种比较复杂的知觉，它是物体的形状、大小、远近、方位等空间特性在人脑中的反映。空间知觉包括形象知觉、大小知觉、深度知觉、方位知觉，例如，著名的视觉悬崖实验就证明 6 个月的婴幼儿已经有了深度知觉。

（二）注意的发展

在整个婴幼儿阶段，无意注意一直占主导地位，主要表现在：第一，对周围事物的无意注意；第二，对别人谈话的无意注意，2 岁左右的婴幼儿很留心别人的谈话，他们经常出其不意地接上别人的话茬；第三，对事物的变化的无意注意，两岁多的婴幼儿不仅能注意到周围不变的事物，而且对事物的变化也很敏感。

婴幼儿注意的发展特点

1.5 岁的婴幼儿对有兴趣的事物能集中注意 5～8 分钟。

1 岁 9 个月的婴幼儿能集中注意 8～10 分钟。

2 岁婴幼儿能集中注意 10～12 分钟。

2.5 岁婴幼儿能集中注意 10～20 分钟。

3 岁婴幼儿有意注意开始发展，他们开始能够服从成人提出的活动任务，即出现了有意注意的萌芽。

（三）记忆的发展

心理学上有一种“记忆缺失”现象，即很难记起 2、3 岁之前的事情。整个婴幼儿阶段，无意识记忆占主导，实际上，婴幼儿的记忆力在很早就开始显现了。

婴幼儿记忆的发展特点

6 个月的婴幼儿能够用手去拨弄挂在床上的各种玩具，几天后，当妈妈再把这些玩具挂上的时候，他又会重复同样的动作。这个阶段的婴幼儿能够记住令他们兴奋、激动或恐惧的事，并且可以记住自己熟悉的人和事，但是保持的时间不是很长。

1 岁后记忆的范围变大，但无意性很强，他们往往比较容易记住感兴趣的事物，记忆往往无目的。

2 岁后有意识记忆开始萌芽，但是有意记忆的能力还不是很强。

（四）思维的发展

婴幼儿思维发生的标志是：以间接的手段来达到目的，即间接性；以相同的行为来反应类似的情景，即概括性。

婴幼儿思维的发展特点

0～1 岁是思维的准备期：婴幼儿通过手摸、体触等多感官参与认识世界，是真正的手的思维。

1～3 岁以直觉行动思维为主：直觉行动思维是在直觉行动中进行的思维，因此，婴幼儿只能在自己动作所接触的事物范围内、只能在自己的行动中思维，而不能在感知和动作之外思考，更不能考虑自己的动作、计划自己的动作、预见动作的后果。例如，婴幼儿身旁如果有布娃娃，他就拿起来做喂布娃娃的游戏，布娃娃被拿走了，游戏活动也就停止了。当婴幼儿骑在竹竿上面的时候，就想到骑马的活动，等把竹竿丢掉了，骑马的事就忘掉了。因此，婴幼儿还不能离开物体和行动来主动地计划和思考什么。

资料链接

客体永久性实验

对于 1 岁以下的婴幼儿，看不见的东西就意味着想不到。20 世纪 50 年代，瑞士心理学家让·皮亚杰发现，最初的婴幼儿分不清自我和客体，他们不了解客体可以独立于自我而客观地存在，只认为自己看得见的东西才是存在的，而看不见时也就不存在了。给没有建立客体永久性的婴幼儿呈现一个玩具，当他对这个玩具正感兴趣时，用纸板把玩具挡住，他就不再关心。因此，不要尝试与 1 岁以下的婴幼儿玩躲猫猫的游戏，你会发现，当你藏起来的时候，他们根本不会寻找你。

年龄稍大的婴幼儿则不同，当处于类似的实验场景中时，婴幼儿能够爬过遮挡用的帷幕或者其他遮盖物，执著地寻找他所感兴趣的玩具。当客体在眼前消失，婴幼儿依然认为它是存在的，这就是皮亚杰所说的婴幼儿建立了客体永久性。客体永久性一般在 1 周岁左右建立。

（五）想象力的发展

在整个婴幼儿时期，想象的水平是很低的：第一，想象的内容总是非常简单贫乏的；第二，想象经常缺乏自觉的、确定的目的，因而总是零散片段的。

婴幼儿想象力的发展特点

新生儿没有想象。

1～2 岁的婴幼儿，由于经验的缺乏，由于言语发展较差，只有想象的萌芽，或者说是一种假想的行为。例如，当婴幼儿拿到布娃娃的时候，就给布娃娃“穿”衣服、“喂”东西，这时，在婴幼儿的头脑里重现妈妈或阿姨给自己穿衣或喂食的情景。

3 岁的时候，随着经验和言语的发展，逐渐产生了带有最简单的主题和主角的游戏活动。

三、语言发展特征及教养要点

婴幼儿期言语的发展，大体上可以划分为两个阶段。

第一阶段（约从一岁到一岁半）：这主要是理解言语的阶段。婴幼儿对成人所说的言语的理解在不断发展,但是婴幼儿本身积极的言语交际能力却发展得较慢。婴幼儿满1岁,就能懂得成人说出的某些词。当成人说出这些词的时候,婴幼儿就用定向反应或运动反应来回答。1岁以后,婴幼儿也能说出某些词,但是数量非常少,这只能算是言语交际能力的开始。

第二阶段(约从一岁半到三岁):这是婴幼儿积极的言语活动发展的阶段,在婴幼儿言语发展上是一个跃进的阶段。婴幼儿的积极言语表达能力很快发展起来,言语结构也更加复杂化。这就为婴幼儿心理的进一步发展提供重要条件。

婴幼儿期是第一信号系统开始发展的时期。第一信号系统,是以现实事物作为条件刺激物而形成的暂时神经联系系统。如婴幼儿看见妈妈的形象就出现高兴的表情,伸手要妈妈抱,这时妈妈的形象是具体刺激物。在婴幼儿期儿童所建立的条件反射基本上都是由具体刺激物作为信号物的。由于第一信号系统是以具体事物作为条件刺激物的,因而是以感觉、知觉、表象等直观形式来直接反映现实的。

婴幼儿末期,虽然婴幼儿也能对个别的词发生反映(如成人说“和阿姨再见”,婴幼儿便摆手),但由于所能反应的词不仅十分有限,而且这些词的信号也非常接近第一信号(常与当时的具体情境、人的表情动作结合在一起),并不具有多少概括性,所以还不宜归为第二信号系统活动。

第二信号系统是以词作为条件刺激物而形成的暂时神经联系系统。人类的词总是表示着一定的事物,因而可以作为具体的条件刺激物的信号而形成条件反射。例如,见穿白大褂的医生就哭叫、逃避打针的婴幼儿,当听见“医生来了”这句话时,也会哭起来,这就是第二信号系统的活动。在这里,“医生”这个词是条件刺激物——“穿白大褂的医生”的信号,而“穿白大褂的医生”的形象又是无条件刺激物——“打针疼痛”的信号。所以在第二信号系统的活动中,词是一种“信号的信号”。

词是具体刺激物的信号。凭借词,可以反映不在眼前的事物,因而心理反应的范围不再局限于直接接触到的小天地;词具有概括性,借助于词,心理反应可以深入到事物的本质特征及事物之间的规律性联系;有机体还能通过词对自己发出各种指令,以控制和调节自身行为。词这种“信号的信号”是人类所独有的,因而只有人类才有第二信号系统。正是第二信号系统的存在才使人脑的反应机能达到最高水平,才使人的心理以其抽象概括性和自觉能动性而大大优于动物心理。

在高度评价第二信号系统的作用的同时,还必须看到,第二信号系统是在第一信号系统的基础上形成的,而且总是与第一信号系统联系在一起的。人的心理现象也是以两种信号系统的协同活动为基础的。

婴幼儿两种信号系统活动的四个发展阶段

第一阶段:直接刺激→直接反应。七八个月以前属于这一阶段。这时,婴幼儿只能以自身的动作来应答具体刺激物,如看见新鲜玩具就用手去抓。

第二阶段:词的刺激→直接反应。8个月以后的婴幼儿开始能对少数词发生一定的动作反应。如问“妈妈在哪儿”,婴幼儿会转向妈妈或引起寻找妈妈的动作。但这时的词还不是真正的第二信号系统的刺激,因为它还不能代替一类事物而起作用。如对“妈妈在哪儿”这个短句会有反应以后,对“阿姨在哪儿”、“姐姐在哪儿”等则不一定会反应,还需要分别形成新的暂时神经联系后才能反应。可见“在哪儿”这个词还不具有概括性,还跟第一信号很接近。

第三阶段:直接刺激→词的反应。1~1.5岁的婴幼儿对熟悉的事物能作出词的反应,如看到自己家的小花猫会发出“喵喵”的喊声,但这时的词也不一定具有概括性。因“喵喵”一词只是自家猫的“专有名称”,还不能包括所有代表猫的象声词。

第四阶段:词的刺激→词的反应。1岁半以后,词才开始摆脱与具体刺激物的直接联系,才开始成为代表一类事物的具有概括性的刺激物,因此,真正的第二信号系统的活动才开始形成和发展起来。

第二信号系统的形成和发展，给婴幼儿的高级神经活动带来了新的原则，使其心理具有了抽象概括性和自觉能动性。

第二信号系统发展之后，婴幼儿借助词的作用逐渐能形成多级的复杂条件反射。这种多级的“条件反射链索”，便成为婴幼儿心理日趋复杂化的生理基础。

整个婴幼儿期，其词汇发展的顺序是：1.5 岁后，婴幼儿词汇量明显增加；1 岁左右出现 20 个左右的词；2 岁出现 300～500 个词；3 岁接近 1 000 个词。句法发展的顺序是：单词句（1～1.5 岁）→双词句（2 岁左右）→简单完整句（2 岁开始）→复合句（2.5 岁开始）。

四、情感、个性和社会性发展特征及教养要点

（一）婴幼儿情绪、情感的发展

婴幼儿的情绪情感经历了由生理性情绪向社会性情绪发展的过程——婴幼儿在其原始情绪基础上，通过在社会环境的人际交往，产生具有社会意义的情绪。此外，他们的情绪情感冲动外露。

1. 情绪的发生

下表呈现了婴幼儿各种情绪最早的出现时间及经常出现的时间。

类　别	最早出现时间	经常出现时间
痛苦	1～2 天	1～2 天
厌恶	1～2 天	3～7 天
微笑反应	1～2 天	1～3 周
兴趣	4～7 天	3～5 周
社会性微笑	3～6 周	2.5～3 个月
愤怒	4～8 周	4～6 个月
悲伤	8～12 周	5～7 个月
惧怕	3～4 个月	7～9 个月
惊奇	6～9 个月	12～15 个月
害羞	8～9 个月	12～15 个月

不难看出，婴幼儿情绪的发生可以分为以下三个阶段。

第一阶段（1 周内）：痛苦、厌恶、快乐、兴趣。引发因素：生理刺激、光、声。

第二阶段（1～4 个月）：愤怒、悲伤、惧怕。引发因素：身体疼痛、身体悬空、失衡。

第三阶段（6 个月后）：惊奇、害羞。引发因素：新异物体、陌生人。

2. 情绪的表达

哭和笑是婴幼儿表达情绪的最直接的手段，是实现情绪的交流功能的最重要的手段。

（1）微笑的发展

① 反射微笑阶段（0～5 周）：又称“嘴的微笑”，与脑干和边缘系统兴奋状态的变化有关系，完全是生理性的。女婴表现得更多。

② 无选择的社会微笑阶段（5 周～3 个半月）：这时人的声音和面孔特别容易引起婴幼儿微笑。但婴幼儿不能辨认和区分不同的脸。实验表明，当人脸侧向时婴幼儿就停止微笑，而对假脸婴幼儿也会微笑。

③ 选择性社会微笑阶段（3 个半月以后）：这是一种真正意义的社会性微笑。

（2）哭的发展。新生儿就已有不同的哭。沃尔夫指出婴幼儿有四种不同模式的哭：有节奏的哭、愤

怒的哭、疼痛的哭、不称心的哭，其表情和哭声都有细微的区别。

婴幼儿哭的发展表现在：从生理性诱因的哭到社会性诱因的哭，从应答性的、反射性的哭到主动的、操作性的哭。

3. 情绪情感发展的主要问题

在婴幼儿的成长过程中，由于种种原因会出现这样那样的问题。这类问题是一种萌芽状态的表现，只要成人注意观察、及时发现并疏导就会帮助婴幼儿顺利解决问题，从而培养出积极向上的情绪情感和亲社会行为；否则有可能成为人格障碍的根源，对其一生产生不良影响。

(1) 焦虑。焦虑是一种预料到威胁性刺激又无能为力去应付的痛苦反应，是处于失助状态下不能采取有效行为去对付的时候产生的情绪。婴幼儿6～7个月以后开始害怕陌生人，而且当他们与妈妈或其他亲人分开时，还会表现出明显的不高兴，这种反应就是婴幼儿的分离焦虑。心理学研究表明，分离焦虑一般出现在1周岁之前(此时婴幼儿正在形成最初的社会性依恋)，在14～20周时达到顶峰，然后在整个婴幼儿期和学前期，其强度逐渐减弱。焦虑不安的婴幼儿通常会表现为依赖性增强，不愿见生人，希望父母像对小婴儿那样给他喂饭，常常哭泣等。

当此类情况较多出现时，育婴师应当仔细观察，找出并解除引起焦虑的原因。一般来说，抱起感觉不适的婴幼儿，拥抱和摇动可使婴幼儿安静下来，这种如同回到母体子宫里漂浮在羊水中的安全感觉改变了婴幼儿的肌肉紧张状态，可使焦虑得到缓和释放。但当1岁以内的婴幼儿出现分离焦虑时，成人(尤其是照顾婴幼儿最多的人，如妈妈、育婴师)要尽可能减少必须离开婴幼儿的次数，特别是要尽量减少让婴幼儿一个人独处的次数。如果必须要离开，则要用婴幼儿能听懂的话告诉他，妈妈要离开一会，但很快就回来。婴幼儿是能够明白成人的意思的，婴幼儿也是能够经得住妈妈暂时离开的“痛苦”的。只要让婴幼儿逐渐相信，妈妈离开后还会回来，婴幼儿的焦虑就会减轻。

(2) 胆小。恐惧是人类天生的一种正常情绪表达，它来源于对陌生事物的一种本能的自卫。婴幼儿对新事物总会产生一种紧张感，但经常地表现出过度反应，则恐惧感就会越来越多地积蓄到婴幼儿心中，使他们不敢与外界事物打交道，最终成为一个胆小的人。

婴幼儿的胆小常表现为怕黑、怕高、怕水、怕见生人等。

当婴幼儿表现出害怕时，育婴师不可讥笑或吓唬他，而应亲近他、安慰他，比如慢慢跟他说话，轻轻地拍拍他或紧紧抱住他。育婴师还可以预先告诉婴幼儿可能出现的变化。如果婴幼儿害怕特别响的声音，那么走在铁路旁，要先告诉婴幼儿：“来了一辆大火车，如果不想听见汽笛声，先把耳朵捂上。”这是让婴幼儿做个决定，是提供机会让他选择。但有些人会对婴幼儿说“快捂上耳朵，火车来了，汽笛声会吓着咱们了”，这样说等于告诉他害怕是对的，希望他这么做。

(3) 受挫。婴幼儿正在成长为一个有自主性、有个人爱好、会玩耍的独立个体，但由于心理或生理上的限制以及父母对他们不成熟的独立意识和要求的阻止，经常不可避免地受挫折从而感受到不愉快的负面情绪。

婴幼儿受挫可能有不同的原因，例如，对其活动的限制、玩具的操作或使用不熟练、同伴的粗暴对待或拒绝、身体或体能发育的局限等。

虽然婴幼儿受挫是不可避免的，在挫折中也能增长知识和经验，但对婴幼儿尤其是2岁前不要进行专门的挫折教育，应尽可能让他们感到自己有能力对付一切。因此，育婴师应当允许婴幼儿控制自己的活动，即使确实不能做的事情也应采取讲理、游戏等方式让他们接受，帮助他们建立与同伴交流的技能与习惯，为婴幼儿选择适宜的玩具和活动方式，鼓励他们完成力所能及的活动。

(4) 爱哭。哭是婴幼儿沟通与表达的主要方式之一，意味着某种需要未被满足。一般来说，婴幼儿的哭在生理上代表饥饿、欲求不满、疼痛、身体不舒服等；在心理上代表委屈、挫折、害怕、悲伤、不满、后悔、发泄、要求、需要关心及注意等。但是，如果婴幼儿经常眼泪汪汪，就需要分析原因并找出相应对策。

造成婴幼儿经常眼泪汪汪的因素，可能是以下两点：

第一，过分的溺爱。当婴幼儿因为不合理的要求无法获得满足而哭泣时，成人就满足他的要求，久而久之，哭就变成婴幼儿要挟大人的武器，成为一种习惯。

第二，婴幼儿本身缺乏信心，依赖性重。这样的婴幼儿大多比较内向、胆小，不敢表现自己，适应环境的能力较差，遇到事情往往不知所措，只好用哭来表达，博取别人的同情。

对爱哭的婴幼儿首先要了解他的气质特性，再因材施教。哭本身并无好坏、对错之分。经常眼泪汪汪，意味着他在气质上是属于比较退缩的婴幼儿，所以重点在于如何培养婴幼儿正确的表达与沟通的方式和习惯。

其次，找出他大多在什么情况下哭，再指示他如何应付这些情况。弄清楚哭的情况，指示他用语言将心中的委屈、不高兴说出来，让他了解哭是不能解决问题的。

再次，要多注意婴幼儿的健康，培养积极、开朗的个性。例如，送他上托幼园所或早教中心，让他有年龄相近的玩伴、有结交朋友的机会，让群体生活帮助他建立社会行为，同时也可以在与同伴的相处中找到正确的模仿对象，丰富生活经验。

家长应该把握住机会，训练婴幼儿自己解决困难的能力。举例来说，当婴幼儿哭泣时以关怀的口吻问他："遇到困难，哭能不能解决呢?""既然不能解决，聪明的孩子就要用脑筋想办法去解决问题。"刚开始，最好提供他一个可行的办法，例如，"小朋友抢你的玩具，而你又很想玩，你可以找一个他平常很喜欢的玩具和他商量交换啊!"这样慢慢地开导、训练他，婴幼儿学会了如何去解决问题，就不会那么爱哭了。

(二) 婴幼儿个性的发展

1. 婴幼儿的三种气质类型

(1)"容易护理的婴幼儿"。他们的行为倾向于有规律性，容易适应。他们是愉快的婴幼儿，一般会对新的刺激给出积极的反应，容易感到舒适，有安全感。他们也似乎少有行为问题。

(2)"慢慢活跃起来的婴幼儿"。他们是不积极的，对新的经验适应比较缓慢，他们很少表现强烈的情绪——无论积极还是消极的情绪。他们总是缓慢地适应新情境，开始时有点害羞和冷淡，但这些婴幼儿一旦活跃起来，他们就倾向于适应得很好。

(3)"困难的婴幼儿"。他们在吃、睡和一般活动中都不规律。他们是情绪型的。他们对新经验往往有强烈的反应。他们的安全感的形成比较困难。

美国医生托马斯和切斯对100多名刚出生到3个月的婴幼儿进行了长期追踪研究，将这些婴幼儿最初的行为反映方式总结成以下9种维度：① 活动水平，动作数量的多少和速度的快慢；② 节律性，饥饿、睡眠和排泄等生理机能是否有规律；③ 趋一性，对新刺激的反映特点；④ 适应能力，适应新环境或新刺激的快慢；⑤ 反映阈限，能够引起婴幼儿注意的最小刺激强度；⑥ 反映强度，表达情绪反应时的能量水平，如哭声大小；⑦ 心境，在睡醒后几小时内的主要情绪是高兴还是烦躁；⑧ 注意力分散度，注意力是否从正在进行的活动中转移；⑨ 注意广度和持久性，从事某种活动时稳定注意时间的长短。

2. 婴幼儿自我意识发展

在与他人的交往中，在与客观事物的相互作用中，婴幼儿通过"人"与"我"、"物"与"我"的比较，逐渐认识到作为客体的外界事物和作为主体的自己，从而形成了对自己的认识，即自我意识的萌芽。

婴幼儿自我意识的发展特点

1岁前：没有自我意识，不能区分主客体。

1岁左右：把自己的动作和动作对象区分，感受并逐步知道自己的存在和力量，知道自己和物体的关系，自我意识开始萌芽。

2～3岁：开始产生自我意识，这个阶段的婴幼儿开始掌握代名词"我"、"我的"。

3岁后：开始能把自己和他人做比较，进而产生简单的自我评价。

自我意识是调节自身行为的原动力。婴幼儿的自我意识突出表现为"闹独立"。"闹独立"和"爱做事"可以说是婴幼儿心理特点的最突出表现,也是最使家长头痛的事。从教育的观点看,又是最值得家长认真对待的问题。

(1) 好动、爱做事。婴幼儿学会独立行走和用手拿东西之后,变得非常好动。从早到晚,他们总是不知疲倦地进行活动。他们对什么都感到新鲜,都要摸摸动动。成人跟在他后面,会感到紧张,稍有疏忽,婴幼儿就可能把热水瓶打碎,甚至烫伤自己;或者用塑料袋把头蒙住,险些憋坏;不然就是将门上的插销插死,把自己关在屋子里;从托儿所回家,也不再要妈妈领着走,偏要自己跑跑跳跳;车来了,也不知躲避;时而蹲下捡石头,当"手榴弹"扔,时而捡根树枝当"枪"打;玩滑梯,不愿坐着滑,偏要躺着滑;坐转椅,不等转椅停稳就往下跳,还说:"这样好玩";洗手时,一反以前养成的良好习惯,双手在盆里拍拍打打,溅得满地是水,并理直气壮地说"游泳就是这样";或者把香皂抹来抹去,高兴地喊着:"大泡泡,大泡泡。"

他们喜欢模仿成人做事。看见地上有菜叶,就会拿起扫帚扫地,结果扫得满屋子都是菜叶。吃完饭,看见妈妈收拾碗筷,赶紧跑去:"妈妈,我!"话音未落,碗掉到地上摔碎了。"成事不足,败事有余",成人常常这么责备婴幼儿。"不许"、"别动"更是大人的口头禅。成人不应责备婴幼儿,更不应该禁止他们。要看到,这是婴幼儿在探索、在学习、在了解自己的力量。在婴幼儿看来,世界是个大迷宫,充满了神奇奥秘,他在用自己的双手敲开迷宫之门。如果一味打击他的探索活动,他的求知欲就会泯灭,并且使他怀疑自己的力量,扼杀正在萌发的自信心。而这正是将来学习活动的最大障碍。

遇此情形,应该怎么办呢?唯一的办法就是珍惜婴幼儿的积极性,抓住时机,加强引导。成人若有意地引导婴幼儿做事,给他分配一些极简单的任务,不但可以避免总是消极制止他乱跑乱动,避免大人跟在婴幼儿后面转来转去的操劳,而且可以促进婴幼儿身体和智力的健康发展,培养他们良好的品德和习惯,比如自己的事情自己做、保持环境清洁整齐等。

成人制止婴幼儿的活动往往是因为爱护婴幼儿,怕出危险,怕损害物品。其实,只要成人注意把一切有可能造成伤害的东西收拾好就行了,不必用牺牲婴幼儿活动的方法换取安全。

(2) 闹独立。闹独立,是婴幼儿自我意识发展的突出表现。

1 岁多的婴幼儿已经产生了独立性的需要,如学会走路之后,外出时不要成人抱,非要自己走不可,如果成人把他抱起来,他会下坠自己的身体,还喊着:"下地,下地。"吃饭时他不要别人喂,抢成人手里的筷、匙。

2 岁左右,婴幼儿独立行动的愿望更加强烈,表现为固执,不听从成人的吩咐。有时不让他做的,他偏要做。他经常会一扭身子,表示不采纳成人的建议。在外面玩久了,成人对他说:"回家吧!"他会说:"我不回家,我还要玩呢。"如果教育不当,这些行为将会发展成任性、执拗等不良品质。所以说,这一年龄既是人生的第一个转折期,也是第一个"危机期"。

帮助婴幼儿度过人生第一个转折期,教育是关键,对婴幼儿的"独立性需要",不能一味满足,也不能过多限制。一味满足,容易造成婴幼儿任性和执拗;过多限制,会挫伤婴幼儿的自尊心,从而变得驯服和依赖,缺乏自立能力。

当婴幼儿的意见和成人的意见相矛盾时,不要和婴幼儿硬顶,可以利用婴幼儿的注意容易转移的特点,用别的事物把婴幼儿吸引开,先暂时解决问题,再找适当的时机进行说理教育。教育时表情一定要严肃,周围的人也要配合一致。不能一个唱红脸,一个唱黑脸,日久天长,婴幼儿摸准了大人的脾气,教育就更难以进行。

(三) 社会性交往的发展

1. 社会性交往的三个发展阶段

(1) 第一阶段(0~6 个月):单纯社会反应阶段。婴幼儿通过自身发出的信号,如哭、笑、肢体动作、表情等对外界做出反应。其交往技巧主要是先天遗传的。两周的新生儿就能区别出母亲和别人的心跳不同;三个月左右就能发出声音和特殊的婴幼儿式的"迷人的微笑",从而激发他人的好感。婴幼儿之间的交往很早就建立了，只是看起来有很强生物保护的本能。如，一个两个月以内的婴幼儿哭，另一个或者另一些婴幼儿也会一齐哭，这是一种声援、同情，或者叫响应。5～6 个月以后，一个婴幼儿哭，另一个婴幼儿会注视甚至抚慰他。

(2) 第二阶段(7～24 个月)：对抚养者依恋关系的建立。6 个月左右，不愿意接近陌生人，特别是陌生人抱他或亲近他时会表现出恐惧不安。这就是陌生人焦虑，俗称"认生"。这是生物保护性的本能，也是知觉发展和认知发展的自然结果。8 个月时，婴幼儿经常关注母亲，一旦母亲从视线里消失就会表现出不安和哭闹。这叫分离焦虑，是正常的情感反应，在 14～20 个月达到顶峰。

(3) 第三阶段(24～36 个月)：发展伙伴关系阶段。两岁的婴幼儿身体动作能力越来越像个大人。能够自由地走或跑，大大扩展了婴幼儿活动的空间，他开始有了自我表现的欲望，第一反抗期就是在这一时期出现的。他越来越喜欢和小伙伴一起玩，并且这也减轻了与母亲分离的痛苦。虽然他们还不能像大人那样去主动地打招呼，加入到其他小伙伴的游戏中，但他们自有办法。

2. 亲子交往和同伴交往

对于婴幼儿的社会性交往，我们主要从亲子交往和同伴交往两个方面进行分析。

(1) 亲子交往。在婴幼儿阶段的亲子交往中，最为明显的表现就是亲子依恋的形成。

亲子依恋是指婴幼儿从 6～7 个月起和母亲之间建立起的一种特殊的感情联系。在母亲身边时感到安全，而分离则引起焦虑。在陌生人出现时，母亲能使其感到安慰。在饥饿和寒冷时，也首先企图接近依恋对象。

资料链接

亲子依恋实验

美国心理学家哈利·哈洛于 1930 年在威斯康星麦迪逊大学做的关于恒河猴(94%的基因与人类的相同)的依恋实验是比较著名的亲子依恋实验之一。哈洛制作了两个假的猴妈妈。一个猴妈妈是用铁丝编成的，另一个是先做母猴的模型，然后套上松软的海绵状橡皮和长毛绒布。实验的时候，把刚刚出生的小恒河猴放进一个笼子里，里面等待它的正是铁丝妈妈和布妈妈。小猴会喜欢哪一个妈妈呢？如果铁丝妈妈身上没有奶瓶，而布妈妈身上有，小猴很快就和布妈妈难舍难分；而如果奶瓶是在铁丝妈妈身上，小猴也并不因此在铁丝妈妈身边留连，只是在觉得饿的时候跑去喝奶，其余时间则总是依偎在布妈妈的怀里，决不像人们所说的"有奶便是娘"。哈洛等人由此认为，小猴对母猴的依恋并不只是因为母猴给它喂奶，更重要的原因是母猴能给小猴以柔和的感觉。布妈妈给予小猴的其实还不止这些。如果在小猴离开布妈妈出去玩耍时，突然给它看一个模样古怪的庞然大物。这时，只见小猴会惊恐万状地撒腿奔向布妈妈，紧紧依偎着它，逐渐定下心来。可是，如果把布妈妈换成铁丝妈妈，小猴就不会跑去寻求安慰。可见布妈妈还能给小猴以安全感。后来，心理学家给布妈妈增添了越来越多的母性特征。比如，在身体上装上电灯泡，这样布妈妈的"体温"升高了，这时，小猴就去找温暖的布妈妈，而不愿找冷冰冰的布妈妈。如果把布妈妈设计成能摇动的，吸引力就更大。当然，布妈妈的母性特征再丰富，也不能同真的母猴相比，在布妈妈身边长大的小猴与在真妈妈身边长大的小猴相比心理活动不太正常。

以下是婴幼儿亲子依恋形成的几个阶段。

① 前依恋期(0～2 个月)。新生儿对所有的人都作出反应，但不能将他们进行区分，没有对特殊人的特殊反应。在出生时，他们用哭声唤起别人的注意，似乎他们懂得，成人绝不会对他们的哭置之不理，而必须同他们进行接触。随后，他们用微笑、注视和咿呀发声同成人进行交流。这时的婴幼儿对于前去安慰他的成人无选择，所以此阶段又叫无区别的依恋阶段。

② 依恋建立期(2 个月至 7～12 个月)。婴幼儿对他人的社会性反应强度增加，对熟悉的人有特殊友好的关系，能从周围的人中区分出最亲近的人，并特别愿意与之接近。这时的婴幼儿一般仍然能够接受

比较陌生的人的注意和关照，也能忍耐同父母的暂时分离，但是带有一点伤感的情绪。

③ 依恋关系明确期（7～12个月至24个月）。在此阶段，婴幼儿对于特殊人的偏爱变得更强烈。由于运动能力的发展，他们可以主动接近亲近的人和主动探索环境，同时他们把母亲或看护人作为一个“安全基地”，从此点出发，去探索周围世界；当有安全需要时，又返回看护人身边，然后再进一步去探索。此阶段的婴幼儿不但形成了分离焦虑——离开照看者时感到不安，而且形成了陌生焦虑——对陌生人的谨慎与回避。他们以反抗、紧握、恐惧等对待与亲人分离。

④ 目的协调的伙伴关系（24个月以上）。2岁以后，婴幼儿能较好地理解父母的愿望、情感和观点等，同时能调节自己的行为。例如，他现在能够忍耐父母迟迟不给予注意，也能够忍耐同哥哥、姐姐或同电话铃声和家务竞争注意的需要，还能够忍耐同父母的短期分离，他相信父母将会返回。

（2）同伴交往

① 10个月以前：“以客体为中心”，交往集中于玩具和物品，而婴幼儿之间常常是互不理睬的，只是偶尔会发生短暂的注意。

② 1～1.5岁：有了“简单交往”，婴幼儿之间互相注意、“对话”、给玩具，甚至模仿等。婴幼儿对同伴行为作出反应，并企图控制别人的行为。

③ 1.5～2.5岁：婴幼儿交往发展的转折点，婴幼儿的分离焦虑减弱，逐渐能够忍受和依恋对象的分离，而习惯于和同龄伙伴或成人（如教师、保姆）交往。在交往的水平上，出现了“互补性交往”，婴幼儿之间的模仿较为普遍，还出现了合作、互补、互惠等行为。

3. *社会性发展的主要问题*

（1）依赖。依赖成人，对于婴幼儿来说是正常的现象，因为他们还没有独立的能力，吃、穿、行只有依靠成人才能实现。但是，如果对父母或育婴师表现出过分依赖，那么这就是一种心理问题。

家庭教育的偏差是婴幼儿依赖行为的主要原因。例如，父母的过分溺爱会造成婴幼儿自我中心、独立性差的问题；父母离异，婴幼儿过早地遭受生活的挫折，也会因为成人对其独立性的苛求而出现变相依赖。另外，父母可能先是拒绝了婴幼儿的依赖性要求，而以后由于心软又满足了婴幼儿的依赖性要求，这样往往会使婴幼儿产生更加严重的依赖心。

要纠正婴幼儿的依赖缺点，可从以下几个方面入手。

① 根据年龄来培养婴幼儿的良好习惯。习惯是在生活中逐渐养成的，应根据婴幼儿的不同年龄对婴幼儿提出不同的要求，使他们完成力所能及的事情，如整理玩具、自主大小便、穿衣服等。

② 教会婴幼儿做事的方法。研究发现，许多婴幼儿之所以依赖性强，凡事不自己动手做，与不掌握方法、不会做有很大关系，而不是不愿做。所以，在培养婴幼儿自己动手能力时要注意教给婴幼儿具体的方法，而不是只提出要求。

③ 耐心最重要。过度依赖的习惯不是一两天就形成的，同样，纠正这一习惯，培养自主独立的好习惯也需要长时间。在这个过程中，耐心很重要。千万不能急躁，说“不是这样”、“那样不行”之类的话，这会使婴幼儿失去信心；也不要一看到婴幼儿不行，就急于代劳，那样会前功尽弃。

（2）退缩。退缩的婴幼儿主要表现为不自信，对周围的环境缺乏安全感，不敢也不主动和周围同伴一起玩。

① 婴幼儿退缩的原因

a. 对婴幼儿过分照顾、过分爱恋，使婴幼儿变得脆弱起来。

b. 封闭式地教养，总是关在家庭的小天地里。

c. 驯服式教育，一贯要求婴幼儿顺从、听话。

d. 与家庭有关，如过于沉闷、冷清的环境容易养成婴幼儿退缩的性格。

e. 与家长的性情有关，这些婴幼儿的父母有的就是退缩型的，家长过于内向，会影响婴幼儿的性格。

② 改变婴幼儿的退缩性格，培养婴幼儿的独立性和勇气的方法

a. 实行开放式教育，放开手让婴幼儿去锻炼，多走出家门，在外面的世界“闯荡”，并积极关注退缩婴

幼儿迈出克服“退缩”障碍的第一步，及时赞扬他的勇气。

b. 尽快让婴幼儿过集体生活，鼓励婴幼儿在集体中表现自己。

c. 为退缩的婴幼儿创设同伴积极接纳的环境气氛。来自同班的接纳、信任和鼓励是对退缩的婴幼儿最大的支持与认同。

d. 培养婴幼儿的勇气，让婴幼儿逐渐从“怕”的阴影中走出来。

(3) 任性。婴幼儿一天天长大，开始学会说话和表达意愿了。当婴幼儿不停地要这要那，而成人不予满足时，就会哭闹不休，表现得较为任性。这实际上是婴幼儿进入心理“第一反抗期”和萌发“自我”意识的标志。

育婴师对婴幼儿的需要应有所限制，不行就是不行，再哭闹也没用。成人的态度不能随意改变，如果婴幼儿明确知道什么可以，什么不可以，他们就会感到平静和安全。况且，限制是现实世界的一部分，婴幼儿生活在这个世界上就必须学会正确接受各种限制。

育婴师要把不能碰的东西摆在婴幼儿够不到的地方，而且要向婴幼儿讲明为什么不能碰。如果看到婴幼儿正在摆弄某件贵重物品，可以通过转移他的注意力的方法，拿个小玩具或其他新奇的东西把它换过来。

要给婴幼儿想个解决方法，而不是一味地制止他。如不想让婴幼儿在客厅墙上画画，可以在墙上挂上大幅画纸，让婴幼儿随便画画，这时婴幼儿会充分发挥想象，尽情挥洒。有时也可让他尝尝淘气的后果，知道为什么不能碰熨斗。

育婴师在说“不”的时候态度要坚决。否则婴幼儿会感觉到成人的犹豫不决，更加要按自己的意见去做，只有以坚决的、不容置疑的口气予以否定，婴幼儿才会听从成人的意见。如果婴幼儿大吵大闹，千万不要姑息，即使是非常小的婴幼儿，也要慢慢教他学会尊重家庭其他成员的意见。

(4) 霸道。婴幼儿会因为自身霸道而影响以后进入托儿所或幼儿园和其他小朋友过团体生活，会不受欢迎，以致影响人际关系。如不及时给予适当的辅导与纠正，年龄越大越难改正。

① 婴幼儿常表现出的霸道行为。有些婴幼儿会独霸自己的玩具或物品，不愿与其他婴幼儿分享，也不会和同伴轮流玩。有些婴幼儿对于他想得到的东西，会用最直接的方式——抢夺。有的婴幼儿会执著于特定的程序不能改变。有的婴幼儿对自己要做的事情，父母或旁人不能代劳，凡事都要自己来。有的婴幼儿则是遇事不如已意，便会大哭大闹。

② 造成婴幼儿行为霸道的原因

a. 父母过分溺爱。婴幼儿要什么有什么，凡事有求必应，如此逐渐养成婴幼儿予取予求的霸道行为。

b. 年龄的关系。婴幼儿在 1 岁以后，开始有他自己的想法，同时也要摆脱旁人束缚，自己决定怎么做，因此会开始出现“不要”的字眼、“不要”的动作和“不要”的行为。而且现在的婴幼儿比较早熟，大约在 20 个月时就会出现很强烈的自我意识，这种霸道的行为会持续到 3 岁左右。

c. 排行的关系。一般来说，独生子女或排行较大者较常会发生霸道的现象。

d. 模仿。就社会学观点来说，婴幼儿深受父母以及大众传播媒体的影响，如电视、卡通等。如果父母本身很霸道，婴幼儿往往会耳濡目染。

③ 改变婴幼儿霸道的方法

a. 不予理睬。必须先确定婴幼儿是无理取闹，没有任何的病痛。

b. 发泄过剩的精力。平时多让婴幼儿从事体力上的活动。

c. 不轻易安抚。事先应与婴幼儿共同商定原则，待婴幼儿了解、赞同之后，确定了原则，就要坚持且确实执行。

d. 给婴幼儿安全感。

e. 引导婴幼儿良好的行为。当婴幼儿良好的行为出现时，要鼓励、称赞他，强化这种行为。

f. 帮助婴幼儿建立人际关系，多带婴幼儿参加属于他们的社交场合。

练习与思考

1. 理解婴幼儿心理发展的内涵。
2. 掌握婴幼儿动作发展的特征及教养要点。
3. 掌握婴幼儿认知发展的特征及教养要点。
4. 掌握婴幼儿语言发展的特征及教养要点。
5. 掌握婴幼儿社会与情感发展的特征及教养要点。

参考文献

1. 陈帼眉. 学前儿童发展心理学[M]. 北京：北京师范大学出版社，2000.
2. 孟昭兰. 婴儿心理学[M]. 北京：北京大学出版社，2005.
3. 刘金花. 儿童发展心理学[M]. 上海：华东师范大学出版社，2006.

（任慧娟、盘海鹰编写）

第八章　婴幼儿教养活动的组织与实施

婴幼儿早期教养活动，定位于直接促进婴幼儿的发展。教养活动是面向婴幼儿来组织实施的，但因为婴幼儿通常是由家长陪着来的，也因为婴幼儿过于年幼，所以教养活动是由家长配合教师进行的，活动是教师联合家长共同与婴幼儿展开的互动，这类活动我们称为“早期教养活动”。

第一节　婴幼儿教养活动概述

一、婴幼儿教养活动的理念

（一）尊重权利，满足需求

尊重婴幼儿获得身体、情绪及心理安全的权利。重视婴幼儿的情感关怀，强调以亲为先，以情为主，关爱婴幼儿，赋予亲情，满足婴幼儿成长的需求。创设良好环境，在宽松的氛围中，让婴幼儿开心、开口、开窍。尊重婴幼儿的意愿，使他们积极主动、健康愉快地发展。

（二）科学养育，教养融合

强调婴幼儿的身心健康是发展的基础。在开展保教工作时，应把婴幼儿的健康、安全及养育工作放在首位。坚持保育与教育紧密结合的原则，保中有教，教中重保，医教结合，教养渗透，促进婴幼儿生理与心理的和谐发展。

（三）关注发育，顺应发展

强调全面关心、关注、关怀婴幼儿的成长过程。在教养实践中，要把握成熟阶段和发展过程；关注多元智能和发展差异；关注经验获得的机会和发展潜能。学会尊重婴幼儿身心发展规律，顺应婴幼儿的天性，让他们能在丰富的、适宜的环境中自然发展、整体发展、和谐发展。

（四）因人而异，培养习惯

重视婴幼儿在发育与健康、感知与运动、认知与语言、情感与社会性等方面的发展差异，提倡更多地实施个别化的教育，使保教工作以自然的差异为基础。同时，要充分认识到人生许多良好的品质和智慧的获得均在生命的早期，必须密切关注，把握机会。要提供适宜刺激，诱发多种经验，充分利用日常生活与游戏中的学习情景，开启潜能，培养婴幼儿良好的习惯。

二、婴幼儿教养活动的主要内容与要求

（一）在生活能力与习惯养成方面

睡与吃要从“自然”、“按需”逐渐过渡到“定时”、有规律。在新生儿时期，强调“自然睡眠”、“按需哺乳”，让婴幼儿在充分自然的状态下，完成从胎儿期到新生儿期的过渡。随着月龄的递增，逐渐定时，让婴幼儿自然地、愉快地形成有规律的饮食和睡眠习惯。

盥洗、穿脱衣服等要从“乐于接受”到“逐渐自理”。初始，在洗脸、洗手、洗屁股、洗澡以及穿脱衣服过程中，只要婴幼儿能配合成人的活动，并乐于接受即可。大约 1 岁半以后，成人便要创造各种条件，让婴幼儿逐渐学习自我服务。例如，衣服和鞋袜从“脱”到“穿”，盥洗从“洗手”、“擦脸”到“主动如厕”，等等，让婴幼儿在生活活动中逐渐学习自理，形成基本的生活能力。

（二）在动作、认知、语言发展等方面

要从成人“提供”到自发“模仿”、“练习”。新生儿时期，一切由成人提供。如，提供“视听刺激”，提供“抓握玩具”，提供“俯卧抬头”的机会等。逐渐地，在动作、认知、语言等方面，成人要创造条件，让婴幼儿自己“模仿发音”、“练习行走”，以至“感知常见的动植物和简单的数”、“开始了解人、物、事之间的简单关系”等，使婴幼儿全面体现一个“有能力的学习者”的风采。

（三）在情感发育、社会性等方面

要从成人“培育”到“简单回应”、“逐渐适应”。最初，婴幼儿情感、社会性等方面的发展离不开成人的“培育”。成人的“逗引”、“交流”，为母婴依恋亲情的建立奠定了良好的基础。以后，婴幼儿便有了各种自发的反应，能用自己的方式回应他人的各种信号。逐渐地，婴幼儿开始能适应集体生活，适应社会生活，在情感、社会性等方面获得惊人的发展。

三、婴幼儿教养活动的原则及方法

（一）早期教育的原则

基于尊重婴幼儿的思想，婴幼儿早期教育有以下原则。

让婴幼儿参与他们日常生活所必需的活动（换尿布、换衣服、洗澡、吃饭等）。不要通过分散他们的注意力来达到迅速解决问题的目的。

给每个婴幼儿足够的、单独的、高质量的关注。不要只是看护所有婴幼儿而没有给其中任何一个婴幼儿独享的关注。除了在日常生活照料过程中给予单独关注之外，还要在婴幼儿游戏过程中给予足够的单独关注。观察婴幼儿游戏的方法，了解婴幼儿的兴趣、行为、习惯、能力等，以便给婴幼儿提供更适合其发育水平的玩具。

学会理解每个婴幼儿独特的交流方式（哭、语言、活动、手势、表情、身体姿势等）。不要低估婴幼儿的交流能力，尽管他们根本不具备语言能力或语言能力还很弱。

多花时间和精力来塑造一个完整的婴幼儿。不要只关注婴幼儿的智力发育或将智力发育从整体发育中脱离出来单独培养。婴幼儿的日常生活、和周围的人建立关系、成长经历、换尿布的过程、哺育的过程、如厕训练的过程以及游戏的过程等都能够促进婴幼儿的智力发育。

像尊重成人一样尊重婴幼儿。不要把他们当成物体来对待，或把他们当成头脑简单的小孩来对待。

与婴幼儿在一起时对自己的情感也要绝不隐藏。不要假装自己没有的情感，也不要掩饰自己的

情绪。

通过自己的行为示范，而不是通过语言，来教会婴幼儿一些行为方式。

每次遇到问题的时候都是婴幼儿学习的机会。一定要让婴幼儿试图自己解决问题。不要帮他们解决问题，不要简化他们的问题，更不要试图避免让他们遇到生活中的问题。

教会婴幼儿信任，从而让婴幼儿有安全感。不要总是行为不一致或不可信赖，这样无法让婴幼儿建立信任感。

关注婴幼儿在每个成长阶段中的发育过程。不要急于让婴幼儿达到某个发育水平。每个婴幼儿有自己的发育特点，不要强迫婴幼儿在某一个月龄必须达到某一个发育指标。

（二）早期教育的方法

第一，提供充满温暖、尊重和支持的环境。

第二，给婴幼儿自由探索的空间，扩大婴幼儿的生活界限。婴幼儿原本就充满好奇，对什么都想探究、摸索。家长和教师可以利用婴幼儿的这份好奇心加以辅导，按照他们的根本需要、能力提供适当的环境，让他们充分发挥才能，发挥进取心，培养他们自信、自主创造和解决问题的能力，而不能强求婴幼儿一定要学习和掌握某种技艺。

第三，提倡全面而平衡的发展。婴幼儿时期，不仅是智力和技能的发展期，而且是人格、情绪、体能、社会性等全面平衡的发展期。婴幼儿最需要父母为他们做的是和他们说话，陪他们玩，讲故事给他们听。研究表明，家长在日常生活中和婴幼儿说话、与婴幼儿玩，都会自然地刺激他们的发展。

第二节　婴幼儿教养活动中的环境和玩具

良好的教养环境是婴幼儿全面发展的最初场所，可以把父母比作婴幼儿的第一任教师，把家庭教养环境比作婴幼儿的第一课堂，把玩具比作婴幼儿的教科书。对于长时间生活的场所，婴幼儿不仅是其中的居住者，而且还是这些空间塑造的结果：空间为其提供安全、健康的保证，提供人际交往的空间，也提供练习、探索的机会。

一、婴幼儿教养环境和玩具的要求

（一）为婴幼儿提供良好的生活环境、活动环境、人际环境

营造清洁、安全、温馨的家庭式环境，提供方便、柔和、易消毒的生活设施，创设温度适宜、空气新鲜、光线柔和的睡眠环境，保障婴幼儿身心健康和谐地发展。

机构物质环境的创设注重安全第一。墙壁四周 80 cm 以下采用无污染的软质材料铺设，地上采用弹性软垫。提供的玩具、器械应以无尖角的轻质材料为主，如无毒塑料、软木、棉织品等。家庭物质环境的创设除了兼顾软质材料，还应注意避免锐角器具对婴幼儿造成的伤害，电器设备要妥善放置到一定的高度。

为婴幼儿提供卫生、安全、舒适、充满亲情的日常护理环境和布局合理、设置规范的室内活动空间，隔栏要低矮，物品的摆放应取用方便、有序、有相对的稳定性。

充分利用阳光、空气、水等自然因素，为婴幼儿提供较大的、安全的室外活动空间。选择空气新鲜的绿化场所，开展适合婴幼儿身心特点的户外游戏和体格锻炼，尤其要保证冬季出生的婴幼儿接受日光浴的时间，提高其对自然环境的适应能力。

机构和家庭都要为婴幼儿提供数量充足的、安全的、能满足多种感知需要的玩具和材料，关注每个婴幼儿对玩具材料的不同需求。充分利用生活中的真实物品，挖掘其内含的多种教育价值，激发婴幼儿探

索周围生活的兴趣，帮助婴幼儿积累各种感知经验，让他们在与玩具和材料的互动中动手、动脑、开心、开窍。

创设丰富的语言环境，在日常生活中随时随地用简明清晰、生动形象的语言与婴幼儿进行交流；提供多彩的艺术环境，让婴幼儿感受美、体验美，鼓励婴幼儿在音乐的伴随下想象美、表现美；营造和谐的人文环境，尊重和满足婴幼儿爱抚、亲近、搂抱等情感需求，给予悉心关爱、精心养护。

建立有规律、有预测、有管理、安全稳定的日常生活环境制度，机构和有条件的家庭要重视保障婴幼儿一日生活作息制度的合理性、一日生活保教常规的有序性、营养与膳食的均衡性、卫生保健指标检查的定期性等要素。

创设全员关注、社会共育的教养大环境。充分挖掘、整合家长资源、社会资源以及卫生保健、妇联等政府职能部门资源，对0～3岁婴幼儿施以全方位的、科学合理的健体呵护、心智养育、能力训练。

（二）婴幼儿教养环境的设计与利用

1. 婴幼儿教养环境的规划原则

(1) 区域相对固定。各类活动区域应当相对固定，有利于帮助婴幼儿形成良好的动力定型，在规定的区域能够从事固定的活动，保证活动能够持续、有效地进行。同时，相对固定的区域也便于整理和管理，有利于良好习惯的形成。

(2) 设置固定的标志物。尽管多数家庭为婴幼儿设计了专用的房间，但是婴幼儿的活动无法全部在房里进行，如蹦跳、玩水等。而且家庭中的生活环境，不是专门为婴幼儿单独设计的。因此，在规划中要考虑利用日常生活的设施，给予改变利用，这种情况下用标志物规定区域就非常必要。

① 就餐区放一把高椅子，让婴幼儿见了就明白“吃饭时间到了”；

② 盥洗室里挂一个网兜，装上玩水的玩具，婴幼儿就会把这个区域当成玩水的活动区了；

③ 阅读物可以放在任何位置，只要用一个纸盒，装上书和磁带；

④ 安静的游戏区域需要一张小桌子或者一块毯子，放上整理盒拿出玩具就可以玩。

(3) 提供一个独处的区域。婴幼儿的发展需要遵循他们自身的发展规律，也需要独立活动、独立思考的时间和空间。除非人际交往的活动，婴幼儿在游戏时不需要被干扰。3～4个月的婴幼儿躺在床上，把手移到眼前不停地看，或者一个人咿呀作声，都是独处的游戏。在婴幼儿学会爬行后可在家中开辟一个安全而富有探索性的角落或场地，其中可以摆放他们喜欢的玩具，让自由自在的活动诱导和稳定婴幼儿的情绪。

(4) 便于清洁与分类、整理。规划后的活动区域不是婴幼儿活动物品的堆放处，而且把所有的玩具呈现出来，容易分散婴幼儿的注意力。可以根据婴幼儿的发展，经过一段时间后进行调换、增加、充实，提供有限、合理的玩具用品。同时，经过分类的玩具可以引导婴幼儿秩序感的发展。

2. 婴幼儿教养环境的基本类型及其创设

根据婴幼儿发展的不同方面，环境可以分成生活、学习、游戏、运动等类型。设计并利用现成的生活空间，规划针对不同发展需要的活动区域。

婴幼儿常用的区域主要包括以下几类。

生活类	进餐、睡眠、盥洗等，在家庭内的区域相对固定
运动类	包括进行粗大动作的场地，有独立的户外活动地点最为理想，否则，居住区的花园、附近的公园等都可以替代
游戏类	阅读、玩积木、美工等都是游戏活动和智力学习合二为一的活动。只要婴幼儿喜欢，家庭中的许多场所都可以利用
情感满足、发展自我类	如模仿和扮演，是婴幼儿经常进行的活动，能够满足他们情感上的发展，学习社会性的行为。如只要一个娃娃，就可以扮演“过家家”的游戏；看见妈妈的照片，就感到和妈妈离得不远

例如：婴幼儿 6 个月以后，通过连续翻滚、移动身体的位置、拿取远距离的玩具或食物，来满足自己的要求。为了满足婴幼儿各种动作综合发展的要求，在有条件的情况下，可以建立一个专门的“运动空间”。

把婴幼儿床围上坚固的栏杆，栏杆高度超过 70 cm，床的外面不要摆放家具，床内不要放过大的硬性玩具，以免婴幼儿爬上玩具翻过栏杆，坠落地面。让婴幼儿趴在床上，将色彩鲜艳的皮球放在婴幼儿能摸到的地方，让他努力移动手脚，并逐渐学会调整方向，向皮球爬行。

如果居住条件有限，可利用墙角、床边、沙发、椅子等家具围出一块活动空间，地面铺上毯子或席子，任婴幼儿做翻滚、爬行训练，或引导婴幼儿练习扶物站立、移动身体。

应因时、因地利用家中或社区环境的生活设施与用具，如垫子、木板、椅子、台阶、楼梯等，让婴幼儿运动锻炼。选择婴幼儿情绪好的时候进行，并且应特别重视安全因素，保证婴幼儿运动锻炼的安全。

在居住区的台阶上练习爬楼梯。如家中没有楼梯，可利用台阶，让婴幼儿一上一下、一下一上地练习。

利用坡道练习走斜坡。利用坡道的斜坡（但倾斜度不要太大），让婴幼儿从高处走向低处，或从低处走向高处。此时育婴师须在一旁牵扶，以防婴幼儿跌倒。

二、玩具和活动材料的提供与制作

玩是婴幼儿的天性，而玩具是体现婴幼儿天性的工具，是婴幼儿人生的第一部教科书，是婴幼儿认识世界的一个重要途径，是游戏的物质基础。通过玩具能促进婴幼儿身体精细动作和语言的发育，提高婴幼儿的注意力、观察力以及认知能力，发展他们的想象力和思维能力，培养婴幼儿之间相互友爱、爱护公物的良好品质，培养愉快的情绪和对美的感受力，刺激他们的视觉、听觉和触觉，增强求知欲和好奇心，促进婴幼儿智力的发展。通过一件有趣的玩具，有可能在婴幼儿幼小的心灵中播下创造发明的种子，使他们从此走上热爱科学的道路。

玩具也是婴幼儿成长中的亲密伙伴，它可以促进婴幼儿躯干、四肢及全身基本动作的协调，让婴幼儿手脑并用，发展手指的灵活性，从而促进婴幼儿认知的发展。

（一）适宜的玩具对 0～3 岁婴幼儿发展的意义

婴幼儿一出生就具有对外界事物的反应能力，在环境刺激及教育作用影响下，婴幼儿通过看、听、啃咬、摆弄玩具，使认知得到迅速发展。

玩具能促进婴幼儿语言的发展：由于语言发展比其他活动更依赖环境、条件，因此，成人要更多地选择能发展语言的玩具，让婴幼儿在与玩具的相互作用中，练习发音，丰富词汇，发展婴幼儿的语言能力。

玩具能促进婴幼儿快乐情绪的发展：玩具的使命是激发婴幼儿快乐的情绪和愉快的情感，使婴幼儿获得身心的愉悦。具有教育意义的玩具，可以增加婴幼儿的情感体验，激发婴幼儿快乐的情绪。

另外，玩具还可以帮助婴幼儿提高理解事物的能力、帮助婴幼儿萌发新的想法、帮助婴幼儿建立起肌肉的控制能力以及力量的锻炼、帮助婴幼儿丰富想象力、帮助婴幼儿发展解决问题的能力、帮助婴幼儿学习如何同别人合作。

（二）如何给婴幼儿选择玩具

好玩具并不是指价格昂贵的玩具，而且婴幼儿也不需要拥有许多玩具。如何明智地给婴幼儿选玩具，我们可以从了解不同玩具的特点来把握。

玩具可以分成下表所示的几种。

形象玩具	表现人或物形象的玩具
建筑玩具	一种没有定型的玩具
运动玩具	进行各种运动的玩具
音乐娱乐玩具	一种能产生优美动听音响的玩具
智力玩具	丰富知识和发展智力的玩具

动手玩具能促进婴幼儿手眼的协调性，激励婴幼儿思索玩具的功能，从而培养婴幼儿的协作精神和解决问题的能力。

书籍和带声音的读物有助于婴幼儿理解文字、艺术和音乐等。

艺术类的玩具能培养婴幼儿的创造力和阅读、书写以及发现生活中美好事物的能力。

硬木质积木教给婴幼儿几何、重力、形状以及平衡等方面的知识，而且又经久耐用。积木的搭建过程锻炼了肌肉的力量，使婴幼儿理解到自然科学以及数字的概念。

乐器和实验性的材料，如沙子、水和黏土，婴幼儿用它们来表达自己喜欢的东西，从而锻炼了他们的控制能力。

积极活跃的游戏类器材，使婴幼儿能有强壮的体魄和充足的信心来迎接对身体的各种挑战。

布娃娃、玩具动物以及仿戏剧中的人物等，都给婴幼儿提供一个能尝试新的动作和尽情想象的机会。

每一个婴幼儿生长发育的步伐并不一致，因此应给婴幼儿提供适合他们年龄段的思想、语言、身体技能、感觉以及建立友谊的玩具，在婴幼儿玩时要仔细观察，而且若能同婴幼儿一起玩肯定能使你知道什么样的玩具最合适、最好，怎样的游戏对婴幼儿最有价值。

（三）分阶段为0～3岁婴幼儿选玩具

一件好的玩具不仅仅可以启发婴幼儿的智力，训练其触觉、视觉、嗅觉等各种感官功能，还能激发婴幼儿的创造力。但如果父母毫无目标地为婴幼儿添购各式各样的玩具，不仅无法达到教育意义，反而会养成婴幼儿的不良习惯。

不同年龄段婴幼儿的智力发育的敏感期是不一样的，因此父母在选购玩具时，应该选择适合婴幼儿生理和心理特点的产品，为婴幼儿提供设计有趣、高质量、多元化的玩具，让他们拥有更多的想象空间。

1．0～3个月婴幼儿

出生不久的婴幼儿十分乐于学习和探索周围的世界，他们的探索活动逐渐从偶然的发现发展到有意识的活动。随着婴幼儿的成长，清醒的时间比睡眠的时间逐渐增多。另外，感觉能力也得到进一步发展：眼睛调节功能增强，能看清较远和较近的物体；耳朵的灵敏度有了提高；被成人抱起时头部稍微竖起，头部转动自如；见到爱他的妈妈和有趣的东西，他还会偷笑。

玩具选择要点：造型优美、色彩鲜艳、有利于促进婴幼儿视觉及视听协调发展的玩具。

推荐玩具：音乐旋转玩具或音乐拉响玩具，会发出悦耳声音的花铃棒、拨浪鼓，在婴儿床上方悬挂的彩色气球，形象各异的小娃娃或小动物等。

2．4～6个月婴幼儿

这个年龄段的婴幼儿已经掌握了很多的技能，感知能力进一步加强，双手功能有了提高，手里拿到东西就会抓住不放，躺在床上也开始“不老实”，自己会翻身，活动范围逐渐扩大；听到大人讲话，会发出“嗯”、“啊”的声音，开始学会认生。

玩具选择要点：能发声、运动和不同质感的玩具，帮助婴幼儿提高身体协调能力；有利于发展婴幼儿感知能力、锻炼婴幼儿小手的抓握能力的玩具；有利于发展婴幼儿身体动作（翻身、俯卧、抬头、支撑胸部）的玩具。

推荐玩具：各种摇铃、床铃、会响的橡胶玩具。

3. 7～9 个月婴幼儿

体能的发展为婴幼儿提供了全新的世界，这个年龄段的婴幼儿能够依靠自己坐起来，能灵活爬行，如果有凭借力，也许还能够站起来。他们看见熟人会把手伸出来要人抱。喜欢和大人“躲猫猫”。会用手膝着地爬行，看到东西伸手就去抓，近物远物都看得见，能听懂成人的简单指示，嘴里开始牙牙学语。动态玩具能促进婴幼儿小肌肉的发展，可以浮在水上的玩具能让婴幼儿发觉洗澡的乐趣。

玩具选择要点：有利于培养婴幼儿认识能力的玩具；经得起婴幼儿甩、敲的玩具；帮助婴幼儿练习坐和爬行的玩具。

推荐玩具：不倒翁、充气小帆船、球类、宝宝车等。

4. 10～12 个月婴幼儿

12 个月的婴幼儿已会站立，迈开脚步要学走路，小手喜欢抠洞穴，会认五官，会叫爸爸妈妈，看见客人会招手挥手。这个年龄段的婴幼儿不仅认识常见的人和物，对自己感兴趣的东西能有较长时间的观察，也会用手势和声音对观察到的事物表示不同的反应，会模仿观察到的某些动作和声音，开始用面部表情、手势等和成人交往，希望更多地与别人交流。

玩具选择要点：有利于促进婴幼儿语言、认识能力、动手能力的发展的玩具；有利于促进婴幼儿站立和行走的多功能玩具。动态玩具、学步车等都能锻炼婴幼儿的认知和行动。

推荐玩具：动物玩具、汽车、电话、小推车。

5. 1～2 岁婴幼儿

这个年龄段的婴幼儿手指灵活性有了很大的提高，也有了自己的思想，能够根据所看到和所听到的东西进行判断。家长可以给婴幼儿提供一些能够发展思维能力的玩具，让婴幼儿多动脑，在玩的过程中总结经验，形成自己的概念。

玩具选择要点：可以选择一些发展感知觉和认识能力的玩具；促进动作发展的玩具；训练手部精细动作的玩具；促进语言和认知能力的玩具以及训练思维和动手能力的玩具。

推荐玩具：套环、套筒、串珠类；能拼搭的积木类；拖拉玩具、图画书类。

6. 2～3 岁婴幼儿

两岁左右的婴幼儿已经有了自我意识，很多事情喜欢自己动手去做、去探索。在这个年龄段婴幼儿由“玩具陪我”进入到“我玩玩具”，简单的玩具已经不能满足他们的需要了，家长可以给婴幼儿提供一些稍微复杂、能启发他们主动性和创造性的玩具，因此玩具选择上以能发声、发光、耐摔，且要富有创造性为主要要求。

玩具选择要点：积木拼插玩具、早期启蒙教具玩具都适用。任何能动的和能激发婴幼儿跑、追、摇、扑上去、跳起来的玩具，都可以很好地发挥婴幼儿的主动性。

（四）利用生活环境中的材料制作活动材料

玩具并非成品才好。婴幼儿往往喜欢日常用品。家庭中许多废旧物品都可以当做玩具，或者经过改造制成有趣的玩具，辅助婴幼儿进行运动训练和能力开发，培养良好的情绪情感和社会性行为。

1. 图片

生活中的图片来源广泛，许多用于广告宣传的图片颜色鲜艳、印刷精美，可以改制成很好的游戏材料，如认识日常物品、剪成各种难度的拼图等。

2. 盒子

大到冰箱、洗衣机的包装盒，小到牙膏盒、药品盒等，常见的有饼干盒或蛋糕盒、纸巾盒、牛奶盒等。这些盒子用处非常多，大的可以用于运动性活动，如钻、爬等；中等的可以当做积木，用于垒高；小的可以当做形状盒，或用于给婴幼儿玩“放进去、倒出来”等。而且，盒子本身的形状、颜色、材质等都是很好的认识对象，也可以和其他材料组合，变成许多自制玩具。例如：在空盒子里面放一些物品，让婴幼儿摇动，听听声音，说说里面“有”还是“没有”，再打开看看、说说里面放了什么物品。

用豆腐盒可制作小拖拉车，车上装上不同的蔬菜、水果、积木，让婴幼儿拉着，边玩边说。

3. 瓶子和罐子

常见各种饮料瓶、薯片罐等，有的是塑料的，有的是金属的，大的可以用做障碍物，小的可以抓握在手里。

可以用各种空瓶玩配对游戏。在小瓶的任何一面，用即时贴贴上各种几何图形（圆形、方形、三角形）或不同的颜色（红、绿、黄），并在瓶盖上也贴上相应的图案或颜色，让婴幼儿一边配对一边说"某某和某某是一样的"。

收集日常生活中用的各类空瓶子、空罐头等，洗净后在各个瓶子中分别放入黄豆、小石子、沙等，摇晃这些瓶子或罐头盒后能发出声响，但是要把盖子拧紧，防止这些物品外漏。瓶子中的物品可根据婴幼儿的兴趣及时更换。

4. 布料和绳子

柔软的布料、各种绳子可以进行各种缝合，制作成轻便的玩具，不会对婴幼儿造成伤害。

可以把布料剪成圆形，把两片缝合起来，就制作成一个软式飞碟，既轻又飞不高，给婴幼儿使用非常适合。

可以选用一块质地柔软的布，制成几个布袋，里面分别装进米、绿豆、花生米等物品，让婴幼儿在布袋外面触摸，感受布袋里所装物品的颗粒大小等。

可以用手帕、布料中同类的、相似的图案剪贴制作成图片或布质图书，如各种动物、某个卡通动物等。

可以用布条、绒线（开司米）、包装绳等编成辫子，再组成各种动物、花草树木，如金鱼、毛毛虫、小花、小树，让婴幼儿边看边说。

第三节　婴幼儿教养活动的指导

早期教养活动主要借助亲子互动的方式对家长进行育儿观念、育儿知识以及育儿方式的传递，这时的活动是教师、家长、婴幼儿之间展开的三方互动，这里包括亲子之间、教师与家长、教师与婴幼儿之间同时展开的三角双向互动。这类活动我们称为"早期教养指导活动"。

一、早期教养活动概述

从婴幼儿经验和现实出发，一般将婴幼儿早期教养活动划分为肢体、听说、表现、生活、探索、交往等六个领域，每个领域都从婴幼儿发展的实际出发，从婴幼儿遇到的问题和生活现实出发，注意从易到难，从简到繁，从近到远，合理安排课程内容。这就使课程内容既符合婴幼儿发展的逻辑，又符合内容难易和经验关联的逻辑；同时将渗透的理念融入这六个领域之中，使婴幼儿课程前后联系，左右关联，浑然一体。

（一）婴幼儿早期教养活动的特点

第一，通过生动活泼的体能游戏，发展婴幼儿坐、爬、行、跑、跳等肢体运动能力，促进其全身平衡协调性发展和空间运动能力的提高。通过协同操作的动手游戏，发展婴幼儿的精细动作和小肌肉控制的灵活性，培养手眼协调能力和动手的能力。

第二，通过生趣盎然的认知游戏，激发婴幼儿的好奇心和探索的兴趣，培养婴幼儿的观察力、注意力、记忆力、分析归类能力以及想象力、创造力。通过丰富多彩的音乐游戏，体验律动、节奏和美妙音符，初步培养婴幼儿对音乐艺术的感悟和审美情趣。

第三，通过形象逼真的角色游戏，引导婴幼儿互相交往，与人合作，培养他们相互协作的团队精神和良好的独立性格，促进婴幼儿个性与社会性的协调发展。

(二) 婴幼儿早期教养活动的内容

根据婴幼儿的发展特点以及婴幼儿教育的特点，早期教养活动既要满足婴幼儿的需要和可能获得的经验，又要能融合婴幼儿的发展和成长。简单地说，婴幼儿教养活动是以游戏式的课堂教学来促进婴幼儿在大运动、精细动作、认知、语言以及社会行为等智能领域的能力提高。从婴幼儿的经验维度看，早教课程大致可以包括以下六个方面或领域。

1. 生活活动

有关进餐、睡眠、盥洗等基本生活能力方面的经验，重点是获得基本的生活能力，养成基本的生活习惯，对生活充满安全和愉快的情绪。

(1) 建立与照料者的依恋和信任关系。

(2) 获得初步的生活能力。

(3) 建立初步的生活习惯和秩序。

(4) 对幼儿园或早教机构的生活感到安全和舒适，保持稳定和愉快的情绪。

(5) 萌生独立自主的意识和能力。

2. 运动活动

有关肢体运动能力方面的经验，重点发展大肌肉动作，也包括散步等与自然、社会接触的活动，以及由此形成的认识和感受。

(1) 发展基本的运动能力和身体机能(平衡、手眼协调等)。

(2) 感受运动的快乐和自信。

(3) 感受与身体运动有关的时间和空间关系。

(4) 运用身体动作感知并主动探索周围环境和材料。

3. 认知活动

有关手部精细动作方面的经验，重点发展手指动作和手眼协调等能力，也包括婴幼儿对物品的探究、操作以及由此形成的认识和感受。

(1) 感受探究、操作的快乐。

(2) 运用各种感官主动探索和表达。

(3) 愿意扮演角色和与人交往。

(4) 尝试玩多种材料和简单的工具，能爱惜物品。

(5) 能选择角色并表现角色行为，发展想象力。

(6) 建立与同伴的亲近、友爱关系。

4. 语言活动

有关倾听和口头表达方面的经验，重点发展倾听习惯和口语表达能力，也包括各类作品的欣赏及与他人的语言交流等能力。

(1) 愿意倾听别人说话，愿意表达自己的认识和感受。

(2) 形成阅读的习惯，感受阅读带来的快乐。

(3) 喜欢倾听优美的语言和音乐。

(4) 尝试表达自己的想法。

5. 探索活动

有关观察能力和好奇心、求知欲等方面的经验，重点发展对周围世界的好奇心及好问的习惯，也涉及对生活、环境的兴趣与经验。

(1) 对周围的自然、社会和文化事物、现象及活动充满兴趣，有关注和探究的倾向。

(2) 运用动作或语言表达对各种事物和现象的喜爱、好奇。

(3) 使用各种感官主动探索周围事物、现象的特点和规律(类别、异同、形、色、数量、时空等)。

(4) 观察客观事物,并建立与已有经验的联系。

(5) 关注各种社会生活活动,愿意去了解、参与、尝试或模仿。

(6) 建立关心、爱护动植物和周围环境的意识。

6. 艺术课程

有关表达和审美方面的经验,重点发展涂、画及唱等经验教学,也包括对美好事物的兴趣、节奏感、肢体语言发展等能力。

(1) 对身边美好的事物有兴趣。

(2) 愿意用纸笔等材料表达自己的认识和感受。

(3) 愿意倾听、哼唱音乐作品。

(4) 愿意用音乐、舞蹈等表达自己的认识和感受。

这六个层面只是一种相对的经验划分,它们彼此之间相互联系,在更多的情况下,六者是有机结合在一起发生教育作用的。教师充分了解和把握这六类活动的特点和功能,将有助于对这些活动形式进行合理的、整体的运用。

资料链接

特色课程介绍

早教机构开设的课程活动体系,从理论上都是围绕婴幼儿身心发展的各个领域来建立的。由于这个开放性、交互性的立体成长空间的无限性,所以各早教机构要根据各自的办学条件(环境、师资等)来选择自己课程活动体系的重点发展方向,从而建立起自己的特色课程。

婴幼儿成长发展的各个领域不是孤立存在的,而是相互联系、相互渗透、相互交织甚至相互依存从而浑然一体的,因此早期教育活动的主要特色内容即课程活动也不能拆分为单一的、孤立的课程,而是要把婴幼儿的全面发展理念运用到所有的课程活动之中。下面介绍几种最为常见的、"综合性"较强的经典特色课程。

1. 奥尔夫音乐课

以节奏作为纽带,将音乐、舞蹈、话剧、游戏、美术等科目联系起来,形成一种综合的艺术教学手段,让婴幼儿在轻松、愉快的氛围下,感受、领悟和表现人类丰富的情感世界。其中,创造性是奥尔夫音乐活动的核心,全面感受和表现音乐,培养发散性思维。同时,奥尔夫音乐教学在帮助婴幼儿树立自信心、提高婴幼儿音乐鉴赏能力和表现能力等方面也起到了重要的作用。

2. 蒙台梭利教学活动

强调培养婴幼儿的专注性、独立性、有序性和创造性,特别尊重婴幼儿的个体人格。它讲求抓住婴幼儿的敏感期,指导婴幼儿动手动脑。经过蒙氏教育的培养,能使婴幼儿未来更有效地掌握知识,长大成为有能力、愿意服务人群、获得无限成功和快乐的人。

3. 彩虹屋

彩虹屋中科学合理地安排了绘画、手工、泥塑及有趣的日常生活劳动,在丰富多彩的美育活动中,引领婴幼儿步入艺术的殿堂,培养婴幼儿的动手能力,激发其表现美、创造美的愿望;能使婴幼儿增长才智,其教育的过程同时也是扩大婴幼儿的眼界,丰富其知识,发挥婴幼儿创造力、想象力,增强记忆力和观察力的过程;能促使婴幼儿身心健康发展,让他们动作灵活、协调,性格乐观,具有较强的感受美的能力和表现美的愿望。而最重要的是,亲子美劳教育能加强父母与婴幼儿之间的心手互动,让亲子情感在美劳活动的过程中得到升华。

(三) 婴幼儿早期教养活动选择

在婴幼儿早期教养活动的选择过程中,早教机构应围绕上述六大领域选择婴幼儿感兴趣的,同时又能发展婴幼儿多种能力的生活化的内容，构建成一个个贴近婴幼儿生活的单元主题，以主题活动、区域活动、家园同步工作等形式实施。在实施的全过程中，教师要注意把握课程活动内容的适宜性与科学性，要讲求教育活动形式的趣味性与操作性，要在实施过程中根据婴幼儿的反应和家长的认可度及时调整。早期教育活动的实施过程就是一个需要不断调整、改进的动态过程。

1. 内容的选择来源于婴幼儿生活

要遵循陶行知先生的生活教育内容论。在陶行知生活教育理论看来，生活就是教育，教育内容因生活的变化而变化。因此，教师在选择课程活动的内容时，要注意内容、材料、形式等层面的生活化，要贴近婴幼儿生存发展的生活环境。

2. 选择婴幼儿身边的人、事、物

陶行知先生说，婴幼儿教育的内容和形式必须贴近婴幼儿的生活，反映婴幼儿的需要，让他们从自己的世界出发，用自己的眼睛观察社会，用自己的心灵感受社会，用自己的方式研究社会。婴幼儿对现实生活中的人、事、物特别感兴趣，总想把自己融于各种角色中，喜欢模仿医生打针、妈妈照看小孩、交警值岗等。所以，教师要从婴幼儿的兴趣点出发，利用社区的资源，引导婴幼儿在生活中体验、在体验中锻炼、在锻炼中茁壮成长。

3. 引导婴幼儿在实践中探索

早期教养活动是以婴幼儿活动为基础的，活动的教育意义在于对婴幼儿生活的引导。在婴幼儿的生活中，实际存在一个婴幼儿的世界，教师只有尊重他们的喜怒哀乐，才能成为婴幼儿的朋友，才能引导他们更好地成长。

二、婴幼儿早期教养活动的实施

早期教养活动的实施是活动方案产生实际教育成效的过程，也是在活动方案的指导下，教师、家长、婴幼儿及环境产生相互作用的过程，也就是婴幼儿的学习过程、活动过程、生活过程、发展过程。

(一) 实施的指导思想

1. 以婴幼儿为主体

早期教养活动的主体是婴幼儿，活动的目标和内容都以重视婴幼儿的身体、情感的发展为主线，游戏和玩耍无疑便成了婴幼儿活动的主要形式。在早期教育活动中，应着眼于婴幼儿的身心特点和发展规律，去了解婴幼儿、尊重婴幼儿、发展婴幼儿，不用成人的眼光、价值观来评判婴幼儿的行为，让其童年留下珍贵的童真和童趣。

2. 突出婴幼儿的特征

0～3 岁婴幼儿处于生命的最初阶段，“弱小”和“稚嫩”是这一阶段婴幼儿的基本特征。0～3 岁婴幼儿的动作技能不断发展，表现出喜欢模仿，对生活中的事情感兴趣，喜欢模仿成人做饭、洗衣服、扫地，甚至穿大鞋等，并渴望得到成人的支持。最重要的是，这个年龄段的婴幼儿身心发展迅速，不同月龄段的婴幼儿存在着很大的差异性，相同月龄不同婴幼儿之间也存在较明显的个体特征差异。所以，早期教育的课程活动要细化，针对不同发育时期的婴幼儿，采用不同的内容与方式，符合不同时期的婴幼儿的身心发展特征。

3. 强调生活化的学习

生活教育是生活所原有、生活所自营、生活所必需的教育，教育上的根本意义是生活之变化。生活无时不变，生活无时不含有教育的意义。因此，早期教育只有来源于生活、根植于生活、与生活齐头并进，才能在人的发展和社会的进程中达到和谐统一的境界。教师选择的教育目标、内容和方法体系必将作用于生活，对生活产生这样那样的影响。0～3 岁婴幼儿阶段的课程尤其注意将早教机构的一切活动都视为婴幼儿的学习内容，主要以个别、小组的形式开展活动，并重视过程导向的学习，让婴幼儿在体验中获得发展。

（二）实施的基本原则

在实施早期教养活动的过程中，教育行为要以遵循活动实施的指导思想为前提，还要根据婴幼儿发展的特点，按照婴幼儿教育的基本要求，遵循早期教养活动的基本原则。

1. 启蒙性

由于婴幼儿的活动范围和独立应对的世界相对简单，其身心发展水平还相对较低，无法理解成人世界的知识和规范，也无法理解和践行成人世界的行为准则，因此，婴幼儿教育经常是浅显的和伴随行动的教育，经常是模仿胜于解释，经常是对婴幼儿尝试的鼓励和启发。0～3岁是生命的开端，开端教育是从零开始、从无到有的启蒙教育。

2. 生活性

教育者是在与婴幼儿共同生活的过程中，通过对婴幼儿生活和其他活动进行帮助和支持实现教育的。婴幼儿的早期教育就是教师引导家长协助婴幼儿解决生活中的各种问题，从而实现帮助婴幼儿获取生活知识、逐渐形成生活能力的目的。因此，享受生活、提高生活能力、感受生活乐趣就是婴幼儿教育的重要内容。

3. 体验性

没有婴幼儿的行动参与，就没有婴幼儿的学习，也就不存在真正意义上的早期教育。婴幼儿早期教育的核心是让婴幼儿在家长协助下做适当的事，包括探索、寻觅、操弄、交流、表达、尝试等。婴幼儿早期教育是一个过程，是其全身心投入的过程，是婴幼儿尝试练习的过程，也是婴幼儿解决简单问题的过程。因此，在亲子活动中，应给予婴幼儿充裕的时间、宽松的环境、适当的材料、足够的空间、恰当的引导，这是婴幼儿早期教育的基本要求。

简言之，早期教育是一个过程，强调婴幼儿在过程中体验、获取才是早期教育的真谛。只有这样，婴幼儿的学习过程才能真正展开。

4. 重复性

与其他阶段的教育不同，婴幼儿对已有的但并不熟练的经验有一种本能的迷恋。满足婴幼儿对活动和材料的迷恋，让婴幼儿进行适当的重复对婴幼儿的发展是很有价值的。可以说，婴幼儿的新经验就是在适当重复的过程中“品味”出来的，因此，早期教育要求关注婴幼儿的这种本能，尽可能提供重复的机会，让婴幼儿在重复中提升和发展。

5. 整体性

从梳理婴幼儿关键经验的角度，从婴幼儿发展的全面性的角度，我们必须按照成人的逻辑去整理婴幼儿的经验或目标，这也是世界上影响力较大的早期教育课程设计的共同经验，但这并不意味着要把成人的逻辑严格地延伸和落实到早教课程的各个环节和步骤中去，并不意味着要让婴幼儿去感受这种逻辑和结构。在早教活动中，成人的逻辑随着课程内容的选择会不断淡化、转化甚至消弭，最后落实到婴幼儿身上的课程内容是整合的、跨经验的、跨领域的、与生活相关联的。与婴幼儿直接面对的是活动，是生活，而无须面对特定的意识领域。

（三）实施的总体目标

在陶行知先生的生活教育理论中，“在生活中找教育，为生活而教育”的观念相当明确，为此，早教机构应当把“学会生活”定义为“就是学会幸福生活所必须具有的积极的生活态度和基本的生活能力”，也就是具有良好的“生活力”。而一个人的生活力，决定于其身心健康状况、认知水平、观念与意识及相应的技能等几方面的综合统一。因此，早教课程的总体目标是：健康的身心、积极的情感、广泛的认知、粗浅的技能。早教机构的教育活动应围绕这个总体目标开展各项活动，并渗透于各个领域之中。

0～3岁是人一生中大脑迅速发展的重要时期，也是可塑性最强的时期。科学的早期教育，不仅直接影响婴幼儿的身心发展，而且影响婴幼儿一生的生活质量。在各类课程中往往特别重视婴幼儿以下四方面的训练和培养。

1. 动作的训练

(1) 发展大动作。保证婴幼儿每天有一定的户外活动时间，循序渐进地发展婴幼儿的坐、爬、站、走、跑、跳、平衡等大动作。

(2) 发展精细动作。提供机会，让婴幼儿操作适宜的材料，发展婴幼儿的精细动作。

(3) 重视体格锻炼。利用阳光、空气、水等自然因素，选择空气新鲜的绿化场所，开展适合不同发展阶段婴幼儿身心特点的户外游戏和体格锻炼，提高其对自然环境的适应能力。

2. 语言的培养

(1) 创设良好的语言环境，在生活活动中随时随地与婴幼儿多讲话，让婴幼儿感知和理解语言。

(2) 注意成人正确的语言示范，坚持用普通话与婴幼儿交流，注意发音正确、语速适中、语词简洁。

(3) 选择适合0～3岁婴幼儿的图书和有声读物，多给婴幼儿讲故事、念儿歌，经常一起阅读与交谈，发展婴幼儿的语言能力。

(4) 丰富婴幼儿的生活内容，扩大婴幼儿的眼界，丰富婴幼儿的词汇，提高婴幼儿语言表达能力。

3. 认知能力的培养

(1) 布置适宜的视听环境，促进婴幼儿与环境的良好互动，发展婴幼儿的感知能力。

(2) 提供丰富的可操作的材料和符合0～3岁婴幼儿年龄特点的玩具，经常和婴幼儿一起游戏，让婴幼儿运用多种感官、多种方式摆弄、操作物品，获得各种感性经验。

(3) 鼓励婴幼儿观察周围事物，提供应答性的环境，正确对待婴幼儿的问题，满足婴幼儿的好奇心，支持其探索活动。

(4) 提供自由表现的机会，鼓励婴幼儿用自己的方式大胆地表达自己的想法，培养婴幼儿的创造力。

4. 情感和社会性的培养

(1) 引导婴幼儿倾听、感受轻柔、欢快的音乐，开展肢体律动等音乐游戏，经常与婴幼儿一起唱童谣、歌曲；鼓励婴幼儿大胆涂鸦，表达自己的情感。

(2) 引导婴幼儿主动与人打招呼，鼓励婴幼儿多与同伴共同游戏、积极交往，引导婴幼儿理解基本的社会行为规则，让婴幼儿感受交往的愉悦，发展婴幼儿的社会交往能力。

(3) 鼓励婴幼儿自己动手，学习吃饭、穿脱简单的衣裤和鞋袜、整理玩具，培养婴幼儿力所能及的生活自理能力，为适应幼儿园的集体生活打下良好的基础。

(4) 引导婴幼儿参加各种活动，适应集体环境，让婴幼儿体验与他人共同生活的乐趣。

(四) 实施的主要形式

根据婴幼儿身心发展的特点，结合早教课程的实践经验，课程实施的主要途径有以下四种。

1. 生活活动

把握婴幼儿发展的特点，从婴幼儿的需要出发，有针对性地提供生活照料是婴幼儿课程的重要特色，也是婴幼儿课程的重要任务。

生活活动主要是满足婴幼儿生活需要和发展婴幼儿生活能力的活动。婴幼儿的生活活动包括进餐、盥洗、睡眠、如厕、饮水等方面。生活活动是婴幼儿生命成长不可缺少的。合理、科学的生活制度和习惯，适宜的生活内容和设施、材料，有助于婴幼儿的健康成长。婴幼儿的生活护理是婴幼儿课程的重要组成部分，婴幼儿在得到护理的过程中，获得了基本的生活经验，增进了与教师、家长之间的联系和信任，满足了基本的生理需要。生活活动也是婴幼儿其他学习活动的前提和基础。

2. 教学活动

教学活动是针对婴幼儿的身心发展特点专门组织的学习活动。这类活动明确包含相关的经验，需要教师进行一定的直接指导。教学活动并不是以教师为主的活动，而是教师引导家长协助婴幼儿使用多种感官探究、操作、体验及交往的活动。教学活动并不意味着婴幼儿就是被动的,相反,课程应追求的是婴幼儿的主动学习。

主动学习是指由学习者所引发的学习,而不是教师"交代"或"提出"的学习。主动学习有以下五个基本的要素。

(1) 材料:婴幼儿能容易地取得各种有趣的材料。

(2) 操弄:婴幼儿能自由地把玩、探索及使用材料。

(3) 选择:婴幼儿有机会设定他们自己的目标,并选择材料和活动。

(4) 婴幼儿的语言表达:婴幼儿能够讨论他们在做些什么及他们完成了什么。

(5) 成人的支持:通过与婴幼儿讨论他们正在做的事情,参与婴幼儿的游戏并协助婴幼儿解决问题,成人可以鼓励婴幼儿的努力,并协助其扩展或建构他们的活动。

因此,教学活动是依据一定的经验让婴幼儿主动参与、积极投入的活动。教学不是向婴幼儿灌输的过程,而是教师影响婴幼儿活动的过程。教学活动的形式是多样的,可以是语言和行为的互动,也可以是婴幼儿对客观事物的探究;可以是婴幼儿多种形式的表达,还可以是形式多样、生动活泼的游戏。

3. 区域活动

与教学活动相比,区域活动更主要是小组的或个别的。区域活动根据材料和功能的不同,可以作不同的分类,例如将区域划分为图书区、积木区、益智区、扮演区、美劳区、发现区、律动区、户外区等八类。每类区域包括特定的材料,因而具有特定的活动和功能。

区域活动根据其活动内容产生不同的功能。婴幼儿的经验有些不是通过教学活动,而是通过区域活动获得的。有时教学活动中的某些经验需要在区域活动中加以反复和强化,有时区域活动可能是生活活动的延续。由于婴幼儿原有经验的不同,相同的区域和材料,可能会引发婴幼儿不同的区域活动。总之,区域活动是婴幼儿重要的课程活动,婴幼儿每天都需要多次参与到区域活动之中。不同区域的主要功能概括如下。

(1) 图书区:给婴幼儿创造早期阅读的机会,营造安静、无干扰的阅读环境,提供适宜的读物,促进婴幼儿阅读习惯和阅读能力的发展,让婴幼儿感受到阅读的愉快;

(2) 积木区:给婴幼儿提供各类适宜的积木,提供有助于积木搭建的环境和条件,促进婴幼儿建构能力的发展,满足婴幼儿建构的乐趣;

(3) 益智区:给婴幼儿提供各类能拼、插、摆等的益智材料,满足婴幼儿操作的愿望,发展婴幼儿的动手能力和创造能力;

(4) 扮演区:给婴幼儿提供有助于其扮演特定角色和履行角色行为的物质材料,创设有助于角色行为发生的物质和心理环境,促进婴幼儿的交往能力、创造能力及语言能力的发展,使婴幼儿能体验扮演的乐趣;

(5) 美劳区:给婴幼儿提供适宜的绘画、纸工、泥工等物质材料和辅助工具,给托班婴幼儿动手的机会和创造、表达和表现的机会,让婴幼儿体验创造的愉悦;

(6) 发现区:给婴幼儿创设探究、发现的环境和条件,满足婴幼儿的好奇心,促进婴幼儿动手能力、观察能力等的发展;

(7) 律动区:给婴幼儿提供适当的音乐及相应的音乐活动器材,促进婴幼儿的音乐感受能力和表达能力的发展,体验音乐活动的快乐;

(8) 户外区:给婴幼儿提供适宜的活动器材,促进婴幼儿运动能力的发展,使婴幼儿有运动的习惯,发展运动能力,感受运动的愉快。

4. 亲子活动

亲子活动即家长参与的活动,是当下早期教育活动的重要形式。家长参与活动有三种不同的类型。一是家长参与婴幼儿活动过程,作为志愿者、作为辅助活动人员与婴幼儿在活动情境中发生相互作用。这种相互作用是具体的,与婴幼儿教育要求一致,可以是一对一的,也可以是一对多的。二是家长以提供材料或经验准备的方式，间接地参与婴幼儿活动，这种参与是经常发生的，也是家长基本的参与活动方式。三是婴幼儿课程活动在家庭的延伸，这是家长参与活动的重要方式。由于活动内容的不同，家长的作用是多种多样的，有直接的指导，也有间接的帮助等。家长参与婴幼儿的教育活动能促进婴幼儿的积极情绪，同时能使家长了解早期教育的特点和基本的内容、方法，促进家庭教育与早期教育机构教育的一致性，增进家长与婴幼儿之间积极的相互作用。

（五）实施个别化教学计划

每个婴幼儿都是一个独特的个体，都有自己独特的成长发展规律，最好的教育就是适宜他个性发展特点的教育。

1. 个别化教学计划的含义

个别化教学计划就是根据每个婴幼儿的特点与需要而制定的适合婴幼儿个性的、能够促使婴幼儿发展的教学计划。个别化教育也是当今世界教育发展的潮流和趋势。

2. 设计个别化教学的必要性

人与人是不同的，这种人与人之间的差别称为个体之间的差异。每个人本身内在的各种功能里也会有所不同，这种不同就是个体内部差异。由于个体之间和个体内部差异的存在，使得每个人的特点与需求不同。只有就个体特点与需求进行有针对性的教育训练，才能最大限度地挖掘每个人的潜能。个别化教学就是这样一种思想观念的体现。

3. 实施个别化教学计划的方法

根据婴幼儿教育的特点，实施个别化教学的形式主要有一对一的个别化教学、小组教学和团体教学等三种形式。

（1）一对一的个别化教学，主要适用于家庭。实施一对一的个别化教学计划的步骤如下表所示。

熟悉个别化教学计划的内容及操作方法； 准备教学过程中必备的玩教具； 按约定的时间准时等候婴幼儿，如果是入户教学，要在约定时间准时到达婴幼儿的家庭，注意避开婴幼儿的睡眠时间； 按常规要求接待家长，如果是入户，进门后要主动换鞋、洗手； 按照个别化教学计划的要求进行操作，5个月以内的婴幼儿可以根据其特点直接进行训练，年龄稍大的婴幼儿要先与家长进行沟通，再与婴幼儿交流，与婴幼儿熟悉之后再操作教学计划； 注意做好个别化教学计划实施的记录。

（2）团体教学和小组教学主要适用于托幼机构，可以根据教学对象选择教学方式。实施团体教学或小组教学计划的步骤如下表所示。

熟悉个别化教学计划的内容及操作方法； 准备教学过程中需要的玩教具； 向家长讲解注意事项和配合教学的方法； 安排小组练习； 安排个别婴幼儿的训练； 不同的练习内容在同一时间内进行练习； 组织家长与婴幼儿进行一对一的练习并进行个别指导； 做统一的团体游戏训练； 安排课后家庭练习内容； 记录教学训练的结果，对婴幼儿的进步进行评估； 选择实施个别化教学的游戏。

游戏是各种能力的综合性训练，为婴幼儿各种能力的发展提供了机会。游戏根据教育功能可分为两大类。

第一类是主动性游戏，是婴幼儿创造性地反映生活的游戏，主要包括以下四种。

① 操作性游戏，是婴幼儿需要用四肢大小肌肉的活动来完成的游戏。例如：攀、爬、抛、扔、捉等运用手脚协调进行的游戏，可选择推拉玩具、搓泥胶、拼插图形等玩具配合训练。

② 建筑造型游戏，是婴幼儿利用不同的建筑材料和与建筑活动有关的动作来反映周围生活的游戏。例如：玩积木、玩塑料玩具、玩沙、玩水等游戏。

③ 创作性游戏，是婴幼儿凭借自己的生活经验，用简单材料制作物品的游戏。例如：绘画、折纸、剪贴、编织、泥塑等美工活动。

④ 想象性游戏，是婴幼儿利用现有的物件或玩具，再加上自己的想象力进行的游戏。例如：反映婴幼儿生活的角色游戏、根据童话故事改编的扮演角色的表演游戏。

第二类是教学游戏，是教师为完成某一教学目标而编制的游戏，主要包括语言游戏、数学游戏等。

练习与思考

1. 理解婴幼儿教养活动的内涵。
2. 理解婴幼儿教养活动中的环境和玩具，练习环境的布置和玩具的制作。
3. 理解婴幼儿教养活动的指导，能设计教养活动方案。

参考文献

1. 人力资源和社会保障部中国就业培训技术指导中心. 国家职业资格培训教程——育婴员[M]. 北京：海洋出版社，2009.

2. 梁志燊. 学前教育[M]. 北京：北京师范大学出版社，1998.

3. 李季湄. 幼儿教育学基础[M]. 北京：北京师范大学出版社，1999.

（盘海鹰、张新华、钱峰编写）

孩子们的性格和才能，归根结底是受到家庭、父母，特别是母亲的影响最深。孩子长大成人以后，社会成了锻炼他们的环境。学校对年轻人的发展也起着重要的作用。但是，在一个人的身上留下不可磨灭的印记的却是家庭。

——宋庆龄

第五部分 共育篇

学前教育已不再是托儿所、幼儿园里单一的、封闭式的教育，而是家庭、托儿所和社会共同参与的对全体0岁至入小学前的婴幼儿进行的一种综合的、整体性的教育。0～3岁婴幼儿发展与早期教养是家庭、社区和早教托幼机构合作共育的结果。

0～3岁婴幼儿发展与早期教养是以家庭为基础、以社区为依托、以早教托幼机构为辅助、以提高出生人口素质为目标，面向0～3岁婴幼儿及其家长进行科学育儿的新型社区教育和现代服务业，其职业对象主要是家长和在家庭、社区、早教托幼机构等从事婴幼儿早期教育工作的人员。

第九章 对婴幼儿家长的亲职教育

亲职教育是从家庭教育演变而来的新概念，是20世纪末期在美国、日本和我国台湾等国家和地区兴起的一种新的教育模式。

亲职教育始于西方，在德国称之为“双亲教育”，俄罗斯学者称之为“家长教育”，在我国大陆称之为“父母教育”，我国台湾学者中译为“亲职教育”，表述不同。其含义为对家长进行的如何成为一个合格称职的好家长的专门化教育，也就是“怎样为人父母”的教育。众多亲职教育工作者认为，它是指有系统地提供一套关于如何为人父母的知识与技能的过程，使参与者能有效地帮助子女成长，属于成人教育的范畴。在不少发达国家都有相关的专业培训机构。在德国，有母亲学校、双亲学校、夫妇研习会；在日本，有亲子剧场、公民馆；美国设双亲研习机构、研制“父母行为量表”来测量父母的亲职教育水平等。国内外亲职教育理论研究现状表明，亲职教育与家庭教育水平正相关。

第一节 亲职教育概述

一、亲职教育的概念

亲职教育也称家长教育、父母教育，是指为现在的父母提供有关教养子女、为人父母的知识及技能，使其能成功扮演父母的角色，担当其职责，促使子女健康成长发展，做一个有效能的父母。

（一）亲职教育的背景

随着现代社会的发展，家庭教育已成为世界广泛关注的问题，同时也成为世界共同研究的课题。现有家庭教育的种种不足，随着社会发展需求的不断提高而显得越来越突出。要使家庭教育适应社会发展的要求，最根本的问题就是必须提升父母自身的整体素质，掌握家庭教育实施的基本知识、方法、技巧等，因此要培训父母使其认识到自己应该怎样去做一个合格的父母，正确地进行家庭教育，超越既有家庭教育仅仅是父母或长辈对婴幼儿进行教育的落后观念。同时，为人父母者都希望能做一个好父母，养育健康、出色的下一代，满足个人与社会的需要，有益于国家和个人的发展，于是，亲职教育便应运而生。

（二）亲职教育的内涵

“亲职教育”一词是由英文 Parents education 翻译而来的。许多学者都对亲职教育做过界定。

我国台湾学者林清江认为，亲职教育有广义和狭义之分。广义的亲职教育是培养现在和未来的所有父母成为健全的父母；狭义的亲职教育是针对某些不健全的父母而实施的，帮助其改进教养方式，从而成为健全的父母。

王晓燕在《关于父母教育》一文中指出：亲职教育即是父母教育，简言之就是教人怎样做父母的教育，其核心是通过训练父母，使父母掌握养儿育女的正确知识和技能，以达到预防婴幼儿出现问题的目的。

林家兴在其著作《亲职教育的原理与实务》中说：“亲职教育是成人教育的一部分，以父母为对象，以增进父母管教子女的知识能力和改善亲子关系为目标，是由正式或非正式的学校的亲职专家所开设的终身学习的课程。”

詹栋梁认为亲职教育是培养父母教育子女的能力，以形成其适当的职分的教育，此种教育在德国称之为“双亲教育”。

综合各位学者的界定，我们认为亲职教育就是指协助为人父母或将为人父母者，了解自己的职责，提供有关婴幼儿、青少年发展的知识及正确的教育态度，以使其扮演称职父母的教育过程。简言之，就是教人成功地为人父母的教育。

亲职教育的具体含义包括三个方面：① 指导现代父母扮演称职的父母角色，使他们明确如何尽到父母的职责；② 为父母提供调整亲子关系的具体策略，改善父母教育过程中的不当态度与行为；③ 唤醒或指导未婚男女，提早做好为人父母的准备。

（三）亲职教育的意义

从某种意义上讲，亲职教育称得上是初为人父母者的“启蒙”教育。实施亲职教育，唤醒现在为人父母者调整亲子关系，改变过去教养子女的态度和方法，尝试采用以辅导学为基础的民主式教养方式是十分重要的，而且受到社会的广泛重视。

1. 强化社会变迁中的家庭功能

目前由于市场经济的快速发展，职业妇女日益增多，小家庭越来越普遍，加上大众传播事业的发达、知识信息的爆炸等因素，导致伦理的式微，造成不良青少年犯罪率的剧增，实为目前教育最大的隐忧。对于年轻父母而言，教育婴幼儿绝对是一个新课题，那么多层出不穷的具体问题需要解决，上一辈的经验已有些过时，而自己又无教与养的经验可循。好在婴幼儿的问题有共性可寻，亲职教育指导的基础即在于此。实施亲职教育，对于强化家庭功能，确立这方面的新形象与新角色，建立亲子间更和谐的关系，是十分必要的措施。

2. 推广现代父母成功的家庭教育

亲职教育是婴幼儿将来成才的关键。婴幼儿没有好坏，只有快慢。关键在于我们做父母的怎样去开发引导。亲职教育的实施，就是要协助现代父母体察处于社会转型时期子女的习性与人格发展特征，而以适当的态度与方式，顺此习性特征来教育子女，并洞悉子女内心真正的需要，指引子女健全成熟地发展。由此可知，实施亲职教育是教育好子女的根本，也是教育子女的动力，其重要性不言而喻。

3. 培育新时代健全的社会公民

如果为人父母者在心理上有一种历史的使命感，要教育子女成为现代社会的具有较高素质的公民，在精神上有一种社会的责任感，要教育子女成为现代社会健全的公民，他们自然会深入了解父母的职分，了解怎样去做一位成功的现代父母，俗话说“有其父必有其子，有其母必有其女”，以此推知，唯有成功的现代父母才能教育子女成为新时代健全有为的人。

（四）亲职教育的特点

1. 重视培训

采用专家讲座、专家咨询等形式对家长进行培训，培训主题包括新生入园常碰到的问题、婴幼儿入小学前的准备等。内容的设定通常都经过家长调查，都是家长在育儿方面遇到的共性问题，涉及的面也较广，如婴幼儿学习、卫生保健、行为习惯教育等方面的内容，有一定的针对性和权威性。它有利于系统地宣传婴幼儿教育和家庭教育的重要性，提高家长的教育责任感；宣传正确的教育观念、科学的育儿方法和原则；对家长的家庭教育提供帮助，提高家长素质和家教质量，使家长从理论上明确了一个合格的、成功的、称职的父母应该做什么、怎么去做。

2. 强调沟通

早教机构教师通过家园联系栏、家长园地、园刊、家访、电访等多种方式，努力保证家长与教师、家庭与幼儿园之间互相的交流、沟通、合作和互相配合。如在教师的要求下，家庭中家长与婴幼儿一起收集资料、提供材料、设计卡片、装饰教室、布置活动区域等。通过根据实际需要又重点突出的沟通、合作，指导家庭教育，逐步转变家长的观念，要求家长在教育上与幼儿园取得共识，协同进行教育。

3. 实现互动

亲职教育的互动可分为两种。一是家园互动，一般通过家长会、家长沙龙、家委会等形式，家长与幼儿园共商教育策略，共同交流，探讨子女教育的良方。家长对教育上的问题、困惑，通过活动能找寻答案，活动气氛宽松。另一种是家庭亲子互动，是以婴幼儿要求为主，或家长自发的家庭亲子游戏，如在双休日，父母在婴幼儿的要求下，带婴幼儿去公园观察春天，在观察过程中，父母也被美丽的景色所陶醉，和婴幼儿一起找寻春天，一起放风筝，感受春天，父母与婴幼儿的感情在不知不觉中加深，父母的良好心境潜移默化地影响着婴幼儿的个性发展。

4. 突出参与

亲职教育以利用家长教育资源为出发点，请家长参与到教育活动中来，让家长发挥“特长”当助教，为婴幼儿上课、讲故事；或者结合主题教育活动，邀请家长与婴幼儿共同利用假日，寻找资料，丰富知识；也可以结合节日教育活动，邀请家长来园与婴幼儿一起游戏。它通过教师、家长、婴幼儿一起尝试，一起探求知识，共享乐趣。这样有利于增进婴幼儿与父母的情感。

5. 现场指导

它更侧重于家长教育素质和教育技能的提高，是幼儿园、班级教师给予家长和婴幼儿最好的亲职教育方式。在由幼儿园组织的、由家长和婴幼儿一起参加的游戏中，教师通过布置要求，指导家长如何用多种方法引导婴幼儿独立或合作完成某一任务，体验成功；在现场活动中，当婴幼儿产生疑问、遇到困难时，家长可以通过自身的知识、经验，及时给婴幼儿以全力的支持、鼓励、启发与帮助，引导婴幼儿从不同角度思考问题，充满自信，克服困难，解决问题；在现场活动中，教师能运用专业知识和专业技能影响家长的教育行为，从旁指导、帮助家长，给父母一种全新的教育理念，让父母不光知道怎么教，还了解为什么要这样教。在现场指导式亲职教育活动中体现了教师、家长与婴幼儿三者之间的互动。

（五）亲职教育的功能

1. 转变家长教育观念，发挥家庭教养功能

根据台湾家庭教育经验，他们强调的亲职教育是重视培养家长正确教养子女的态度，增进父母管教子女的知识、能力和改善亲子关系。我们的“现场指导式”亲职教育机制设计，强调采用现代育儿的最新理念，通过幼儿园、家长、婴幼儿的共同活动，传播正确的育儿观，传授家庭早期教育的科学知识和方法，指引家长和婴幼儿开展有情趣的、有实效的亲子游戏活动，使家长逐步接受现代育儿的科学理念，掌握现代育儿的科学方法和技巧，使教育内容和指导融入开开心心的游戏活动和平平常常的生活中，让家长切身地感受和理解亲子教育的特殊意义，对亲子游戏在家庭早期教育中的特殊功能有较深刻的领会，促进家长能自编游戏，与婴幼儿共玩同乐，以达到良好的亲职教育效果。

2. 建立家长婴幼儿互动机制，发挥亲情教育功能

婴幼儿的日常生活和各种活动都带有非常浓厚的情绪色彩，亲情对婴幼儿的行为有直接指导性影响。父母鼓励性地参与婴幼儿的游戏活动，会对他们的心理状态起到激发、驱动、支配和制约的作用。在父母关注性的参与下，婴幼儿的情绪愉快，做什么事都积极，乐于学习，愿意接受父母的教育；如果缺乏亲情的鼓励，他们会什么事都不想也不爱动，就会对父母教育产生负面影响。为此，我们认为亲职教育中要充分发挥亲情教育的功能，把亲情性参与贯穿于婴幼儿学习生活的全过程。要摆脱当前在亲职教育中，由于受到功利主义和唯智主义的影响，过多地强调智力的早期开发，而忽略家庭生活中丰富的情感资源开发和婴幼儿情感发展的倾向。

（六）亲职教育的原则

亲职教育应遵循针对性原则、可操作性原则、可接受性原则和直接指导原则。

1. 针对性原则

(1) 针对婴幼儿出现的问题。随着年龄的增长，婴幼儿会不时地产生一些问题，这些问题有认知的、有情感的、有品德的、有动作行为的，等等。家长们对婴幼儿产生的诸多问题有时感到惊讶，有时感到不可理解，有时也会熟视无睹。家长的这些态度和行为往往可能贻误教育的契机。例如，随着婴幼儿心理与生理的发展，活动范围的扩大，他们对知识的要求也越来越强烈，父母如何为婴幼儿提供适合他的书，培养婴幼儿良好的阅读兴趣和习惯就成了家庭教育的难题。

(2) 针对家长当前普遍关心的问题。家长在婴幼儿成长的每一个重要阶段都是非常关心和关注的，如新生入园、进小学读书等。为此幼儿园教师和家长一起设计了“参观幼儿园”、“爸爸妈妈和我一起上幼儿园”、“和婴幼儿一起参观小学”等现场指导式亲职教育活动，让家长和婴幼儿一起来，使家长既了解了婴幼儿今后的学习环境，同时也掌握了这一阶段婴幼儿教育需要注意的事项和要求，对婴幼儿的指导更有针对性。

2. 可操作性原则

亲职活动强调家长亲身参加，让家长“做中学”。为此，活动的设计和实施必须具备可操作性。

3. 可接受性原则

鉴于亲职教育的宗旨是提高家长素质和家庭教育质量，这是以家长为主要对象，是让家长主动参与的，家长既是受教育者又是教育者，因此活动的内容、形式等都应充分考虑，让家长可以接受。

4. 直接指导原则

亲职活动是一种互相观摩、直接指导的活动。教师在这种亲职活动中对家长的指导，有别于家长会或邀请家长作为参观者来园听课等形式，它通过作为指导者的教师和作为学习者的家长之间的互动来促进家长育儿理念的更新和育儿技能的提高，促进家长家庭教育水平的提高。教师对家长的指导是面对面的，是手把手的，即非常直接的。

二、亲职教育的内容

亲职教育是一种指引父母如何扮演角色、调整亲子关系及认真教育子女的非正规或社会教育活动。亲职教育的内容具体论述为以下四个方面。

（一）做好父母亲的基本认识

做父母很容易，但做好父母就不那么简单。人人只要结婚生子，就可以为人父母，但如果他们没有时间或没有心情去教育子女，或有心教育子女却不得要领，那么他们就未尽到为人父母应尽的职责，不可能成为好父母。大体上来说，为人父母者要想做好父母，应具有如下的基本认识。

1. 父母角色的认定

要想使子女身心获得健全发展，父母在家庭里要各自扮演好自己的角色，谨言慎行，恩爱温馨，合作无间，表现出完整人格及民主的风度。

2. 父母职责的认定

父母是家庭生活中的支柱，夫妻双方都应同心协力，共同维护家庭生活的稳定，对子女负有生育、养育和教育的责任，这三方面是同样重要的，缺一不可。

3. 称职家长的亲职工作

大体包括接纳婴幼儿、信任婴幼儿、相信婴幼儿的能力；坦诚地对待婴幼儿，切勿以冷嘲热讽的口气和婴幼儿说话；倾听婴幼儿的述说，尽量腾出时间，来听听婴幼儿的心里话；了解婴幼儿，父母的理解与关爱是婴幼儿永远需要的。称职家长的亲职工作如下表所示。

婴幼儿的需要	父母的工作
生理方面	父母应该给婴幼儿提供良好的生长环境，使他们的身体能适度发展，同时要了解其各阶段发展的关键期
心理方面	最重要的是给婴幼儿爱和安全感，然后从多方面去鼓励他们独立、自理；教导他们凡事要客观、理智，能够接受批评和容忍不同的意见；面对挫折需要冷静，不怕失败
社会化方面	父母是婴幼儿社会化的引导者，应多给婴幼儿提供环境刺激与自由活动的机会，以此来促进认知的发展，养成正确的态度和价值观
情绪方面	健康且有建设性的情绪反应是爱、快乐、同情、喜欢等，父母自身的情绪要稳定，同时要分析婴幼儿异常的情绪反应，加以及时的疏通排解
道德发展方面	关于道德发展，最重要的就是身教重于言教，应避免给婴幼儿游移不定的行为标准
健康和安全的生活	提供足够的空间和机会，鼓励婴幼儿多做大肌肉活动；提供安全的家居环境；提供有秩序和规律的生活；建立婴幼儿良好的起居饮食习惯
学习建立自我形象	帮助婴幼儿认识自己；帮助婴幼儿多做尝试、选择和决定；引导婴幼儿多欣赏自己
学习独立自主	增强婴幼儿的能力感；增强婴幼儿的安全感；避免过分保护婴幼儿
学习以正面态度去处理情绪	引导婴幼儿认识自己的情绪；提供机会让婴幼儿合适地宣泄情绪；示范正面处理情绪的方法
学习与人相处	提供与玩伴接触的机会；教导与群体相处的技巧；教导游戏技巧
学习遵守环境规范	引导婴幼儿理解规则的重要性；协助婴幼儿建立自控能力
学习语言表达和与人沟通	提供丰富的语言学习环境；增强婴幼儿的表达意愿和阅读兴趣
学习探索环境和建立概念	提供吸引探索的学习环境，鼓励婴幼儿多尝试和思考

（二）学习夫妻相处之道

在一个家庭中，夫妻相处和谐，就已经为子女教育奠定良好的基础，而且是子女最佳的模仿对象，并给子女最大的安全感，使他们相信父母是爱他们的。夫妻能融洽相处，对事物的看法、对子女的教养态度才会采取相一致的步调，如果婴幼儿能在充满快乐气氛的家庭中成长，其心胸必然开朗，行事也必将积极进取。

（三）增进亲子间沟通

和谐的亲子关系需要亲代与子女的相互沟通，和谐的亲子关系亦是教养子女成功的基石。亲职教育可以增进亲子间的沟通，促进父母与子女和平相处。

（四）建立对学校教育的适当态度

当生活日趋复杂之后，就需要学校来做有系统的知识传授，父母应关心子女在学校的生活，随时和教师保持联系，尊重教师的意见，不要在婴幼儿面前批评教师，同时父母要有自知之明，接受子女的能力水平，给予合理的期待。

三、亲职教育与家庭教育的比较

亲职教育和家庭教育的概念很容易混淆。亲职教育并不等于家庭教育，两者之间有相通之处，但又不尽相同。所谓亲职教育，是一门教导父母如何了解与满足子女身心发展需求，善尽父母职责，以协助子女有效成长、适应与发展的学问。换言之，亲职教育就是为父母提供有关子女成长、适应与发展的知识，增强父母教养子女的技巧与能力，使之成为有效能父母的历程。家庭教育学者赵忠心认为，一般所说的家庭教育是指在家庭生活中，由家长，即由家庭里的长者(其中主要是父母)对其子女及其他年幼者实施的教育和影响，也就是父母对子女、年长者对年幼者。我们通过下面两个表格对照两者之间的相同特征与不同之处。

亲职教育与家庭教育的相通之处

教育体制	两者均不属于正规教育，换句话说，它们都是非正式的教育
教育内容	两者都是实际生活的需要，使教育与生活打成一片，此种教育针对生活实际，也以生活印证教育
教育目标	两者都是促使子女着眼于为人之道要平凡、平淡、平实，处事之方要容忍、负责、有气度
教育功能	两者对个人一生的前途有决定性的作用，对社会的进步繁荣有深远影响，与国家的长治久安有密切的关联
教育使命	两者都致力于培养家庭中的好子女，使其成为社会上的好公民，负起应有的义务与责任

亲职教育与家庭教育的不同处

	亲 职 教 育	家 庭 教 育
教育重心	采取婴幼儿重心的立场，父母施教宜顾及子女的生活需要及困难	采用父母重心的立场，父母以成人眼光期望来施教
教育原理	注重亲情的交融与内心的感动	注重伦理的启迪与精神的感召
教育模式	采用辅导的方式，注重鼓励引导	采用训导的方式，注重训诲管理
教育气氛	强调民主，但不流于放任态度	偏重权威，而易趋于严格的管教
教育方法	运用多重角色，透过亲情的交流，试图使父母与子女彼此沟通和了解，减除代沟的存在	利用身教和管教交互作用，期盼使子女依父母单一的标准价值行事

从上述所罗列共同特征的要项与析出相辨之异的要点来看，亲职教育是家庭教育的内涵，也是其精神支柱，进一步说，亲职教育是家庭教育的精髓，也是其内在基础，两者有着密切的关系。因此，加强与推动家庭教育的改进，需从贯彻亲职教育的推行入门，这是根本的正途。就此观点而言，亲职教育可以说是一种新型的家庭教育，亦即现代家庭的新观念与学理。但这并不意味着它有新的教育目标与内容，而是指父母教养子女的观念上、态度上与方法上的革新。确切地说，它是加重父母教养子女的职责，体认父母多元角色的教育功能，指出父母教育子女的根基在于亲情流露的至诚指导，而不在于伦理常规的训诫管理。这完全是一种发乎情，出于爱，导之以理，化之以礼，既符合民主原则又配合辅导原理而施行的现代家庭教育。

早期教育的对象是家庭中的家长与婴幼儿，是向家庭普及教育理念，传授行之有效的教养方法。它包括日常喂养、各年龄段生长发育的特点等问题的咨询。比如有些家长认为，婴幼儿没经过爬的阶段，直接站立行走就是聪明的象征。实际上，没有经过爬行阶段的婴幼儿，在后面的生活和学习当中，比较容易出现感觉统合方面的问题。一旦错过了婴幼儿爬行能力的训练，等婴幼儿长大一些后，家长们可能将花费更多的时间和精力来矫正婴幼儿在感觉运动方面面临的问题。

早期教育的首要服务就是对家长进行教养经验的指导，让家长通过早教服务获得教养经验。家长们还可以从书籍、网络等渠道获得早教知识，从而可以更好地开发婴幼儿的潜能，与婴幼儿一起学习成长，共同体会成长的快乐。所以，身为家长，要把握好 0～3 岁这一黄金期，对婴幼儿进行科学的早教，这样，婴幼儿才会按照其本身的特点和潜能健康成长。

第二节 亲职教育的实施

"亲职教育"对于国内许多年轻的父母来讲是一个陌生的概念，它是近年来国际上一门新兴的学科。在国外，从20世纪90年代起，国际社会对婴幼儿早期教育表现出空前的关注。联合国儿童基金会将早期婴幼儿综合发展项目列为优先领域，强调婴幼儿有最佳的人生开端，这一战略性工作以家庭为中心，以社会为基础，通过有效成本控制进行管理。例如，美国著名的"开端计划"、"PAT(父母作为教师)项目"等，他们坚持教育从婴幼儿出生第一天就开始，把培训计划带入家庭，提高父母科学育儿的水平和能力。目前在亚洲的我国台湾、马来西亚、新加坡等地区，已有数以万计的父母参加了"亲职教育"培训，并取得了前所未有的轰动效应。

所谓"亲职教育"就是为了成功教育婴幼儿，父母自己首先要接受的教育。西方教育学家约翰·福特曾经说过："家庭教育的最大误区是重视智力教育而轻视能力或素质教育。许多父母拿着孩子的成绩单在朋友面前夸耀。对成绩好的孩子，父母们有求必应；成绩差的孩子，父母们则冷嘲热讽相加。这种教育方法，必将创造出高智低能儿，并将贻害他们的一生。"我们应该怎样教育婴幼儿？如何才能使婴幼儿成材？这是摆在每一个父母面前的一个不可忽视的问题。现今的许多父母只关注孩子的学习，忘记了自己也需要学习。家庭是婴幼儿形成基本价值观的重要场所，父母是婴幼儿义不容辞的导师和榜样。

我们认为，亲职教育是家庭教育内涵的深化和发展，它包含以下部分：一为"怎样做父母"的尽职教育；二为父母"如何与子女建立正向的亲子关系"的情感教育。由过去以教育子女为主，转向以父母自我教育为主；由父母权威管教为主转向关注发展和引导为主；由单一的家长角色转为医生护士、教师、朋友等多角色；教育方式由一味训斥转为参与交往中给予子女以关怀、发展和教育，为人格完美奠定基础。因此，它是提高新生一代基础素质的带有特殊意义的早期教育和具有特殊形式的社会教育。

3岁以下婴幼儿一般都是散居在家庭，大多数是由祖辈家长、婴幼儿的母亲和保姆照管，家庭、父母(或其他养育者)在0～3岁婴幼儿的成长、发展中起着不可估量的重要作用。因此，我们的早教工作要努力做到婴幼儿、家长、教养人员三方互动，同时加强对婴幼儿家长、保姆及看护人的积极服务与指导，以及对"送医送教上门"人员的服务与指导，实现"家园融合"。

一、家长要首先受教育

从婴幼儿呱呱坠地的一瞬间，父母的"职业生涯"就开始了。婴幼儿的成长是所有父母最关心的事，是父母快乐的源泉，但成长中的疑问和烦恼也会让年轻的父母们束手无策。当我们看到苦于找不到教育婴幼儿的有效方法的父母，看到发展出现了偏差的婴幼儿，作为教育界人士，更因为同样身为父母，我们义不容辞地开始寻找帮助父母科学地教育婴幼儿、促进婴幼儿健康成长、减轻教养压力的有效途径。

"亲职教育"与"父母教育"，其主体都是父母素质培养问题，都认为父母要从思想观念、理论水平、知识能力、方法技巧等方面跟上现代家庭教育的发展。亲职教育主要是帮助父母学习有关新理论新知识，帮助父母树立教育好婴幼儿的信心。所谓父母教育，与亲职教育内涵有所不同，不仅强调父母要把注意力放在学习教育婴幼儿的知识和能力上，而且强调父母要重视自身文化知识学习，提高综合整体素质。

教育是一门科学，教育婴幼儿也是一门科学，但是有些家长认为家庭教育可以无师自通——谁不会生孩子、养孩子、教育孩子，生养教都是自发的！还有些家长延续了父辈育儿的观点：我爸我妈没学什么不是照样把我们培养成人了吗？其实，不可能无师自通，也不是靠一知半解就可以做好家庭教育工作的。要教育好婴幼儿必须学习，必须有高度的社会责任感。不能认为管吃、管穿、管住就可以了，做到了管吃、管穿、管住还远远没尽到做父母的责任。现在不少家长忽视自我心理素质的提高，忽视教育者自身的教育。教育者要首先受教育。不少家长教育婴幼儿都是根据自己的意愿，常常不顾婴幼儿的心理特点和身心发展的具体情况。

(一) 家庭早期教育的误区

通过调查发现,当前人们在家庭早期教育中存在以下几种典型的错误观念和做法。

1. 家长教育观念上的误区

在现实生活中,很多家庭把对子女的教育当成是自家的私事,这种把子女当私有物进行培养的观念,使得一些家长对正当、合理、科学的学校教育和社会教育不予积极配合。当家庭教育价值观与之发生冲突和矛盾时,常出于某种狭隘的目的而另搞一套,这常使得婴幼儿无所适从,在社会化的过程中,难以形成健康向上的人格、心理和价值观。

(1) 婴幼儿太小暂不需教育。婴幼儿期是智力发展的高速阶段,但没有早期教育意识的家长,由于不懂得去挖掘婴幼儿的大脑潜能,把握生长发育的敏感期,错过婴幼儿智力开发的黄金期,让大脑资源白白浪费,他们总认为婴幼儿太小,暂不需要教育,教育是以后的事情。

(2) 教育婴幼儿可以"无师自通"。由于从父辈那儿传承下来一些传统教育观念,使某些家长在教育婴幼儿方面遇到困惑和烦恼时,既不虚心向人咨询,也不通过书本或媒体去寻找答案,更不主动寻找学习方式去接受"培训",结果使得问题长期得不到解决或纠正,以致婴幼儿的身心没能健康成长,甚至造成不可挽回的损失。

(3) 婴幼儿的事家长包办代替。我们的家长大多仍不习惯把婴幼儿当成一个能动的、有独立意识的个体来看待,容易对婴幼儿限制保护太多,忽视对婴幼儿主动探求新事物能力的培养。不重视培养婴幼儿的劳动能力,便容易造成婴幼儿的独立生活能力差,缺乏负责精神。

2. 家长教育方式上的误区

在现实生活中,不科学的父母教育方式很多,典型的有三种。一是娇宠型,主要表现为家长不重视婴幼儿的自理能力、劳动习惯的培养,对婴幼儿的要求过于满足。过分娇宠婴幼儿,会使得家庭的教育功能弱化。有专家指出"娇生惯养的孩子,不是社会的叛徒,便是家庭的暴君"。二是专制型,主要表现为一些家长信守"不打不成材"、"棍棒底下出孝子"的信条,对子女采取严厉管制和强迫教育。三是放任型,主要表现为一些家长本着"树大自然直"的原则,对子女教育放任自流,不闻不问。

(1) 婴幼儿成长会"树大自然直"。对婴幼儿的早期发展抱着"树大自然直"的态度让婴幼儿"放任自流",无视婴幼儿的早期教育在成长中的重要作用,这样无形中错过了0~3岁婴幼儿发展的黄金期,"机不可失,时不再来",直接影响婴幼儿内在潜能的早期开发。如果家长不懂婴幼儿的发展特点,不懂什么是早教,不提高自我修养,就有可能造成许多不该有的遗憾。

(2) 过度地称赞或批评。婴幼儿需要父母的肯定,但是过度的赞赏会使婴幼儿过高地估计自己的能力,少数婴幼儿会因事事夸奖而不把父母的话当回事。同样,过多的批评会使婴幼儿产生逆反心理。正确的鼓励不够,则会挫伤婴幼儿的自信心和创造力。

3. 家长教育内容上的误区

科学的家庭教育应涵盖婴幼儿身心、智育、德育等多方面,应是对婴幼儿全方位、立体性的培养和开发。家庭教育内容上的误区在实践中表现为一些家长对婴幼儿的教育重身体素质的培养,轻心理素质的培育;重智力开发,轻非智力因素培养;重知识传播,轻能力培养。

(1) 拔苗助长,超早期开发。一些家长缺乏科学早教的理念、知识和方法,违背婴幼儿生长发育规律,拔苗助长,进行所谓的"超早期开发",试图把婴幼儿培养成"神童",实际上是牺牲了婴幼儿幸福快乐的童年,进行了"早期掠夺",乃至摧残了自己的孩子。

(2) 教育是教师的事。早教机构是婴幼儿适应集体生活的主要途径,但不是培养婴幼儿的唯一场地。家庭才是婴幼儿早期教育的大本营,它是施行早期智能开发,培养兴趣点,引发求知欲,培养良好行为、道德习惯、健康人格等的场所,具有开启鸿蒙的功能。早期教育的内容非常广泛,小到一个话题的交谈,大到意志力的培养,囊括了智商和情商两大方面,这些都是家长必须了解和贯彻的事。不管家长有无意识到，他们都担当着合格或不合格的教师，因为他们随时随地都在影响着婴幼儿，他们的一言一行都成了婴幼儿模仿的对象，对婴幼儿起着潜移默化的作用。

4. 隔代抚养的误区

隔代抚养是指由爷爷奶奶或外公外婆等上一辈老人来照顾婴幼儿的教养方式。隔代抚养一般在三代家庭和隔代家庭中进行。

(1) 让老人带婴幼儿，不用再费心。老人带婴幼儿虽有许多经验积累，有可借鉴之处，但也有陈旧、不科学的一面。总的来说，今天大多数老人承担婴幼儿早期智力开发的任务会力不从心。而且，从非智力方面来说，由于祖辈容易娇惯、溺爱孙儿，易使婴幼儿养成许多不健康的品行，诸如任性、自私、为所欲为等。同时，祖辈抚养的婴幼儿，其情感需求由于得不到满足，易产生情感和人格的偏差，容易导致心理和行为障碍、对人对物缺乏爱心、易产生暴力倾向和行为等问题，这样既不利于婴幼儿的健康成长，也影响家长与子女之间的感情和关系。老人带婴幼儿，年轻的父母省了力又省了心，但绝不能不费心。

(2) 父母之爱的缺失。祖辈的爱，满足不了婴幼儿的情感需要。现代心理学研究表明，婴幼儿更多的是希望和父母在一起，婴幼儿对父母的情感要求是其他任何情感所不能代替的。即使祖辈们整天全身心放在婴幼儿身上，将所有的爱都投到婴幼儿身上，但如果缺少血肉相连的父母之爱，极可能使婴幼儿因情感缺少而产生心理上的偏差。婴幼儿呱呱落地时，第一个与他亲近的人便是母亲，母亲是婴幼儿获取食物和安全的最初来源，母亲和婴幼儿之间的情感联结最牢固。当然，父爱也是不可缺失的。在婴幼儿心目中，父亲是力量、智慧、刚毅、坚强的象征，有父亲在身边，婴幼儿就会觉得安全，生活也会更加温馨和快乐。父亲的坚强和刚毅给了婴幼儿无穷的力量，也是婴幼儿一生赖以获得安全感的依靠。爷爷奶奶给予婴幼儿的是另一种关怀、亲情，但绝对无法取代爸爸妈妈给予婴幼儿的一切。

(二) 父母是婴幼儿的第一任教师

福禄培尔曾说："国家的命运与其说是掌握在当权者的手中，倒不如说是掌握在母亲手中。"培育婴幼儿是为人父母者一生都在学习的课题，母亲是婴幼儿真正的第一位教育者，早期教育谁也没有母亲合适。从婴幼儿在母胎里开始，母亲就对婴幼儿的一举一动有了深切的把握，长期以来母亲和婴幼儿之间形成的母子情结是母亲对婴幼儿施教的最好条件。可以说，母亲既是婴幼儿生命的发源地，又是家庭生活的核心。婴幼儿愿意接受母亲的教诲，母亲更容易形成教育婴幼儿的权威。母亲和婴幼儿的这种特殊关系，使得婴幼儿在出生后的几年里，大多接受的是母亲的教育。所以，母亲对一个从零开始的小生命是至关重要的。早期教育从来有之，从古有之，不管你赞不赞成，承不承认，相信不相信，它是每对父母(尤其是母亲)、每个家庭都逃不脱、躲不掉的责任。

母亲的工作不能由旁人代替，婴幼儿的教育必须由母亲承担，这是做母亲的义务；教育不应从学校开始，而应该在家庭里由母亲开始。"婴幼儿的心是一块奇怪的土地，播上思想的种子，就会获得行为的收获；播上行为的种子，就能获得习惯的收获；播上习惯的种子，就能获得品德的收获；播上品德的种子，就能获得命运的收获。"婴幼儿的命运掌握在母亲的手中。只有母亲对婴幼儿进行健康的教育，婴幼儿的智力才能得到最好的开发，未来的前程才会更加锦绣光明。

同样，父亲在家庭中也具有不可替代的角色。越来越多的研究证明，在当今社会中，父亲拥有许多母亲不能取代的优势，例如父亲是婴幼儿的第一游戏伙伴，父亲的幽默、粗犷和力量会给婴幼儿游戏生活带来无限乐趣，有利于婴幼儿形成健康的人格，增强婴幼儿的求知欲，拓宽知识面。同时，父亲多多参与婴幼儿的生活与教育，也有利于缓解母亲的压力，减轻母亲的负担，形成家庭和谐关系……因而，目前一些家教专家已将父亲对婴幼儿施与的教育称为"父性教育"。由于现在家庭的情感、教育和休闲等功能更为突出，父亲也开始注意将部分精力和时间投入家庭生活中，更使父性教育登上舞台成为历史的必然。

婴幼儿和父母亲间的亲子关系是人生中形成的第一种人际关系，也是家庭中最基本、最重要的一种关系，它对婴幼儿的社会认知、情感和社会行为的发展具有决定性的影响。如果父母与子女形成和谐的亲子关系，婴幼儿会获得安全感、信任感，这对他们的社会性和情感性模式发展有很大的影响。有安全依恋的 2～3 岁婴幼儿，在玩伴中有更强的人际吸引力，他们的积极、利他行为比较多，而焦虑、反抗型依恋的婴幼儿常对同伴做出消极、攻击的行为，因此人际吸引力差。

作为父母，要想当好婴幼儿的第一任教师，应做到以下四点。

1. 要深深地关爱婴幼儿

父母把婴幼儿带到了这个世界，他们就担负起了重大的家庭责任和社会责任，有了一份永不下岗的终身职业。高尔基说过，爱护子女，这是母鸡都会做的事，然而会教育婴幼儿，这就是一件伟大的国家的事业了。可见如何爱，如何教育婴幼儿，问题并不那么简单。首先，真挚的爱源自对婴幼儿的高度责任心，父母总想要精心抚育、严格要求、帮助和指引婴幼儿健康成长。同时，爱又是一门艺术，需要有正确的方法和技巧，才能展示爱的魅力。父母从一开始就要做到和婴幼儿一起成长，要时刻保持一颗童心，用婴幼儿的眼光看婴幼儿，开启他的心门；要学会蹲下来看婴幼儿的世界，耐心倾听他的声音；要记住多鼓励婴幼儿，不要让他孤独……那么随着婴幼儿的成长，你会发现，在婴幼儿慢慢读懂这个世界的同时，你也慢慢读懂了婴幼儿这本书，走进了婴幼儿的心灵世界。

2. 要充分地了解婴幼儿

爱婴幼儿，教育婴幼儿，先要了解婴幼儿。了解婴幼儿，首先是了解 0～3 岁婴幼儿的生理、心理特征，了解他们健康成长的规律，了解保育、教养的基本知识和技能方法。未经培训的父母通常对这一切感觉陌生，因而必须向书本学习、向有经验的人学习、向自己的孩子学习，在实践中慢慢摸索出其中普遍的规律。家长应适当地学一些医学、心理学、教育学的知识，知道婴幼儿发育的阶段、发展的历程是什么，婴幼儿处在哪一个阶段，有些什么持点，通过自己精心教养使婴幼儿获取合理的饮食、良好的睡眠、灿烂的心灵，成为一个健康的婴幼儿。不掌握这些，就会事倍功半，甚至走入误区。其次，还必须了解婴幼儿的特性，通常讲“一个孩子一个样”，父母应该是自己孩子更专业的教育家，因为他们是最了解自己孩子、从心底里最爱自己孩子的人。他们最了解自己的孩子有哪些优点？哪些缺点？需要什么？因此，父母才是教育婴幼儿的最佳人选。其实任何早教机构办得再好，都不如婴幼儿的家庭，无论哪一位早教专家都不如婴幼儿自己的父母。父母应该要把注意力集中在婴幼儿的身上，根据婴幼儿的实际，用心内的直觉与知觉去判断。教育自己孩子的正确方法，应该就在父母的心中。

3. 要学会与婴幼儿交流

人与人之间，唯有沟通是宝。父母和婴幼儿之间和谐的关键，也在于沟通。如何能和婴幼儿沟通、交流，这是每一位父母所关心的问题，也充满了学问和技巧。婴幼儿在婴儿期的主要交流方法是通过哺乳、抚摸等进行体肤接触，通过触觉、视觉、听觉等进行感情交流。随着婴幼儿渐渐长大，从牙牙学语开始，语言沟通、交谈成为很重要的沟通方式。在和婴幼儿说话时，应该首先保持平等、真诚和尊重的心态，然后才是把他们当做一个婴幼儿给予宽容和鼓励。针对两三岁的婴幼儿，对他们说话要温柔可亲，要把语速放慢，要用简单的短句，要用生动吸引人的语气，还要鼓励婴幼儿表达自己的感情。婴幼儿说话时，要耐心而有趣地听，不要随便打断他，这样既可以增进相互之间的感情，又培养了婴幼儿的语言和思维能力。和婴幼儿之间的交流，是一门倾注爱和智慧的艺术。

4. 要言传身教地培养婴幼儿良好的习惯

有人把教育的本质归纳成一句话：培养婴幼儿良好的习惯。好习惯的养成，大部分来自父母的言传身教、榜样的作用和正确的训练。

婴幼儿年龄虽小，但感受能力却非常强，可塑性也很大，小时候对他们进行思想启蒙和道德品质培养、行为规范教育，作用最明显，效果也最好。而且 0～3 岁形成的良好习惯特别牢固、持久，就像与生俱来一样会给婴幼儿以后的成长打下良好的基础，从而影响他的一生。同时，婴幼儿好模仿，又缺乏分辨是非、善恶、美丑的能力，很容易受到不良环境影响，而形成一些不好的习惯和行为，更需要父母因势利导，通过言传身教让婴幼儿耳濡目染地接受熏陶和教育。父母对婴幼儿的照看不仅让婴幼儿更健康，同时这种照看本身就是一种“潜教育”，父母要通过自己的努力，成为润物细无声的“潜教育”大师，成为婴幼儿的一面镜子，使他们从小就能获得终身受益的良好习惯。

（三）家长教育的主要内容

1. 树立良好的哺乳观

母乳喂养更有助于婴幼儿健康发展。我国母乳喂养的比率较低，尚未达到世界卫生组织的要求。不用母乳喂养会对提高婴幼儿的免疫力、建立良好的亲子关系、满足婴幼儿的情感需求不利。母乳营养丰富，有利于抵挡病菌侵害；母乳喂养有助于消化，促进婴幼儿身心发展；母乳喂养有助于亲情培养；母乳喂养有利于母亲的健康；母乳喂养方便，花费低廉。因此，早教机构应当指导年轻母亲加强乳房保健；科学增加乳母的营养；母亲在产后尽早给婴幼儿哺乳；掌握准确的哺乳方法；懂得排空乳房促进乳汁分泌；母乳不足时，及时添加辅助食品；哺乳时间不低于四个月，并适时断奶；学会科学合理地给婴幼儿补充营养和调配膳食；应注重购买有质量保证的正规厂家生产的适合不同月龄婴幼儿饮用的奶粉。

2. 让婴幼儿接触水、阳光和空气

与一些发达国家比，我国婴幼儿三浴锻炼仍比较缺乏。我国的婴幼儿一般只参加水浴，且大都仅限于夏季；缺少足够的户外阳光浴和空气浴。开展三浴锻炼，能满足婴幼儿接触外界的感官体验需求；足够的户外阳光浴和空气浴使婴幼儿身体更健康、强壮；还能促进婴幼儿智力发展和良好情感的形成。要摒弃传统的“温室中捂”的育儿观念和陋习，保持居室空气新鲜；每天保证1～2小时的户外活动，让婴幼儿利用空气和日光锻炼身体。三浴锻炼要注重从婴幼儿的实际出发，尽量要早，但同时要循序渐进，选择安全、合适的场地进行，掌握适宜的时间和温度，及时观察和了解婴幼儿的情况，防备意外事故发生。

3. 及时培养婴幼儿良好的生活习惯

0～3岁婴幼儿的生活习惯培养主要包括良好的睡眠、饮食、排便及卫生习惯的培养。家长对此并没有足够的重视，常抱着婴幼儿入睡、哄拍婴幼儿入睡；提供过精、过细的食物，追逐着喂食；为图干净，强行让婴幼儿排便；对婴幼儿漱口刷牙、饭前便后洗手没有要求；玩耍后，满地玩具，不知收拾。“积千累万，不如养成良好的习惯”，培养婴幼儿养成良好的习惯，能为其一生发展奠定基础。例如，良好的睡眠习惯，有利于婴幼儿的大脑和身体发育；良好的饮食习惯，能保证婴幼儿摄取足够的营养和正常的生长发育；良好的排便习惯，对于婴幼儿正常的饮食、睡眠等都很有好处；良好的卫生习惯，能增进婴幼儿的基本生活自理能力。因此，家长必须积极为婴幼儿树立良好的榜样，用自己的言传身教影响婴幼儿；创设有利于良好生活习惯形成的环境，如创设安静温馨的睡眠、进食环境；利用日常生活各环节进行随机教育，培养良好的生活习惯；采用鼓励表扬的正强化教育措施，塑造良好的生活习惯。

4. 支持婴幼儿的爬行活动

婴幼儿十分喜爱爬行，在现代城市家庭中却受到了限制。家长意识不到“爬”在婴幼儿发展中的重要意义，常常担心，怕婴幼儿在地上爬不卫生、不安全；舍不得让婴幼儿爬；为图省心省力，常把婴幼儿放在学步车里或抱在手里。然而，爬行对婴幼儿的身体和智力发育都非常重要。通过爬行，可以促进婴幼儿全身肌肉与大脑的协调发展；锻炼了触觉、听觉、视觉等感觉器官，有助于婴幼儿方位感和距离感的建立；还可以满足婴幼儿用自己的手脚去接触、探索世界的内在需求。家长可运用各种方式逗引、支持婴幼儿爬行；为婴幼儿创设一个安全、卫生的爬行环境；从婴幼儿的实际出发，确定适宜的爬行时间和距离；给婴幼儿穿着适宜爬行的服装；爬行后及时帮助婴幼儿洗手、整理服饰、喝水、补充食物和给予精神鼓励。

5. 促进婴幼儿动作灵活和协调发展

家长通常容易“重智轻体”，忽视婴幼儿的动作发展，出现过度保护。但是，如果减少婴幼儿的走、跑和跳等活动机会，以后就可能出现由于运动和身体刺激不够导致的各种问题，如动作不协调、学运动技能慢，甚至出现感觉统合失调、注意力缺失等发展障碍。

家长首先应了解婴幼儿的动作发展特点。如婴幼儿的动作发展顺序是先粗大动作再精细动作，粗大动作是精细动作发展的基础。更深入一点讲，走、跑、跳并不是单一的肌肉活动，而是视觉、平衡觉等整合的过程，它们能使动作协调、灵活，促进婴幼儿的生长发育及智力的发展。其次，家长应为婴幼儿提供安全的活动场地；创设有趣的情境，提高婴幼儿对活动的爱好；开展亲子体育活动，发展婴幼儿的动作技能；

在正式运动前，让婴幼儿有充分的动作训练，不仅进行爬、翻滚、走、跑、跳、攀、转圈等大动作训练，还进行抓取物品、扔东西、拍球等精细动作的练习。

6. 支持婴幼儿的“涂鸦”、拆卸行为

家长普遍存在一些认识误区，如认为：婴幼儿拆拆涂涂的行为是一种破坏行为；只有买来的玩具才是玩具，而且越贵越好；在创设家庭环境和提供玩具材料时，没有考虑为婴幼儿提供相应的活动条件；对玩具和四周环境中存在的安全隐患没有引起足够的重视；对婴幼儿玩玩具缺少指导。家长应当确立的教育观念有：拆拆涂涂实际上也是一种探索行为，能促进2～3岁婴幼儿思维的发展，是智能开发的重要形式；伴随婴幼儿成长的玩具，能促进婴幼儿感官、认知等各方面的发育；玩具的安全、实用、适宜比价格更重要；涂鸦是帮助婴幼儿与外界融为一体的载体。家长要为婴幼儿提供可拆卸、可涂鸦的活动空间；给婴幼儿提供足够的可拆卸、可涂鸦的安全工具材料；引导并陪伴婴幼儿的拆卸、涂鸦行为，与婴幼儿一起玩一玩，画一画，拆一拆，讲一讲；理解婴幼儿的创造天性，专心欣赏婴幼儿的看似不合逻辑的涂鸦作品。

7. 多与婴幼儿进行语言交流

0～3岁正是婴幼儿牙牙学语的关键时期，是培养口语交际能力的重要阶段。现代社会生活中，家长与婴幼儿语言交流时间少，家长不重视和婴幼儿进行语言交流，也不知如何准确地和婴幼儿交流。家长须充分了解0～3岁的婴幼儿正处于语言发展的关键期，他们具有与人进行语言交流的需要；良好心理、物质环境的创设是促进婴幼儿语言发展的重要条件；婴幼儿的语言能力必须在与成人的相互作用中发展。家长要为婴幼儿提供正确的口语示范，积极回应婴幼儿的言语需求，为婴幼儿的语言学习和模拟提供充裕的环境条件，利用生活中的一切机会，让婴幼儿多听多说，运用多种方法（如游戏法）积极逗引、鼓励婴幼儿开口说话。

8. 进行适合婴幼儿的“早期阅读”

有些家长认为0～3岁的婴幼儿以发展口头语言为主，不必进行早期阅读；还有些家长已开始进行早期阅读，但选择的图书内容不适合该年龄段婴幼儿的特点，或盲目地教婴幼儿认字和识字。其实2～3岁的婴幼儿已开始出现早期阅读的爱好和行为；早期阅读也能给予婴幼儿脑部良性的刺激，使大脑更好地发育；同时，亲子阅读可以使父母与婴幼儿的情感得到沟通，增进了良好的亲子关系，对婴幼儿良好人格的发展也非常有益。家长需为婴幼儿提供合适的阅读内容和材料，如选择图画色彩丰富、婴幼儿喜爱的书籍，选择故事简朴有趣的阅读内容，选择婴幼儿自己感兴趣的阅读材料；每天在固定时间段与婴幼儿一起进行亲子阅读，可以选择一个或睡前或吃完午饭后等家长方便且婴幼儿注意力不易分散的时间；亲子阅读中采取多样化的阅读指导方式，如阅读游戏法、引导婴幼儿看图书画面复述法等。

9. 正确应对婴幼儿的“第一反抗期”

在2岁前后，婴幼儿开始进入“第一反抗期”，表现为淘气、任性、爱走极端，故意做成人禁止做的事。家长往往不了解“第一反抗期”的特点，对婴幼儿的行为缺乏正确的教育态度和手段，常采取专制性教育态度，或娇惯和迁就。“第一反抗期”是婴幼儿心理发展的必经阶段，父母需做好相应心理预备和应对策略。学会说“不”，是婴幼儿成长的标志。家长首先要理解这个阶段的发展特点，尊重婴幼儿，不轻易干涉，以平等姿态征询婴幼儿的意见；其次，相信婴幼儿，在保证安全、健康的前提下，尽可能地满足他们的好奇心和合理要求；第三，采取讲道理、转移注意、冷处理等方法终止婴幼儿的不合理要求；第四，把握自己的言行，做婴幼儿的榜样。

10. 鼓励婴幼儿的社会交往

0～3岁的婴幼儿大多在家中玩，尤其是城市里的婴幼儿，缺少与外界的交往，家长为婴幼儿创设的交往条件也不多。但婴幼儿也有与外界交往的需求，正常的社会交往是个体不可缺少的社会化重要内容；婴幼儿良好的心理素质也是在交往中逐渐形成、发展起来的。所以，家庭成员应利用各种机会，多与婴幼儿交往。可以教婴幼儿一些基本的交往技能；鼓励婴幼儿邀请同伴到家做客；带婴幼儿走出家门，与各种对象进行交往；帮助婴幼儿学习处理交往过程中发生的纠纷；最重要的是要尊重婴幼儿的交往个性，逐步引导，而不是给予太多的强制性干预。

11. 重视常见疾病的家庭护理

婴幼儿常见病主要有：高热、小儿肺炎、营养性和缺铁性贫血、腹泻、佝偻病等。目前，年轻的父母往往缺乏必要的医学卫生常识，不能积极、主动地防备婴幼儿常见病；在婴幼儿发病初期不予重视，延误治疗，或者婴幼儿稍有不适就病急乱投医；认为病情好转就万事大吉，忽视病后调理……这给婴幼儿的生理健康发展构成了较大的威胁。对待婴幼儿的常见病，必须端正家长的心态：一要十分重视，因为小病不治易成大病；二要重在预防，以预防为主，治病为辅；三要加强病后护理，加速健康的恢复，尽量减少疾病的危害。家长要按时为婴幼儿预防接种。早教机构也要积极主动向家长普及婴幼儿常见病的知识，让家长掌握预防的方法，了解发病征兆，知道科学应对与及时诊治；向家长普及病后护理常识，教家长学会保持居室空气新鲜，让婴幼儿多晒太阳；组织家长学会科学合理地给婴幼儿补充营养和调配膳食；教家长学会安抚、调节婴幼儿的情绪，带领婴幼儿加强锻炼，增强体质等。更要加强对祖辈家长教养婴幼儿的指导。

（四）家长教育的主要方法

1. 开展亲子教育，传播科学育儿方法，提高家长的自我教育能力

往往亲子关系不当的家长其本身的愿望都是好的，但由于他们不懂得正确的育儿方法，不了解子女的真正需要与真实水平，从而使教育与实际相脱离。这样既不能取得理想的效果，又使亲子之间的关系僵化，不利于婴幼儿的健康成长。因此，要改善亲子关系，首先要使家长提高自身的素质，掌握一定的科学育儿方法，真正从子女发展的需要出发，学会做一名可亲可敬的称职的家长。

2. 利用亲子游戏进行亲情教育，改善亲子关系

游戏是婴幼儿日常生活的主要活动，他们通过游戏学习并发展自己各方面的知识与技能。所谓亲子游戏，是指父母鼓励性地参与婴幼儿的游戏活动，与婴幼儿一起动手完成任务并在这一过程中激发婴幼儿的积极情感，增进亲子之间的情感交流，使婴幼儿乐于学习，愿意接受父母的教育；同时也使父母对子女更关心，更真切地感受和了解子女的内心需要，为家庭教育指引正确的方向。

3. 提倡“三亲、三和、四自”教育，改善家庭教育模式，实行亲情教育

“三亲”是：距离要亲近、教育要亲切、关心要亲热；“三和”是：态度要和气、方式要和顺、交往要和谐；“四自”是：要让婴幼儿在自由自在中玩得开心，在自说自话中鼓励开口，在自作主张中逐渐开窍，在自由活动中给予开导。通过这种教育模式的实践使家长感悟到，只要研究婴幼儿的心理需要，给予适当的满足，就能建立起亲密、亲爱、亲热的亲子关系，在教育上也能得到超常的教育效果。总而言之，“亲子教育以亲为主；亲而不教，也有成效；亲而又教，效果更好；不亲而教，等于无效”。随着年轻父母学历的不断提高，他们对子女的教育也逐渐趋于合理化。良好的亲子关系的培养与发展，正越来越受到家长与教育工作者的重视，其相关的理论和实践也在不断涌现和发展，亲子关系作为家庭教育的核心内容，必将对子女的发展产生深远的影响。实施早教的教师必须抓住这一关键点。

（五）家庭教育指导的内容及要求

家庭教育指导应注重科学性、针对性和适用性。一是坚持“婴幼儿为本”原则，指导父母应尊重婴幼儿身心发展规律，尊重婴幼儿合理需要与个性，创设适合婴幼儿成长的必要条件和生活情景，保护婴幼儿的合法权益，特别关注女孩的合法权益，促进婴幼儿自然发展、全面发展、充分发展。二是坚持“家长主体”原则，指导者应确立为家长服务的观念，了解不同类型家庭的家长需求，尊重家长愿望，调动家长参与的积极性，重视发挥父母双方在指导过程中的主体作用和影响，指导家长确立责任意识，不断学习、掌握有关家庭教育的知识，提高自身修养，为子女树立榜样，为其健康成长提供必要条件。三是坚持“多向互动”原则，家庭教育指导应建立指导者与家长、婴幼儿之间，家长与家长之间，家庭之间，家校之间的互动，努力形成相互学习、相互尊重、相互促进的环境与条件。

1. 对新婚期及孕期准父母的教育指导

（1）重视婚检、孕前检查和优生指导，提高出生人口素质。

(2) 关注孕期保健，孕育健康胎儿。

(3) 做好相应准备，迎接新生命降临。

(4) 提倡自然分娩，保障母婴健康。

2. 对 0～3 岁婴幼儿父母的教育指导

(1) 了解 0～3 岁婴幼儿的身心发展特点，提倡母乳喂养，增强婴幼儿免疫力。

(2) 鼓励主动学习，掌握婴幼儿日常养育和照料的科学方法。

(3) 设定生活规则，养成婴幼儿良好的生活行为习惯。

(4) 加强感知训练，提高婴幼儿感官能力，预防伤害。

(5) 关注婴幼儿需求，激发婴幼儿想象力和好奇心。

(6) 提供言语示范，促进婴幼儿语言能力发展；加强亲子沟通，养成婴幼儿良好情绪；帮助婴幼儿适应幼儿园生活。

3. 对特殊婴幼儿、特殊家庭及灾害背景下的家庭教育指导

(1) 特殊婴幼儿的家庭教育指导：智力障碍婴幼儿的家庭教育指导；听力障碍婴幼儿的家庭教育指导；视觉障碍婴幼儿的家庭教育指导；肢体残障婴幼儿的家庭教育指导；情绪行为障碍婴幼儿的家庭教育指导；智优婴幼儿的家庭教育指导。

(2) 特殊家庭的家庭教育指导：离异和重组家庭的家庭教育指导；服刑人员家庭的家庭教育指导；流动人口家庭的家庭教育指导；农村留守儿童的家庭教育指导。

(六) 对家长的培训指导

亲职教育是终生的功课，在家庭每一阶段，亲子关系面临的挑战不同，亲职教育水平要求亦不同。社会发展加速，家庭教育常处于焦虑与矛盾之中，既想依恋传统又欲追新，如何处置，只有接受亲职教育，使之明了追新求异并非丢掉传统，只是学会因时空改变、需求相异而作出调整的本领。当今许多家庭教育的困惑迫切需要亲职教育的推行，真正从根本上提升家长的亲职教育素质，这也是当前我国推行素质教育中一个重要课题。

亲职教育的落实在于理论学习、专家讲座、推荐书籍、家长间讨论、专家咨询等活动，使家长从理论上明确一个合格的、成功的、称职的父母，应该做什么，怎么去做。

1. 举办亲子讲座

对家长进行调查问卷显示，越来越多家长已经意识到父母是婴幼儿生活中最早的老师，自身素质和教育水平的提高直接关系到婴幼儿的成长，这部分家长对提高家教水平的愿望十分迫切。可以请有关专家和老师对家长讲授“0～3 岁婴幼儿身心发展特点”、“促进 0～3 岁婴幼儿动作发展”、“0～3 岁婴幼儿语言的发展”、“玩具的选择和游戏”等，以提升家长科学的育儿观和育儿技能。

机构对家庭的教育指导由普及型向研究型发展，由浅层次向深层次提高，由粗放式、一般化向精致式、个别化转型。为应对新的发展需求，学校成立了家庭教育家长研修班，为家长们开展家庭教育研究提供了途径。亲子讲座活动每月一次，家长们在专家的指导下学习亲职教育的理论知识，并结合自己日常家教中存在的疑惑展开研修，从更高的层面了解婴幼儿，用科学的教育理念改进家教方法。

2. 组织家长沙龙

为提高家长的育儿水平，减少家庭环境和家长自身素质对婴幼儿的负面影响，提高亲子乐园的办学质量，我们进行了家长沙龙的尝试，其内容包括家教经验交流、探讨家教中的热点和难点问题。在“沙龙”中，氛围民主，大家可以相互介绍早期教育的信息和资料，资源共享。还可以提出自己的疑问和观点，求同存异、畅所欲言、取长补短，激活理性思维，提高理论层次，拓宽家教视野，促进家庭和幼儿园教育的发展。

3. 开辟网上家教指导途径

随着科学技术的迅猛发展，计算机与网络的发展更是神速，拥有一台电脑，在互联网上交流一番，获

取更多的信息已被多数人所享受。我们利用校园网络资源，创建了“家园桥”网站，为家长们提供网上家庭教育指导服务。网站分为家委会介绍、热点讨论、指导园地、教子有方、婴幼儿心声、特色活动、家长建议等栏目。家长们通过点击早教网址，便可获得相关家庭教育指导信息，并能就一些家庭教育上的热点问题展开家长间的讨论。在相互的讨论中，家长们不知不觉地接受了他人成功的经验，那就是父母和婴幼儿都应该是学习的主人。网络化的家庭教育指导克服了家长在时间、空间上的限制，使学习变得更有弹性，为学习型家庭的建立提供了有效的途径。

（七）学习型家庭的建立

建立学习型家庭的目的在于形成一个渴求知识的家庭环境，形成温馨、和睦的家庭氛围。亲职教育的实施使这一家庭形态变得可能。亲职教育是通向学习型家庭的桥梁，学习型家庭是亲职教育的最终成果。亲职教育与学习型家庭有着密切的关系。

当家庭的所有成员都成为家庭教育的对象时，当家庭内所有成年人都与婴幼儿站在终身学习的统一阵线上、形成一种新型的亲子关系时，家庭实施素质教育也就走上了必胜之路。

好的家庭教育是有民主气氛的、能充分给婴幼儿自由选择的教育方式，父母能给婴幼儿最好的礼物是夫妻之间的相亲相爱。有真爱的家庭里的婴幼儿会是最幸福的婴幼儿。具备民主（平等）、自由（责任）、真爱（利他）这三个要素的家庭教育，是最完美的，也是最理想的。

资料链接

白领热考“家长执照”

时下，资格执照、证书考试热正风行。司机要有驾驶执照，做医生需持行医执照，当老师要有教师资格证书……当家长竟也有“家长执照”可考。“家长执照”是由一些早教机构提出来的。家长们参加早教机构提供的培训课程，其内容一般包括孕前和孕期知识、婴幼儿的生长发育规律、家长如何和婴幼儿有效沟通等。课程结束后，早教机构会对家长进行相关的测试，家长若通过了就可以获得“家长执照”。

年轻父母乐于接受专业、科学的育儿知识，热衷考“家长执照”是一种好现象，表明他们对下一代的健康成长高度关注。但是，适当地接受上一辈的经验，结合专业老师的科学育儿方法，也不失为一种好方法。

25 岁的小朱，是某证券公司的职员，她有一个将近 1 周岁的儿子。为了掌握更多科学、专业的育儿知识，小朱从怀孕开始就坚持定期参加孕育和早教培训，到目前已经做了两大本笔记。“在育儿上，因为时代不同，我觉得父母那一辈的经验已经不太适用，而我本身又缺乏相关经验。自从参加培训班后，通过专业老师的经验传授，以及和父母的深入交流，现在我在教养小婴幼儿上，不会像其他年轻父母那么焦虑，挺得心应手的。”小朱说，“其实我热衷培训，为的并不是那一张所谓的‘执照’，而是一些实用的知识。”

二、开展亲子教育活动

亲子教育是依据“PATP”(Parents as Teacher and Partner)的教育理念，倡导父母和婴幼儿一起“亲子同乐”，认为“父母是婴幼儿早教中最重要的老师和玩伴”，进而促进和谐美满的家庭关系，提升亲子间互动的质量的活动。它是 20 世纪末在美国、日本和我国台湾等地日渐兴起的研究父母与婴幼儿之间的关系及其教育的一个新课题。

在心理学中，亲子关系是指父母亲与子女之间的交往关系，它是人生中形成的第一种人际关系，是人际关系中最重要的一环，也是家庭中最基本、最重要的一种关系。亲子关系具有不可替代性、持久性、不可选择性等特点。和谐的亲子关系，对个体的身心健康十分重要，特别对个体的人格形成与发展有着重要的影响。

从根本上说，父母亲对于一个新生命的成长和未来，有不可替代的作用。安全感和依恋感是婴幼儿大脑健康发育的重要基础。从0岁开始教育是指父母要经常与婴幼儿沟通，陪伴婴幼儿玩耍和游戏，帮助婴幼儿建立最初的安全感和依恋关系。父母亲不仅要以慈爱之心给婴幼儿以细致入微的关心和呵护，给婴幼儿生活上的安全感，而且还要理性地给婴幼儿智力、意志、性格、品德等方面的养成和完善做典型的示范和严格的培育。

每一个婴幼儿的成长都有其自身的特点，故而应该努力探索出“量身定做”的恰当的教养方法。父母要尊重婴幼儿的特性，为婴幼儿创设良好的生活环境。细心的父母只要观察婴幼儿的表现，实施合理的早期教育，就能使婴幼儿主动探索外界的潜能得到充分的发展。德国教育家福禄培尔说：“儿童期是人类一生发展的最重要时期……年龄越小，母亲的教育作用就越重要。因为开端决定着发展的方式和最终结果。”优质的母亲养育出优质的后代。有人说“有什么样的母亲就有什么样的国民素质”，可见一代母亲的体质、文化、思想和人格品质，不仅会影响婴幼儿的健康成长，而且关系到社会的未来发展和民族的未来。

（一）亲子教育的主要目的

亲子教育的主要目的是利用父母与婴幼儿之间在态度、情感、行为等方面的相互作用、相互影响，通过一定的教育手段与方法，帮助父母形成正确的亲子观，形成良好的亲子关系，在游戏活动中促进婴幼儿在体能、智能、个性、习惯等方面的全面和谐的发展。

亲子教育主要包含健康教育、社会性教育、智能训练、审美教育、情感教育、亲职教育等。亲子教育不同于一般意义上的“家庭教育”和“儿童教育”，它是一种特殊的、专业化程度很高的新型教育模式，强调父母与婴幼儿在情感沟通的基础上实现双向互动，以促进婴幼儿形成健康的人格，也使父母自身素质得到不断提高。应该说，亲子教育是家庭教育的基础与保障，对婴幼儿个体发展来说将会终身受用，对家庭幸福和民族发展更具有无法估量的作用。

（二）亲子活动的特点

从广义上讲，家长和婴幼儿之间相互配合交流的活动都可以看做是亲子活动，而科学的亲子活动应该具备以下特点。

1. 能够启发婴幼儿的智慧

这就要求活动既能够利用和发挥婴幼儿现有的能力，又能够引导和发展他们新的能力。

2. 家长要能和婴幼儿平等地参与到活动当中

做亲子活动不是上课，家长不能高高在上指手画脚，而应当是活动的参与者，并且跟婴幼儿处于平等的地位。

3. 活动的整个过程要能够给婴幼儿和家长双方都带来乐趣

要让婴幼儿在活动中体会到创造和成功的快乐，而家长则能够体会到亲子交流的幸福。

（三）亲子活动的意义

第一，寓教于乐的亲子活动能促进亲子之间的亲情交流。

第二，提供给婴幼儿良好的合作环境，促进其社会交往能力的培养。

第三，通过年龄分班和个性化的家庭方案，使得家园互动，有效提高婴幼儿的综合智能。

第四，为亲职人员树立正确的教育观和儿童观，教会父母做老师。

（四）亲子活动的活动列举

亲职教育活动的形式有很多，其中现场指导式的亲职教育活动是一种以家庭为核心、幼儿园与家庭互相观摩、幼儿园教师直接指导的活动方式。这种教育活动通常是由幼儿园按照婴幼儿发展的规律，根据家长的需要和特点，根据婴幼儿出现的问题进行专门的教育活动设计，其主要作用是使家长通过现场观摩、现场参与、现场游戏等学习婴幼儿教育的理念、形式和方法等。

资料链接

家庭亲子游戏活动

1. 活动的准备

(1) 婴幼儿与家长需求调查

婴幼儿：爸爸、妈妈很少和我玩游戏。

家长：游戏就是随便玩玩，是小孩子的游戏，一般都是孩子要求我和他一起玩，没有要求。

针对以上反馈，老师设计了家庭亲子游戏这一活动。

(2) 环境的选择。活动地点放在早教机构或家庭中，只要有一定的空间开展游戏就可以，但周围要安全，不能有尖硬物体，父亲或母亲在与婴幼儿游戏时，最好另一人在旁加油、保护。

(3) 宣传组织。老师印发了有关开展游戏、家庭亲子游戏重要性的通知，并选取了二十个家庭亲子游戏内容，让家长和婴幼儿一起去练习、排练，通知召开家长会时间。

2. 活动的设计

(1) 活动目标

① 让家长了解“游戏就是婴幼儿的学习”，家庭游戏是使家庭成员达成美好沟通的桥梁。

② 让家长感受游戏，能使婴幼儿情绪愉快，兴高采烈。

③ 通过家庭游戏，使婴幼儿的性格更加开朗、乐观、健康成长。

(2) 活动内容

① 召开家长会，布置家庭游戏活动要求，安排竞赛时间。

② 一段时间内在家庭中练习游戏，并准备好一个婴幼儿与父母一起表演趣味活动的节目。

③ 班级活动：家庭亲子游戏比赛，家庭风采展示。

④ 评比。

⑤ 家长发言，教师小结结束活动。

3. 活动的指导与实施

(1) 召开家长会时，以宣传家庭亲子游戏的重要性为主，通过学习，使家长了解游戏是婴幼儿的主要活动，游戏的过程是婴幼儿主动学习、主动建构经验的过程，从思想上认识到游戏对婴幼儿、对家庭的重要作用。

(2) 在家庭中和婴幼儿一起游戏，是亲子游戏活动的行动、尝试阶段，老师要经常询问游戏开展实施情况，对不够重视的家庭进行进一步指导、帮助，要指导家长与婴幼儿一起设计制作游戏材料，拓展亲子游戏的广度和深度。

(3) 展示活动：比赛是一个手段，老师通过要求、强制家长去尝试，通过亲子活动与趣味活动，向家长介绍游戏的多样化。

(4) 小结活动：家长在会上对近期自己的努力和今天的回报进行交流，老师给予小结，要求家长在家庭中坚持这种教育活动、这种与婴幼儿沟通的好方法，并进一步指导家长采用多种方式参与婴幼儿活动，介绍几种常用的游戏指导策略，如平行游戏法、共同游戏法等。

4. 活动的评价与延伸

(1) 婴幼儿：父母主动想出各种游戏与婴幼儿玩，游戏有利于婴幼儿的心理与生理的健康发展。

(2) 家长：家庭游戏能自然而然地在家里营造一种轻松欢乐、自由自在的气氛，我们和婴幼儿的关系是亲密的、和谐的，现在我们无话不谈，我们现在能听到婴幼儿的心里话，能走进婴幼儿的内心世界了，我感觉与婴幼儿的心灵越来越近了，就像是朋友，我深切感受并理解了亲子教育的特殊意义，深刻领会到亲子游戏在家庭亲职教育中的特殊功能。

(3) 老师点评：家庭亲子游戏不仅增进亲情关系，也有其教育意义，蕴涵了对某一行为的培养，对某一肌肉、骨骼的锻炼。特别是趣味活动中，家长自己特长的展示与传授也是一种默契教育。家庭亲子游戏为实施家庭教育开启了心灵之门，是一把金钥匙，因为家长会感到与婴幼儿的话题又多又有意思。父母只要有心，就一定能在婴幼儿各式各样的游戏中找到交流的最佳契机。在单一家庭自由游戏的基础上，可以结合家庭互联小组活动，开展几个家庭间的集体游戏。

三、父母教育与亲子教育并举

亲职教育是经以教育和学习的方式，而使父母成为称职父母的角色，并协助父母了解子女的身心发展需要，了解子女不适应的行为，与子女建立正向的亲子关系。它包括了父母的教育与父母对子女的教育两个方面。

亲职教育被称为家庭教育的主导教育，它涵盖了父母的自身教育与父母对子女教育两大范畴的教育素质内容，它是立足于亲子关系基础上的对家长实施的家长职能与本分的教育。亲职教育是通过对父母的培训和提升而达到对亲子关系的调适，从而更好地促进婴幼儿身心健康和谐地发展。

具体来讲，亲职教育涵盖以下几个方面：帮助父母建立科学的早期教育理念；3岁前是婴幼儿一生中发展最快、最重要的时期，而父母是婴幼儿最重要的启蒙老师；早期教育值得父母投入最大的精力，倾注全部关心和爱心，把握婴幼儿的敏感期并悉心培养；早期教育是促进婴幼儿身心全面发展的教育；早期教育需要必要的知识和专业机构的支持；为婴幼儿创设安全、自由、富有教育意义的成长环境；大脑的发育不仅需要适当的营养，还需要足够的环境刺激；丰富的环境能充分利用婴幼儿发育过程中的敏感期，挖掘学习潜能，为婴幼儿的健康成长打下坚实的基础；环境可以引发婴幼儿的学习、探索行为，让他获得信心、知识和灵感。

资料链接

系列亲子活动方案

某早期教育机构开展了“亲亲宝贝”大型亲子活动、“育儿面对面”咨询活动、“悦读齐分享”活动、“请进来”半日开放活动。亲子活动让社区的家长们了解了早教机构教师的教育理念，向家长展示了亲子教育的指导方法。早教机构本着开放性、公益性、有序性的原则，为社区家庭服务。

活动一：“亲亲宝贝”大型亲子活动

“亲亲宝贝”大型亲子活动是以“运动、艺术”为主题的社区亲子活动。

看，运动馆里的宝宝，正在钻山洞呢！一旁的妈妈和老师鼓励着宝宝大胆地往前爬，这位妈妈正拿着音乐盒吸引宝宝，宝宝爬得多开心呀！

这是亲子教师带领宝宝与爸爸妈妈一起做垫子操。通过伸伸手、弯弯腰、抬抬腿等动作提高宝宝的身体灵活性，发展身体协调能力，增进亲子情感。

亲子教师为宝宝准备了有趣的弹珠滚画“找房子”，宝宝用弹珠蘸上各种颜色为弹珠宝宝找家。就这样滚动着弹珠，一幅美丽的色彩画出炉了，宝宝们玩得不亦乐乎，爸爸妈妈们也都说要好好收藏孩子的第一幅作品。

活动二：“育儿面对面”咨询活动

在咨询中，家长更多关注的是婴幼儿的营养和健康，亲子教师也就这类问题和家长进行了探讨。这次育儿咨询的时间虽然只有短短的两个小时，但教师专业的解答和耐心的服务态度给家长们留下了深刻的印象，活动取得了较好的效果。

活动三："悦读齐分享"活动

亲子教师组织家长和婴幼儿一起亲子阅读，通过书籍的阅读和分享，不仅提高了婴幼儿的语言表达能力，而且增进了亲子情感。亲子阅读不仅是促进婴幼儿智力发展的一把钥匙，而且是促进亲子关系的重要纽带。

活动四："请进来"半日开放活动

这个活动邀请了社区的婴幼儿与家长，在亲子教师的带领下，家长与婴幼儿一起跳快乐操、玩钻爬游戏、做手工。

在这一系列活动中，婴幼儿体验到了早教机构的快乐生活，家长们不仅学会了正确的亲子指导方法，而且也充分感受到了早教机构教师的耐心和细致。

练习与思考

1. 理解亲职教育的含义。
2. 理解亲职教育的实施。
3. 定期见习亲子活动，观察亲子关系。
4. 见习父母课堂，体验亲职教育。

参考文献

1. 王连生. 亲职教育理论与应用[M]. 台北：五南图书出版公司，1998.
2. 邱珍琬. 亲职教育[M]. 台北：五南图书出版公司，2009.

（盘海鹰、胡娟编写）

第十章　早教专业教师资格

早教专业教师是指育婴师、早期教育指导师、家庭教育指导师等早教专业人员。

育婴师是针对 0～3 岁婴幼儿及其家长提供服务和指导的新兴行业人员。育婴师的主要职责是从事 0～3 岁婴幼儿的生活照料、护理、教育及潜能的开发指导，帮助家长科学育儿。

早期教育指导师主要是针对 0～6 岁婴幼儿及其家长提供服务和指导，从事 0～6 岁婴幼儿的生活照料、护理、教育及潜能的开发指导，帮助家长科学育儿。

我国每年约有 1 500 万～2 000 万新生儿，以早教机构通行的师幼比例 1∶5 看，我国所需早教人员的数额极其庞大。育婴师、保育员、家政保姆已远远不能适应社会的需要。而早教教师队伍存在着数量不足、质量不高、结构不合理、人员不稳定等诸多问题，现有的早教从业人员既没有经过系统的职前培养，也没有经过正规的职业培训，难以胜任早教工作，合格的师资缺口很大，成为制约早教事业发展的瓶颈。加强早教师资队伍建设、提高早教师资队伍质量已成为目前早期教育发展的首要任务。

国家人力资源和社会保障部正式批准了"育婴师"、"早期教育指导师"等职业资格认证培训项目，积极促进经专业培训并考核通过的"育婴师"、"早期教育指导师"持证上岗。

业内有关人士表示，"育婴师"、"早期教育指导师"职业资格培训的出台，表明在发展婴幼儿早期教育列入国家教育事业第十个五年计划后，政府对解决早教队伍人才培养问题已经进入实质操作阶段。由政府相关部门督导早教教师资质的培训与认证，将对早教从业人员素质提供保证，推动早教市场规范化健康发展。

第一节　早教专业教师职业产生与发展

我国从国家职业规范建设的角度出发，于 2003 年颁布了早期教育指导师从业者的职业标准《育婴员国家职业标准》，这是对每一位 0～3 岁早期教育工作者的职业要求。"育婴师"、"早期教育指导师"、"家庭教育指导师"等新兴的职业也应运而生了。从业人员走向知识化、专业化、职业化，持证上岗，这已经是社会需求发展的必然趋势。

作为从业者，育婴师、早期教育指导师、家庭教育指导师等早教专业人员不仅要掌握婴幼儿生长发育的规律和相关知识，还必须具有良好的职业道德和品德修养，具有与家长沟通的技能。

一、早教专业教师职业的产生背景

育婴师、早期教育指导师、家庭教育指导师的产生是社会分工越来越精细的结果，主要基于以下背景。

第一，我国每年新出生人口 2 000 万左右，由于社会经济发展水平等各种因素的制约，3 岁以下婴幼儿入托率较低，90%以上的婴幼儿在家中进行养育。

第二，照料婴幼儿的人，多数是家中老人或聘请的保姆，其年龄、文化水平参差不齐，缺少科学喂养的专业知识和正确的教育方法，难以满足婴幼儿生长发育的需要。

第三，独生子女比重增大，家长"望子成龙"、"望女成凤"的愿望非常迫切，需要在思想观念和教育方法上给予正确的引导和帮助。

第四，科学飞速发展，对脑功能的开发提前至零岁。

第五，未来社会对人才的要求，使早期教育越来越受到国内外的重视和关注，已经成为实现社会可持续发展的一项战略任务。

第六，幼儿园也陆续招收 3 岁以下的托班，实现了婴幼一体化教育。在我国，各类公民办托幼机构对早期教育指导师需求量很大。现有的幼儿园教师既没有经过系统的职前培养，也没有经过正规的职业培训，需要培训。

在上述条件和社会背景下，育婴工作成为一种新的职业。为了尽快提高从业人员素质，理顺我国早期教育市场，使婴幼儿父母真正了解早期教育的重要意义，原劳动和社会保障部于 2002 年 7 月开始组织国内婴幼儿卫生保健、营养、教育、心理专家，制定了《育婴员国家职业标准》(以下简称《标准》)，编写了《育婴员国家职业资格培训教程》，于 2003 年 2 月正式颁布。《标准》提出了科学育婴的理念和知识体系以及训练方法，突出了科学性、实用性和可操作性，并从育婴师职业的活动范围、工作内容、知识水平和技能要求等方面提出了“标准化”的要求，首次将从事 0～3 岁婴幼儿护理和教育的人员作为一种社会职业来认定。为了保证婴幼儿的健康成长，全面推出国家育婴师(员)职业就业准入制度，形成了科学、规范的育婴职业资格培训鉴定认证体系。

二、早教专业教师职业的界定

早教专业教师是对 0～3 岁婴幼儿提供生活照料、护理和教育的服务，辅助家庭完成科学育儿工作的人员。其职业活动范围是进入早期教育机构、亲子园、幼儿园，帮助家长做一些针对婴幼儿的全方位指导；在幼儿园、早期教育机构中承担适当喂养、护理和教育方面的训练；以社区为单位，对数个家庭提供教育咨询。育婴师的就业趋向主要是提供全方位的咨询服务，通过日臻完善的社区网络，既可直接进入 0～3 岁婴幼儿家庭进行喂养和护理或对抚养人进行适当的操作指导，也可以灵活就业，像国外的私人律师、家庭医生一样弹性就业，或者在社区婴幼儿服务机构工作。

(一) 育婴师

1. 育婴师的等级

育婴师是 21 世纪初国家原劳动和社会保障部新发布的工种之一，是适应我国社会发展需要而产生的一种新职业。其职业共设三个等级，分别为：育婴员(国家职业资格五级)、育婴师(国家职业资格四级)、高级育婴师(国家职业资格三级)。

2. 育婴师(员)国家职业岗位描述

(1) 育婴员(五级)。掌握 0～3 岁婴幼儿生长发育特点和规律，了解婴幼儿生活照料、护理及教育方面的相关知识，能够运用科学的方法对 0～3 岁婴幼儿的饮食、睡眠、动作技能、智力开发、社会行为和人格发展进行训练。

育婴员的职业定位是注重实操，兼顾家政服务，以入户服务为主。适合面对家庭和社区，紧密帮助家长做一些针对婴幼儿的全方位的照料、服务和指导；适合直接进入 0～3 岁婴幼儿家庭进行喂养和护理，或对抚养人进行适当的操作指导；适合在早期教育机构中承担适当喂养、护理和教育方面的训练。

(2) 育婴师(四级)。全面了解 0～3 岁婴幼儿喂养、护理和教育方面的知识，能够根据婴幼儿发展水平设计、选择和制定教育训练方案。

育婴师的职业定位是技能实操和理论知识平衡，入户和个别指导兼顾。可进入家庭，担当起从“月嫂”到“育婴师”的全部职责，也可进入一些早期教育机构、亲子园、幼儿园的托班任主课老师并做保育工作，还可以社区为单位，对数个家庭提供教育咨询。

(3) 高级育婴师(三级)。掌握 0～3 岁婴幼儿科学评价的方法，提出个别化教育的建议，为婴幼儿全面发展设计成长方案并提供全面咨询和服务。

高级育婴师的职业定位是偏重理论知识，入户为辅，个性化为主，自主创业。他们通常是具有一定管理能力的资深管理人员，具备幼儿园和亲子园的管理经验，能不断进行一些课程体系的开发和指导，可针对婴幼儿提出个性化的指导意见和教育支持，可对0～3岁婴幼儿家庭或亲子园等早期教育机构提供全方位的专业咨询和系统服务。

（二）早期教育指导师

最近，中共中央、国务院在统筹解决人口问题的决定中将婴幼儿教育称为“早期教育”，这是提高人口素质的起始环节。早期教育是以家庭为基础、以社区为依托、以提高出生人口素质为目标，面向0～6岁婴幼儿及其家长进行科学育儿的新型社区教育和现代服务业，其职业对象主要在家庭、社区、早教托幼机构等从事婴幼儿早期教育工作。

20世纪90年代以来，随着我国社会经济的发展和人们对早期教育重要性认识的提高，在经济比较发达的地区和一些城市出现了为社区、家庭输送早期教育指导师的服务机构和招收婴幼儿及家长参加亲子活动的亲子园等早教机构；另一方面幼儿园也陆续招收3岁以下的托班，实现了婴幼一体化教育。在我国，各类公民办托幼机构对早期教育指导师需求量很大。

早期教育指导师的就业方向是托幼园所、亲子园等早教机构，乃至专业的社区、家庭等服务机构，面向0～6岁婴幼儿及家长进行早期教育的指导和实践。

（三）育婴师与相关职业的区别

1. 育婴师与家政服务员的区别

家政服务员是指根据要求为所服务的家庭操持家务，照顾婴幼儿、老人、病人，管理家庭有关事务的人员，重在家务和带养、照顾；育婴师的服务对象是0～3岁的婴幼儿及其家长，除了带养工作，还要指导家长，肩负小部分的教育功能。

2. 育婴师与保育员的区别

保育员是指在托幼园所、社会福利机构及其他保育机构中，辅助教师负责婴幼儿保健、养育和协助教师对婴幼儿进行教育的人员，重在协助、辅导；育婴师不仅在婴幼儿的带养问题上能够独当一面，还要能够根据服务对象的特点提出适宜的带养方案。

3. 育婴师与母婴护理员（月嫂）的区别

母婴护理员（月嫂）是在孕产妇分娩前后、新生儿出生后的一段时间内，进入孕产妇所在的家庭或医院产科，为孕产妇和新生儿提供生活护理服务，原则上母婴护理员应当掌握母婴生活护理的基础知识和基本的操作技能要求，其服务对象为孕产妇和新生儿，只负责生活护理事宜；育婴师为0～3岁婴幼儿提供入户服务，不仅负责生活护理、指导家长，还肩负了一部分教育功能。

4. 育婴师与幼儿园教师的区别

（1）专业方面。幼儿园教师接受过幼儿教育专业的系统教育，对象人群为3～6岁的学龄前儿童。但0～3岁婴幼儿有其特殊的生理、心理发育过程，接受能力和学习方法都有不同。因此，教育方法和内容绝不能是幼儿园教育的简单低龄化，育婴师必须接受不同于幼儿园教育的专业培训。他们不仅要了解教育学的内容，还要了解婴幼儿生理、心理的发展，包括相应的日常护理内容，涉及的专业领域更加宽泛。

（2）对象方面。3～6岁的幼儿园教育是教师与孩子、教育者与被教育者之间的二维教育。育婴师所面对的0～3岁婴幼儿早教群体一定要求有婴幼儿家长的参与和配合，是教育者、婴幼儿、家长之间的三维教育。育婴师与家长的沟通甚至要多于与婴幼儿的沟通。这就对育婴师提出了更高的要求。

5. 育婴师和保姆的区别

育婴师的定位是“主动教育全过程”的教育工作者，而不是简单的家政服务人员。保姆作为一种职业，主要从事家政方面的工作，不是专业的0～3岁婴幼儿的护理人员。保姆没有明确的职业范围、职业规范和职业标准。育婴师则经过专业的营养、保健、日常护理、教育、心理、意外伤害预防等全方位的专业培训，为 0～3 岁婴幼儿提供的是专业服务。

总之，育婴师是通过提供对 0～3 岁婴幼儿进行照料、护理和教育的服务，辅助家庭完成科学育儿工作的人员，育婴师职业是适应我国社会发展需要而产生的一种新职业。育婴师职业将保健、教育两种工作结合起来，既需要承担婴幼儿保健工作，又要担当教育工作，通过日常生活中的活动或游戏来开发婴幼儿的潜能，促进他们全面发展。

三、早教专业教师的职业特点

早教专业教师的工作既不同于幼儿园教师的工作（以教育为主），也不同于保健医生的工作（以预防治疗为主），他们从事的工作具有保健、教育合二为一的特点，其职业特点表现在以下五个方面。

（一）专业性

专业性是早教师资最重要的一个特点。一名早教师资一定要具有专业素养，经过专业培训，提供专业服务，掌握的知识和技能既具有科学性又具有系统性。

（二）知识技能的全面性

早教师资需要为 0～3 岁婴幼儿提供全方位的护理和带养服务，他们需要掌握的教育学、婴幼儿生理心理发展、日常护理等知识和技能更为全面。

（三）灵活性

早教师资掌握的知识技能不仅要具有专业性，还要能实际应用在婴幼儿身上，并且早教师资要能够根据每个婴幼儿的个体差异进行喂养方案的调整。

（四）服务对象的多维性

早教师资面对的 0～3 岁婴幼儿群体一定要求有婴幼儿家长的参与和配合，通常除了婴幼儿的父母，家中的保姆、祖父母等也可能成为早教师资沟通和指导的对象，这就对早教师资提出了更高的要求——他们既要能在家庭中进行一对一的服务，也要能进入社区母婴服务机构或早教机构中进行一对多的指导。

（五）职业的规范性

早教师资是国家认可的职业，有明确的职业范围、职业规范和职业标准，是经过严格标准培训、考试合格的专业的婴幼儿护理、生活照料、早期教育和营养、心理等方面的从业人员。

四、早教专业教师的职业素质要求

（一）职业道德

职业道德包括职业道德基本知识和职业守则等。早教专业教师职业要求可以概括为“三心”和“八个字”。

早教专业教师要有三心：爱心，只有发自内心的热爱，才能有热情去工作；耐心，特别是在婴幼儿不会通过语言表达自己的心理活动时，更要有耐心；细心，婴幼儿的各种行为都有其发生的原因，只有细心观察才能了解隐藏在行为之后的发展需求。

早教专业教师要具备八个字：“知识面广”，即有教育、心理、卫生、保健、饮食、营养、运动等方面广博的知识；“学会尊重”，即要尊重婴幼儿，成为他的成长伙伴。

早教专业教师的职业守则可以概括为：热爱婴幼儿，尊重婴幼儿；爱岗敬业，优质服务；遵纪守法，诚实守信。

（二）基础知识

1. 0～3 岁婴幼儿解剖及生理发育特点

包括婴幼儿呼吸系统、心血管系统、消化系统、泌尿系统、内分泌系统、运动系统、神经系统、感觉系统的生理发育特点。

2. 0～3 岁婴幼儿心理发展特点

含婴幼儿的感知觉能力、记忆能力、思维能力、想象力、注意力、人际交往能力、自我意识、情绪与情感、意志力、气质、言语能力等心理发展特征。

3. 0～3 岁婴幼儿营养

含各种食物的热能、营养素的基本知识，婴幼儿的营养需要以及膳食评价与营养行为。

4. 0～3 岁婴幼儿教育

含早期教育的意义与价值、教育特点与内容、教育原则与方法。

5. 相关法律、法规知识

含宪法、母婴保健法、未成年人保护法、儿童权利公约，中国儿童发展纲要（2001—2010 年）、食品卫生法、劳动法等的相关知识。

第二节　早教专业教师职业培训

一、早教专业教师培训概述

通过早教师资职业资格培训班的系统学习，使参训人员全面系统地掌握婴幼儿的生活照料、护理、营养、心理、教育、卫生保健、疾病防治和生长发育的规律及潜能开发等方面的理论知识，并具备所需的各种职业能力。最终的结果就是持证上岗的早教师资具备良好的职业道德，懂得良好的家庭礼仪，既能科学地照顾婴幼儿，又能对婴幼儿进行系统的早期智力开发，担当起从“月嫂”到“婴儿教师”和保育员的全部职责，还能主动给家长提供专业的知识咨询和个性化的指导。

（一）培训目标

第一，主要培养具有专业的早期教育基本理论与教育指导技能的早期教育专业指导人才。

第二，培养具有一定专业理论知识和实际操作能力的较高素质的技能型专门人才。

第三，培养具有良好综合素质的服务于家庭、社区、早教托幼机构的教育复合型人才。

第四，培训旨在提高指导开发情商的能力、提高指导沟通技巧的能力、提高指导创意教学的能力、提高指导科学教养的能力，使学员成为早期教育（6 个月～3 岁）的复合型人才。

（二）培训对象

基本培训对象是：亲子园、幼儿园、托幼机构等从业人员及准妈妈、新妈妈和有志从事育婴事业的社会各界人士，即从事 0～3 岁婴幼儿教育、保育工作的业内人员与对婴幼儿早期教育感兴趣的社会人士等。

1. 职前培训的对象

（1）热爱早教事业、有意从事早教教育指导工作的在校学生。

（2）学前教育专业的学生。

（3）幼儿师范早教专业方向的学生。

2. 职后培训的对象

（1）幼儿园、亲子园、早期教育机构的人员。

(2) 各地妇联机构、计生系统从事或准备从事婴幼儿早期教育和卫生保健工作的人员。

(3) 对婴幼儿教育培训感兴趣的父母、准父母、准爷爷、准奶奶。

(4) 学前教育和婴幼儿卫生保健方面的科研人员。

根据时间长短,可把培训班分为长期培训、短期培训和不定期培训,根据培训对象的需求和工作要求来确定具体培训计划。

(三) 就业前景

第一,幼儿园、早教机构、亲子教育中心等早幼教教育机构中的早期教育指导师。

第二,服务于社区、家庭的早期教育指导师。

(四) 培训内容

早教专业教师的知识构成主要包括产科、儿科、解剖及生理学、婴幼儿心理学、婴幼儿营养学等。根据《育婴员国家职业资格标准》的规定和要求,培训内容主要为:孕产妇护理、婴幼儿发展、0~3岁婴幼儿生理发育、饮食、心理发展特点、营养、日常生活护理、脑神经科学理论、个性化教育、技能训练与感觉统合等。授课内容注重基础理论教学,突出可操作性和实用性。

(五) 培训原则

1. 循序渐进的原则

培训和指导的目标和内容应符合国家对本职业提出的相关标准和要求。按照循序渐进的原则,使知识和工作技能从简到繁、从低到高,与培训对象的基础和接受能力相适应。

2. 理论联系实际的原则

培训指导的内容既要有系统的理论知识,又要体现实际操作能力,保证培训人员能持证上岗。传授的相关知识和工作技能要看得见、摸得着、易操作、好考核,体现针对性和实用性,有利于指导和帮助育婴员、育婴师解决工作中出现的各种实际问题。

3. 互动的原则

把培训对象作为培训的主体,培训的内容和方法要以他们是否需要、是否能够接受为出发点。在培训过程中,要充分调动培训者的积极性和主动性,让他们充分发表意见、提出问题并共同讨论问题。在培训过程中,提倡参与式教学、情景教学、师生互动。在培训对象动手操作的过程中给予切实的指导,实现教学互动,掌握保教并重、科学育婴的相关知识和工作技能。

(六) 培训方法

培训和指导可采取灵活多样的模式,如集中培训、专题讲座、个别指导、学习交流等。培训以课堂讲授为主,以实验室模拟操作和现场观摩见习为辅。培训方法灵活多样,讲课、答疑、参观考察和交流多方结合。

(七) 早教师资鉴定方式

鉴定分为理论知识考试、专业技能考试两部分;理论、技能两部分成绩均达到60分以上为考试合格,颁发证书。

二、早教师资培训类型

(一) 育婴师培训

1. 育婴师培训的意义

我国现有的师范院校作为国家教育机构还没有培养出针对0~3岁阶段的专业育婴人才,这就出现了早期育婴人才的空白。在这样一个社会需求的大背景环境下，为了用国家职业标准去规范婴幼儿教育的培训教学，使0～3岁的婴幼儿真正得到科学规范的早期教养，育婴师作为一个独立的职业"出世"就成为一种必然的趋势。

当前，我国的育婴师行业还处于初级阶段，现有的从业者大多都是从幼教、儿科、产科等相关行业转业过来的。虽然这些专业都与育婴专业联系紧密，但实际上育婴师的知识构成主要包括孕期的保养调理（产科）、临产分娩（产科）、婴幼儿保健喂养（儿科）、早期教育（幼教）等方面，即现有从业者的知识结构并不完善。一旦通过系统的培训，合格的育婴师必将能够应对家长随时提出的各种早期教育问题和需求。育婴岗位的就业前景很广阔，社会需求量很大，必须加强育婴师的培训工作。

2. 国家育婴师职业标准的形成

育婴师是适应我国社会发展和需求应运而生的新兴职业，原劳动和社会保障部根据社会发展需要，适时地制定了从《育婴员国家职业资格标准》、《培训教程》、《考试题库》到教学方法、课件平台、考试鉴定等一系列的国家统一标准，并形成规范的培训鉴定认证体系，做到统一标准、统一培训、统一考试、统一质量。

3. 育婴师培训课程

《育婴员国家职业资格标准》的实施标志着照料0～3岁婴幼儿有了职业化标准，不单是吃饱、睡好、不磕不碰就行了，而要科学培育婴幼儿。通过对标准化课程的学习，可以掌握0～3岁婴幼儿的生活照料、护理及教育方面的相关知识，并运用科学的方法对婴幼儿的饮食、睡眠、动作技能、智力开发、社会行为和人格发展进行教育训练。

培训分核心课程和基础课程两大部分。核心课程包括四大模块：生活照料、卫生保健、幼儿教育、幼儿心理。基础课程包括两大模块：职业道德、家庭礼仪。具体内容如下表所示。

基础课程	职业发展历史与现状；职业前景；育婴师的行为规范；育婴师应必备的能力；家庭礼仪
核心课程	婴幼儿生理发育特点；婴幼儿心理发育特点；敏感期与0～3岁婴幼儿教育，包括语言能力、认知能力、适应能力、社交行为；婴幼儿生长发育监测与计划免疫；常见疾病的护理，婴幼儿意外伤害的防范与家庭急救；0～3岁婴幼儿营养，微量元素对婴幼儿发育的影响；婴幼儿喂养及辅食的制作；0～3岁婴幼儿大动作及精细动作的发展与训练，新生儿抚触

资料链接

《育婴员国家职业资格标准》

《育婴员国家职业资格标准》经中华人民共和国劳动和社会保障部批准，自2003年1月23日起施行。

1. 职业概况

职业名称：育婴员。

职业定义：主要从事0～3岁婴幼儿照料、护理和教育的人员。

职业等级：本职业共设三个等级，分别为育婴员（国家职业资格五级）、育婴师（国家职业资格四级）、高级育婴师（国家职业资格三级）。

职业环境：室内、外，常温。

职业能力特征：有爱心、耐心和责任感；口齿清楚、会讲普通话；表达能力和沟通能力强；动作协调、灵活；有一定的学习能力。

基本文化程度：初中毕业。

2. 培训要求

培训期限：全日制职业学校教育，根据其培养目标和教学计划确定。晋级培训期限：育婴员不少于80标准学时;育婴师不少于100标准学时;高级育婴师不少于120标准学时。

培训教师:培训育婴员、育婴师的教师应具有本职业高级育婴师职业资格证书,或相关专业中级以上(含中级)专业技术职务任职资格;培训高级育婴师的教师应具有本职业高级职业资格证书2年以上,或相关专业高级专业技术职务任职资格。

培训场地设备:理论培训场地应具有可容纳20名以上学员的标准教室,并配备投影仪、电视机及播放设备。实际操作培训场所应具有40平方米面积和相关育婴设备(婴儿床、洗涤用具、婴儿食品配制及消毒用具、玩具、图书、挂图、手工制作教材及工具等)。

3. 鉴定要求

(1) 适用对象:从事或准备从事本职业的人员。

(2) 申报条件

——育婴员(具备以下条件之一者)

① 经本职业育婴员正规培训达到规定标准学时数,并取得结业证书。

② 在本职业连续见习工作2年以上。

——育婴师(具备以下条件之一者)

① 取得本职业育婴员职业资格证书后,连续从事本职业工作3年以上,经本职业育婴师正规培训达到规定标准学时数,并取得结业证书。

② 取得本职业育婴员职业资格证书后,连续从事本职业工作5年以上。

③ 连续从事本职业工作6年以上。

④ 取得经劳动保障行政部门审核认定的、以中级技能为培养目标的中级以上职业学校本职业(专业)毕业证书。

——高级育婴师(具备以下条件之一者)

① 取得本职业育婴师职业资格证书后,连续从事本职业工作4年以上,经本职业高级育婴师正规培训达到规定标准学时数,并取得结业证书。

② 取得本职业育婴师职业资格证书后,连续从事本职业工作7年以上。

③ 取得高级技工学校或经劳动保障行政部门审核认定的、以高级技能为培养目标的高等职业学校本职业(专业)毕业证书。

④ 取得本职业育婴师职业资格证书的大专以上本专业或相关专业毕业生,连续从事本职业工作2年以上。

4. 鉴定方式

本职业采用理论知识考试和技能操作考核。

理论知识考试采用闭卷笔试方式,技能操作考核采用现场实际操作方式。理论知识考试和技能操作考核均实行百分制,成绩皆达60分以上者为合格。

5. 考评人员与考生配比

理论知识考试考评人员与考生配比为1∶20,每个标准教室不少于2名考评人员;技能操作考核考评人员与考生配比为1∶5,且不少于3名考评人员。

6. 鉴定时间

理论知识考试为90分钟,技能操作考核采取抽签方式,每人操作四个工作内容。

7. 鉴定场所设备

理论知识考试在标准教室进行。技能操作考核在实际操作训练场地进行。

（二）早教指导师培训

“早教指导师”职业资格认证的推广普及，将有助于解决早教机构理论与实践脱节的状况，从根本上解决当前早教师资队伍人员不足、结构不合理以及管理中存在的亟待解决的问题。

早教指导师培训以蒙氏教育、多元智能教育、奥尔夫教育等国外先进早教理念为理论依据，结合《早期教育指导师》教材大纲，授课内容主要为：0～6 岁早期教育的概念及其重要性、我国早期教育的现状和展望、早教儿童生长发育、早教儿童营养、早期教育基本理论、早教指导师的基本素质、早期教育的先进理念及其运用、0～3 岁亲子早教课程设计及组织指导、3～6 岁幼儿园课程设计及组织指导、早期教育管理应用及早教基地筹建与运营等。授课内容注重实际操作能力的培养，方法更先进、知识更全面。

早教指导师培训可分为下列模块：

早期教育理论指导	早期教育概念及其重要性；早期教育指导师必备素养；婴幼儿教育观；婴幼儿家庭教育指导和培训
早期教育实操	婴幼儿生活照料；婴幼儿日常生活保健与护理；婴幼儿身心发展
多元智能教学理论	语文智能；逻辑数理智能；空间视觉智能；自然观察者智能；音乐智能；肢体动作智能
多元智能教学实操	创意阅读活动设计指导与应用；蒙台梭利教学实务；创意艺术教学课程设计指导与应用；建构课程教学实务；奥尔夫音乐教学实务；创意音乐教学实务；亲子课程结构及婴幼儿课程设计理念；亲子课程设计指导与应用
早期教育园所观摩与实践	园所观摩、实训

（三）家庭教育指导师培训

家庭教育指导师岗位培训工作旨在建立一支高素质、专兼职相结合的家庭教育指导专业队伍，普及科学的家庭教育理念和先进、实用的家庭教育方法，提高我国家庭教育的工作水平，促进青少年的健康成长及和谐家庭建设。

1. 培训目标

全面掌握家庭教育科学理念、理论知识及方法，能够针对家庭教育的各类问题制定实施行之有效的解决方案并取得良好的效果，可为家庭教育服务机构提供咨询及工作指导。

2. 培训对象

青少年活动中心、妇女儿童服务机构、社区居委会、婚姻家庭律师事务所、婚姻家庭咨询指导中心、心理（教育）咨询中心、家庭服务中心、青少年教育培训机构、早教机构、幼儿园、大中小学、社区服务机构、保健教育服务机构等相关工作人员及其他从事或有志从事家庭（亲子）教育指导职业的各界人士，以及关心婴幼儿成长的家长。

3. 资格认证

学员完成规定课程并考试合格后，由人力资源和社会保障部中国就业培训技术指导中心颁发《CETTIC 家庭教育指导师职业培训证书》。

4. 培训内容

家庭教育理论	传统家庭教育理论；现代家庭教育理论与家庭教育现代化发展战略
发展心理学与家庭教育	婴幼儿发展的基本理论；产前期和新生儿的发展；婴幼儿的发展；婴幼儿心理行为问题的诊断和治疗

续　表

科学理念与方法	五元家教法；多元智能理论；良好习惯培养
	网瘾的预防与治疗；营养与卫生；性教育；婴幼儿任性怎么办？婴幼儿胆小怎么办？小幼衔接
家庭教育技能训练	情绪与压力管理；有效沟通；婴幼儿行为分析与问题矫治

第三节　早教机构中教师的岗位要求

早教师资是专职的教育工作者，懂得婴幼儿身心发展的特点和规律，掌握科学的婴幼儿教育方法，他们对婴幼儿的教育是有目的、有计划和有组织的。教师能够指导和帮助家长树立新型的家庭教育观念，引导家长参与婴幼儿的活动，了解、观察婴幼儿，在家长与婴幼儿、幼儿园与教师之间建立良好融洽的关系，真正使家长成为幼儿园的合作伙伴和教师的良师益友。开展亲职教育活动，对于家长和教师自身来说，也是一个共同教育的过程。对于家长而言，正像一个职业教育者的教育知识与能力是在学习和实践中获得的一样，家长的教育知识与能力也需要有一个学习和实践的过程，现场指导式亲职教育就为家长提高教育水平提供了一个学习的机会，能够帮助家长树立教育好子女的信心，获得教育的知识经验。对于教师而言，在与家长合作的过程中，也可以帮助自己不断改进和修正教育内容和教育方法。另外，家长与教师的合作，也使双方从对方那里学到一些教育以外的人生经验，从而提高自己的生活质量。

一、早教机构对教师的职业要求

一所好的早教机构不仅有漂亮的建筑和完美的设备，而且更需要受过良好训练的教师来使其产生活力。这就意味着只有在特定情境下能够完成工作任务的人才能胜任亲子园教师的岗位。

早教机构的园长在挑选新员工的时候，必须制定和遵从系统化的程序。需要确认的重要因素是：受教育水平、经历、个人特点、技能和知识。

早教机构的员工要成为教师或看护者可以有三种不同的途径：第一种传统的方法是先进行学业上的准备，完成大学相关专业的学业后，开始准备成为早教专业人员；第二种是作为家长拥有一定的育儿经验，他们从照顾自己孩子中获得第一手的保育经验，后有志于投入早期教育事业；最后一种是从无关工作偶尔开始的，他们原本从事的是与早教无关的行业，但是通过偶尔的机会来到早教机构，发现早教工作的意义和价值，所以改变了专业方向。这三类人都是发展我国早期教育事业需要的人力资源。

（一）教师所受的教育

从事早教教师职业的最低受教育要求是学过12门关于婴幼儿教育或婴幼儿发展的课程。普通幼儿教育专业毕业的教师必须完成关于婴儿研究的额外课程——育婴师课程。教师上岗必须具备教师资格证书、学前教育专科学历证书、普通话证书和育婴师证书。园长应该把自己早教机构的教师任职资格标准定在最低标准之上。

有研究显示，教师的受教育水平，尤其是大专以上层次的专业教育，是促进早教事业良性发展的一个很重要的影响因素。具有高学历的教师能够更好地与婴幼儿互动或更有能力为婴幼儿提供一种良好的环境。

（二）教师已有的早教经验

早教教师最好曾经为人父母，拥有第一手的育儿经验，园长可以根据教师已经具备的经验的类型和多寡来选择教师。除此之外，亲子园内所有的教师都必须参加育婴师培训，并获得育婴师资格证书。

（三）教师的个人特性

由于亲子园的教师需要直接与婴幼儿和家长打交道，所以教师所经营起来的三者之间的关系状况对于开展亲子活动就很重要。园长必须仔细挑选符合亲子工作所需个性的教师。

经验丰富的园长一般认同亲子教师应具备以下个性特点：喜欢和婴幼儿在一起；有一定的教养能力；工作具有灵活性；在婴幼儿完成任务的过程中愿意耐心等待；是婴幼儿模仿的好榜样；有良好的与家长沟通的技能；允许婴幼儿独立解决问题；接纳婴幼儿和家长的个别差异；能够和同事、家长进行团队工作；健康、精力充沛和喜欢运动；有很多可以与婴幼儿和家长分享的兴趣；愿意不断地进行学习。

（四）对教师技能的要求

教师在工作中需要胜任很多事情，亲子园教师应该具备以下工作技能：创设一种婴幼儿乐于参与的氛围；设计那些能激发婴幼儿思考、解决问题和作出选择的活动；通过倾听和沟通反馈来鼓励婴幼儿使用语言；促进婴幼儿的身体发展；帮助婴幼儿体验成功感；创设一种能够让婴幼儿体会伦理差别的环境；评估和衡量婴幼儿的进步。

（五）对教师知识的要求

亲子园教师需要了解以下知识：婴幼儿发展的各个阶段，尤其是认知、语言、身体、社会和情感的发展；婴幼儿的异常发展；婴幼儿是如何学习的；积极引导婴幼儿的策略；能够吸引婴幼儿参与其中的材料和活动；家庭是怎样影响婴幼儿发展的；与家长建立有关婴幼儿保教方面的合作关系；与婴幼儿交流和与家长会晤的技巧。

二、早教机构教师服务指导技能

（一）入户指导

入户指导是指早教专业人员根据婴幼儿家庭需要，进入到婴幼儿家庭中，充分利用家庭中的物质等资源，针对婴幼儿生长发育过程中的个性化特点以及家庭教育中存在的问题，采取针对性策略，改善婴幼儿早期生长的环境，提高家长及看护人科学育儿水平，促进婴幼儿健康、全面发展的一种形式。

1. 多方筹划，为入户指导做好准备

入户指导从研究人员、研究对象的确定，研究目标、指导原则的制定到具体入户内容的开展，都离不开研究人员的多方筹划、积极准备。早教师资主要从建立信任、转变理念、利用环境、挖掘资源、言传身教等方面出发，根据每个婴幼儿发展的实际水平，为其制定具体的入户指导内容。早教师资走进家庭，对家长的教育理念和方法进行指导，在交流与沟通时必须秉承平等、理解两个原则。

2. 精诚合作，探索入户指导的实施策略

（1）建立双向信任，是入户指导的基础。建立基本的信任感是深入开展入户指导的基础。信任感包括家长及看护人对指导者的信任，还有婴幼儿对指导者的信任。这两种信任，主要来自指导者与婴幼儿、家长的互动。前者往往依赖于指导者自身的亲和力，再加上语言沟通交流、定期电话联系，最主要的还是在第一次具体的早教指导过程中让家长及看护人感受到指导的成效，从中逐渐建立起信任感。建立与婴幼儿的信任相对难度就大一些。当指导者初次入户时，婴幼儿往往因陌生而拒绝与指导者交流。一般来说，指导者一定要有耐心，不要急于求成，可以尝试通过婴幼儿喜欢的同伴或家人与其交往和他一起玩，可能需要相对长一些的时间他才会接受新伙伴。

（2）转变教育理念，是入户指导的核心。随着学习型社会的到来，学习型家庭建设也提到议事日程。指导者应该帮助家长树立终身教育的观念和社会学习化、学习社会化的理念。成功的家庭教育，往往建立在共同学习的基础上。学习是求得共同语言、增长知识、保持进步的基本手段。在入户指导时，有些父母对自己是“成人”这个概念非常清醒，与婴幼儿玩时往往受到这个概念的束缚，不能放开手脚与婴幼儿平等地分享一切活动。指导者应以自己的行动为父母示范，指导家长及看护人转变教育观念，和婴幼儿一起玩所有活动，那么彼此就会拉近心理距离，成人就会真正走进婴幼儿的内心世界，感觉童心的跳动。

(3) 利用家庭环境，是入户指导的有效方式。创设一个有利于婴幼儿发展的家庭环境很重要。这个环境包括物质环境和非物质环境。物质环境是指家庭的物质条件，比如家庭的绿化、整洁、整体布局；活动场地的大小、质量；室内环境的美化、布置、光线的强弱、玩具的多少及可用性、空间的大小等。因而，教师在入户指导中建议家长及看护人应该在环境的选择和控制上积极地为婴幼儿创设优美的、令人愉快的物质环境，以利于婴幼儿智力、非智力因素的发展。非物质环境是相对于物质环境而言的，它主要指家长用关怀、热情和笑容有意识地营造一个有利于婴幼儿发展的心理环境，即一种良好的心理氛围。

(4) 挖掘家庭资源，为入户指导创造条件。首先，帮助家长树立开发家庭教育资源的意识。入户指导时教师指导家长从家庭环境中的任何一样婴幼儿感兴趣的物品开始为婴幼儿讲解，因时因地启发婴幼儿的智力，引导婴幼儿的各种兴趣，发展婴幼儿的各个感官，培养婴幼儿各方面能力的协调发展。其次，提高家长利用家庭资源的能力。教师可指导家长自制玩具，并专门成立自制玩具展示柜。家庭中有许多物品都可以作为婴幼儿的玩具，如奶粉罐、可乐罐，还有鞋子盒、食品盒等各种各样的纸质盒子，大大小小的夹子，饮料瓶子……

(5) 言传身教，是婴幼儿成长的榜样。由于婴幼儿的模仿能力极强，分辨能力差，因此早期教育必须重视环境中的隐性教育因素。作为婴幼儿的第一任老师，家长要时刻注意自己的言行，为婴幼儿树立良好的榜样。

首先，家长应考虑家庭的居住环境、父母的交往人群等隐性教育因素对婴幼儿成长的影响，为婴幼儿提供比较丰富的交往环境，让正确的与错误的认识在婴幼儿的头脑里思考，以利于婴幼儿的智力发展。

其次，家长自身也是隐性教育资源之一，家长要以身作则，当好榜样。

(6) 尊重差异，是个性化指导的关键。承认差异、认识差异、尊重差异是因人施教的基本前提。就婴幼儿而言，年龄越小，差异越大。要做好入户指导工作，我们就要指导家长及看护人承认这种差异，更重要的是要做到认识和尊重这种差异。

在入户指导中，我们指导家长及看护人接纳和发现自己孩子的独特价值。要相信婴幼儿都有自己的闪光点，指导者要协助家长去努力寻求和发现婴幼儿的闪光点，在此基础上指导家长及看护人判断婴幼儿的发展水平。要根据具体情况和婴幼儿的认识水平给予适合其水平的指导。同时要指导家长及看护人接纳和支持婴幼儿的特殊需要，接纳他们不同于同伴的行为方式和需求，引导他们的发展。

(二) 亲子活动指导

1. 亲子活动指导方式

早教师资指导亲子活动的方式有很多，主要有以下三种。

(1) 行为介入式。从行为入手，教师示范，家长模仿；或家长操作，教师指导。教师的示范有活动设计方案示范和活动组织实施示范两种。

活动设计方案示范是指在活动前教师根据主题对活动进行设计，一个好的设计可以给家长以示范作用，帮助家长在家庭生活中根据这个设计方案组织相应的活动，方便家长的操作、实施和模仿。

活动组织实施示范是指教师在活动中以“指挥者”的身份对家长和婴幼儿直接提出要求，明确任务、目的，教会家长。

教师的指导作用一般都体现在以家长为主体进行活动的组织和操作时，遇到困难或在某一环节被忽视的情况下，教师要给予家长帮助。

行为介入式的要求与注意事项：教师要把握好介入的点，从行为上，也就是从操作行为上介入，同时要注意自己是以指导者的身份介入，通过修改活动方案、提出活动调整意见等方法，帮助家长一次又一次地设计、组织、实施，不断给家长以帮助，家长的育儿经验也不断得到丰富和完善。

(2) 情感介入式。从情感入手，通过教师创设情景，让家长参与、体验，再迁移到家庭教育中去。

在活动中教师的示范和指导起着“润物细无声”的作用，教师每一个环节、情境的创设都会让家长和婴幼儿之间的情感更加深一层，亲情、友情甚至夫妻间的感情也会通过活动有了升华。

情感介入式的要求与注意事项：教师在设计活动时，必须考虑能否激发家长与婴幼儿的情感，家长是否有情感的体验，这是活动成功与否的关键。

(3) 认识介入式。通过亲身参与、体验，或边操作边得到帮助，再在家庭教育中运用。如果说前面两种活动是家长参与、行动在前、认识在后的话，那么认识介入这一形式是认识在前、行动实施在后，是从认识入手，通过教师与家长、家长与家长间的讨论，最后形成一定的认识，而后再运用到家庭教育中去。

教师的指导是实施这一方式的重点，在活动前，教师通过与家长的讨论，和家长相互交换意见，提出自己的设想和建议，在设计活动时就给予家长新的教育思想，帮助、指导家长转变教育观念和育儿观念。

认识介入式的注意事项：活动前家长和教师对如何开展活动已经达成共识，在实施中教师利用家访等形式，有选择地到婴幼儿家里进行现场指导是非常重要的，一对一的形式能及时给予家长必要的帮助，及时地进行小结、反思，提高家长的认识，为下一次活动的开展做更好的准备。

2. 亲子活动指导策略

(1) 设计亲子活动，强化情感教育。在家庭教育中，情感教育是使婴幼儿领悟事物的基础，在婴幼儿从无到有、由简单到复杂的领会和认识过程中，情感起着根本的作用，它决定着婴幼儿从什么样的角度，以什么样的方式，按照什么样的需要来对待事物。情感教育的过程分散在日常的生活中，选择或营造一些生活情景，设计一些亲子活动，并给家长以现场指导，往往能起到良好的效果。

(2) 突出父母主体行为，加强形象教育。在家庭教育中父母言行自律，是对婴幼儿最好的形象示范，也是一种无形的教育。为此，教师和家长们一起设计了以父母的行为为主体的形象教育活动，并分别指导家长实施。

(3) 设计家长与婴幼儿共同学习的机会，获得科学或艺术的教育方式。在家庭教育中，只有适宜的方式才能让婴幼儿最好地接受各种教育。如与婴幼儿一起购书，一起阅读，与婴幼儿一起去图书馆，一起去动物园，一起搭积木。其中，科学的或艺术的方法，更能引起婴幼儿的兴趣。

活动中教师引导家长根据婴幼儿和自身的特长，尝试对婴幼儿进行科学的指导。教师在活动中更注重帮助个别有需要的家长，指导他们如何给婴幼儿设置问题，如何启发婴幼儿向目标趋近。让家长们真正掌握上述育儿方法，并能在家庭教育中自如地运用，重视提高家长育儿技能的指导，让家长体会到每一种具体方法的内核，逐渐地形成一种家庭教育的能力。而这种指导，我们采用的仍然是“现场指导式”。

3. 亲子活动指导原则

(1) 要尊重婴幼儿的个性。在家庭中要多花时间与婴幼儿沟通，注意观察其一言一行，了解婴幼儿的个性，尊重婴幼儿的权利和选择，从婴幼儿自身的特点出发，因人而异，因材施教。

(2) 要用发展的眼光看待婴幼儿。随着年龄的增长、心理的成熟，婴幼儿的独立意识不断加强，试图摆脱成人的帮助和束缚，按自己的心愿做事，但许多父母看不到婴幼儿的变化，不允许婴幼儿做这做那，对婴幼儿的行为指手画脚，横加干涉，使亲子关系紧张。要善于了解婴幼儿的变化，给婴幼儿提供更多的发展空间和锻炼机会，把顺其自然和控制约束相结合，有所为有所不为。

(3) 要全面地评价婴幼儿。婴幼儿是一个整体，是一个有进步的，由思想品德、性格习惯等方面相互联系的诸要素构成的有机整体，他们的发展是一个过程。因此，对婴幼儿的评价要用全面的观点，从整体上把握婴幼儿，既能欣赏婴幼儿的闪光点又能容忍婴幼儿的不足，既能看到主要方面又要顾及次要方面，防止片面性，善于发现长处，因势利导，更要发现不足，帮助他们改正错误，战胜自我，在婴幼儿的点滴进步中品尝成功的喜悦。

早教师资和家长要有平等的态度，任何一方居高临下的指挥者的态度都会让另一方退缩。这就要求教师不能以自己是专业教育工作者、比家长懂得更多的教育知识、具有更强的教育能力自居，而应该把自己看成是与家长一样的婴幼儿教育的主体，相互间是合作伙伴的关系，共同的目标是促进婴幼儿的发展。为了达到这个要求，在现场指导式亲职教育活动中，教师要查阅资料，学习和丰富亲职教育知识，在设计和组织活动中学习现场组织能力。同时，还要努力把幼儿园教育中的专业知识和技能有机地运用到亲职教育中去。这一切对教师不断地学习婴幼儿教育的专业理论，对婴幼儿教育产生的问题开展探索和研究都有积极的推动作用。通过长期不断的实践和研究，促使教师们向反思型、研究型迈进。

在亲职教育活动中，教师要有强烈的责任感和角色意识，即要明确自己在活动中承担的任务，那就是教师是活动的发起者、组织者和参与者。只有教师具备接纳家长的积极态度，他们与家长的沟通与交流的渠道才可能畅通，幼儿园才可能得到更多的来自家长方面的支持而不是反对。而一旦家长与幼儿园的合作伙伴关系得以建立，那么，彼此间就再也不会感受到来自对方的威胁，双方就会为婴幼儿的健康成长而齐心协力。在“现场指导式”亲职教育中教师指导家长树立正确的育儿观念，掌握科学的教育方法，帮助家长提高家庭教育能力，对家庭教育资源中的潜在因素仔细分析，充分挖掘，针对每个婴幼儿家长的个性特点、职业特点、家庭背景，有的放矢地开展个别沟通、对话、交流工作，注重发挥家长独特的教育优势，动员家长参加婴幼儿的活动，并及时给予肯定、鼓励、赞扬，教师通过细致、精心、扎实的工作表现，获得家长的肯定和认同，提升了自我的社会价值。

资料链接

早教机构教师岗位职责与工作要求

1. 为人师表，举止端庄，仪表整洁大方，讲文明，有礼貌。

2. 不迟到，不早退，每天上岗前做好一切准备工作。不串岗，不离岗，不与家长闲聊，上岗期间关闭手机。

3. 热爱婴幼儿、尊重婴幼儿，态度和蔼可亲，对待所有家长、婴幼儿一视同仁，热情接待，微笑服务。

4. 热情接待家长来访或电话咨询，及时记录，做好日常的宣传招生工作。

5. 认真备课，准备好相应教玩具，精心组织教学活动，保证教学质量。

6. 及时做好相关的登记、教案、观察记录、教育笔记、家长反馈及档案工作。

7. 保管好教玩具和设施，避免丢失、损坏，严禁个人借用。

8. 在园长的支持、协调下，组织好各项对外活动。

9. 定期向园长汇报工作完成情况及工作业绩。

10. 积极参加业务学习、接受业务培训，认真完成园长安排的其他工作。

练习与思考

1. 理解早教专业教师职业产生与发展。
2. 理解早教专业教师职业培训。
3. 理解早教机构中教师的岗位要求。
4. 见习早教机构，观察早教专业教师的教养行为。

参考文献

1. 人力资源和社会保障部中国就业培训技术指导中心. 国家职业资格培训教程——育婴员[M]. 北京：海洋出版社，2009.

2. 李季湄. 幼儿教育学基础[M]. 北京：北京师范大学出版社，1999.

3. 梁志燊. 学前教育[M]. 北京：北京师范大学出版社，1998.

（盘海鹰、朱智红编写）

第十一章　社区早期教育的发展

“社区”一词最早是由德国社会学家滕尼斯(F. Tonnies)于1887年提出。目前,社会学理论工作者一般倾向于认为,社区是由生活在一定地域范围内的人们所形成的一种社会生活共同体。因此,有人说,社区是人生的驿站,社区是生活的港湾,社区是城市发展的标志。人除了在工作单位,大半时间是在社区度过的。

第一节　社区早期教育概述

0～3岁婴幼儿是社区人口的组成部分,其教育是社区建设的一项重要内容,社区在此承担着组织开展0～3岁早期教育活动及对相关教育活动进行管理的责任和义务。

一、社区0～3岁婴幼儿早期教育的内涵

随着社区生活的建设和社区教育的出现,在一些城市和农村,社区学前教育也悄然兴起。为促进广大社区内学前婴幼儿的优生、优育、优教,社区为之创设环境,发扬社区人力资源力量,已取得了初步成效。

社区早期教育是指社区内为婴幼儿或全体居民设置的教育设施和教育活动,是多层次的、多内容的、多种类的社会教育。对婴幼儿则为校外教育,有助于促进学校、社会、家庭共同承担教育下一代的责任。

(一) 社区0～3岁婴幼儿早期教育的特点

1. 地域性

体现地域的共同利益与需求。发展社区教育,一般在现有行政建制的区域(城市、区、街道、居民区、乡、村)中发展,也可不受现有的区域划分局限。

2. 开放性

向最广泛的人群兴办教育,从幼年到老年均可包含,教育内容具有统一规定性。

3. 实用性

社区0～3岁婴幼儿早期教育的内容由实际需要而定,实践性、应用性强。

4. 综合性

社区0～3岁婴幼儿早期教育是综合了多种教育目的、多种教育形式的教育。

5. 双向性

早教机构或幼儿园为社区服务,社区支持早教机构或幼儿园,双向服务使社区0～3岁婴幼儿早期教育得以生存并具有无限生命力。

6. 非正规性

适应社区0～3岁婴幼儿早期教育的需要而发展和变化,没有严格的规定性。

(二) 社区0～3岁早期教育机构的含义

社区0～3岁早期教育机构是指以0～3岁婴幼儿为对象,以家园结合为基础,以社区资源为依托,面

向 0～3 岁散居婴幼儿，为他们提供教养活动场所，并为家长及看护人提供科学育儿指导、咨询的机构，其目的是提高科学育儿水平，促进婴幼儿身心和谐发展。它有别于传统的以校为本、以学习教育为中心的教育模式，是一种多层次、多内容、多种类的社会教育。

常见的社区 0～3 岁早期教育机构包括社区内的幼儿园和其他教育机构，其教育设施大致有三种：有专为婴幼儿设立的，如儿童馆、儿童咨询所、儿童公园等；有为婴幼儿与家长共同参与服务的，如图书馆、博物馆、儿童文化中心和各种终身教育中心等；还有"父母教育"，如母亲班、双亲班和家长小组会议等活动。

（三）常见的社区早期教育模式

1. 托班

社区可探索如何利用现有的托班设施设备，发挥其作用，为社区散居婴幼儿所用。

2. 双休日亲子园

形成亲子园完善的课程体系、亲子园操作流程、亲子园相关活动方式。

3. 准爸爸准妈妈班

进一步形成准爸爸准妈妈培训班的操作模式，了解准爸爸准妈妈们的需要，完成课程内容选择和设计。

4. 社区早教指导站

继续建立早教指导站，完善早教指导站的功能，发挥早教指导站的作用。

5. 0～3 岁讲座咨询会

丰富讲座咨询的内容和形式，收集整理出关于社区家庭早教关注趋势的资料。

6. 入户指导

摸索不同家庭的需求及相应的指导策略，做好入户指导的资料收集整理提炼工作。

7. 开发其他社区早期教育服务项目

摸索出更多的社区早期教育的服务模式，并实施之。

二、国内外社区 0～3 岁婴幼儿早期教育的发展

（一）国外社区 0～3 岁婴幼儿早期教育的发展

1. 依托社区实施早期教育方案

（1）德国已形成两种典型的早期教育方案。一是家庭助手方案：社区青年服务部、慈善机构把经过培训的社会工作者组织起来，分派到一些特殊家庭里去工作，每周义务为家庭服务 5～10 个小时，帮助父母掌握教养婴幼儿的基本知识和技能。二是家庭互助方案：社区把家庭联合起来，结成对子，互相帮助，共同提高教育婴幼儿的艺术。

（2）以色列的社区极为重视对不同年龄婴幼儿的家长进行分层指导，以提高指导的效率。一是指导 1～3 岁婴幼儿家长的方案：社区挑选、推荐专业协调员和专职家访员，经培训后上岗。每个协调员统管几个家访员，每个家访员负责指导十几个家庭的家长。家访员第一年每周都要去家访，第二年每两周去家访一次，旨在帮助父母认识到游戏对婴幼儿发展的重要性，学会和婴幼儿一起游戏。家访员还要帮助家长成立互助小组，每半个月活动一次，在小组内交流育儿经验。二是指导 3～6 岁婴幼儿家长的方案：教育部组织专家编写了可供两年使用的教材，每年九册，每册配有亲子活动方案，每项活动持续几分钟。社区专职家访员协助家长使用教材。家访员每两周对社会处境不利的家庭进行一次访问，向父母传递早教知识，帮助父母构建家庭教育环境，提高父母的教育水平。家访员还鼓励家庭成立友好小组，每半个月活动一次，探讨教养婴幼儿的问题。

(3) 印度则以社区为中介，他们采用的学前婴幼儿教育方案主要有两种。一是母亲教育婴幼儿的方案：社区工作者对母亲进行专门培训，教给母亲带养教育婴幼儿的基础知识和基本技能，使母亲能更好地发挥自身独特的教育作用，促进婴幼儿身心的健康发展。二是大婴幼儿帮助小婴幼儿的方案：由于许多父母要外出工作，照料弟妹的任务落在哥哥姐姐的身上，社区工作者就对年长儿童进行简单的培训，使他们拥有一点健康、卫生、营养、游戏、歌舞等方面的常识及技能，能更好地关爱、帮助年幼婴幼儿。

2. 依托社区实施早期教育

(1) 美国的社区 0～3 岁婴幼儿早期教育。美国政府 1965 年颁布“提前开端”计划(Head start)，开端计划在美国属于非正规计划，由社区组织实施，社区努力使开端计划与公立学校(幼儿园)合作，如公立学校教师到中心去执教以及共同使用场所等。

美国在社区中还为学前婴幼儿提供多内容、多形式的教育设施，如玩具图书馆、儿童博物馆、各式儿童展览馆(婴幼儿在其中可探索、可操作、可创造)、儿童游戏场、著名的芝麻街儿童电视节目等，丰富多彩。

(2) 澳大利亚的社区 0～3 岁婴幼儿早期教育。澳大利亚的社区 0～3 岁婴幼儿早期教育比较发达，这是由澳大利亚特定的社会条件所决定的，有其实施的本土特色。

澳大利亚的社区 0～3 岁婴幼儿早期教育由社区行政部门主持，由社区行政投入经费，其特色是重点为边远地区的家庭和婴幼儿提供服务，还有面向家长的服务，其服务的方式适应性强，灵活多样，因而提供的服务范围和对象非常广泛，尽可能多地满足本地区的不同需求，提高家长的知识和经验，帮助家长照顾婴幼儿，直接为婴幼儿发展提供各方面所需的条件。澳大利亚社区学前教育的多种服务方式介绍于下。

① 儿童图书馆。作为社区中婴幼儿玩具不足的补充，丰富婴幼儿的玩具世界。婴幼儿由家长带领进入馆中玩或借出回家玩均可。

② 游戏小组。由婴幼儿和家长共同参加，一般面向 3 岁以下婴幼儿开设。他们在游戏小组中玩耍，有母亲在旁，婴幼儿可减少分离焦虑，又获得与同伴共同活动的乐趣，使婴幼儿对社会交往活动有最初的适应。一般由居住邻近的 5 个家庭组成一个小组。

③ 婴幼儿活动中心。一般设于城市的郊区，一个班 25 名婴幼儿，小的班有 15～20 名婴幼儿，由一位教师负责，是全天的。根据地区情况有的每天活动，有的地区距离较远则隔日活动。

④ 远距离教育计划。为不同年龄组、不同发展水平的婴幼儿提供适应其发展的教育箱，内装有教具、玩具、视听材料，并有家长反馈记录。家庭距服务中心 2.5 千米便可得到寄去的箱子，按期使用完毕后退还更换，这项服务是免费的。

(二) 国内社区 0～3 岁婴幼儿早期教育的发展

1998 年，我国教育部基教司组织哈尔滨、沈阳、青岛、广州等 9 个城市进行了以社区早期教育发展和管理机制为重点的试点工作，较早启动了以社区为基础的面向 0～3 岁婴幼儿的科学育儿项目。在经济发达地区，我国已经开始探索社区学前教育的模式，积极推进 0～6 岁教育社区化，以改变我国 0～3 岁早期教育比较薄弱及 0～3 岁婴幼儿教育与 3～6 岁教育脱节的状况。

1. 发达地区搭建早期教育三级服务网络

以苏州为例，为进一步贯彻落实市委、市政府两办《关于印发〈苏州市全面推进 0～3 岁科学育儿工作意见〉的通知》的精神，做好政府实事工程，加快建立健全指导服务体系，在“十二五”期间，按时按序、保质保量完成 50 个“市级 0～3 岁科学育儿示范基地”、300 个“0～3 岁科学育儿项目点”的总体目标，实现城乡 0～3 岁科学育儿指导服务体系、家长及带养人员接受科学育儿指导服务、婴幼儿体验服务三个“全覆盖”，建立市镇村三级服务网络，形成“环点辐射，立体整合，全面覆盖”的科学育儿系统。

(1) 建立城市早教中心。我国城市的行政区划的层次为市→区→街道→居委会。社区教育活动一般在街道或居委会的基层社会进行。

我国城市中双职工家庭占多数，一般说来，妇女产后半年至一年就要上班工作。城市中的家庭结构又以核心家庭为主，即使是主干家庭，由于受市场经济的冲击，许多退休的长辈仍或多或少地从事着某些社会工作。而专门的托儿所又较少，年幼的婴幼儿很需要得到照料。再者，城市中人口的文化水平相对较高，婴幼儿又多为独生子女，传统的“养子防老”的观念正在淡化，更多的家庭希望自己的孩子能成为社会承认的有价值的个体。

城市早教中心具有示范、研究、培训和辐射社区的功能。以苏州常熟为例，常熟计划生育委员会打造了由政府搭建的第一个0～3岁科学育儿指导机构——常熟市0～3岁科学育儿指导中心。几年来，中心在全市的0～3岁科学育儿工作中起着示范引领作用，保育结合，提供亲子活动、育儿知识大讲堂等服务项目，开班以来，累计受教育婴幼儿达4万多人次。同时，还承担编制教材、培训师资、开展教研、指导各镇工作的功能。

(2) 建立乡镇早教分中心。依托当地幼托机构，建立科学育儿分中心，在本区域拓展以素质教育为核心，以0～3岁婴幼儿、家长及看护人员为对象，以促进人的全面发展为目标的公益服务。

以苏州常熟为例，常熟计划生育委员会在全市镇级共建早教分中心11个，都做到了经常性开班，其中4个为苏州市示范基地。

(3) 建立村级早教项目点。通过建立科学育儿项目点、流动课堂和入户随访的形式，提高服务受益面。

以苏州常熟为例，常熟计划生育委员会按1万人建立一个的目标推进建设项目点，目前已经在87个具备条件的村委会、社区服务场所和幼托机构建成项目点，辐射周边村和社区。同时，由分中心老师带着教具进村举办的流动课堂进一步提高了服务覆盖面。村级计生干部将入户为0～6个月婴幼儿家长提供育儿指导、咨询纳入常规随访内容。

2. 以“三优”工程为龙头，形成社区0～3岁婴幼儿工作网络

“三优”是指优生、优育和优教。“三优”工程是由全国妇联倡导的，通过各级妇联组织在全国各地开展的，以促进婴幼儿身心健康发展为宗旨的群众性活动。

社区学前教育以“三优”工程为中心，充分发挥社区内妇联群众团体的优势，团结各方面的专家，协同社会力量，将科学育儿的工作推向基层，深入到家庭，向广大群众普及科学育儿的知识，提高家长的文化素质和教育水平，这对促进婴幼儿健康成长具有重要的社会意义。

以上海为例，某区在市、区有关部门的指导和配合下，把“三优”作为社区学前教育的中心内容，并以此为轴心，形成了由地区医院、健康教育中心、教育机构、电视台等单位参加的社区学前教育工作与服务网络，各单位各司其职，但又相互配合协作。地区医院和健康教育中心主要负责优生与疾病预防工作，内容主要包括：① 召开未来母亲会议，对于前来医院检查登记的孕妇作教育指导，使其懂得母乳喂养的重要性；② 定期为孕妇做体检；③ 加强对高危孕妇的管理；④ 指导进行胎儿监护工作；⑤ 做好学前婴幼儿的计划免疫工作，办好保健门诊。街道妇联主要负责抓婴幼儿的保教工作，创办简易的托儿所，解决居民子女入托难问题，对地区内民办的和简易的托儿所进行检查指导，并且以幼教机构和电视台作为依托，把社会教育的影响渗透到每一个居民家庭中去。同时，这些单位还在街道的统一组织下，定期为居民进行科学育儿的义务咨询活动。

3. “家庭教育辅导站”、“家长学校”也是可借鉴的组织形式

“家庭教育辅导站”一般是以各居委会为基本单位，由居委会党支部书记、妇代会主任、卫生站人员、退休教师以及社会热心人士等人组成一个工作班子。主要的任务是：开展从新婚指导、孕期保健和孕期家庭自我监护到新生儿保健、婴幼儿保健与教育等一系列的教育。

4. 利用社区的力量

在社区内开办供婴幼儿使用的玩具图书馆、游戏室、游乐场等多种形式的教育与活动场所，可以为广大的婴幼儿提供接触社会、加强交往的机会，以利于培养婴幼儿良好的社会适应能力，同时也能为婴幼儿智力的开发、动作的发展创造良好的条件。

以上海为例，某区借鉴国外一些有益经验并结合当地实际情况，开办了街道儿童玩具图书馆和儿童乐园。在儿童玩具图书馆中分设有玩具室和图书室两部分。来馆的婴幼儿需办理玩具卡和借书卡。学前婴幼儿一般由家长带着来玩，小学生通常是自己来玩。婴幼儿除了可以在玩具室、图书室里活动以外，还可以将玩具、图书借回家里，只需交纳一定的租金即可，十分方便。在儿童玩具图书馆的旁边，街道还开辟了一个儿童乐园。儿童乐园中有滑梯、荡船、钻架、摇马、电瓶车、滑冰车等活动器材，婴幼儿只需要一角钱就可以在其中自由游戏。儿童玩具图书馆和儿童乐园的开办，深受当地婴幼儿和家长们的欢迎，并获得了较高的社会效益。与此同时，街道还办起了“成人图书馆”，为广大的青少年、家长以及退休职工提供了丰富知识的学习园地。所有这一切，都为街道精神文明的建设创造了良好的社会环境。

这种早期教育社会化的方向，正是社区学前教育所要达到的重要目标。

第二节　社区早期教育的管理

社区 0～3 岁早期教育需要立体综合地推进，立体网络包括管理网络和服务网络。

一、建立社区早期教育管理网络

管理网络是指社区 0～3 岁早期教育需要教育部门、妇联部门、计生部门、妇幼保健部门的联动和协同努力。同时，也需要幼儿园、社区及家庭三方积极互动，形成教育合力。

社区要以婴幼儿发展为中心，构建一个由政府统筹、教育部门为主、卫生部门和妇联为辅、街道为责任主体、社区成员参与的社区早期教育管理体系。在职能和分工上注重教育部门、卫生部门和妇联的优势互补。在托幼领导小组的领导下，逐步形成各有关部门分工合作、市-区（县级市）-街道（镇）层次分明的 0～3 岁婴幼儿早期教育管理网络。

社区内的早期教育必须建立健全自身的管理体系，必须坚持“婴幼儿优先”的原则，加强领导，强化责任，制定规划，形成多个部门配合、社区共同参与的早期教育管理模式。

（一）行政管理体系的建立

社区早期教育的行政管理体系主要包括从市、县（市、区）到乡镇、街道的政府决策系统，该系统主要负责有关发展 0～3 岁婴幼儿早期教育事业方针大计的决策，同时也包括从市、县（市、区）到乡镇的，由发改委、教育、卫生、人口与计划生育、劳动与社会保障、财政、民政、妇联等相关部门组成的各级联席会议制度，联席会议由教育部门牵头比较合适，各部门应按照各自的行政职能，各负其责，通力合作。

社区早期教育的行政管理体系应充分发挥各部门社区早期教育的职能。

1. 早教中心

组织各部门做好早期教育的相关工作；承担对托儿所、亲子园的登记注册工作和早期教育的业务指导，向有关部门提出对托儿所、亲子园收费标准的意见；培养和培训托儿所、亲子园的园（所）长、教师，建立园（所）长、教师考核和资格审定制度；建立学前教育督导和评估制度；做好 0～3 岁婴幼儿及其家长接受早教指导的建档工作。

2. 社区卫生

负责拟订有关托儿所、亲子园卫生保健标准和规章制度，监督和指导托儿所、亲子园卫生保健业务工作，负责对 0～3 岁婴幼儿家长进行婴幼儿卫生保健、营养、生长发育等方面的指导，及时提供 0～3 岁婴幼儿数量等情况。

3. 社区妇联

应在社区（农村地区在镇、村）做好 0～3 岁婴幼儿及其家长接受早教指导的组织发动工作，向家长积极宣传科学育儿理念，保证辖区内所有 0～3 岁婴幼儿及其家长和看护人员都能接受早教指导，提高家庭科学育儿水平。

4. 社区计生

充分利用计划生育队伍的网络优势，在发放避孕药具、四项手术随访、产后随访等上门服务活动中，了解婴幼儿生长发育情况，填写《婴幼儿成长档案》，为专家制定个性化早教方案提供依据。

各市、县(市、区)要建立早教指导机构，负责本地区 0～3 岁婴幼儿早期教育推进工作，努力做到有固定场所、有专门人员，基本满足 0～3 岁婴幼儿和家长多样化的学前教育服务需求，逐步形成上下联动、协调一致、灵活有效的 0～3 岁婴幼儿早教服务网络。

各地要建立完善由教育部门牵头，卫生、妇联、计生等相关部门参与的 0～3 岁婴幼儿早期教育工作联席会议制度，定期召开会议，研究解决在推进 0～3 岁婴幼儿早期教育工作中出现的问题和困难，及时推广有益经验，以保证 0～3 岁婴幼儿早期教育工作不断向纵深发展。

社区 0～3 岁婴幼儿早期教育需要幼儿园、社区及家庭三方积极互动，形成教育合力，因此，社区应通过政策引导各级教育行政部门、托儿所，为规范化办学和示范性教养提供参照标准。当前形势下，有近 80%的 0～3 岁婴幼儿散居在家庭里，这就决定了婴幼儿教育必须以社区为依托，建立完善的社区婴幼儿服务网络，引导家庭、社会共同参与和关心婴幼儿教育。

开展 0～3 岁婴幼儿早期教育需以示范托儿所建设为突破口，以点带面，推动托儿所机构教育的整体水平提高，为社区 0～3 岁婴幼儿保教服务提供示范。同时需完善社区卫生服务，形成社区-家庭-卫生机构网络，在社区中开展以 0 岁婴儿为主的 0～3 岁婴幼儿潜能开发与卫生保健、早期干预、健康教育等项目。

（二）早期教育管理机制的运行

社会服务体系应以各地的 0～3 岁婴幼儿早期教育指导中心为主干，各类早期教育机构为基础，社区为依托，科学教养为内容，编织成覆盖全社会的公共服务网络。社会服务体系应按“条线结合，以块为主”的原则，在行政管理体系的分级领导或指导下开展服务工作，应把社会服务体系建设的重点放在为 0～3 岁婴幼儿及其家庭提供优质的早期教育公共服务平台上。

在早期教育服务中要有一定的管理机制才能使服务活动顺利进行下去，比如可以建立早教服务对象的婴幼儿档案、建立对这些对象的随访制度。除了以上两项，我们还必须对这项服务活动进行一定的督促和检查，同时还要接受上级领导部门的督促和指导。

1. 建立婴幼儿档案

在早教服务活动中，婴幼儿是活动的主体，必须了解婴幼儿的一些基本情况才能为其建立服务，而婴幼儿档案是了解婴幼儿情况的一个主要窗口。婴幼儿档案可以包括婴幼儿孕育、出生以及成长过程中的包括图像、文字、声音等的各种原始记录，以及婴幼儿家庭的家族史、父母以及家庭较亲近成员的一些受教育及基本的生理、性格等各种情况。

建立婴幼儿档案可以为早教服务活动提供极大的帮助，能够使服务活动更全面化、更人性化、更个性化，同时也为婴幼儿的成长及早期教育提供极大的帮助，为父母们在教育婴幼儿过程中提供更全面的帮助。

2. 建立随访制度

婴幼儿在成长的过程中，有很多值得我们去关注及教育的地方，然而早教服务并不是一个一劳永逸的活动，它需要我们不断地进行下去，是个长期的过程，这就需要我们为之建立一个制度使这项活动能够长期开展下去，而随访制度可以为这项活动提供一个很好的帮助，它可以使我们了解婴幼儿的各种变化，以便为其提供更有针对性的服务。

3. 建立督察制度

在早教服务活动中，虽然我们已经为婴幼儿建立了档案，并且能够对其进行随时访查，但由于我们服务的对象是人，服务者也是人而非机器，这就需要一定的督促和检查制度才能使整个活动在预定的范围内进行下去。

4. 接受上级主管部门督导

进行早教服务活动，不仅仅是某个单位或者某个个人的行为，它需要上级部门对其进行的活动随时进行督促和检查，并能够在上级部门的指导下进行更为长期、更规范的活动。要加强管理督察力度，对条件差、教育水平低的托儿所通过培训、考核、评星级托儿所等活动，促使其快速提高。

二、建立社区早期教育服务网络

服务网络是指不同层次、不同形式、不同内容、不同途径的社区早教服务，不同服务之间既相互独立又相互呼应，形成立体网络，尽量惠及社区内每个 0～3 岁婴幼儿。

（一）社区早期教育服务活动的目的

1. 了解社区早期教育的发展现状

社区要组织人员向辖区内发放 0～3 岁婴幼儿家庭问卷，通过问卷调查，一方面了解社区 0～3 岁未入托婴幼儿人数及其家庭结构，了解家长对婴幼儿进行早期教育的能力（包括专业能力和经济能力）、家长对0～3 岁未入托婴幼儿的教养方式。另一方面，了解家庭对开展 0～3 岁早期教育的需求。简言之，社区肩负着对辖区内 0～3 岁婴幼儿早期教育现状及需求进行调查研究的职责。

2. 依托社区做好规划，提高受教育率

“依托社区”是指面向社区，努力探索，在以“优质教育资源共享”、“为人生起步奠定基础”的全新教育理念指导下，利用社区的各种资源，依托社区街道、妇联、镇卫生院儿保科等有效资源，加强与各部门的横向联系，发挥社区内专业人员的特长，用先进的教育理念与高效优质的卫生保健知识服务于社区居民，提供针对 0～3 岁婴幼儿及家长的教育，提高家长的教养水平，改善婴幼儿的教养环境，进而切实提高社区 0～3 岁婴幼儿早期受教育率。

（二）社区早期教育服务活动的内容

为了满足婴幼儿和家长的需求，社区早期教育服务是多样化的，社区早期教育的内容和途径也是多种多样的。要切实做好以下五方面的工作。

1. 做好宣传

坚持进行上门宣传或电话联系，主动传递早教信息，并鼓励已参与早教活动的家长宣传活动信息和效果，用滚动形式扩大社区早教活动的影响，从而提高 0～3 岁婴幼儿受教育率。

2. 选派教师

各早教指导服务中心坚持选派有经验、有责任心的教师担任各亲子学校早教教研组长，以保障各类早教工作的专业水准；精心设计和实施各类早教活动，注重活动内容的适宜性和活动形式的多样化，满足婴幼儿和家长的个性化需求；在指导服务中注重宣传科学育儿理念，提高家长的科学育儿能力；重视发挥辐射作用，提高受教育的质量。

3. 活动示范

协助亲子学校开展丰富多彩的活动，使带养者初步掌握 0～3 岁婴幼儿教养知识技能，对婴幼儿的生理和心理特点有更深了解；使教师们对活动的分析、设计能力得到很大的提高，进一步促进教师积极主动与带养者沟通交流，分享早教经验，提升教师专业化的能力。

4. 整合资源

为了满足社会和家长的需求，可以整合社会、学校、家庭资源，建立社区亲子俱乐部，以提高家长素质为资源整合的重点。

5. 广泛沟通

采用上门宣传、专题讲座、社区广播、小报宣传等方法，对社区中的0～3岁散居婴幼儿家庭、特殊特困婴幼儿家庭、外来人员婴幼儿家庭宣传科学的早期教育理念，动员辖区内家庭广泛参与社区亲子活动。

（三）发挥社区早教中心或幼儿园的作用

社区早教中心或幼儿园要"密切同社区的联系与合作，积极开展0～3岁散居婴幼儿的教育与宣传活动"。因此，社区要充分发挥幼儿园在社区早期教育中的服务功能和主导功能，方便、快捷地为社区居民提供幼教资源，帮助家长了解早期教育的意义和方法，让科学的早期教育走进千家万户。

1. 社区早教中心或幼儿园举办的亲子活动

亲子活动是由家长和婴幼儿共同参与的活动，寓教于乐，能增进成人与婴幼儿的情感，融洽家庭气氛，增加父母与婴幼儿共同体验生活的机会，促进婴幼儿的发展。这种亲子活动着力体现以下三大特点。

(1) 互动性：构筑婴幼儿与婴幼儿之间、家长与家长之间、婴幼儿与老师之间、老师与家长之间互动的平台和友谊的桥梁。

(2) 趣味性：让婴幼儿爱游戏，体验活动的乐趣。

(3) 过程性：更多关注婴幼儿、家长、教师在活动中综合素质的提高和兴趣的培养。

2. 建立"社区早教宣传栏"

社区早教宣传栏是面对全园全社区家长的家教园地，内容丰富实用，有健康快车、育儿经验、百声园、回音壁、饮食营养、疾病预防、婴幼儿教育条例法规、安全卫生、综合治理等栏目，不但丰富了家长的育儿知识，开阔了眼界，而且社区可以对家长提出的意见建议进行收集整理，在专栏上反馈、答复，使家长感到社区的工作是真正为他们服务，为婴幼儿着想。

类似的宣传活动还包括开通社区咨询电话，随时为社区0～3岁婴幼儿家长提供早期教育咨询、科学育儿等指导，及时解答家长疑问。

3. 送教活动

服务内容有：宣传《幼儿园教育发展纲要》，发放家教宣传资料，解答家长有关优生、优育、优教方面的问题等。在校园外围墙设置"科学育儿社区宣传栏"，向过往行人和社区家长宣传科学育儿、传染病预防、食品卫生安全等知识。

(1) 送教入门活动。主要针对婴幼儿生理、心理特点及家庭环境个别化的特点，进行一对一的指导。

(2) 专家讲座和咨询服务。由专家引领，确保家庭教育沿着科学、正确的方向发展，重在指导家长树立正确的教育观念和教养方法，保证家庭教育的质量。

在社区设置家教咨询台，为社区家长科学育儿提供咨询服务。社区开展咨询服务活动的目的是通过系列宣传服务活动，向公众全面推广优生优育优教新理念，普及优生优育优教知识，切实提高人口素质，加强人才培养。

（四）整合社区资源，建立社区早期教育资源中心

教育资源是发展社区早期教育的载体。整合社区资源，合理布局，优化资源配置，充分利用教育和卫生的资源优势，建立不同类型的社区早期教育资源中心，可实现共享区域教育资源，为社区0～3岁散居婴幼儿及家长提供项目齐全、方便快捷的服务，最大限度地满足人民群众多样化的教育需求。

1. 托幼园所自觉融入到社区建设中

园长、教师主动深入社区、深入家庭，不断加大对社会的开放力度，拓展托幼园所的社会服务功能，发挥自身作为正规学前教育机构在环境、人力和教育等方面的资源优势，努力使教育服务于社会、服务于家庭。

2. 充分挖掘社区资源，建立社区早期教育资源中心

街道办事处千方百计地挖掘潜力，开办市民学校并将早期教育内容纳入市民学校课程，为家长提供

早期教育知识，帮助家长树立正确的教育思想，掌握一定的教育技能。同时，为亲子活动提供场所，利用社区优秀的人才资源，开展早期教育活动。

有条件的街道办事处，可以利用社区文化站、居委会办公用房等为辖区内的散居婴幼儿及家长开辟活动场所。这种类型的资源中心虽然条件比较简陋，但是每次活动都请专业教师来组织，而且是免费服务，因此对那些贫困家庭、流动人口家庭具有一定的吸引力。

3. 充分利用卫生部门的资源，建立卫生保健资源中心

发挥卫生部门环境资源和人力资源的优势，建立不同形式的早期疾病筛查中心、婴幼儿生长发育疾病监测指导中心，为婴幼儿家长提供优生、优育、防病、早教等知识与能力方面的服务。

4. 充分利用特殊教育机构，建立残疾婴幼儿早教中心

实行个案追踪，对特殊的婴幼儿有针对性地进行早期干预教育。在密切关心婴幼儿早期发展的过程中，要进行早期干预。所谓“早期干预”，是指早期发现和诊断婴幼儿的身心发展中的问题，并有针对性地进行预防、干预，以减少障碍，促进个体身心健康发展。

练习与思考

1. 理解社区早期教育的含义。
2. 理解社区早期教育的管理。
3. 以志愿者的身份参与社区早期教育活动。

参考文献

1. 陈帼眉. 学前儿童发展心理学[M]. 北京：北京师范大学出版社，2000.
2. 梁志燊. 学前教育[M]. 北京：北京师范大学出版社，1998.
3. 夏莹. 婴儿教育学[M]. 上海：复旦大学出版社，2011.

（盘海鹰编写）

图书在版编目(CIP)数据

0～3岁婴幼儿的保育与教育/孔宝刚,盘海鹰主编. —上海：复旦大学出版社，2012.9
(2023.4重印)
普通高等学校早期教育专业系列教材
ISBN 978-7-309-09117-5

Ⅰ.0… Ⅱ.①孔…②盘… Ⅲ.婴幼儿-早期教育-幼儿师范学校-教材 Ⅳ.G61

中国版本图书馆CIP数据核字(2012)第172809号

0～3岁婴幼儿的保育与教育
孔宝刚 盘海鹰 主编
责任编辑/黄 乐

复旦大学出版社有限公司出版发行
上海市国权路579号 邮编：200433
网址：fupnet@fudanpress.com http://www.fudanpress.com
门市零售：86-21-65102580 团体订购：86-21-65104505
出版部电话：86-21-65642845
常熟市华顺印刷有限公司

开本890×1240 1/16 印张14.25 字数403千
2012年9月第1版
2023年4月第1版第16次印刷
印数64 301—69 400

ISBN 978-7-309-09117-5/G・1116
定价：48.00元